小口雅史 編

古代国家と北方世界

同成社 古代史選書 28

目次

Ⅱ　北緯四〇度以北の世界の実相

Ⅲ　古代・中世国家の辺要支配

古代国家と北方世界

序——解題にかえて——

本書『古代国家と北方世界』は、私が研究者としての道を歩み始めてから現在に至るまでの間に、古代を中心とした日本北方史という、近年、急速に研究が進展してきた新しい研究分野を舞台に、私が組織したさまざまな場や機関での共同研究、あるいは関連学会での密接な意見交換の場にともに身を置いてくださった方々を中心に、それぞれの立場から、その最新の研究成果を寄せていただき、現在のこの分野において達成された学界水準を世に示そうという趣旨のもとに編纂されたものである。

まず本書所収の諸論考の紹介からはじめたい。本書『古代国家と北方世界』は、同じ北方史のなかでも、地域と時代とを考慮し、第Ⅰ部「北海道からさらにその北へ」、第Ⅱ部「北緯四〇度以北の世界の実相」、第Ⅲ部「古代・中世国家の辺要支配」に分けて編成した。

第Ⅰ部「北海道からさらにその北へ」には、①天野哲也「オホーツク文化における鍛冶の精神的な意味」、②中澤寛将「北東アジアの葬墓制―円形周溝を伴う墓葬を中心として―」、③小嶋芳孝「ロシア沿海地方のパクロフカ文化期における墓上建物の新事例―コクシャロフカ8遺跡の調査報告書から―」、④蓑島栄紀「七世紀の倭・日本における「粛慎」認識とその背景」、⑤中村和之「流鬼国をめぐる試論」、⑥米家志乃布「長澤盛至作製『東蝦夷地海岸図台帳』にみる地域情報の収集と表象」の六論考を収めた。現在の日本の領域を超えた、さらなる北方世界の広がりがあったことを前提に、その諸相を検討する部立てである。

①天野論文は、およそ七世紀から九世紀にかけての時期に、羊角文（カスガイ形貼り付け文）をもつ土器が、バイカル湖西方地方からオホーツク海域にまで拡がっており、すくなくともその東半部では、この種の土器を冶金炉に転

用していたとする。これらの土器は、金属製品のパワーを生み出す母体というイメージがいだかれて尊ばれることとなり、また羊角文は民族誌からみて辟邪・豊穣の象徴であったと考えられるという。

②中澤論文では、五～十三世紀の北東アジアの葬墓制を特徴づける、周溝を伴う墓（周溝墓）について検討する。その結果、まず七～八世紀に伝統的な墓制である土坑墓に加えて、東北地方北部の「末期古墳」や渤海の石室墓のような封土墓が登場し、ついで八世紀後半以降に円形状に周溝が巡る「周溝墓」が成立・浸透する点を確認する。とくに周溝墓は八～十世紀代の王権・国家の「周縁」である北方地域を特徴づける墓制として評価できるという。

③小嶋論文は、ロシア沿海地方にあるコクシャロフカ8遺跡の紹介からはじめる。この遺跡には一辺約一四・五×一一mで高さ一・二mの方形石組基壇があり、基壇上に石室状遺構を内部に伴う石壁建物が検出されている。この遺構の時期は十世紀前半で、沿海地方のパクロフカ文化期に相当するものである。遺構の性格について『報告書』では、祭殿と推定しているが、この遺構は基壇上に建物を設けて床面に墓坑を敷設する墳墓であって、渤海時代の墓上建物の伝統を継承するものと評価できるという。これは付近にあるコクシャロフカ城址の首長墓と推定でき、パクロフカ文化の基層に渤海文化が強く影響を残していることを示す重要な事例であることを明らかにする。

④蓑島論文では、七世紀の粛慎認識とその背景をとりあげる。まず伝説上の周代の「粛慎の朝貢」は、その後、秦や漢には重視されなかったが、魏末～西晋期に、司馬氏による簒奪を正当化するため独自の新解釈が加えられて、古典からよみがえった蓋然性を明らかにする。ついで、そのようなよみがえった「粛慎の朝貢」の新たな意義は、南北朝期にかけて東アジアに普及することとなり、倭・日本においても、乙巳の変後の政治過程のなかで浮上する必然性があったという。またあわせて、中大兄と鎌足の存在に、成王や周公のイメージが読み込まれた可能性があり、そのブレーンとしての高句麗系知識人の存在が推測されるとする。

⑤中村論文では、六四〇年に靺鞨に伴われて唐の都長安にやってきた流鬼国の使節をとりあげる。流鬼国がどこにあったのかという点については、サハリン島とする説とカムチャツカ半島とする説とが対立している。本稿では従来

とは視点を変え、金・元以降の史料でこの問題を考えてみようとする。カムチャツカ半島が中国王朝の地理認識に組み込まれるのは、清代のことであり、なおかつロシアとの国境交渉のなかで得た知識によってであったという。つまり元・明・清代を通じて、中国の地理認識ではサハリン島が東北の辺境であったことになる。以上のことから、流鬼国はカムチャツカ半島ではあり得ず、サハリン島にあったと考えるべきであるとする。

⑥米家論文では、安政二年（一八五五）の盛岡藩の蝦夷地見分に同行した藩士・長澤盛至の作製した「東蝦夷地海岸図台帳」に描かれた地域情報と絵画表現の特徴を検討し、台帳の作製目的と作者である長澤盛至の人物像を明らかにする。その結果、本台帳の地域情報の収集と表象は、「蝦夷地」を和人の土地として表現する幕末蝦夷地の沿岸図群にみられる風景画集の流れにあったという。

つづく第Ⅱ部「北緯四〇度以北の世界の実相」には、⑦小野裕子「続縄文文化後半期の東北地方と北海道の関係について―土器群の時間的関係から―」、⑧木村淳一「青森平野における古代集落の様相」、⑨齋藤淳「古代北奥における集落・竪穴建物の動態について」、⑩関根達人「三重の壕をもつ北奥の古代集落―青森県外ヶ浜町山本遺跡―」、⑪伊藤博幸「古代閉村に関する二、三の問題」、⑫八木光則「アイヌ語系地名と蝦夷」、⑬武井紀子「北奥地域における出土文字資料と蝦夷―青森県域の文字資料を中心として―」の七論考を収めた。「北緯四〇度以北」は、同じ地域を指す「もうひとつの日本」＝「日の本（ひのもと）」などと同じく、近年の北方史研究の興隆のなかで重要な意味をもつキーワードとして、注目を集めてきたものである。第Ⅰ部とは異なって、この地域は現在の日本のうちに相当するが、この時代にはまさにいわゆる「日本国」とは別世界の様相を呈していた。「もうひとつの日本」といわれる所以である。

⑦小野論文では、東北地方への、北海道の「後北C_2・D式」の分布拡大といった永年の懸案を再考するために、まず議論の土台となる関係土器群間の時間的関係を考察する。その結果、東北南部で「後北C_2・D式」と「塩釜式」の接触がはじまった後も、東北北部では「赤穴式」がなお存続し、「後北C_2・D式」との接触が、南部より遅い時点ま

でつづいていたことを確認する。また、少なくとも東北北部では「赤穴式」の製作・使用者が「塩釜式」のそれに変化することを想定する。

⑧木村論文は、青森平野の古代集落について、古環境および木村氏が自ら携わった集落遺跡集成の成果を通じて検討する。青森平野は縄文海進以降、潟湖が形成され、浜堤や低湿地で人びとが活動した可能性があるという。しかし、現状では、それらの地域は宅地化され未調査のため、考古学的成果としてその実態は不明とせざるをえない。したがって今後の、他地域の潟湖との比較検討の必要性を訴える。また丘陵の集落では、掘立柱建物が一定量存在し、そこから出土する文字資料の様相をも踏まえると、「日本国」の国家領域の習俗などの流入も認められるという。しかしその様相は一様ではなく、ある一点のみ捉えてこの地域を論じることはできず、多様性のあるモザイク的な様相をその前提として理解することが重要であるとする。

⑨齋藤論文は、北奥における七～十世紀間の集落・竪穴建物数の推移を示し、その動態について、各種属性も交えて検討するものである。氏は、多変量分析から、前述のキーワード「北緯四〇度」ラインを境界とする南北差、奥羽山脈を境界とする東西差の存在をあらためて確認した上で、都合、四グループに分類するが、それらは土器属性の分析結果とも調和的であるという。しばしば南奥と対置される北奥地域であるが、その内実は決して等質ではなく、政治体制も含めた社会の在り方がグループごとに異なっていたことが予想されるとする。

⑩関根論文は、これまでも、北の防御性集落を取り上げる論文においてしばしば言及されてきた、陸奥湾と日本海沿岸を結ぶルート上に位置する青森県外ヶ浜町の山本遺跡をとりあげる。この遺跡は天然の要害に立地し、中心部は三重の壕で囲まれていることが目視によっても確認できる。残念ながら従来、この遺跡についての詳細な測量はなされてこなかったが、今回、関根氏を中心に、弘前大学人文社会科学部北日本考古学研究センターによって詳細な測量がなされ、結果として、急崖部にも壕や土塁を設けており、出入口と推測される部分は複雑な構造をもつことも明らかになった。北奥の環壕集落は立地・構造に多様性が認められるが、山本遺跡はそのなかでもとりわけ高い防御性を

備えた集落であると指摘する。私も関根氏とは別に、航空レーザ計測方法によって全貌の概略を明らかにする試みをなした。いったん収束した感のある北の古代防御性集落論の再展開が期待される。

⑪伊藤論文は、歴史考古学的方法で古代閉村の実態の一端を明らかにすることを目的とする。『続日本紀』霊亀元年（七一五）十月丁丑条の検討により、衰退する蝦夷と隆盛する蝦夷集団とを抽出し、あわせて後者の「蝦夷郡家」立郡の背景を考える。またあわせて考古学的には、三陸沿岸部の宮古市長根古墳群と山田町房の沢古墳群とを分析し、沿岸部に二大拠点が形成されたが、閉郡は交通上の要衝である宮古湾周辺に造営されたと考え、申請者の須賀君氏はその集団の上に立つものと意義づけている。

⑫八木論文では、アイヌ語系地名の代表的な「ナィ」と「ペッ」を取り上げる。そしてそれらが系統と形成時期を異にしていて、かつそれぞれ縄文時代にさかのぼることを明らかにする。また奥羽北部の蝦夷の言語が夷語として日本語系とはやや異なっていたことについても論及する。アイヌ語系地名（むしろ縄文語系地名あるいは続縄文語系地名というべきか）も近年下火になった感があるが、今後のさらなる進展に期待したい。

⑬武井論文では、北東北を中心に出土している「夫」字土器をめぐる従来の研究の問題点を再整理し、日本列島全体の文字の伝播過程と、蝦夷社会における文字文化浸透の双方から考える必要があることを主張する。そして、青森県の遺跡から出土する文字資料の特徴を検討し、律令祭祀や仏教の影響と在地のさまざまな信仰とが結びついて独自の様相を呈していること、また、その中で仏教的要素が蝦夷社会における文字の伝播に重要な役割を果たした可能性があることを指摘する。こうした包括的な研究が可能になったのは私が監修した『青森県史』資料編古代2出土文字資料（武井氏も基礎データの収集に参加している）の刊行が大きい。青森県史編纂では、膨大な労力と時間をかけてデータが集成蓄積されている。さらなる活用が期待される。

第Ⅲ部「古代・中世国家の辺要支配」には、⑭永田一「鎮守府将軍と出羽城介についての基礎的考察」、⑮三上喜孝「古代北方辺要国の統治システム―いわゆる「国司分担統治システム」についての覚書―」、⑯浜田久美子「渤海使の出羽来着について」、⑰大塚紀弘「鎌倉時代の津軽安藤氏と蝦夷統治」の四論考を収めた。いわゆる「日本国」による辺要支配が、古代から中世に向けて変化していく過程をさまざまな具体相から追うことになる。

⑭永田論文は、中世史の側から提示され、現在も通説的位置を占めるといってもよい「鎮守府秋田城体制」説とそれを批判した先行研究を整理し、鎮守府将軍・出羽城介が受領官か否かについて論じる。鎮守府将軍・出羽城介と国府の関係の検討においては、徴税権限のみならず国府から独立した行政権限の有無が問われるべきであることを確認し、そのうえで十世紀以降の両者の関係について具体的に考察し、鎮守府将軍・出羽城介は受領官とは見なせないとする。

⑮三上論文では、陸奥国・出羽国・越後国といった北方の辺要国において、国司が国内を分担して統治する「国司分担統治システム」が行われていた可能性を、おもに出土文字資料の検討を通じて検証する。北方の辺要国は、もともと歴史的背景の異なった地域を併合することにより成立したという事情があり、一国内を従来の慣習的な支配方式では統治できない複雑な様相を呈していたために、国司によるより直接的な支配システムの構築が目指されたのではないかとする。本論文は以前口頭発表でなされたまま活字化されていなかったもので、早期の論文化が待望されていた。いまなお激しい対立がある古代秋田城の性格をめぐる議論にも一石を投じるものとなる。

⑯浜田論文は、出羽国に来着した渤海使の七例を検討し、北回り航路や交易使節に限定されない渤海使の多様性を論じるもの。また積極的な渤海外交を展開した藤原仲麻呂政権の時代には、渤海使の出羽来着がみられない点に注目し、仲麻呂が北陸を渤海外交の窓口として整備したため、出羽国は渤海外交の基地とはならなかったという新しい論点を提示する。⑮三上論文とも関係するが、渤海使との関係を重視して秋田城を国府とする説への問題提起ともなっている。

⑰大塚論文は、中世北方世界の覇者（蝦夷管領、ついで日の本将軍）とも評価される津軽安藤氏について再検討する。鎌倉時代の津軽安藤氏について、その蝦夷統治に着目して考察し、鎌倉時代中期ごろ、北条得宗家は、津軽外

浜・西浜の地頭職を継承し、蝦夷居留地の治安維持を担うとともに、そこでの交易に伴う徴税権を得るようになったこと。また津軽安藤氏の惣領家は、地頭代として現地の実務を担ったが、鎌倉時代末期に一族を二分する紛争を起こしたこと。北条氏政権は、両流にそれぞれ外浜・西浜の地頭代を担わせる形で紛争を収束させたことなどを明らかにする。

以上が本書の構成であるが、最後に本書が成り立った背景について、もう少し補足しておこう。私は大学の卒業論文で東大寺領北陸初期荘園を、ついで修士論文ではそれを時代的にも地域的にも拡大させて、古代の大土地所有の特質について検討した。大学院博士課程においては、それらをさらに深化させるとともに、併行してその日中比較や律令法の比較なども研究していた。あわせて正倉院文書や吐魯番出土文書といった日中比較史料論にも興味をもち研究を進めた。がちがちの日本古代史研究の本流といってもいい環境のなかにあったわけである。

幸い、大学院博士課程の満期での単位取得と同時に、私の当時の専門ときわめて近い分野の泰斗、虎尾俊哉先生ゆかりの弘前大学の人文学部日本文化コースに奉職することができた（当時「虎尾先生の後任としてまことにふさわしいポスト」を得たといった趣旨の手紙を多数いただいたが、これは厳密にいえば間違っている。私のポストは人文学部であり、虎尾先生は人文学部から教育学部に移っておられた）。弘前大学に奉職したことが、私と北方史との出会いであった。赴任にあたって、先輩たちからは「小口君、郷土史だけはやってはだめ」との言葉をいただいたこともあったが（もちろんその理由とともに）、すでに時代や社会の要請が違うし、地方国立大学教員の勤めとして、それを回避するのはよいことだとは思わなかった。

ちょうど私が弘前に赴いた時期には、十三湊や十三湖を中心とした総合研究も弘前大学人文学部で企画されていたので、そのころから北方史研究に深く関わるようになる。某新聞記事で「津軽中世史研究の大家」などと書かれ昔の研究仲間からつつかれたこともあったが、この時期は弘前市が市制施行一〇〇周年（日本で最初に市制施行地に指定されたものの一つである）をむかえたこともあって、青森県内でも以後つづけて多数の自治体史編纂が企画された。中世にとどまらず原始古代にまでさかのぼっての北方史研究を進める必要があった。その最後となるのが、実に二〇年以上を要し、やっと二〇一七年度完結予定の『青森県史』である。

こうした背景があって、私は法政大学に異動した後も、北方史研究は自分にとって重要な研究の一つの柱として今なお維持されている。幸いなことに、この分野で繰り返し科学研究費を与えられたこともあり、その都度、新しい研究仲間を得ることもでき、北緯四〇度以北の「もうひとつの日本」の世界については、つねに最先端の研究環境に身を置くことができた。年齢的には私より先輩にあたる多くの研究者も、喜んでそこに参加してくださったのもありがたいことであった。

また同じ北方史ないし辺要史研究でも、北緯四〇度以南とは異なって、こちらは文献史料はきわめて少ない。その豊かな歴史像を描くためには考古学の成果は必須の要素である。いまでこそどこでも考古学と文献史学の融合の必要性はさかんにいわれるようになったが、北緯四〇度以北の世界は、まさにそのモデルケースとなった研究の舞台である。

ここまで書けば読者諸賢は、なぜ本書が成り立ったのか、すでに容易に理解できたと思う。本書はこうしたこれまでの研究成果を踏まえて、あらためて世に問う、北方古代史研究の現段階の提示であると考えていただいてかまわない。本書をきっかけに斯界の研究がさらに進展することを願ってここで擱筆することとする。

二〇一七年十月

小口　雅史

I

北海道からさらにその北へ

オホーツク文化における鍛冶の精神的な意味

天野哲也

古代の海洋民のオホーツク文化にはユニークな鍛冶技術があった。すなわち、鍛冶炉に羽口を装着する一般的なやり方ではなく、穿孔した土器片を立てて鍛冶炉の壁兼羽口に転用するものである。

この技術の問題、とくに系統についてはすでに検討した(1)。本稿ではオホーツク文化における鍛冶の、現実的な面ではなく、精神的な意味について考えてみたい。

一　主な資料

この種の土器片が使用状態で残された例、すなわち鍛冶炉はこれまで報告がなく、ほとんどが包含層でばらばらにみつかっている。鍛冶炉は常設のものではなく、その都度に組み立てられて、作業の終了とともに解体・廃棄されたからであろう。ただ、わずか二例だが、竪穴住居にともない、しかもその位置、さらに土器片の特徴そのものがはなはだ興味深い報告がある。まずこれらの検討から始めよう。

図1　トーサムポロＬ地区竪穴住居の土器

（1） 根室市トーサムポロＬ地区遺跡竪穴住居(2)

本例は竪穴住居内の南端・最奥部壁際でみつかった。本来ここは骨塚が設けられる空間であるが、この住居では認められなかった。これは甕形の器形で、口縁部肥厚帯の上下縁に沿って爪形文をめぐらせる（図1）。また頸部下端には、刻文を刻んだバンドをカスガイ形に貼り付ける（「カスガイ形貼付文」と仮称する）。さらにその下側、肩部には舟形刻文列を三段、杉綾の形に配する（縦にみるとジグザグ文様なので、「ジグザグ文」と仮称する）。

破片を接合して復原されたこの土器では、通風口としての孔は胴部文様帯上で二カ所確認できる。外壁側で、これらの孔の周囲は高熱で溶融発泡しているので、礼文島元地遺跡例などを参考にすると、これらの孔をふくむ二つの土器片が鍛冶炉の壁兼羽口に転用されていたものと考えられる(3)。

この土器の形式的特徴はトーサムポロ竪穴群(4)の土器群と共通性が高く、中期、七世紀頃に位置づけられよう。

（2） 網走市モヨロ貝塚遺跡９Ｃ号竪穴住居(5)

やはり竪穴住居内の奥部、ヒグマ一二個体の頭蓋骨からなる骨塚六の前に、二片が重ねた状態で置かれていた。胴部破片であり、刻文をもつバンドは肩部を完周するらしく、縦の小貼り付け文によって、おそらく等間隔で区切られている（図2）。またその下側に刻文によるジグザグ文をめぐらす。この肩部のジグザグ文の下方、胴部最大径付近に穿孔している。二片とも、やはり外壁側で、これらの孔の周囲は高熱で溶融発泡している。

このバンドは完周・連続するのでカスガイ形をなすとはいえないが、縦の小貼り付け文を区切・単位とみれば、カスガイ形貼付文を連接させたものと解釈することができる。ジグザグ文と併せて上記トーサムポロＬ地区遺跡竪

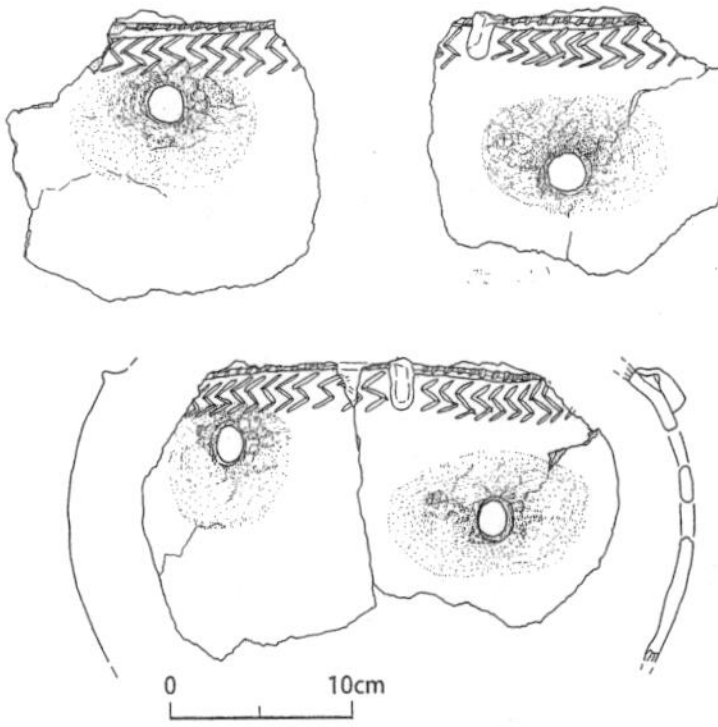

図2　モヨロ貝塚遺跡9C号竪穴住居の土器

図3　サシルイ北岸遺跡竪穴住居埋土の土器

穴例と共通性が高い。したがってこの土器も中期、七世紀頃に位置づけられる。

(3) その他、遺構にともなわない例

羅臼町サシルイ北岸遺跡のオホーツク文化最末期（トビニタイ期）の竪穴住居の埋土中でこの種の土器片二点がみつかっている。[6] 接合しない破片であるが、特徴からみてやはり同一個体であることは間違いないであろう（図3）。肩部にジグザグ文をめぐらせ、一片ではその文様下部に、もう一片では文様のかなり下方に穿孔したものである。外壁側で、これらの孔の周囲は高熱で溶融発泡している。

口縁部を欠くためにこの土器の形式的な特徴を指摘することはやや困難だが、胴部の文様は前記の二遺跡の土器群などに類例が多い。したがってこの土器も、口縁部に刻文系文様をもつ中期、七世紀頃のものと推定できる。

(4) オホーツク文化の鍛冶炉の特性

結局オホーツク文化では、鍛冶炉に土器片を転用する場合、寸法が合えばどのような破片でもよい、適当な大きさの破片二点を組み合わせて使用する、というわけではなく、そこに四つの強い〝こだわり〟がみとめられる。すなわち、①かならず同一個体の土器に由来する破片を用い、②部位は、肩部付近から胴部文様帯を含む胴部最大径あたりまでを選び、③その文様は、中期であればカスガイ形貼付文やジグザグ文が主で、④竪穴住居内に置かれ

る場合、奥部中央付近（骨塚相当部）に安置されることが多い。

なお、これらの文様をもつ土器は中期には道東地方に広くみられるが、不思議なことに、道北地方では概して希薄で、とくにカスガイ形貼付文は礼文島香深井1遺跡土器群[7]にはほとんど認められない。ただしジグザグ文はわずかながら道北にもみられ、礼文島香深井1遺跡では魚骨層Ⅵに最古の例[8]があり、以降ほそぼそと魚骨層Ⅲ、1号d埋土例[9]と続くあり方をみせる。

つまり道北集団は鍛冶に関して、土器片を用いるというユニークな技術だけを習得し、その背景の精神面の影響は受けなかった可能性が高い。

二　周辺地域、文化の類例

隣接するサハリンではこれまでのところまったく報告がない。遠からずみつかるであろう。

アムール流域では靺鞨文化（ミハイロフカ、トロイツコエ系）の竪穴住居にともなった類例が報告されている。[10]すなわちアムール中流域オシノヴォエ湖遺跡2号竪穴住居例である。この遺跡では平面四角形の竪穴住居址が二一軒確認され、そのうちの一軒が発掘調査された。規模は七×七m、深さ〇・八mで、焼け落ちている。

床面の南東隅でほぼ正立した状態でこの種の土器（8号）がみつかった（図4）。器形は円筒形に近く、叩き目の成形痕が頸部などに残っている。口縁部には断面B字形の肥厚帯をめぐらせ、頸部にカスガイ形貼付文を配す。この文様帯の下方、口唇面から一〇㎝ほどの位置に、円周上で対向する形で二カ所、孔が開けられている。内壁側のこれらの孔の周囲が高熱で溶融しているので、外側から内部に送風して操業したこと、土器片ではなく一個の器として炉に転用したことが明らかである。また竪穴東部、炉の近くで坩堝もみつかっているので、調査者たちはこの土器を金属の溶解・鋳造に用いられた炉と想定している。用途のひとつとして、鍛冶とならんで、認められてよいであろう。

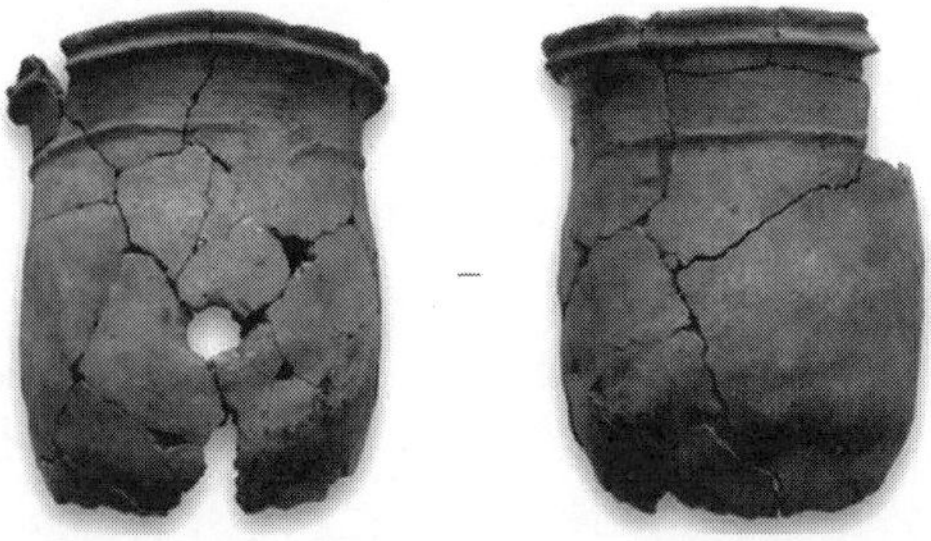

図４　オシノヴォエ湖遺跡２号竪穴住居の土器

またこの竪穴周辺に散在した土器片を接合した結果、オホーツク文化例と同様に外壁側で、開けられた孔の周辺が溶融した一点の土器片が復原できた。報告者たちは、この土器は８号土器のなかで坩堝を支える台としての用途を果たしたことを想定しているが、これについてはすでに批判したので再論しない(11)。いずれにせよ、土器の属性や出土状況からみて、これらの土器・土器片が冶金に関する一連のものであったことは認められてよいであろう。したがって、ここでは鍛冶炉と限定せず「冶金炉」と呼んでおくことにする(12)。

８号土器は、底部を欠くが中に獣骨が残されていた。さらにすぐ側には、牙付きのブタの下顎骨が住居中央を向くかたちで置かれ、砥石やブタの胸部椎骨（二個）、ウシの中足骨片（三個）などもみられた。獣骨（主にブタの下顎）はこの住居内では、西、北、東壁沿いに多く残され、埋土中にはウマの距骨やカモシカの上腕骨もわずかながらみられる。

この遺跡における動物種ごとの最小個体数データの提示はないが、ブタとくにその下顎の多さは歴然としており注目される(13)。単なる食料残滓とするには部位の偏りが大きすぎる。とくに加工したり、一定の場所に集積する扱いは認め難いが、下顎・牙を壁沿いに並べる、あるいは懸架して、それがシンボリックにあらわすパワーにたいする信仰・儀礼・祭祀があった可能性が大きい。

時期は八～九世紀と推定されている。

うえにみたオホーツク文化とアムール中流域靺鞨文化では、土器、土器片を冶金炉に転用する共通性があり、しかもそれらの土器にはカスガイ形貼付文をもつものが少なくなく、住居内の儀礼・祭祀的な空間（動物の霊送り）に関わる形で安置される点でも共通する。ではこれらの共通点はどのような意味をもつのであろうか。

まず、土器片を転用する場合かならず同一個体の土器に由来する破片を選ぶ。これは機能的には説明できない。もともとが完形であったことに意義を求めていたからであろう。するとオシノヴォエ湖8号土器のような、土器そのものを底部を抜いて転用する冶金炉がその原型なのではないかと考えられる。そして、選ぶ部位が肩部付近（の丸み）を中心として、胴部文様帯を含むことからみて、土器の炉には鉄鋼製品を生み出す母体のイメージがいだかれていたのではないだろうか。

つぎに、竪穴住居内に置かれる場合、オホーツク文化では奥部中央付近（骨塚相当部）に安置されることが多く、オシノヴォエ湖2号住居の場合、住居の隅でブタの下顎と併置されており、動物骨との関わりが共通する。これらは場所が場所だけに、単なる廃棄場所であったとは考えられない。一種の「霊送り」の場であり、その霊力・パワーを後ろ盾として住人たちの暮らしの安寧を願う信仰・儀礼の場だと考えられる。

そして、冶金炉へ転用された使用済みの土器がその脇に置かれていたことは、やはりこれと無関係ではなく、金属製品のパワー、これを生み出す冶金業への敬意・感謝の気持ちを表す儀礼的行為だと思われる。

最後に、その文様カスガイ形貼付文の共通性が注目される。文様も機能的には意味をもたない。しかし、これを取り込んだ破片を多用しているので、この文様を意識していることは疑いない。では西はアンガラ流域・クルムチン文化、ザバイカル・ブルホトイ文化、アムール中流域・靺鞨文化そしてオホーツク文化にいたる東西三〇〇〇km以上に及ぶこのカスガイ形貼付文（ロシア考古学の用語では「羊角文」）の広い分布・共有はなにを意味するのであろうか。

図5　ユーラシア牧畜民の羊角文様

図6　サハ民族の衣服に採用された羊角文モチーフ

既存の考古学データだけでこの問に答えることは困難である。そこで広く民族誌情報をみることにする。ロシアではこのカスガイ形のモチーフを《бараний рог》(baraniy rog)「羊角」とよぶ。この文様・モチーフは広くユーラシアの諸民族の間に広まっており、牧畜民にとって多汁の牧草、多産のシンボルとなっている（図5）。たとえばサハでは、人びとを悪霊から守る護符として、衣服やカーペットほか広く繊維製品の装飾に、この文様をビーズ刺繍や染色した糸でとりこむ[14]（図6）。

およそ七世紀から九世紀にかけて、バイカル湖西方地方からオホーツク海にまで拡まっていたカスガイ形貼り付け文（羊角文）はこのようなシンボリックな意味をもっていたのであろう。そこで今後オホーツク文化のこの文様（カスガイ形貼り付け文）を羊角文と呼ぶことにしたい。

ジグザグ文については、それを雷光の表現と解した場合、ギリシャ神話に登場する鍛冶師（神）キュクロープスなどユーラシアに広く知られる「鍛冶と雷」の関係が想起される。オシノヴォエ湖2号住居の段階には廃れてしまっていたが、七世紀前後のアムール流域地方あるいはさらに広くバイカル湖地方には、羊角文とこの文様をもつ土器を転用した冶金炉が拡まっていたこと、その東端がオホーツク文化であったことが予測される。今後の課題としたい。

註

（1）　Amano, T., Akanuma, H. and Kharinskiy, Artur V. 2013 Study on the production region of iron goods and the roots of forging technology of the Okhotsk Culture. *Bulletin of the Hokkaido University Museum*6, pp.1-17.
（2）　北構保男・前田潮・山浦清・金澤文雄「北海道根室市トーサムポロ遺跡オホーツク文化住居址」（『日本考古学年報』三四、一九八四年）二二七―二二九頁。
（3）　天野哲也「古代北海道における冶金」（たたら研究会編『日本古代の鉄生産』所収、六興出版社、一九九一年）六〇―七二頁。
（4）　北構保男・須見洋「北海道根室半島・トーサムポロ・オホーツク式遺跡調査報告」（『上代文化』二四、一九五三年）三一―

四八頁。

（5）熊木俊朗「9号竪穴住居跡発掘区」（米村衛編『史跡最寄貝塚』所収、二〇〇九年）二〇–九四頁。

（6）宇田川洋「サシルイ北岸遺跡の調査」（『羅臼町文化財報告2幾田』一九七五年）三八–四八頁。

（7）大場利夫・大井晴男編『オホーツク文化の研究2香深井遺跡』（上、東京大学出版会、一九七六年）。大場利夫・大井晴男編『オホーツク文化の研究3香深井遺跡』（下、東京大学出版会、一九八一年）。

（8）前掲註（7）大場・大井一九八一年、図三五〇：一一。

（9）前掲註（7）大場・大井一九七六年、図二五三：一三、図三二〇：四。

（10）Derevyanko, A.P. *et al.* 2010 Excavation of early middle age settelment lake Oshinovoe 2009. *Materials and Researches Korean-Russian Archaeological Expedition in Western Priamur* 3, Tedzhon.

（11）前掲註（1）論文。

（12）オホーツク文化では坩堝や鋳型は知られていないので、「鍛冶炉」とする。

（13）前掲註（10）論文表三（一一二頁）、表六（一二六–一二七頁）。

（14）ロシア科学アカデミー・シベリア支部サハ共和国 人文学・北方先住民族研究所（IHRISN）Alekseev Anatoliy Nikolaevich 所長のご教示による。またBitabarova Assel 氏（北海道大学大学院文学研究科 博士後期課程）には拙訳をチェックしていただいた。

北東アジアの葬墓制
――円形周溝を伴う墓葬を中心として――

中澤寛将

七世紀から十世紀の日本列島北部では、「末期古墳[1]」・「北海道式古墳[2]」・「円形周溝（遺構）」など、平面形が円形あるいは楕円形を呈し、その周囲に溝を巡らせた墓制[3]が展開する。十世紀以降には、平面形が方形を呈し、その周囲に溝を巡らせた「方形周溝遺構[4]」も登場する。

円形あるいは方形の周溝を伴う墓（周溝墓）は、九～十三世紀に日本列島対岸のアムール川中・下流域およびその支流域に展開したパクロフカ文化（アムール女真文化、綏濱三号類型）でも認められる。当該地域の周溝墓は、九・十世紀頃に登場し、形態・規模などにおいて日本列島北部の「末期古墳」や「円形周溝」と共通する点もある。一方、パクロフカ文化圏の南側に勢力をもった渤海では、礫を用いた墓（石築墓）や塼を用いた墓（塼築墓）など多様な墓制が展開する[5]。石室墓は、渤海墓制を特徴づけ、上京・中京・東京が置かれた渤海の中核地域のみならず、綏芬河中流域のような渤海の「周縁」地域にも広がる。渤海領域の墓葬の多くは、周溝はないがマウンド状の封土（墳丘）を伴うことから、パクロフカ文化でみられる周溝を伴う封土墓の成立過程を理解する上でも重要な位置を占める。

このような問題関心を踏まえ、本稿では、おおむね五世紀から十三世紀にかけての日本列島北部および日本列島対岸地域を対象とし、当該期の葬墓制を特徴づける「円形周溝」と「封土（墳丘）墓」について整理・検討し、北東アジアにおける周溝墓の成立・展開過程とその特質について述べる。

一　日本列島北部の周溝を伴う墓

（1）東北地方北部の「末期古墳」

六世紀末になると、北上川中・下流域において「末期古墳」が登場する。七世紀以降は北上川流域に加え、馬淵川流域・奥入瀬川流域・津軽平野・横手盆地など、東北地方北部に分布する（図1）。このような墓は南の古墳文化の墓制の影響を受けて成立したと考えられている。[6] 末期古墳は、平面形が直径六〜九m前後の円形を呈して墳丘を伴い、その周囲には幅一〜一・五m前後の周溝を伴う（図2）。墳丘の高さは一m程度になるが、削平されている場合が多いため判然としないものも多い。墳丘中央には平面長方形の主体部がみられる。主体部は、構築材料・方法によって、川原石や割石を積んで構築した「礫槨型」と、地面を掘り下げて構築した「土壙型」に大別される。また、羨道状の張り出しの有無や埋葬施設床面・壁面の構築方法により細分される。[7]

主体部の規模は、礫槨型が長軸二〜三m前後、短軸〇・六m前後の長方形、土壙型が長軸二・五m前後、短軸一・二m前後の長方形を呈する。前者は幅が狭いことから礫槨に直接遺体を埋葬し、後者は床面に溝状の掘り込みや炭化材が認められることから木棺・木槨に遺体を納めて埋葬したと推定される。いずれも伸展葬と考えられる。礫槨型は、江釣子古墳群・西根古墳群・太田蝦夷森古墳群など、七世紀前葉から八世紀代にかけて北上川中流域でみられる。一方、土壙型は、七世紀から八世紀にかけて北上川中流域・馬淵川流域・奥入瀬川流域・三陸沿岸などに分布する。このほか、明確な掘り込みをもたず、地面に拳大程度の礫を敷いて床とした礫床型もある。[8] このタイプは、主体部が長軸二m、短軸一m前後の方形を呈する。七世紀中葉頃に馬淵川流域や北上川流域に分布する。[9]

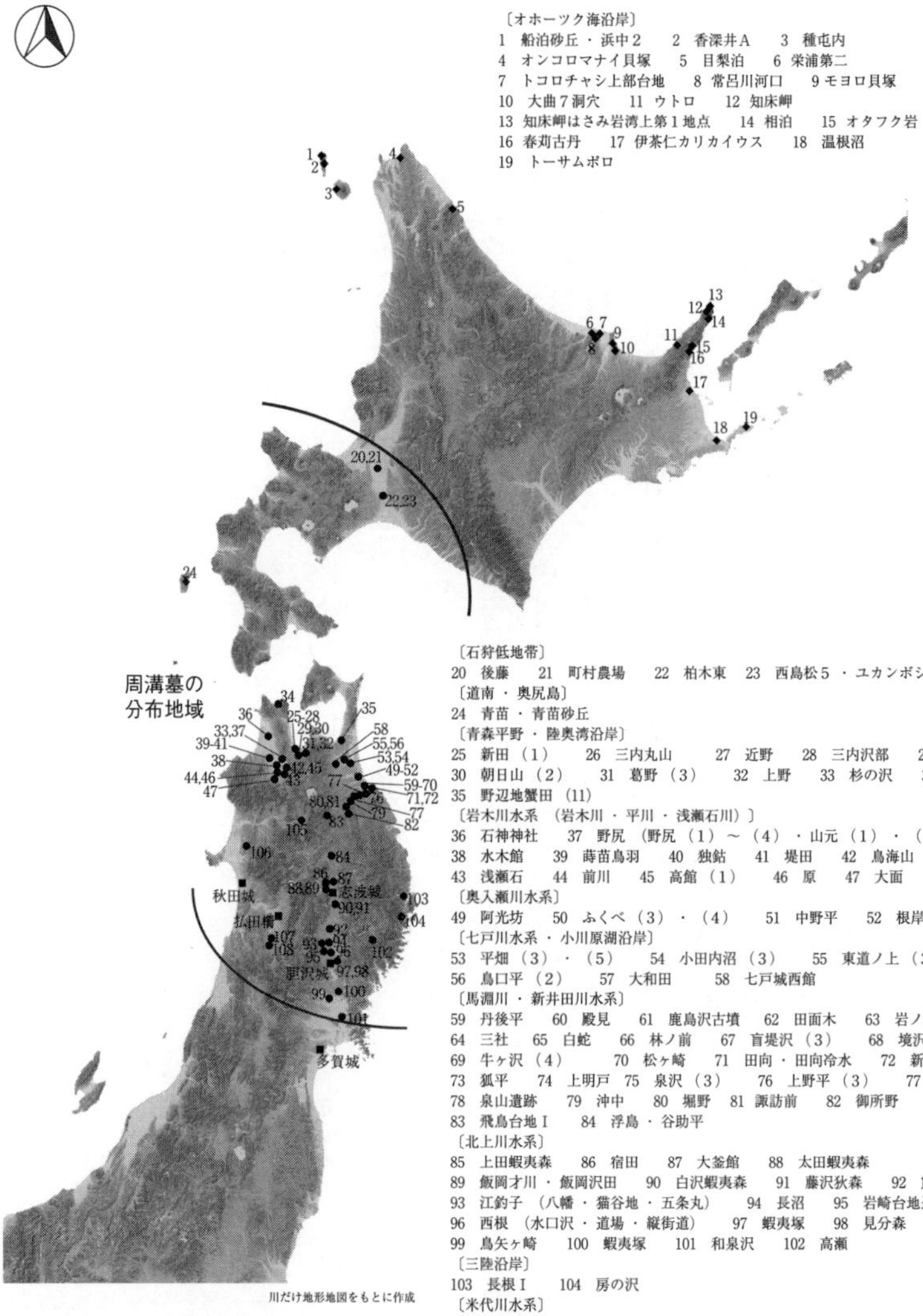

〔オホーツク海沿岸〕
1　船泊砂丘・浜中２　2　香深井Ａ　3　種屯内
4　オンコロマナイ貝塚　5　目梨泊　6　栄浦第二
7　トコロチャシ上部台地　8　常呂川河口　9モヨロ貝塚
10　大曲７洞穴　11　ウトロ　12　知床岬
13　知床岬はさみ岩湾上第１地点　14　相泊　15　オタフク岩
16　春苅古丹　17　伊茶仁カリカイウス　18　温根沼
19　トーサムポロ

〔石狩低地帯〕
20　後藤　21　町村農場　22　柏木東　23　西島松５・ユカンボシＣ１５
〔道南・奥尻島〕
24　青苗・青苗砂丘
〔青森平野・陸奥湾沿岸〕
25　新田（１）　26　三内丸山　27　近野　28　三内沢部　29　新町野
30　朝日山（２）　31　葛野（３）　32　上野　33　杉の沢　34　山崎
35　野辺地蟹田（11）
〔岩木川水系（岩木川・平川・浅瀬石川）〕
36　石神神社　37　野尻（野尻（１）～（４）・山元（１）・（２）・高屋敷館）
38　水木館　39　蒔苗鳥羽　40　独鈷　41　堤田　42　鳥海山
43　浅瀬石　44　前川　45　高館（１）　46　原　47　大面　48　稲本
〔奥入瀬川水系〕
49　阿光坊　50　ふくべ（３）・（４）　51　中野平　52　根岸
〔七戸川水系・小川原湖沿岸〕
53　平畑（３）・（５）　54　小田内沼（３）　55　東道ノ上（３）
56　鳥口平（２）　57　大和田　58　七戸城西館
〔馬淵川・新井田川水系〕
59　丹後平　60　殿見　61　鹿島沢古墳　62　田面木　63　岩ノ沢平
64　三社　65　白蛇　66　林ノ前　67　盲堤沢（３）　68　境沢頭
69　牛ヶ沢（４）　70　松ヶ崎　71　田向・田向冷水　72　新井田古舘
73　狐平　74　上明戸　75　泉沢（３）　76　上野平（３）　77　昼巻沢
78　泉山遺跡　79　沖中　80　堀野　81　諏訪前　82　御所野
83　飛鳥台地Ｉ　84　浮島・谷助平
〔北上川水系〕
85　上田蝦夷森　86　宿田　87　大釜館　88　太田蝦夷森
89　飯岡才川・飯岡沢田　90　白沢蝦夷森　91　藤沢狄森　92　熊堂
93　江釣子（八幡・猫谷地・五条丸）　94　長沼　95　岩崎台地遺跡
96　西根（水口沢・道場・縦街道）　97　蝦夷塚　98　見分森
99　鳥矢ヶ崎　100　蝦夷塚　101　和泉沢　102　高瀬
〔三陸沿岸〕
103　長根Ｉ　104　房の沢
〔米代川水系〕
105　枯草坂
〔雄物川水系〕
106　岩野山　107　蝦夷塚　108　柏原

◆　オホーツク文化の墓（土坑墓）
●　末期古墳・北海道式古墳・円形周溝・周溝のある墓・方形周溝

図１　日本列島北部の周溝墓

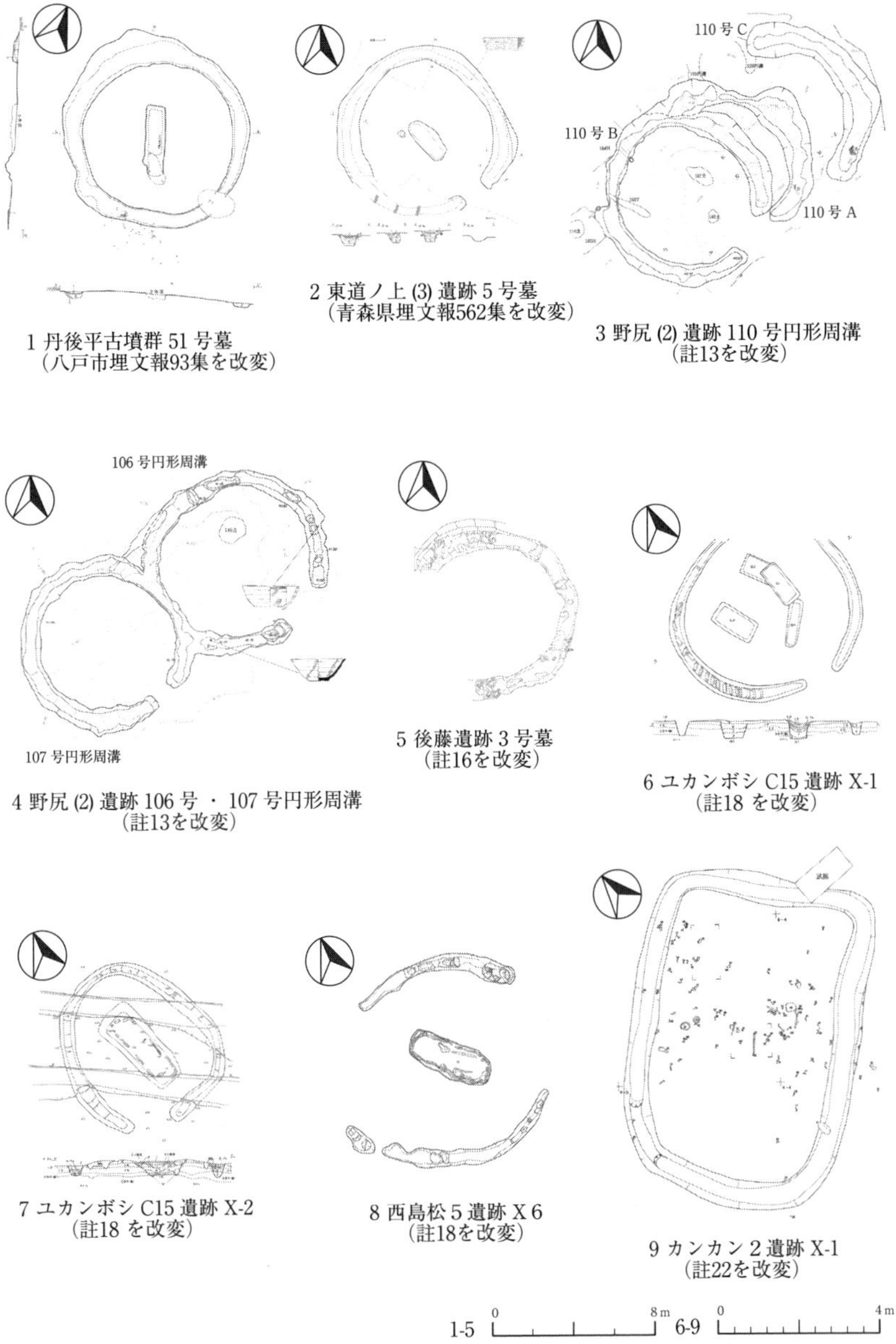

図2　日本列島北部の周溝墓

（2）東北地方北部の円形周溝

円形周溝は、円形・楕円形・馬蹄形状に溝を巡らした遺構である[10]。その分布域は北上川流域・馬淵川流域・奥入瀬川流域・陸奥湾沿岸域・岩木川流域・雄物川流域であり、末期古墳の分布域とおおむね共通する。末期古墳と同様に、河岸段丘に立地するものが多いが、山麓や丘陵の緩斜面、沖積地・低地、海岸部では海岸段丘に立地するものもある[11]。円形周溝は数一〇基が密集するタイプ、一～数基が散在するタイプがある。前者は拠点集落を背景とした集団墓地的な群集墳、後者は小集落を背景にもつ墓域として評価されている[12]。円形周溝の墳丘や主体部は、削平されて判然としないものが多い。

周溝は全周するタイプと一カ所あるいは複数カ所が途切れて開口部をもつタイプがある（図2）。一カ所途切れるタイプは、南東側が途切れるもの（阿光坊J一〇号周溝、丹後平A1号周溝、青森市新町野遺跡6・7号周溝、野尻（2）遺跡一〇六・一〇七号周溝）、南側が途切れるもの（飛鳥台地遺跡Ⅰ遺跡、横手市オホン清水北遺跡）、西側が途切れるもの（鳥口平（2）遺跡）などがある。また円形周溝のなかには、拡張したもの（野尻（2）遺跡一〇一号、一〇二・一〇三号、一一〇号、一一七号、野尻（3）遺跡五号、高屋敷館A区一〇四円溝など）や円形周溝が建物跡を切る事例（野尻（2）遺跡一〇一・一〇四・一〇八・一一〇円溝、高屋敷館A区一〇四円溝など）、円形周溝が建物跡に切られている事例（野尻（3）遺跡二・三・六円溝、高屋敷館A区一〇三円溝など）があり、津軽地域の大釈迦丘陵で顕著である。

埋葬方法は判然としないが、①旧地表面にそのまま遺体または棺を置き、その上に土を盛って墳丘状にするもの、②旧地表面に直接遺体を置き、その周囲を掘削した土を遺体に盛るもの、③墳丘構築後に主体部を掘り込んで構築するものなどが想定される。周溝上面や覆土から釘状鉄製品が出土する事例もあり、遺体が木棺に納められた可能性もある。また、野尻（3）遺跡では、2号円形周溝を切って構築された溝跡（6号円形周溝）から焼骨が出土しており[13]、火葬が行われた可能性も示唆される。

構築年代については、周溝履土から九一五年に降下したとされる十和田a火山灰（To－a）や九四〇年頃に降下したとされる白頭山－苫小牧火山灰（B－Tm）が確認されているため、十世紀中葉以前のものが主体である。ただし、周溝堆積土に白頭山－苫小牧火山灰がブロック状に混入する事例もあることから、十世紀中葉以降にも築造されていたとみられる。野辺地町蟹田（11）遺跡1号周溝は十二世紀代と推定され、円形周溝のなかでは最も新しい。

（3）北海道の周溝を伴う墓

北海道では、「北海道式古墳」や「周溝のある墓」などと呼ばれる遺構が八世紀後半から九世紀初めにみられる。前者は墳丘が伴うもの、後者は二〇cm未満の低い盛土が伴うか、盛土をもたないものである。東北地方北部の「末期古墳」の影響を受けて成立したと理解されているが、その評価については「末期古墳」の影響を受けながらも北海道独自に展開したとする意見[14]や「末期古墳」が地方化したものとする意見[15]がある。

「北海道式古墳」は、石狩低地帯で確認されている。江別市兵村古墳群・町村古墳群・後藤遺跡、恵庭市茂漁古墳群が知られている[16]。後藤遺跡は標高一八～二〇m前後の段丘上に立地し、二一基の墳墓が確認されている[17]。平面形は直径四～九m前後の円形あるいは馬蹄形を呈する（図3）。墳丘は削平されて判然としない。三号墳は、最大幅一・七m、深さ四〇cmの周溝が円形に巡り、その規模は直径九m前後と推定されている。主体部は確認されていない。

「周溝のある墓」は千歳市ユカンボシC15遺跡や恵庭市西島松5遺跡などで確認されている[18]。ユカンボシC15遺跡では、八世紀後半から九世紀初頭に比定される「周溝のある墓」が三基検出された。そのうち、X－1およびX－2において主体部とみられる土坑が確認されている。X－1は、幅は二五～四〇cm、深さ二五～五〇cmの溝が馬蹄形状に巡り、その規模は直径三・七～四・二m前後である。周溝の南部が途切れ、開口部を形成している。開口部は土坑の長軸方向上に位置する[19]。中央部では長方形の土坑が四基（G1～G4）確認されている。いずれも長軸一m、短軸〇・三～〇・六m程度の長方形を呈し、深さは〇・三～〇・四m前後となる。構築時期については、周溝がほぼ埋まりきった時期にB－Tmが降下していること、G1～G4がB－Tm降下以前に埋没していること、区画域内および周溝出土土器の時期などから、八世紀後葉から九世紀初めに築造されたと推定されている[20]。また、X－2は、幅は二六～五〇cm、深さ二四～五〇cmの溝が円形に巡り、その規模は直径三・七～四・一mである。南側には開口部がある。X－1と同様に、周溝がほぼ埋まりきった時期にB－Tmが降下していることが確認されている。周溝内の中央部で土坑が一基検出されている。規模は二・三×〇・九三mの長方形を呈する。土坑底縁部で断続する帯状の黒色土が確認され、木棺の使用を示唆する。壁付近の底面には、棺の構築材である板を埋め込んだ痕跡とみられる不連続の溝が確認されている[21]。構築時期は八世紀後葉から九世紀初めと推定されている。

平取町カンカン2遺跡では、周溝盛土遺構（X－1）が確認されている。本遺跡は、日高山脈に源流をもつ沙流川と看看川が合流する付近の左岸、標高六〇m前後の段丘上に立地する。X－1は樽前b火山灰（Ta－b）直下で検出され、その掘込み面でB－Tmが確認されている[22]。X－1は、平面が方形状を呈し、幅五〇～七〇cm、深さ四〇cm程度の周溝が巡り、その規模は東西八・〇二m、南北五・七四mを測る。長軸方向は北東－南西である。周溝内側の盛土の厚さは三〇cm程度となる。盛土上面からは佐波理碗・小刀・刀子・刀・鉾・大刀・柄頭・釧などが出土している。盛土上面では、主体部と推定できる掘込みは確認されていないことから、「周溝を結界とした祭紀的遺構で、共伴した遺物は供献用のもの」と推測されている[23]。構築年代は、十世紀中葉から十一世紀と推定される。

二　日本列島対岸地域の周溝墓

(1) 靺鞨の葬墓制

渤海建国以前（五～七世紀頃）、高句麗北東部では文献史料に登場する「靺鞨」の文化が展開していた。墓地は河川流域の段丘上に立地する場合が多い。墓葬は主軸方向を揃えて整然と配置されるものが多いが、トロイツコエ墓地

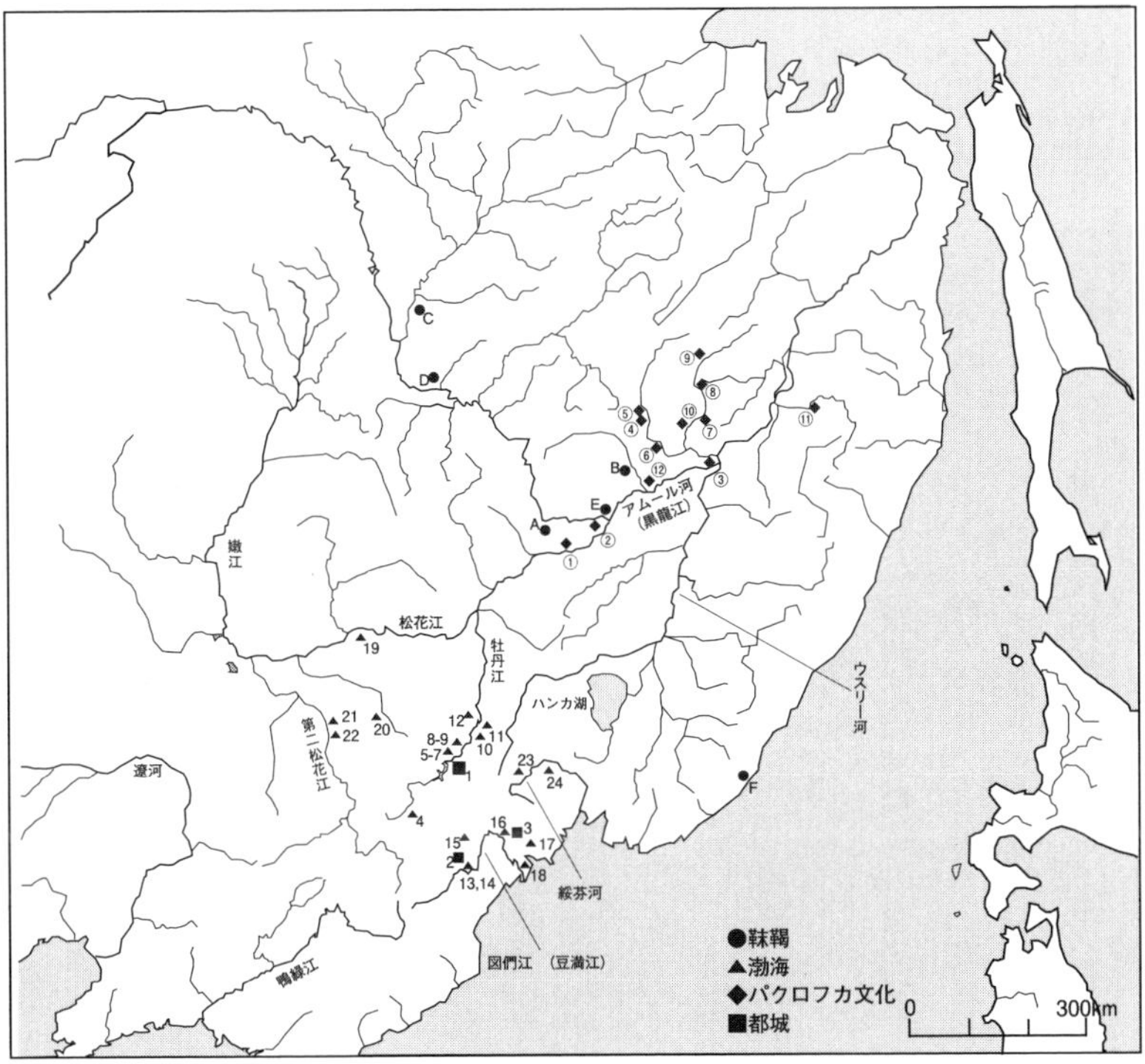

〔靺鞨〕

A 団結遺跡　B ナイフェリド墓地　C トロイツコエ墓地　D シャプカ墓地

E ブラゴスロヴェンノエ墓地　F マナストィルカ３墓地

〔渤海〕

1 渤海上京 (東京城)　2 渤海中京 (西古城)　3 渤海東京 (八連城)

4 六頂山墳墓群　5 三陵屯墓地　6 大朱屯墓地　7 虹鱒漁場墓地　8 山咀子墓葬

9 海林北站墓地　10 石場溝墓地　11 羊草溝墓地　12 二道河子墓地

13 河南屯古城、河南屯古墓　14 和龍龍海墓群・龍海寺廟址　15 安図東清墓地

16 琿春涼水鎮墓地　17 馬滴達墓葬　18 クラスキノ墓地　19 老山頭墓地

20 老河深墓地　21 楊屯大海猛遺跡　22 永吉査里巴墓地　23 東寧大城子墓地

24 チェルニャチノ５墓地

〔パクロフカ文化〕

① 綏濱三号墓地　② 四十連遺跡・永生墓地　③ コルサコフ墓地　④ ルダンニコヴァ丘墓地

⑤ チャルブフⅠ墓地・チャルブフⅡ墓地　⑥ テジナ湖墓地　⑦ クラスノクロフスキー墓地

⑧ ハイル墓地　⑨ ユクタカン墓地　⑩ ウリカ１墓地・ウリカ２墓地

⑪ アニュイⅠ墓地・アニュイⅡ墓地　⑫ ナデジンスコエ墓地

図３ 日本列島対岸地域の墓地遺跡

のように放射状に墓葬が分布する例もある。[24] 墓葬は竪穴土坑墓が主体である。高さ〇・五m程度の封土はもつが、周溝を伴うものはない。平面形は隅丸長方形・長方形・楕円形がある。床面に礫を敷いたものも存在する。土坑内に袋状ピットや床面に柱穴を伴うものはない。規模は、長軸一・五～二・五m前後で、深さは〇・五～一・〇m程度である。埋葬姿勢は仰臥伸展葬になるものが多い。焼骨が出土することもあることから、遺体は火葬された可能性もある。遺体頭部付近に容器（靺鞨罐）が配置され、武器は男性、装身具は女性に伴うことが多い。

(2) 渤海の葬墓制

六九八年、渤海が建国される。墓葬は、第二松花江流域、牡丹江流域や図們江（豆満江）流域、綏芬河流域に広がる。とくに、渤海五京や府・州間を結ぶ幹線道路や唐・新羅・日本へ向かう交通路、地方城郭・集落周辺の丘陵地や台地に立地する（図3）。都城周辺には王族・貴族・官僚などの墓域が形成される。「旧国」が置かれたとされる敦化周辺には六頂山墳墓群、上京の北側には三霊屯墓地、中京（西古城）周辺には龍頭山墓群が造営される。

渤海の墓葬は、靺鞨期以来の伝統を引く封土墓が主体であるが、周溝を伴うものはない（図4）。主体部の構築材料によって土築墓・石築墓・塼築墓に大別できる。[25] 土築墓は靺鞨文化の墓制の伝統を継承し、石築墓は高句麗の墓葬築造様式の影響を受けて成立したと推定される。

牡丹江右岸の独立丘の谷に挟まれた緩斜面に位置する六頂山墓群（吉林省敦化市）は、渤海初期の王族貴族墓と考えられている。[26] 墓地北西部の第一墓区で一〇五基、南部の第二墓区で一三〇基、計二三五基が確認された。第一墓区では土坑封土墓五八基、石棺墓二五基、壙室墓一三基、石室墓九基、第二墓区では土坑封土墓九七基、石棺墓二〇基、壙室墓一三基である。[27] 第一墓区南側には貞恵公主墓（M2）に代表される石室封土墓、「石台」と呼ばれる敷石遺構が分布し、第一墓区北側や第二墓区とは様相が異なる。

ＩM3は封土包石墓で、一一～一二m四方の方形基壇状施設の中央に長方形土坑三基、楕円形土坑一基が配置され

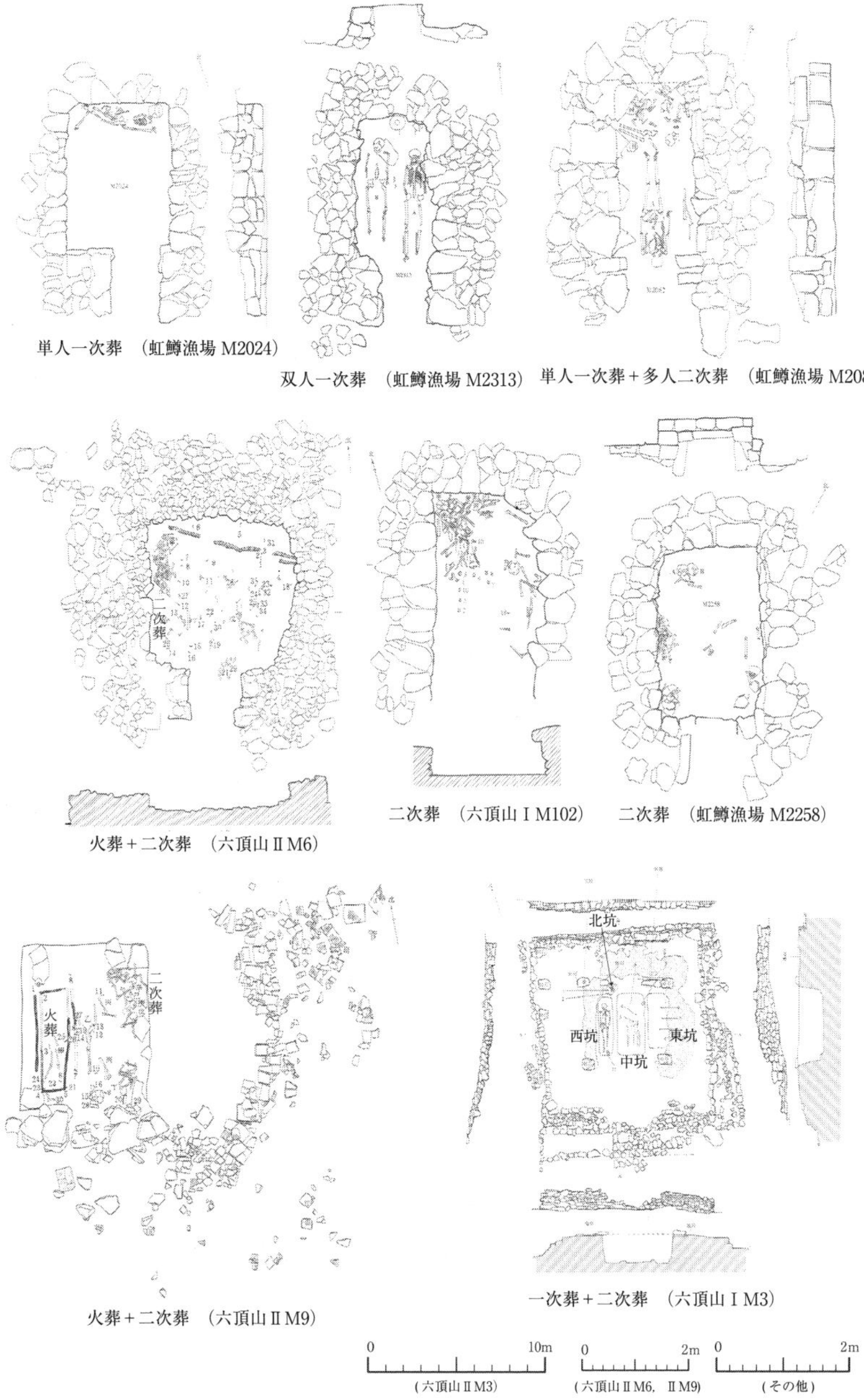

図4　渤海の葬墓制（註(28)・(30)書をもとに作成）

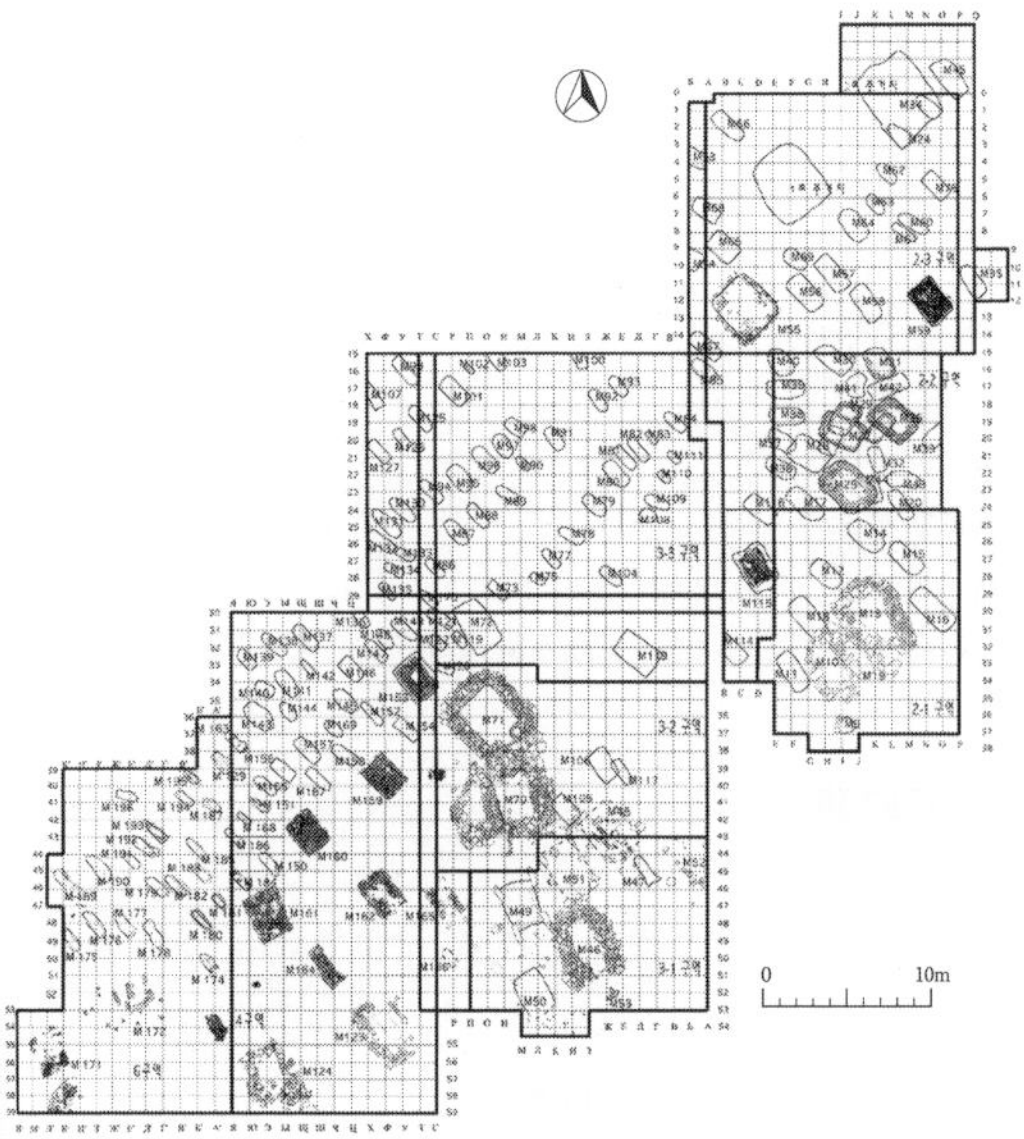

遺構平面図

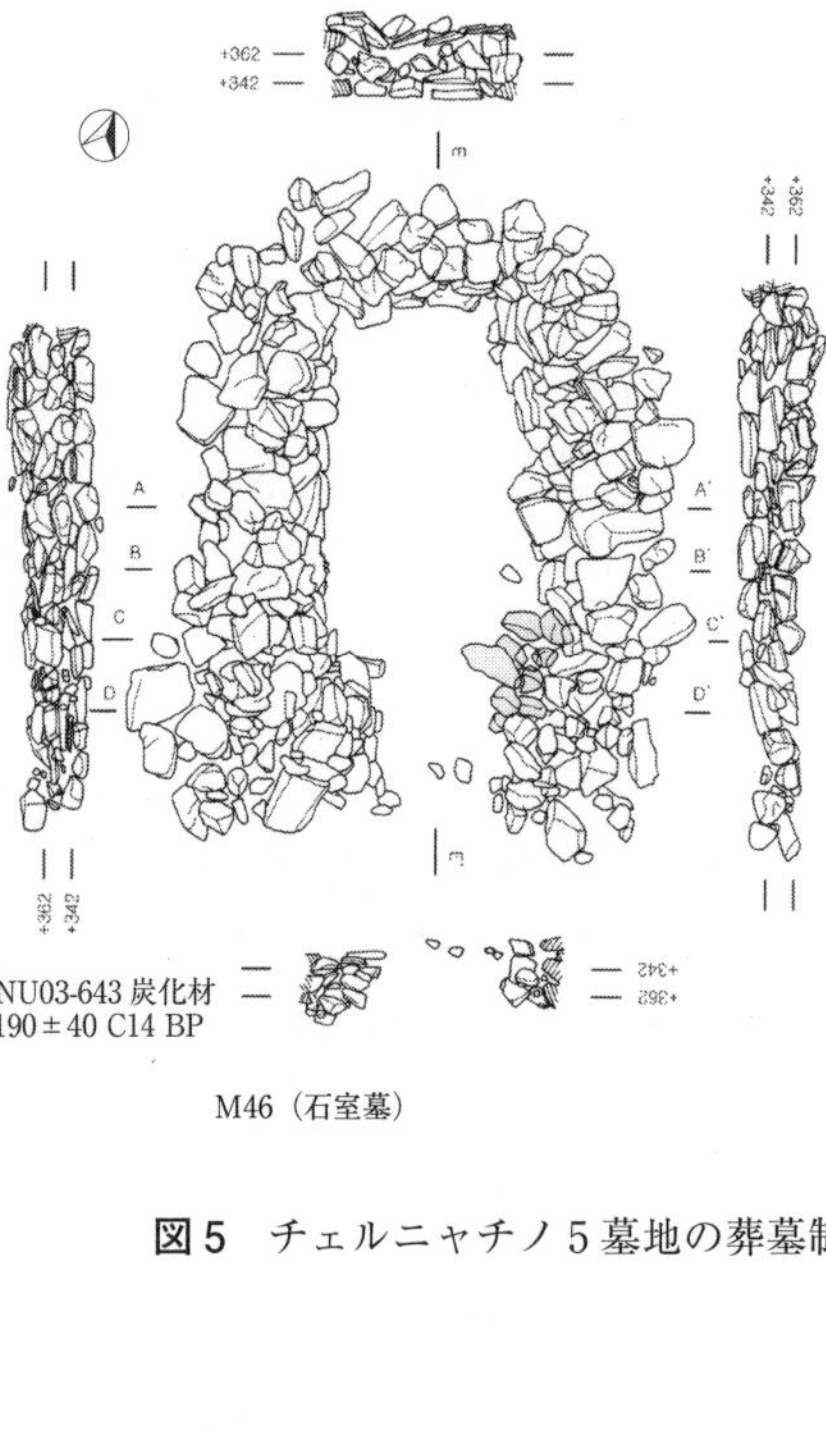

SNU03-643 炭化材
1190±40 C14 BP

M46（石室墓）

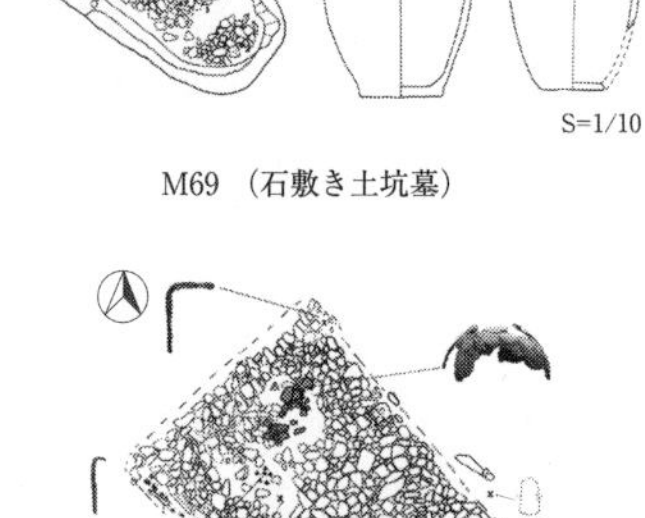

S=1/10

M69（石敷き土坑墓）

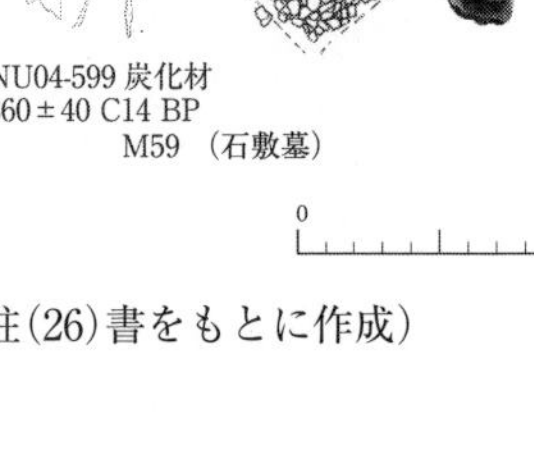

SNU04-599 炭化材
1360±40 C14 BP
M59（石敷墓）

0　　1m

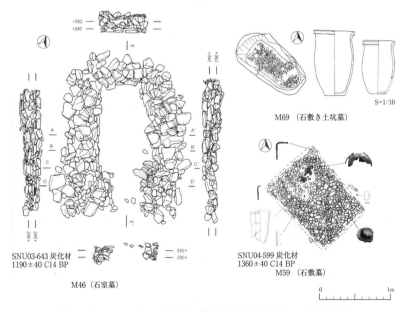

図5　チェルニャチノ5墓地の葬墓制（註(26)書をもとに作成）

る。土坑周囲および基壇縁辺には礎石がある。十字文・乳丁文瓦当もみられるため、墓上に内陣・外陣からなる瓦葺き礎石建物が存在したと推定される。土坑四基のうち、西坑で仰臥伸展葬の成人女性が検出された。頭位は北東である。西坑北側の北坑からは二次葬の成年女性人骨が確認された。ＩＭ三では男女六体分の人骨が確認され、複数回にわたって追葬されたと報告されている。一方、火葬の痕跡のある墓は、第一墓区北側や第二墓区で顕著に認められるが、第一墓区南側にあるＭ二（貞恵公主墓）・Ｍ六、大型石室墓のＭ一・Ｍ四・Ｍ五では火葬痕跡は確認されていない。墓葬底面や覆土でみられる焼土や木炭、被熱した木質葬具、焼骨等の出土状況を考慮すると、火葬は遺体が埋葬された墓室内で行われた可能性が高い。

虹鱒漁場墓地（黒龍江省寧安市）は、牡丹江中流域の左岸に立地する。その東南約六㎞に渤海上京龍泉府、東約四㎞に王陵と推定される三霊屯墓地が位置する。本遺跡では、石室墓二四七基・石壙墓三〇基・石棺墓一九基・磚室墓二基・双室墓一基等が確認された(28)。いずれの墓葬も封土を伴う。

虹鱒漁場墓地では一次葬二三基、二次葬一四三基、一次葬・二次葬両方が認められる墓が一四基確認されている。一次葬は単人・二人・三人以上に分けられ、いずれも仰臥伸展葬となる。単人葬は成人男性が多く、稀に成人女性や子どもがみられる。二人葬は男女の組み合わせが多い。一次葬・二次葬両方が認められるもののうち、単人一次葬と単人二次葬は成人男女の組み合わせが多く、一次葬は成人男性が多い。石室墓Ｍ二〇八〇・Ｍ二〇八二・Ｍ二二二七では奥壁側に二次葬の人骨が集中し、その手前に一次葬の遺体がある。遺体は仰臥伸展葬で一次葬され、追葬時にその人骨を奥壁側に寄せて、新たな遺体を埋葬するのが基本であったとみられる。頭位方向は奥壁側（北西・北・北東が多い）となるが、石室入口側に頭が向く例、奥壁に平行して遺体が横たわる例（虹鱒漁場Ｍ二〇二四）もあるため、埋葬姿勢は埋葬施設の規模や構造などにある程度左右されたと推測される。一方、二次葬は、単人・二人・三人以上に分けられる。人骨は墓室袖・奥壁・壁際に集中する。一次葬後あるいは追葬時に遺骨を寄せたと考えられる。虹鱒漁場Ｍ二二五八では奥壁に成人男女の頭骨が一対並んだ状態で確認された。このほか、六頂山では二次葬が八基確認された。虹鱒漁場墓地と同様に奥壁あるいは側壁側に複数の人骨を寄せた例もある（ⅠＭ一〇一・ⅠＭ一〇二・ⅡＭ六）。両袖式の石室墓ⅡＭ六では二次葬人骨三体のほか、焼土や炭化した木棺が確認されたことから、火葬も行われたと推定される。[29] 虹鱒漁場墓地では焼骨の出土例が七基と限られ、二次葬に比べると少ないことから、火葬は一般的ではなかったと考えられる。

ロシア沿海地方の綏芬河中流域にあるチェルニャチノ5墓地では、一八七基の墓葬が調査されている。[30] 墓葬は、土坑墓、石壙墓、石組墓、石室墓などがある（図5）。周溝を伴う墓は確認されていない。本遺跡は、墓域北西側に整然と配置された土坑墓群が古く、次第に東側に拡大し、敷石墓・石室墓の順に新しくなると考えられる。[31] この点は、個人墓である土坑墓に代わり、追葬可能な石室墓へ墓制が変容したことを示唆する。

（3）パクロフカ文化の葬墓制

渤海の北方地域に展開したパクロフカ文化では、平面形が長方形あるいは楕円形の土坑墓、円形周溝や方形周溝を伴う封土墓の二つの類型の墓が存在する[32]（図6）。

テジナ湖東岸の微高地に立地するテジナ湖墓地では、三六基の円形周溝墓が確認されている。[33] 墳墓は、直径一三ｍの一号墓を囲むように二～七号墓および一〇号墓が位置し、さらにその外側に墳墓が分布する。調査担当者であるワシーリェフ氏は、一号墓を中心に墳墓が円形・弧状に四重に巡ることを指摘する。墳墓の規模は、最も小さいもので直径四ｍ（二七号墓）、最も大きいもので一三ｍ（一号墓）であり、直径五～八ｍに収まるものが多い。その内訳は、直径五ｍが五基（一一・二二・二六・二九・三六号墓）、直径六ｍが一二基（五・八・一〇・一二・一五・二〇・二五・二八・三一・三二・三四・三五号墓）、直径七～七・五ｍが八基（二・三・九・一四・二一・二三・二四・三三号墓）、直径八ｍが四基（四・七・一三・三〇号墓）である。封土の高さは〇・四～一・八ｍであり、その中央付近には主体部と推定される窪みがある。また、三一号墓を除き、周溝の東側あるいは南東側に周溝が途切れた土橋状

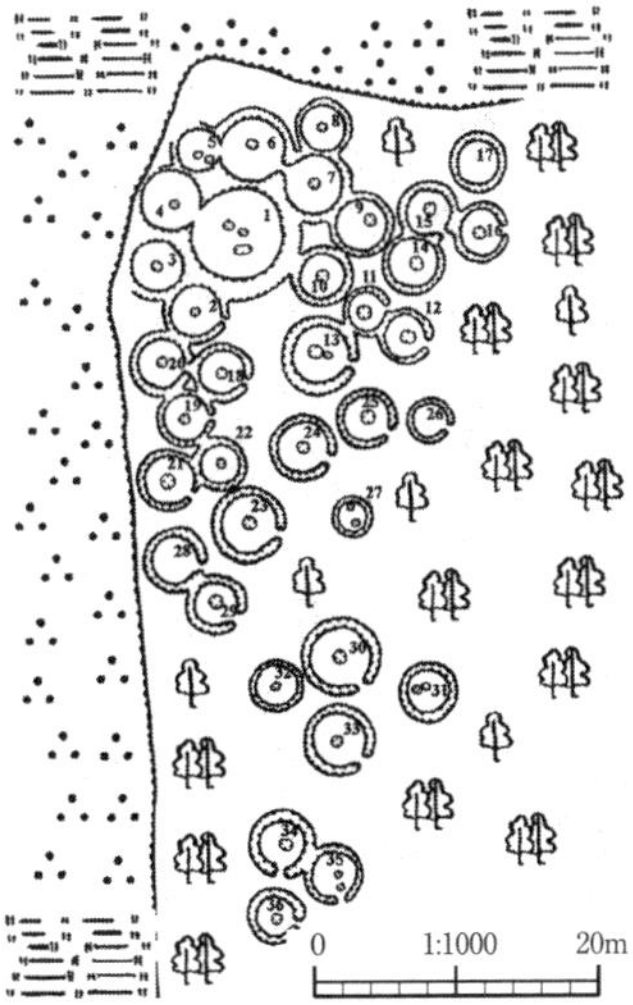

テジナ湖墓地遺構配置図

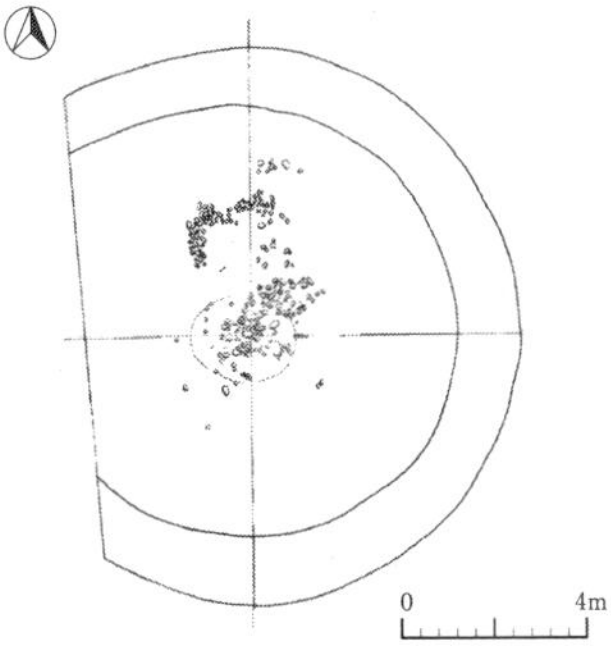

ユクタカンⅠ墓地185号墓

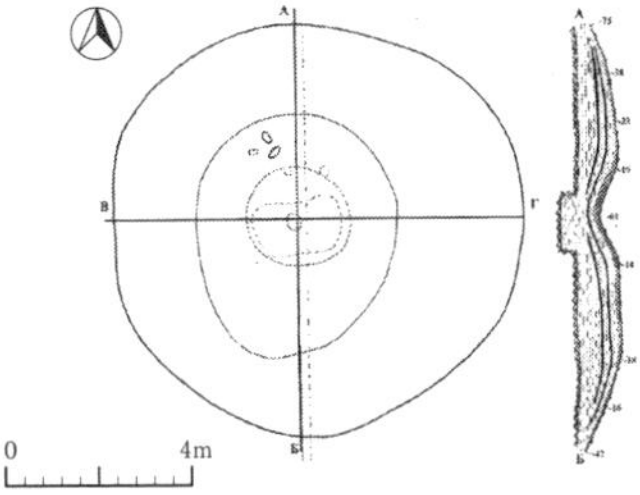

ユクタカンⅠ墓地229号墓

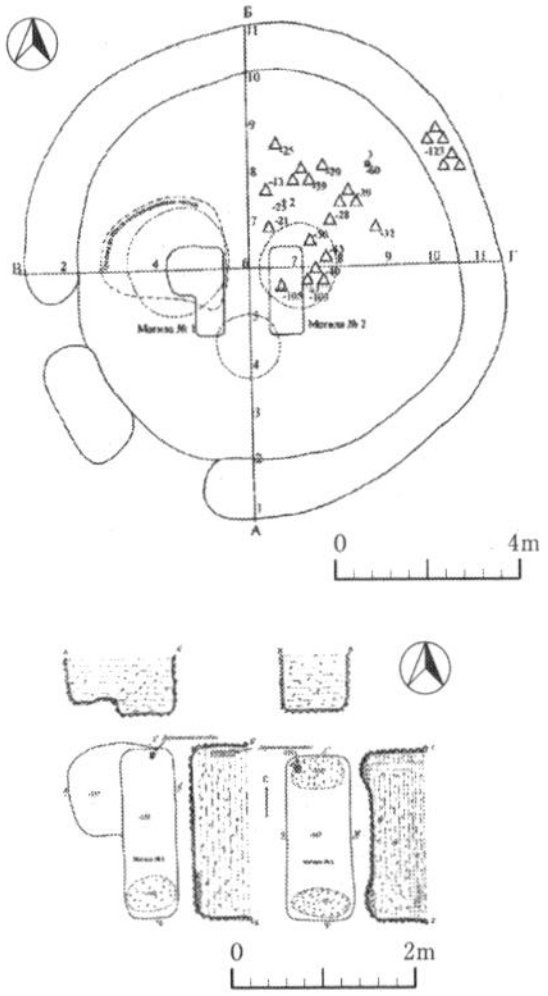

クラスノクロフスキー墓地55号墓
（上：平面、下：土坑）

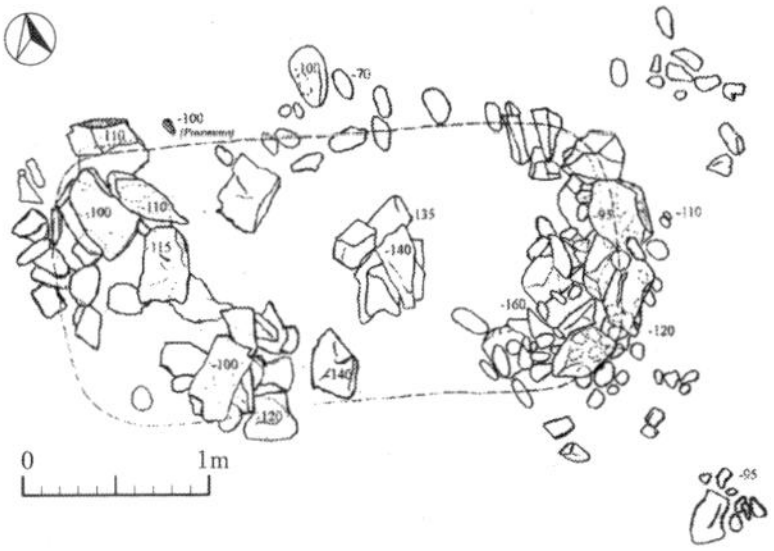

アニュイ・パラビンカ墓地第1号墓群2号墓

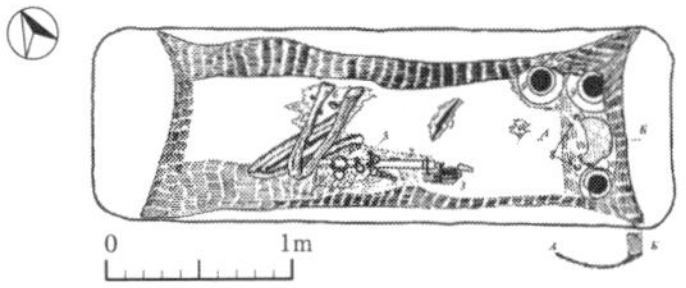

ルダンニコヴァ丘墓地西群29号墓

図6　パクロフカ文化の墓地遺跡（註(32)論文をもとに作成）

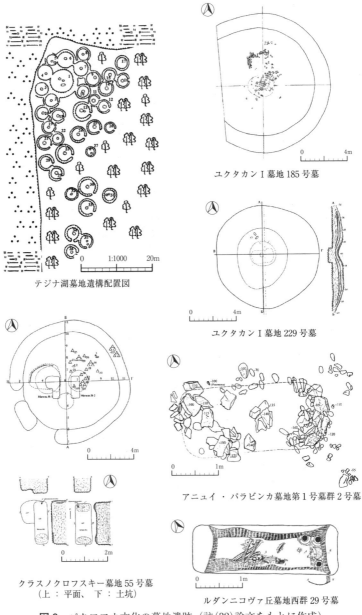

の開口部がある。墓地の存続年代は十世紀末から十一世紀と推定されている。

アニュイ川流域に立地するアニュイ・パラビンカ遺跡第1号墓群では、二一基の周溝を伴う封土墓が確認され、そのうち一五基が発掘調査されている。(34) ワシーリェフ氏は十一世紀と推定している。墓域北側では直径一三m前後の封土墓、南側では直径五～七m前後の封土墓が分布する。本墓群で最も規模が大きい二号墓は、直径一三m、高さ一・六mの封土を伴い、周囲に幅二～三・三m、深さ〇・三～〇・五mの溝が全周する円形周溝封土墓である。主体部となる土坑は封土中央部に位置し、長軸が東西方向の隅丸長方形を呈する。土坑の東壁・西壁には、壁に沿うように礫が配置されている。また、木棺の存在を示唆する炭化物も確認されている。埋葬姿勢は屈葬と推定され、頭部付近から鉄製品、鉄鏃、ガラス玉、玉類、青銅製の環状装飾具、鉄製刀子などが出土した。土坑壁面に礫を伴う墓葬は、ロシア沿海地方のチェルニャチノ5墓地で確認されている「土石混築土壙墳丘墓」(35)に類似する。同遺跡では、平面長方形あるいは楕円形を呈した土坑を掘削した後に、四壁に石を配置して壁面を補強している。ただし、石は四面のうち一～二面だけに用いられるものが多い。土坑内部では、木棺や丸太構造物の炭化材や焼骨などが確認され、土坑内で埋葬後に火葬が行われた可能性を示唆する。ニキーチン氏らは、このタイプの墓は渤海前期に築造され、土坑墓から石築墓への移行期に発生した墓制と推測している。(36) 筆者は、このタイプの墓からは、口縁部に刻み目を伴う靺鞨罐が出土することから、渤海建国以前の七世紀代と推定し、石を伴わない土坑墓と併存するという理解を提示した。(37) 二号墓はチェルニャチノ5墓地とは時間的な隔たりが大きいが、土坑墓から周溝墓への移行過程を示唆するものとして注目される。

ルダンニコヴァ丘墓地は、アムール川中流域の支流・ウルム河左岸の沖積地に立地し、西群・東群・中央群・南群・湖群の五つの墓群に区分されている。(38) 西群では八八基の封土墓のうち五五基が調査されている。封土の規模は直径四～一四m、高さ一・四m未満である。十一世紀と推定されている。東群は九一基の封土墓のうち二四基が調査され、十二世紀と推定されている。最小で直径三m、最大で直径一三mであり、封土高は〇・三～一・三m程度である。中央群は三一基確認され、三基が調査されている。時期は十一～十二世紀と推定されている。直径四～九mのものが多く、最大のものが長軸一二m×短軸八～八・五mの平面楕円形で高さ一m程度である。南群は二〇基確認され、八基調査されている。ルダンニコヴァ丘墓地一号墓では石室の痕跡と思われる石組遺構が確認されている。土坑壁面に礫を伴うものは西群六号墓・八〇号墓、東群四号墓などでも認められる。ペトロパブロフカI遺跡四号墓やユクタカンI遺跡一八五号墓（円形周溝）でも長方形状に礫を配置した石室墓が確認されている。

クラスノクロフスキー墓地では、円形周溝および方形周溝が確認されている。[39] 封土の規模は、円形周溝が直径三～七・五m、方形周溝が三・五～四mである。封土のほぼ中央部に主体部と考えられる長方形土坑が認められる。五五号墓は南西側が二カ所途切れた周溝を伴う円形周溝墓であり、中央部に長軸を南北方向とした長方形土坑が二基並んだ状態で検出されている。土坑の短辺側には溝状の掘り込みが認められ、その付近からは炭化物が確認されたことから、木棺の板をはめ込んだ痕跡と推定される。また、五六号墓でも土坑が二基並んで検出され、短辺側には溝状の掘り込みが認められる。二二号墓のように、南北に長軸方向をもつ長方形土坑が四基伴うものもある。一方、方形周溝は三〇号墓および三一号墓が代表的である。規模は六×六m前後の方形を呈し、封土の高さは〇・五m程度である。三一号墓の周囲には幅〇・六～一m、深さ〇・三m程度の溝が巡る。これら二つの墓葬では北宋銭が出土していることから、遅くとも十二世紀初めには方形周溝をもつ墓が成立したと推定される。

パクロフカ文化では、河川・湖沼に近い低位丘陵に墓地が立地する。コルサコフ墓地のように竪穴土坑墓からなるもの、円形周溝からなるもの、円形周溝および方形周溝からなるものがある。九～十世紀に封土を伴う竪穴土坑墓が展開し、十世紀頃から円形周溝を伴う封土墓がみられ、やや遅れて十一～十二世紀に方形周溝が登場する。いずれの墓地でも数一〇基の墓葬が密集して分布する。封土の規模は径四～一〇m前後で、高さは一m程度となるものが多い。墳丘頂部に一～数基の主体部が存在し、複数の主体部をもつものは同一の封土墓で追葬が行われた可能性を示唆する。主体部は地面を掘り込んだだけの土坑が多いが、壁面に礫を積み上げた石壙墓に類似するものや割石を方形状に組んだものがある。渤海の石室墓のような礫を積み重ねて墓室を形成した墓葬と判断できるものはない。主体部となる長方形を呈した土坑内部には、長方形木棺を伴うことが多い。埋葬姿勢は手足を折り曲げた状態の仰臥屈葬が多いが、伸展葬もある。封土の規模において若干の差異が認められるものの、主体部の構造や副葬品については差異がほとんど認められず、等質的な様相を呈する。臼杵勲氏は、封土墓の成立過程について、「封土墓の年代が仮に九世紀にさかのぼれば、渤海の封土墓の影響を受けたとみるのがもっとも可能性が高い」とするが、「渤海に近い地域である松花江下流域やウスリー江下流域では土坑墓が営まれており、飛び地的に封土墓が分布しているので、単純な影響とも考えにくい」と指摘する。(40) パクロフカ文化と渤海の墓制の共通点は、封土墓である点だが、主体部は土坑であって石室を伴わないことから、単純に渤海の石室封土墓の影響とみることはできない。

三　北東アジアの周溝墓の比較検討

ここでは、日本列島北部と日本列島対岸地域で確認されている墳丘（封土）・周溝を伴う墓葬の分布・立地、重複の有無、墳丘の形態・規模、周溝の形態・規模、埋葬施設、埋葬姿勢などについて比較検討する（表1）。

分布・立地　日本列島北部の末期古墳・北海道式古墳・円形周溝は、大・中規模河川流域の河岸段丘や微高地に立地する。日本列島対岸地域では河川流域の河岸段丘や沖積地に立地する。両地域ともに、数一〇基の墓が近接密集している墓地を形成している場合が多い。土坑墓主体の墓地、土坑墓と周溝墓が混在する墓地、周溝墓主体の墓地がある。靺鞨期には土坑墓が長軸方向を揃えて列をなして配置されるタイプ（マナスティルカ3墓地、チェルニャチノ5墓地など）や墓葬が放射状に配置されるタイプ（トロイツコエ墓地）があるのに対し、周溝墓の場合はいくつかの群として捉えられるが規則性はない。ただし、大規模な墓の周辺に中・小規模の墓が配置される傾向が認められる。

重複関係にある墓葬　北海道やアムール川中流域で確認されている周溝封土墓は密集して近接して築造されるもの

の、重複する例はほとんどない。築造当時も墳丘が視認できたと考えられることから、重複を避けて構築されたものと推定される。その一方で、靺鞨期の土坑墓や渤海の石室墓、東北地方北部の円形周溝のなかには、墓同士が重複しているものもある。東北地方北部の円形周溝については、建物跡に切られているものもある。この点は墳丘が存在しなかったか、存在したとしても低平であった可能性のほか、人口の多さから墓を壊してでも建物や墓を築造する必要性があった可能性などが想定される。

墳丘（封土・盛土）・周溝　末期古墳や北海道式古墳では墳丘・周溝が認められる。東北地方北部の円形周溝は墳丘が存在したと推定されるが、後世の削平により判然としないものが多い。周溝は全周するもの、一～複数カ所途切れるものがある。一方、日本列島対岸地域の靺鞨文化期の土坑墓、渤海の土築墓・石築墓、パクロフカ文化の土坑墓・周溝墓では墳丘がみられる。パクロフカ文化の封土墓には周溝を伴うものもある。周溝は全周するもの、一～複数カ所途切れるものがあり、東北地方北部の円形周溝の開口部と共通するものもある。

主体部構造　主体部は墓の中央部に配置される。主体部の平面形は長方形・隅丸長方形が基本である。末期古墳は土坑型と礫槨型に大別される。礫槨型は、主体部構造だけをみると、渤海の石室墓や石壙墓と類似する。また、床面に礫を敷いた礫床型はチェルニャチノ5墓地の石敷墓と類似する。

埋葬施設　直接埋葬するもの、木棺・木槨を用いるものがある。末期古墳のうち、礫槨型は礫槨に直接遺体を埋葬、土壙型は木棺・木槨に遺体を納めて埋葬したと推定される。円形周溝は埋葬方法が判然としないものの、木棺に埋葬された可能性や火葬が行われた可能性のあるものがある。渤海代の六頂山墳墓群やチェルニャチノ5墓地の石室墓では、遺体埋葬後に墓室内で火葬が行われたことが確認されている。ただし、火葬の受容には地域差・時期差も存在しており、日本のように仏教の影響により火葬が浸透したというわけではない。

埋葬者数・埋葬姿勢　末期古墳や北海道式古墳・北海道の周溝を伴う墓・靺鞨期の土坑墓・パクロフカ文化の円形周溝墓では単人葬を基本とする。一方、渤海の石室墓では単人葬・双人葬・多人葬がある。双人墓では成人男女の組み

表1　封土墓・周溝墓の属性比較

地域		東北地方北部			北海道		
種類		末期古墳	円形周溝	方形周溝	北海道式古墳	周溝をもつ墓	方形周溝
分布		河川流域	河川流域	河川流域	河川流域	河川流域	河川流域
立地		河岸段丘・微高地・丘陵地・海岸段丘	河岸段丘・微高地・丘陵地・海岸段丘	河岸段丘・微高地・丘陵地・海岸段丘	河岸段丘・微高地	河岸段丘・微高地	河岸段丘・微高地
遺構の重複		○	○	—	×	○	—
切り合う遺構		墓	墓・建物	—	×	墓・建物	—
墳丘	有無	○	—	○	○	×	○
	平面形	円形	—	方形	円形・楕円形	—	方形
	規模	直径6～9m前後 高さ1m程度	—	—	直径3～6m前後	—	—
周溝	有無	○	○	○	○	○	○
	平面形	円形・馬蹄形	円形・馬蹄形・楕円形	方形・隅丸方形	円形・馬蹄形・楕円形	円形・馬蹄形・楕円形	方形・隅丸方形
	全周	○	○	○	○	○	○
	1箇所途切れ	○	○	○	○	○	○
	複数箇所途切れ	△	○	—	—	○	—
	外周規模	直径6～9m前後	直径4.5～14m前後	—	直径4.5～9m前後	直径3.5～5m前後	8m×6m前後
	溝の規模	幅1～1.5m前後	幅0.5～3m前後	幅0.5～1m前後	幅1～1.7m前後	幅0.5～1m前後	幅0.5～1m前後
主体部	構造	土坑型・礫槨型・礫床型	—	—	土坑型	土坑（複数存在あり）	土坑（(複数存在あり）
	平面形	長方形	—	—	長方形	長方形	—
	規模	土壙型：2.5m×1.2m前後 礫槨型：2～3m×0.6m前後 礫床型：2m×1m前後	ß—	—	2m×0.6m前後	1m×0.5m前後	—
埋葬施設		土壙型：木棺・木槨 礫槨型：直接埋葬 礫床型：木棺・木槨	木棺・火葬（焼骨出土）	鉄釘出土（木棺使用？）	—	木棺	鉄釘出土（木棺使用？）
埋葬姿勢		仰臥伸展葬	—	—	伸展葬	伸展葬	—
時期		6世紀末～8世紀	8世紀後葉～10世紀 （一部12世紀まで残るか）	10世紀後半以降	8世紀後葉～9世紀	8世紀後葉～9世紀初	10世紀後半以降

地域		靺鞨	渤海	パクロフカ文化		
種類		土坑墓	石室墓	土坑墓	円形周溝	方形周溝
分布		河川流域	河川流域	河川流域	河川流域	河川流域
立地		河岸段丘・丘陵地	河岸段丘・丘陵地	河岸段丘・丘陵地	河岸段丘・微高地	河岸段丘・微高地
遺構の重複		○	○	○	○	○
切り合う遺構		墓	墓	墓	墓	墓
墳丘	有無	○	○	○	○	○
	平面形	円形・楕円形	円形・楕円形	円形・楕円形	円形・楕円形	方形
	規模	—	—	—	直径 3 ～ 13m 前後	4 ～ 7m × 4 ～ 6m 前後
周溝	有無	×	×	×	○	○
	平面形	—	—	—	円形・馬蹄形・楕円形	方形・隅丸方形
	全周	—	—	—	○	?
	1 箇所途切れ	—	—	—	○	○
	複数箇所途切れ	—	—	—	○	○
	外周規模	—	—	—	直径 4.5 ～ 14m 前後	4 ～ 7m × 4 ～ 6m 前後
	溝の規模	—	—	—	幅 0.5 ～ 3m 前後	幅 0.6 ～ 1m 前後
主体部	構造	土坑（礫床あり）	石室	土坑	土坑・礫敷	土坑（複数存在あり）
	平面形	楕円形・長方形	長方形・方形・凸形・L 字形	楕円形・長方形	長方形・隅丸長方形	長方形・隅丸長方形
	規模	2.5m × 0.5 ～ 1m 前後	2 ～ 4m × 1 ～ 2.5m 前後	1.5 ～ 2.5m × 0.5 ～ 1m 前後	2m × 0.5 ～ 1m 前後	2m × 0.5m 前後
埋葬施設		直接埋葬、木棺、二次葬、火葬	直接埋葬、木棺、二次葬、火葬	直接埋葬、木棺、二次葬、火葬	木棺・火葬	木棺・火葬
埋葬姿勢		仰臥屈葬、仰臥伸展葬	仰臥伸展葬	仰臥屈葬、仰臥伸展葬	仰臥屈葬、仰臥伸展葬	仰臥屈葬、仰臥伸展葬
時期		6 ～ 8 世紀	7 世紀末～ 10 世紀	9 ～ 12 世紀	10 ～ 11 世紀	11 ～ 13 世紀

合わせが多い。北海道の周溝を伴う墓やパクロフカ文化の円形周溝墓・方形周溝墓のなかには、複数の主体部をもつ例がある。この点は、周溝墓では追葬が行われ、家族墓のような性格を有する墓であった可能性が示唆される。

埋葬姿勢は末期古墳・北海道式古墳・周溝をもつ墓は伸展葬であったと推定される。靺鞨の土坑墓は仰臥屈葬と伸展葬、渤海の石室墓は伸展葬、パクロフカ文化では仰臥伸展葬・仰臥屈葬がみられる。二次葬は日本列島北部では判然としないが、日本列島対岸地域では靺鞨文化以来の伝統である。渤海の石室墓では、追葬時に墓室内で遺骨整理が行われ、奥壁に頭骨を並べるなど特徴的な様相も認められる。

四　北東アジアにおける周溝墓成立の諸段階（予察）

第1期　土坑墓の時代（〜六世紀）　東北地方北部では、五〜六世紀代にかけて土坑墓が築造された。当該期の土坑墓は、壁面に袋状ピットがつくられることや、埋葬遺体の頭部付近に二個の礫を配置することなどが特徴的である。七世紀に入ると、木槨（木棺）がみられる。一方、日本列島対岸地域では、平面長方形の竪穴土坑墓が主体を占める。

第2期　南の文化的影響による墓制の変容（七〜八世紀）　伝統的な土坑墓に加え、葬墓制に南の文化的影響がみられる段階である。六世紀末以降、東北地方北部では「末期古墳」が築造される。北海道では、八世紀に東北地方北部の「末期古墳」の影響を受けた「北海道式古墳」が築造される。一方、日本列島対岸地域では、七世紀末から八世紀前葉頃に渤海中心部において土坑墓に代わって石室墓が導入される。ただし、渤海領域の周縁部では、土坑墓と石室墓が同時存在しており、渤海の墓制は一様ではない。渤海の石室墓では靺鞨罐の系譜を引くロクロ製深鉢形土器が出土する。この点は、葬送に関わる人のなかに靺鞨系の人びとが含まれるとともに、土坑墓を用いる集団と石室墓を用いる集団が存在したことを示す。渤海の北方地域では土坑墓を用いている。

第3期　円形周溝墓の展開（八世紀後葉〜十世紀）　八世紀後葉以降、「末期古墳」や「北海道式古墳」が営まれた地域では「円形周溝」が広がる。一方、渤海では封土を伴う石室墓が定着し、北方のパクロフカ文化では土坑墓のほかに円形周溝封土墓が普及する。パクロフカ文化では仰臥屈葬とともに、伸展葬も認められるようになる。

第4期　墓制の転換と新たな墓制の受容（十一〜十二世紀）　東北地方北部では十世紀中葉以降、北海道では十世紀中葉から十一世紀、アムール川中流域では十一世紀以降に方形周溝が展開する。東北地方北部では、十二世紀中葉頃から仏教文化の影響を受けた経塚が用いられ、墓制が転換する。日本列島対岸地域では、パクロフカ文化で方形周溝墓が展開する。その南の地域では、金建国後に石函など仏教との関わりを示す墓制が登場する。

本稿では、おおむね五世紀から十三世紀にかけての日本列島北部および日本列島対岸地域を対象とし、当該期の葬墓制を特徴づける「円形周溝」の成立・展開過程について整理・検討した。その結果、日本列島北部では六世紀末以降に段階的に円形周溝を伴う墓が北上し、北海道では八世紀後葉から九世紀初頭、東北地方北部では十世紀中葉まで用いられる。一方、日本列島対岸地域では封土を伴う墓は靺鞨文化期から伝統的に用いられているが、円形周溝を伴う墓は渤海では認められない。十世紀以降にパクロフカ文化、とくにアムール川支流域のハバロフスク地方で顕著に認められ、十一世紀以降には方形周溝墓も登場する。パクロフカ文化の円形周溝は、東北地方北部のそれと共通する要素もみられる。とくに、王権・国家の「周縁」地域において、南の地域の文化的な影響を少なからず受けながら周溝墓が受容されて定着する点、日本列島北部のみならず日本列島対岸地域でも円形周溝が北方地域を特徴づける墓制として展開する点は重要である。本稿では、周溝を伴う墓の概要を提示したに過ぎず、出土遺物や系譜関係などについては十分に触れることができなかった。供献容器や刀剣類、ガラス玉をはじめとする装身具のあり方も、南の地域とはやや異なる北方的な特質があると予想される。また、墓葬構造については、地域・時期によって多様な用語が使用されているが十分に整理できなかった。この点については、別稿にて論じたい。

註

（1）藤沢敦氏は、北東北の「末期古墳」が墳丘形態・墳丘規模、主体部の構造、副葬品の構成において均質性が強く、明確な格差が顕在化しないことから、倭の古墳・終末期古墳とは別個の社会的機能を有した墳墓と捉え、「蝦夷系墳墓」という名称を提唱している。藤沢敦「倭の『古墳』と東北北部の『末期古墳』」（『古墳時代の政治構造』青木書店、二〇〇四年）。

（2）いわゆる「北海道式古墳」（後藤寿一「北海道に於ける古墳出土遺物の研究」『考古学雑誌』二四―二・三、一九三四年）は、「古墳様墳墓」（河野広道「北海道における古墳様墳墓に就いて」『考古学雑誌』二四―二、一九三四年）・「墳丘墓」（大塚和義「北海道の墓址」『物質文化』三、一九六四年）などとも呼ばれる。近年は、末期古墳の一類型として捉える見解もある（鈴木琢也「北海道における三～九世紀の土壙墓と末期古墳」『北方島文化研究』一〇、二〇一二年）。

（3）墓制は墓の様式・作り方、葬制は死体（遺体）の処理・埋葬の方法・習慣を表す概念として使用する。

（4）方形周溝遺構は、墓のみならず、建物などの機能を想定する見解もある。

（5）中澤寛将『北東アジア中世考古学の研究―靺鞨・渤海・女真―』（六一書房、二〇一二年）。

（6）伊藤玄三「末期古墳の年代について」（『古代学』一四―三・四、一九六八年）、高橋信雄「岩手県における末期古墳群の再検討」（『北奥古代文化』一八、一九八七年）、八木光則「東北北部の終末期古墳群」（『岩手考古学』八、一九九六年）。八木光則『古代蝦夷社会の成立』（同成社、二〇一〇年）、五十嵐聡江「『末期古墳』の展開とその社会的背景」（『筑波大学先史学・考古学研究』一五・一六、二〇〇四年・二〇〇五年）、林正之「東北北部『末期古墳』の再検討」（『古代』一三七、早稲田大学考古学会、二〇一五年）。

（7）前掲註（6）参照。

（8）前掲註（6）八木論文・書（一九九六・二〇一〇年）参照。

（9）前掲註（6）八木論文・書（一九九六・二〇一〇年）参照。

（10）八木光則氏は、「主体部が残存しない末期古墳」について「周湟墓」と呼び、円形周溝・円形周溝墓と呼ばれてきたものを含めて考えている。前掲註（6）八木書（二〇一〇年）参照。

（11）玉川英喜「岩手県内の円形周溝と方形周溝」（『紀要』X、岩手県文化振興事業団埋蔵文化財センター、一九九〇年）、小谷地肇「末期古墳の展開と終焉―古代の墓制―」（宇部則保・齋藤淳編『一般社団法人日本考古学協会二〇一六年度弘前大会北東北九・十世紀社会の変動　研究発表資料集』二〇一六年）。

(12)　神康夫「青森県内の円形周溝地名表」(『研究紀要』一、青森県埋蔵文化財調査センター、一九九六年)。
(13)　青森県教育委員会『野尻(2)遺跡Ⅱ・野尻(3)遺跡』(青森県埋蔵文化財調査報告書第一八六集、一九九六年)。
(14)　鈴木信「所謂「北海道式古墳」と「周溝のある墓」について」(『千歳市ユカンボシC15遺跡(4)』北海道埋蔵文化財調査報告書第一五九集、一分冊、二〇〇一年)。
(15)　前掲註(6)八木書(二〇一〇年)参照。
(16)　前掲註(2)河野論文、後藤寿一「古墳の発掘について」(『蝦夷往来』八、一九三二年)、喜田貞吉「北海道に於ける所謂『古墳』に就いて」(『蝦夷往来』九、一九三三年)、石附喜三男「北海道南部における八世紀前後の墳墓とその系統」(『古代学』一二―四、一九六六年)、江別市教育委員会『元江別遺跡群』(江別市文化財調査報告書XⅢ、一九八一年)、石附喜三男「北海道における古墳の年代」(『月刊考古学ジャーナル』一六四、一九七九年)、天野哲也『古代の海洋民オホーツク人の世界―アイヌ文化をさかのぼる』(雄山閣、二〇〇八年)。
(17)　前掲註(16)江別市教育委員会書参照。
(18)　北海道埋蔵文化財センター『千歳市ユカンボシC15遺跡』(北海道埋蔵文化財調査報告書第一二八集、一九九八年)、北海道埋蔵文化財センター『千歳市ユカンボシC15遺跡(4)』(北海道埋蔵文化財調査報告書第一五九集、二〇〇一年)、北海道埋蔵文化財センター『西島松5遺跡』(北海道埋蔵文化財調査報告書第一七八集、二〇〇二年)。
(19)　前掲註(18)北海道埋蔵文化財センター(一九九八年)書の六一頁参照。
(20)　前掲註(18)北海道埋蔵文化財センター(一九九八年)書参照。
(21)　前掲註(18)北海道埋蔵文化財センター(一九九八年)書の六八頁参照。
(22)　平取町教育委員会『平取町カンカン2遺跡』(平取町教育委員会、一九九六年)。
(23)　前掲註(22)書参照。
(24)　韓国国立文化財研究所・ロシア科学アカデミーシベリア支部考古学・民族学研究所『トロイツコエ古墓群』(韓国国立文化財研究所、二〇〇八年)。
(25)　鄭永振『高句麗渤海靺鞨墓葬比較研究』(延辺大学出版社、二〇〇三年)、翻訳書として、鄭永振『古ツングース諸族墳墓の比較研究成澤勝編、東北大学東北アジア研究センター、二〇〇三年)。ニキーチンE.Yu.・テレリューエフA.Yu.「チエルニャチノ5遺跡の墓葬分類」(『中国とロシア沿海地方における渤海の考古学的研究』金沢学院大学、二〇一六年)。前掲

註（5）参照。

(26) 中国社会科学院考古研究所『六頂山与渤海鎮』（中国大百科全書出版社、一九九七年）、吉林省文物考古研究所・敦化市文物管理所『六頂山渤海墓葬』文物出版社、二〇一二年）。

(27) 六頂山渤海墓葬の報告書では、従来石室墓と呼称されてきたものの一部について、「壙室墓」という区分を設けている。石室墓が墓門・甬道を伴い墓室内壁および側壁が高さ〇・八mを超えて天井石で蓋をして墓室とするものであるのに対し、壙室墓は内壁・側壁が低いものである。両者は埋葬方法の違いを示し、石室墓が墓門から遺体を入れて納めるのに対し、壙室墓では墓室上面から遺体を入れた後に土や石で封じると推定されている（前掲註（26）吉林省文物考古研究所ほか、二〇一二年）。この分類に従えば、虹鱒漁場墓地やチェルニャチノ5墓地などで「石室墓」と報告されているものの多くが「壙室墓」に該当することになる。

(28) 黒龍江省文物考古研究所『寧安虹鱒漁場』（文物出版社、二〇〇九年）。

(29) 前掲註（26）吉林省文物考古研究所ほか（二〇一二年）。

(30) ロシア連邦極東工科大学・韓国伝統文化大学校『沿海州チェルニャチノ5渤海古墓群（I）～（Ⅳ）』（韓国伝統文化大学校、二〇〇五～二〇〇九年）。

(31) 前掲註（5）参照。

(32) ワシーリェフYu. M.「パクロフカ文化の葬制―九世紀～十二世紀―」（『一九九三年度「北の歴史・文化交流研究事業」中間報告』北海道開拓記念館、一九九四年）。ワシーリェフYu. M.（天野哲也訳）「アムール流域のパクローフカ文化（九－十三世紀）の火葬」（『北海道考古学』三〇、一九九四年）。Медведев В.Е. 1991 Корсаковский могильник: хронология и материалы. Новосибирск. 173с. Медведев В.Е. 1992 Оригинальный могильник на среднем Амуре.// Известия СО РАН 1992-№3. Новосибирск. Медведев В.Е. 1998 Курганы Приамурья. Новосибирск.142с. Васильев Ю.М. 2006 Погребальный обряд Покровской культуры (IX – XIII вв. н.э.) . Владивосток. 371с.

(33) 前掲註（32）Васильев 2006 参照。

(34) ワシーリェフYu. M.（中澤寛将訳）「アニュイ遺跡群―パラビンカ遺跡―」（『アジア遊学』一〇七、勉誠出版、二〇〇八年）、前掲註（32）Васильев 2006 参照。

(35) 前掲註（25）ニキーチン・テレリューエフ論文参照。

（36）前掲註（25）ニキーチン・テレリューエフ論文参照。
（37）前掲註（5）参照。
（38）前掲註（32）Васильев 2006 参照。
（39）前掲註（32）Васильев 2006 参照。
（40）臼杵勲「極東地域の葬墓制」（狭川真一編『日本の中世墓』高志書院、二〇〇九年）。

ロシア沿海地方のパクロフカ文化期における墓上建物の新事例

――コクシャロフカ8遺跡の調査報告書から――

小嶋芳孝

コクシャロフカはロシア沿海地方の中部、ウスリー川の右岸にある小さな町である。ウラジオストクから約三五〇km離れており、自動車で行くと一日かかる（図1）。コクシャロフカの南に広がるウスリー川右岸の自然堤防上に、コクシャロフカ城跡と呼ばれている大型の平地城がある。この遺跡は、韓国の文化財庁と文化財研究所（以下、韓国側研究所と略す）がロシア科学アカデミー極東支部考古学民族学歴史学研究所（以下、ロシア側研究所と略す）と共同調査を行って、渤海時代の北方支配拠点と報告されている。この遺跡の評価については、出土土器に関する検討など多くの課題を抱えており、筆者は遺跡の主要な年代を渤海滅亡後の十世紀前半に比定している。二〇一〇年にロシア側研究所のクリューエフ氏がコクシャロフカ城跡の北側で石組遺構を発見してコクシャロフカ8遺跡と命名し、二〇一二～一四年にかけて韓国側研究所とロシア側研究所が共同調査している（図2）。その成果は、二〇一五年に『沿海州コクシャロフカ遺跡』と題して報告（以下『報告書』と略す）されている。(1)

二〇一四年にウラジオストクでコクシャロフカ8遺跡の調査写真を見る機会があり、この石組遺構が中国でこれまでに検出されてきた墓上に建物を伴う渤海時代の墳墓遺跡に類似していることを知った。ウラジオストクの研究者に筆者の印象を話したところ、彼らもこの遺構が建物を伴う墳墓の可能性があるとの見通しをもっていたので、韓国隊も共通の認識をもっていると考えていた。二〇一六年に、『報告書』韓国語版を入手できた。意外なことに、コクシャロフカ8遺跡の石組遺構は墳墓ではなく宗教的な祭殿と報告されていて、韓国側とロシア側で遺跡の評価が相違していることを知った。『報告書』では、コクシャロフカ8遺跡の石組遺構の構築過程は丁寧に記述されているが、遺跡の性格について墳墓説を否定して祭殿と判断した根拠は十分に示されていない。本稿では、渤海の遺跡で検出されてきた墓上建物の事例を通して、コクシャロフカ8遺跡の石組遺構について検討を行いたい。

一　コクシャロフカ8遺跡の概要

コクシャロフカ8遺跡は、平面が方形の石組遺構である。花崗岩の板石を小口積みして構築され、階段状遺構と基壇状石組、その上の石壁、中央部の石室で構成されている。[2] 基壇の規模は、基底部で一四・五×一一m、高さは一・二m前後である。方形石組遺構の南辺西寄りに、幅九・五m、奥行き三・五mの階段状遺構が敷設されている。

基壇上には、石壁が二基確認されている。基壇中央の西寄りで検出された石壁は、基壇本体と同じく花崗岩の板石を小口積みして構

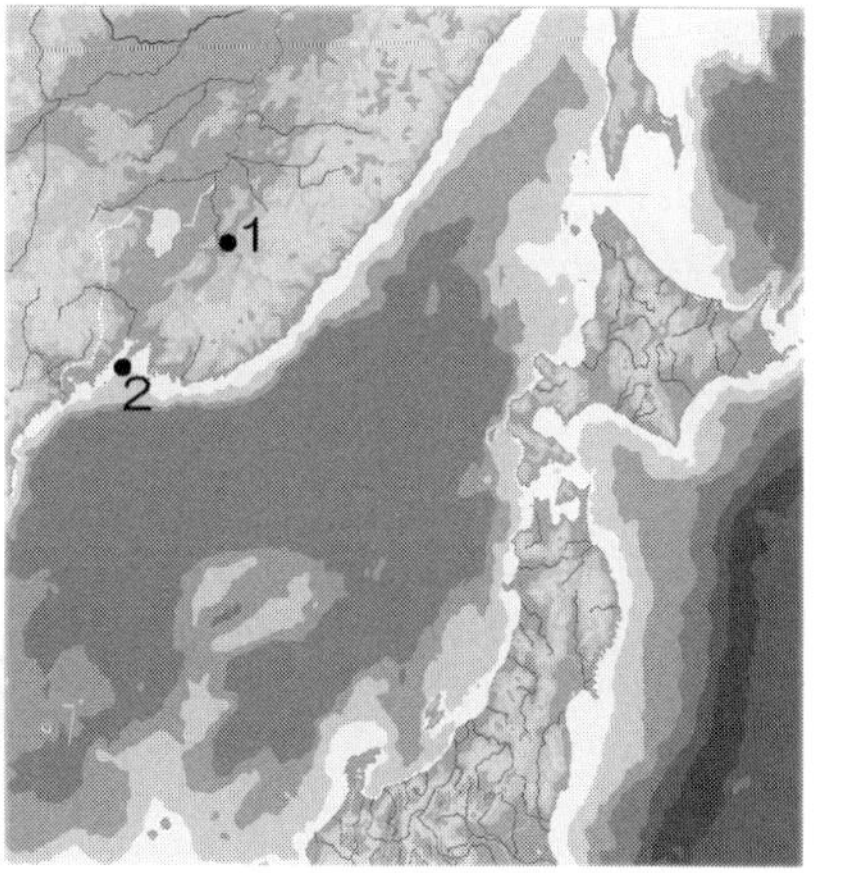

1 コクシャロフカ　2 ウラジオストク

図1　コクシャロフカの位置

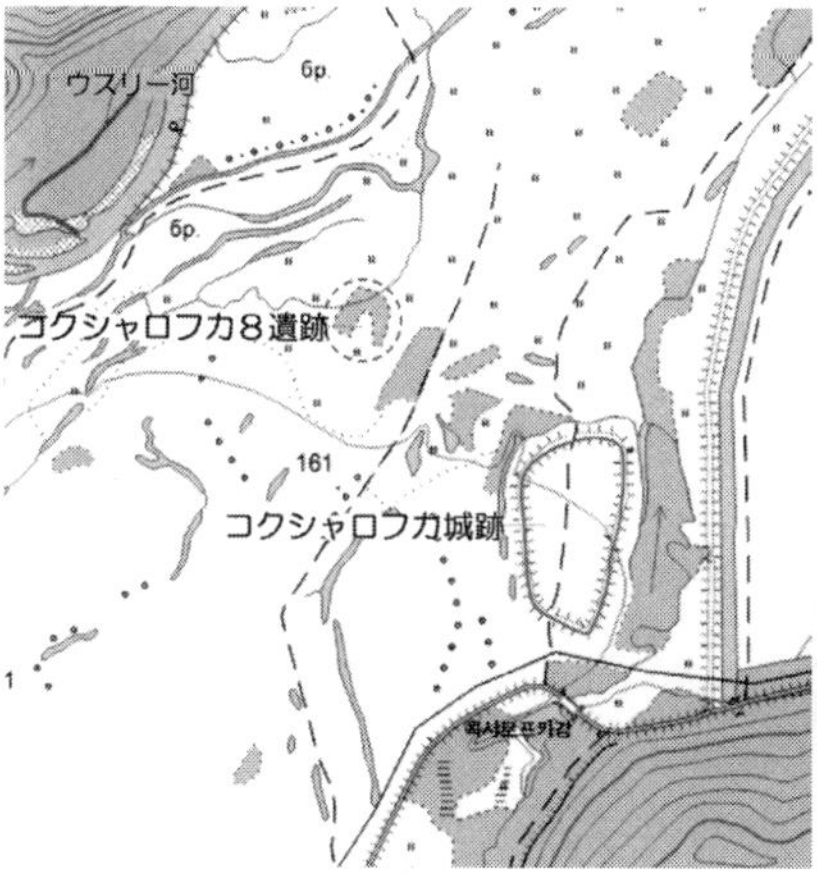

図2　コクシャロフカ8遺跡

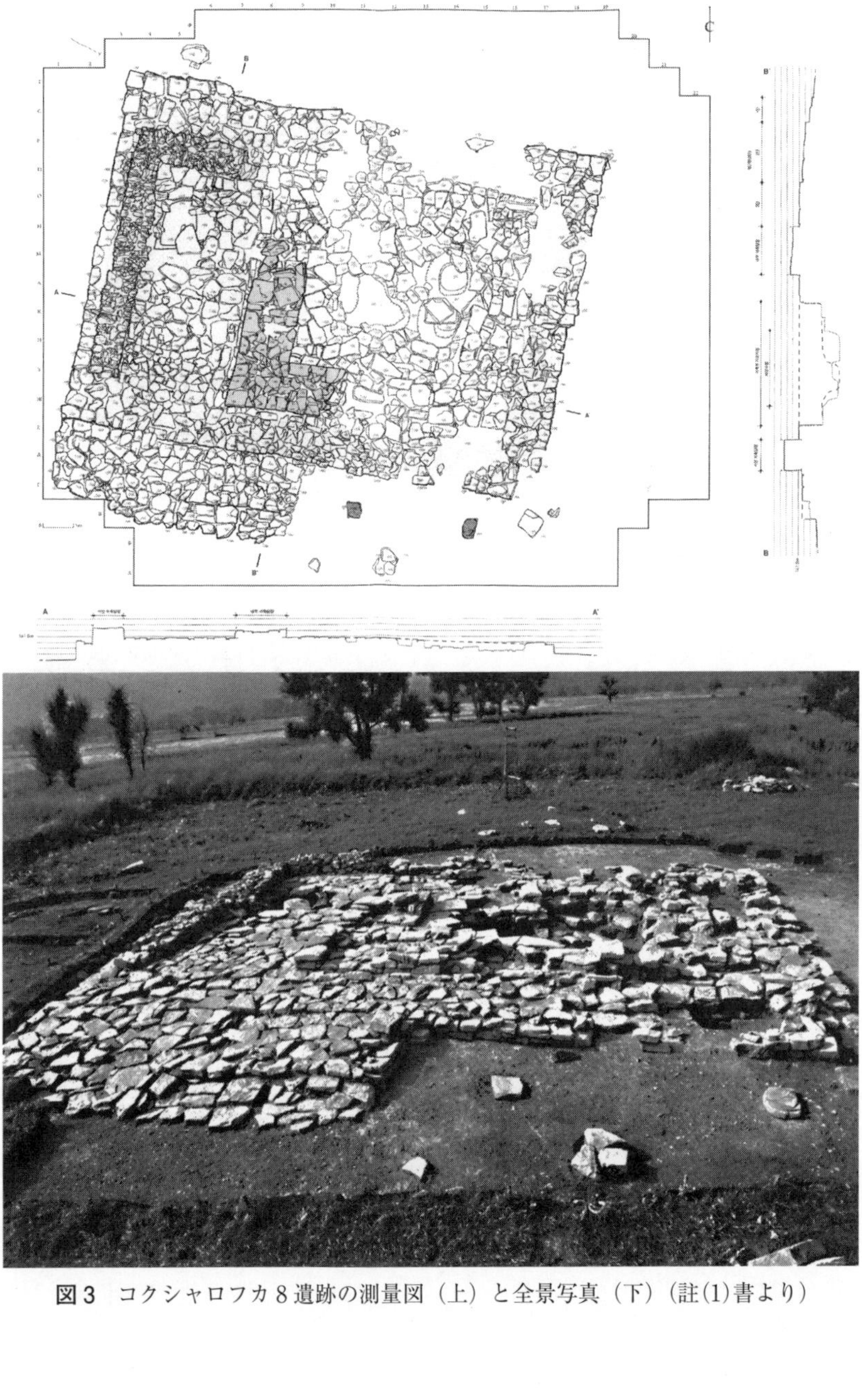

図３　コクシャロフカ８遺跡の測量図（上）と全景写真（下）（註(1)書より）

築されている。本来は、外側の寸法で八×八mの正方形の構造物だったと推定されているが、調査時点では西壁と南壁のコーナー部分が残っているだけだった。壁の幅は一七〇cm、残存高は五〇cm、西壁の残存長は五三〇cm、南壁の残存長は三三〇cmである。この石壁で囲まれた空間を、本稿では主室と呼称する。主室の床面には大きな盗掘坑があるが、本来は石組の石室が設けられていたと推測されている。盗掘坑の周辺では、石室の構造材と推定できる八六×一一五cm・厚さ一九cmの板石が出土している。盗掘坑内とその周辺から、金製飾りや銀製釘、玉石帯などが出土している（図3）。

基壇の西側で検出された石壁は、主室の石壁と異なって石塊で構築されている。西壁と北壁が残っており、壁の幅が一m、残存高が約五〇cm、北壁の残存長が三・五m、西壁の残存長が七・七mである。北壁と西壁・南壁を石塊で構築し、東壁は主室の西壁を利用している。本稿では、この石室を副室と呼称する。副室北壁の内側に盗掘坑があり、焼土や土器片を含んだ層が堆積している。『報告書』は、最初に主室を伴う方形基壇が築造され、その後、西側に基壇を拡張して副室が構築されたと推定している。

『報告書』では、コクシャロフカ8遺跡の築造過程を以下のように整理している。

①　地下に板石小口積みで石室を構築

②　石室の上に板石小口積みで方形基壇を構築

③方形基壇を拡張し、石室を囲む石壁を板石小口積みで構築（主室）

④基壇の南側に礎石を配置

⑤階段を設置

⑥基壇西部に石塊の石壁を構築（副室）

残念ながら『報告書』の記述や図面・写真は情報量が少なく、『報告書』に記された構築過程を検証できない。また、根石などの確認がされていないので、基壇の南側にある礎石とされる石も可否を確認できない。『報告書』の図

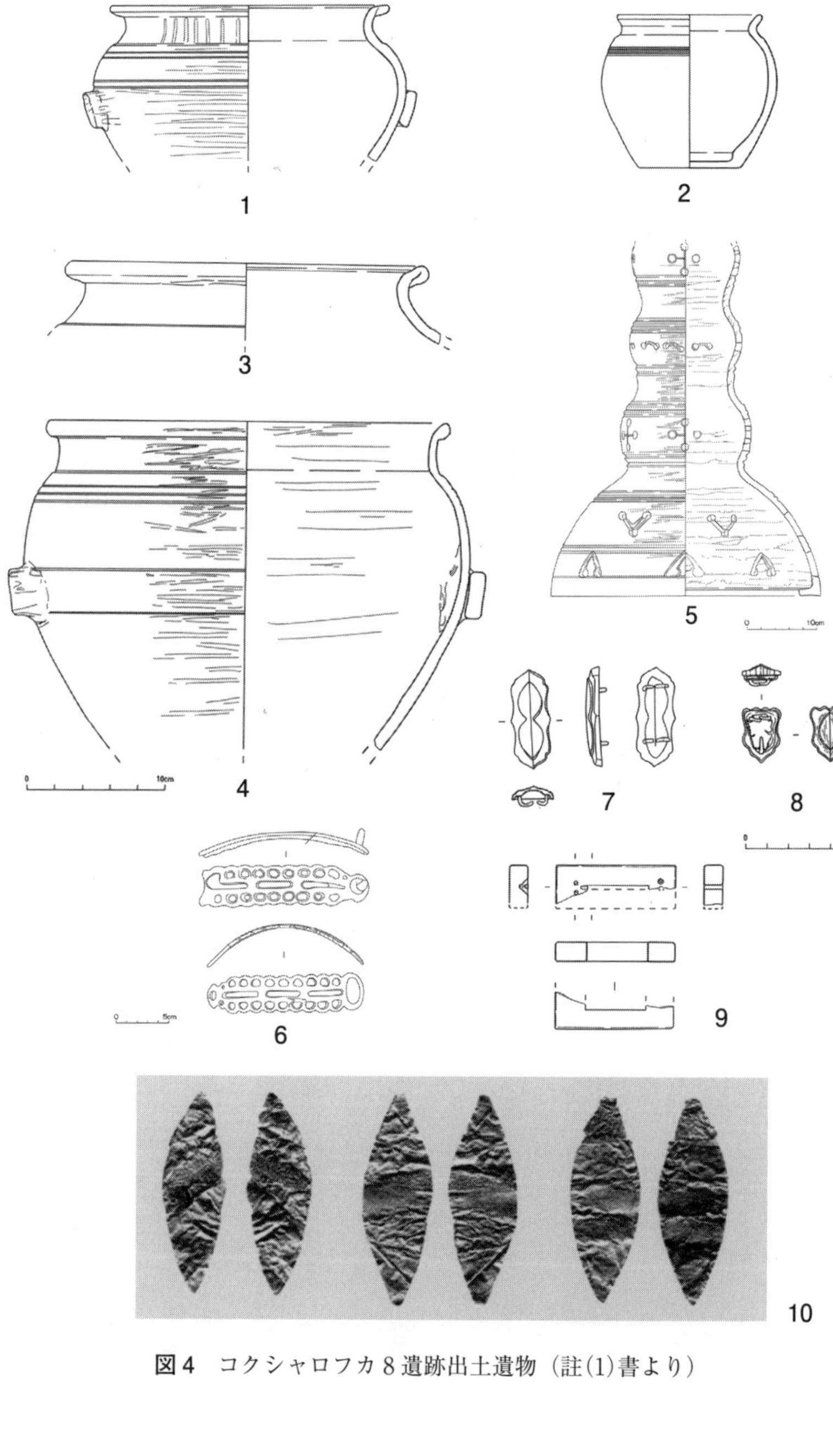

図 4　コクシャロフカ 8 遺跡出土遺物（註(1)書より）

面や写真から読み取れるのは、方形基壇の中央に板石で構築された主室があり、その西側に石塊の石壁を伴う副室が構築されているということだけである。『報告書』でも指摘されているが、副室を囲む石塊壁の石材はコクシャロフカ城跡の城壁で使用された石塊と共通である。

冒頭に述べたが、コクシャロフカ8遺跡の『報告書』では墳墓説と祭殿説を検討し、祭殿説をとっている。墳墓説に対しては、渤海の代表的な墳墓群として六頂山墓群（吉林省敦化市）、三霊屯墓群（黒竜江省牡丹江市）、虹鱒養魚場墓群（黒竜江省牡丹江市）、竜頭山墓群（吉林省和竜市）、河南屯古墓（吉林省和竜市）、竜海墓群（吉林省和竜市）などを例示して、コクシャロフカ8遺跡の石組遺構と比較している。なかでも六頂山墓群第一墓区のM1号墓やM5号墓に代表される石壁石室墓を取り上げ、基壇の上に石壁で墓室を構築している点がコクシャロフカ8遺跡と類似していることに注目している。その一方で、六頂山墓群では石壁の中に礫混じりの土を充填していることなどを指摘し、コクシャロフカ8遺跡と六頂山墓群の石壁石室墓の構築技法が異なっているとして、両者の関連を否定的な論調でまとめている。こうした検討を経て『報告書』は、コクシャロフカ8遺跡では主室の構築後に副室が増築された可能性が高く、主室の外側でコクシャロフカ城跡出土のものと同形の器台や土器が多く出土していることなどを根拠として、コクシャロフカ8遺跡がコクシャロフカ城跡に伴う祭殿の可能性が高いと述べている。また、主室の石室周辺で出土した金製飾りなどは、司祭の衣服に伴う装身具と報告している（図4）。『報告書』が祭殿説に立った主な根拠は、六頂山墓群の石壁石室墓との構造的な相違にある。しかし、六頂山墓群の石壁石室墓は横穴式石室の類型に含まれるべき埋葬形態で、比較検討をする対象としてはふさわしくない。以下に、渤海の墓上建物を紹介して、コクシャロフカ8遺跡の性格について再検討を行いたい。

二　渤海の墓上建物

渤海は、六九八〜九二六年に現在の中国東北地方東部、ロシア沿海地方、北朝鮮北部を領域として存在した国で、図們江と牡丹江の流域に多くの遺跡が見つかっている。渤海の埋葬遺跡では墓坑上に建物を伴う事例がいくつか検出されており、コクシャロフカ8遺跡と比較検討したい。

(1) 六頂山墓群（図5③）

六頂山墓群は、吉林省敦化市の南部に位置する比高数十mの独立丘陵である。六頂山墓群では一九四九年に貞恵公主墓が発見されて以来、一九五三〜五七年、一九五九年、一九六四年、二〇〇四〜〇九年の五次にわたる発掘調査が行われてきた。この丘陵の南側斜面の二カ所に、渤海時代の墳墓群が造営されている。東側の墓群を第一墓区と呼び、西側の墓群を第二墓区と呼んでいる。第一墓区は小さな谷間に立地し、一〇九基の墳墓が検出されている。第一墓区と第二墓区の間は尾根で区切られ、第二墓区は緩く湾曲する山麓斜面に立地して一三四基の墳墓が検出されている。この中で墓上に建物が検出された事例は、第一墓区M3号墓と第二墓区M9号墓の二基である。

第一墓区M3号墓　出土した瓦当から、八世紀前半の造営と推定している。三基の墓坑を取り囲んで礎石が検出されており、墓上に建物があったことが想定されている。M3号墓は一辺が約一二mの方形墳で、高さは斜面下方の南辺で約一・二m、斜面上方の北辺で約〇・七mと報告されている。墳丘の上縁に礎石が配列されていて、完成当時のM3号墓は積石基壇の上に木造建物が構築されていたことがわかる。墳丘上面は方形の平坦面になっていて、三基の木棺墓と一基の略円形土坑が検出されている。略円形土坑からは、火葬された若い女性の頭骨や鎖骨、肋骨片が出土している。深さ約一六〇cmで幅約三九〇cmの土坑に三基の木棺が置かれ、炭化材片の出土から火葬墓と判断されてい

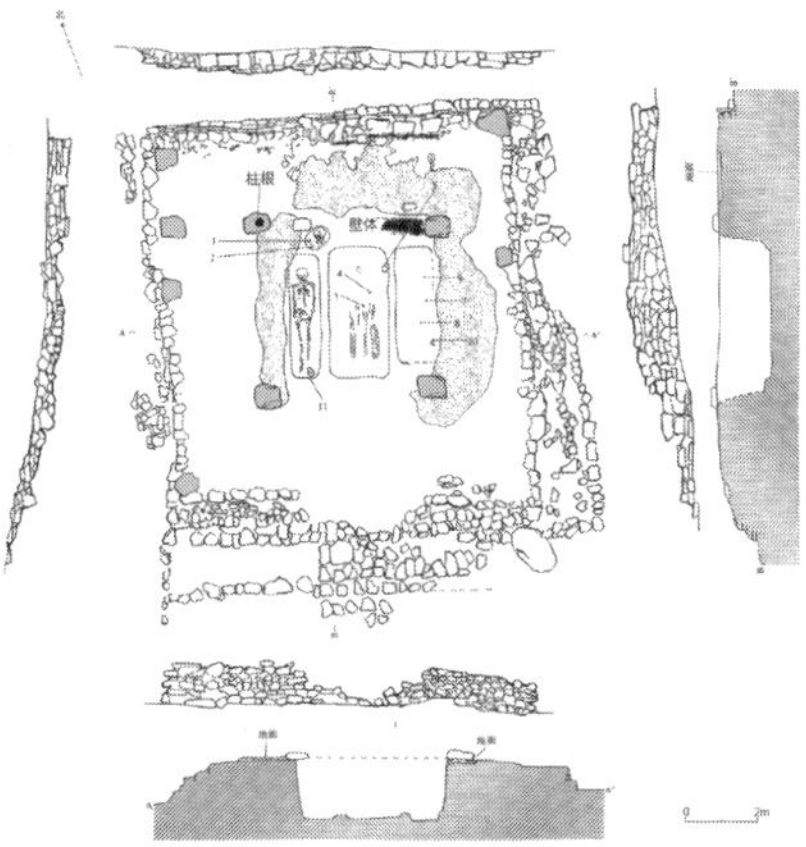

六頂山第一墓区 M3 号墓

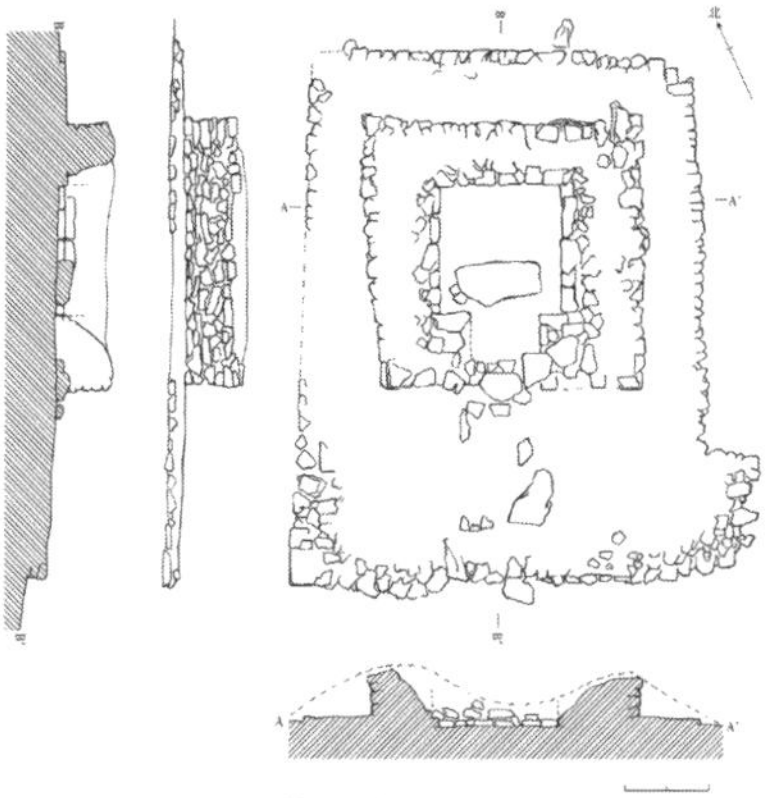

六頂山第一墓区 M1 号墓

六頂山第一墓区 M5 号墓

竜頭山墓群 M13・M14 号墓

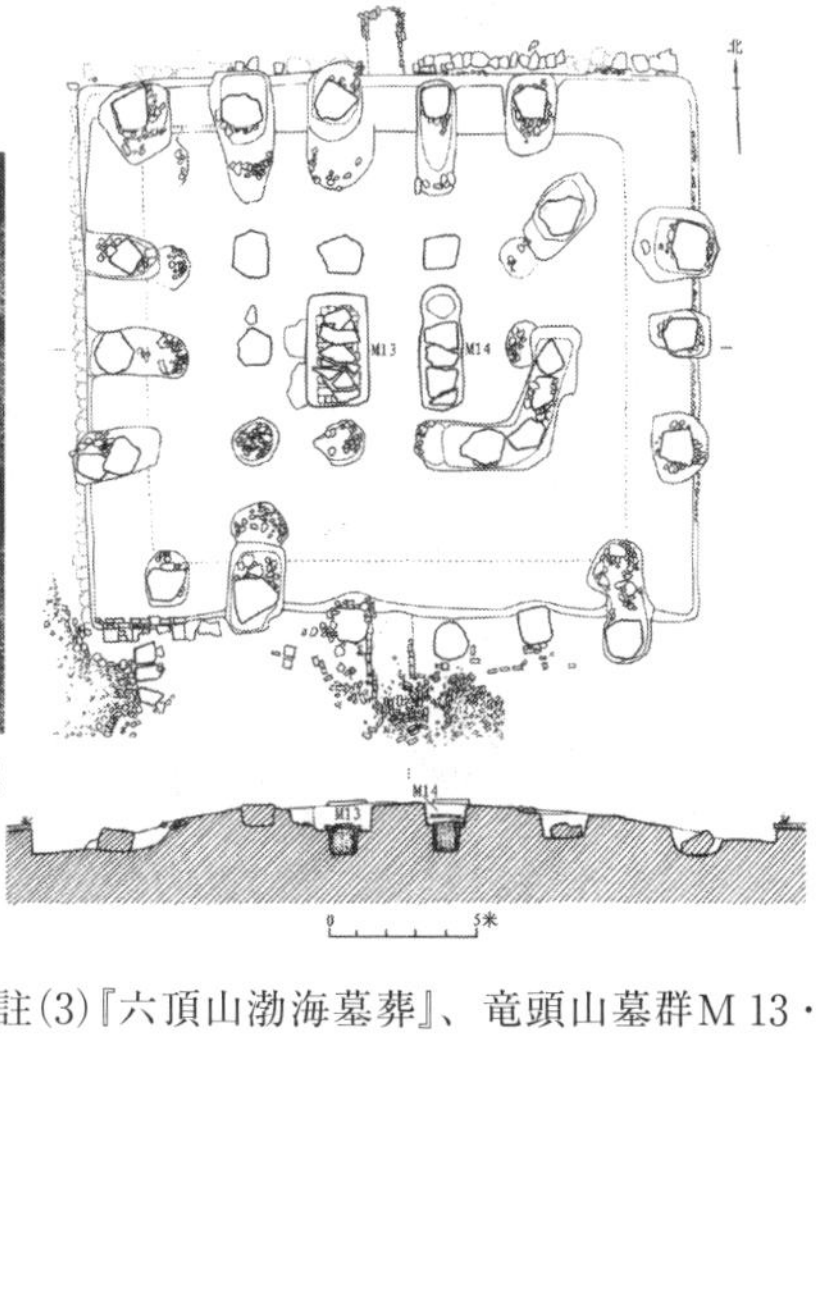

図５　渤海の墓上建物（1）（六頂山墓群は註(3)『六頂山渤海墓葬』、竜頭山墓群M 13・M 14 号墓は註(7) 論文より）

る。土坑掘方の四隅に接して、礎石が配置されている。北東隅の礎石から西に約一・一mの長さで、幅四〇㎝、高さ一〇数㎝の黄色土で構築された壁体が残っていたことが報告されている。壁土は焼けていて、この建物が火災で倒壊したことを示唆している。礎石の配列を見ると、M3号墓上の建物は墓坑を囲む内陣を伴っていたことが明らかである。墓坑掘方の東・北・西側の床面をU字形に囲むように、漆喰が塗られている。墓坑上面では漆喰を検出していないようで、盗掘ないしは以前の調査による破壊のため欠失した可能性を報告では記している。現状では、少なくとも外陣の床面に漆喰が塗られていたことがわかる。また、漆喰床面の上から朱や黒色顔料が付着した漆喰片が多量に検出されており、外陣内壁に壁画が描かれていたことを推測できる。M3号墓上や周囲から多量の瓦当や平瓦、獣面文瓦が検出されており、墓上建物の屋根に瓦が葺かれていたことがわかる。以上の状況からM3号墓では、基壇上の建物内陣で火葬を伴う埋葬儀礼を行ってから墓上建物を構築し、その後に建物が火災で倒壊したという経過を推測できる。

第二墓区M9号墓　一九六四年の中朝合同調査で発掘されている。第一墓区M3号墓と同じく、八世紀前半の造営と思われる。第二墓区の西端に位置し、西側の尾根を越えると第一墓区の谷間になる。南北三・〇七m、東西二・三六mで深さ〇・九mの方形土坑内に二基の木棺が置かれている。土坑内の東部では、改葬された上肢骨や下肢骨、四個の頭骨が検出されている。木棺と人骨には、火葬の痕跡が残っている。土坑の四隅に石が置かれ、土坑外の東側で多量の平瓦が検出されている。報告では、瓦が扇型に散乱していることから円墳上に葺かれた瓦が墳裾に転落したと推定している。しかし、土坑内に伴う礎石を考慮すると、第一墓区M3号墓と同じく火葬後に墓上建物が構築され、その後に倒壊して屋根瓦が崩落したものであろう。

石壁石室墓の検討　第一墓区M5号墓は八世紀中頃の造営で、コクシャロフカ8遺跡の『報告書』は墓上建物の事例として紹介している。低平な方形基壇の上に、方形積石墓が構築されている。方形基壇は九・五×九・三m、高さ三〇㎝である。基壇の南辺から約四・七m北側に、八×七・七五mで現在の高さ一・二～二mの石壁で囲まれた横穴式

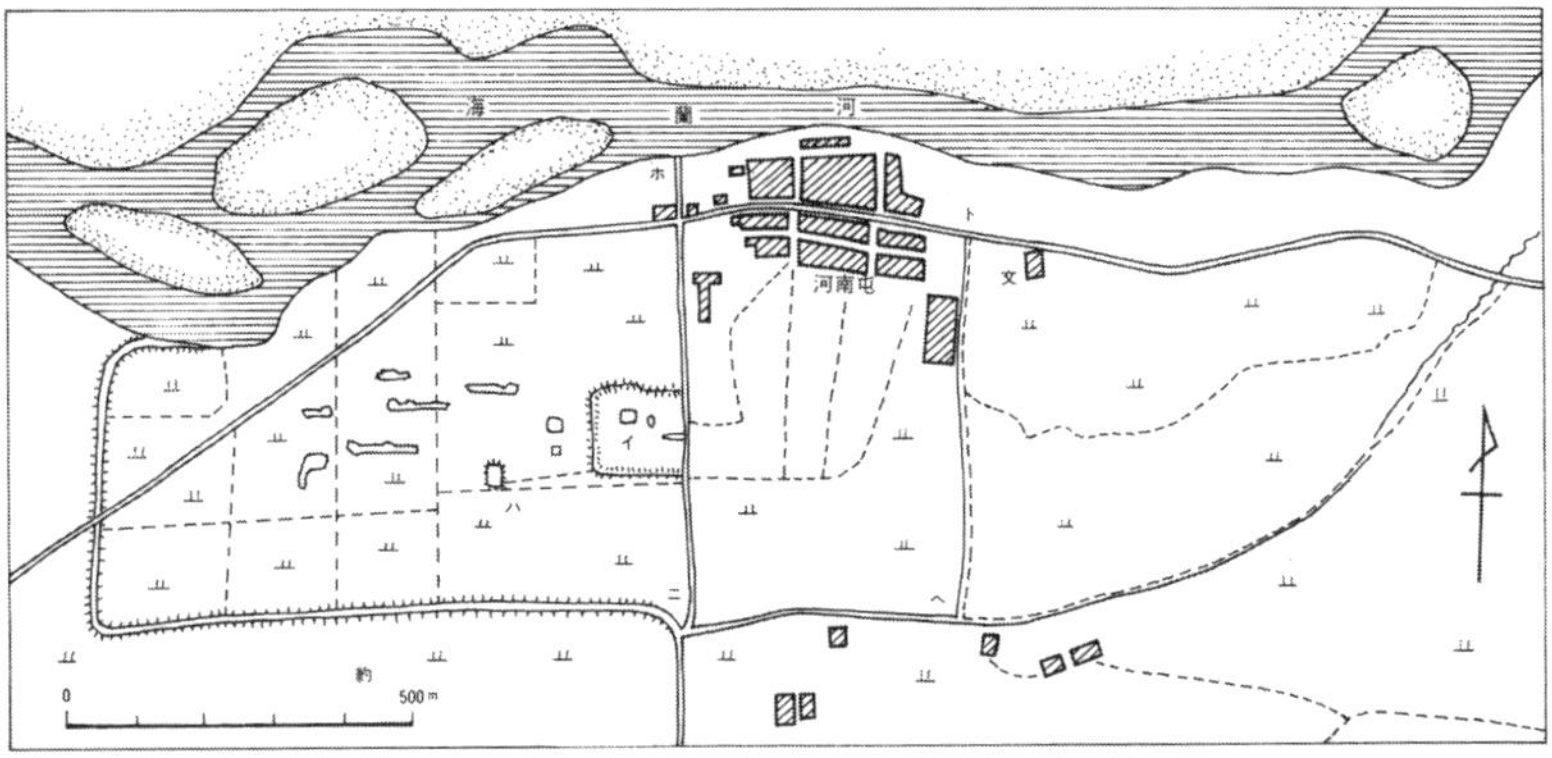

河南屯古城の概略図

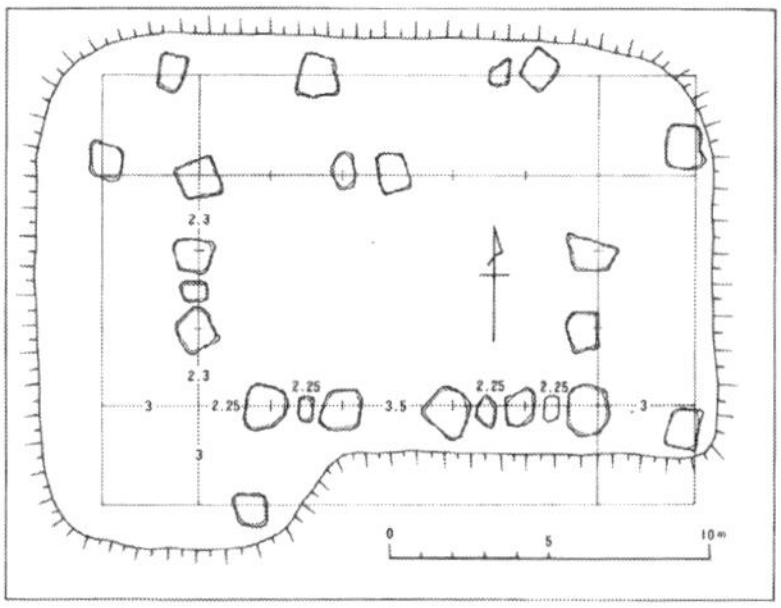

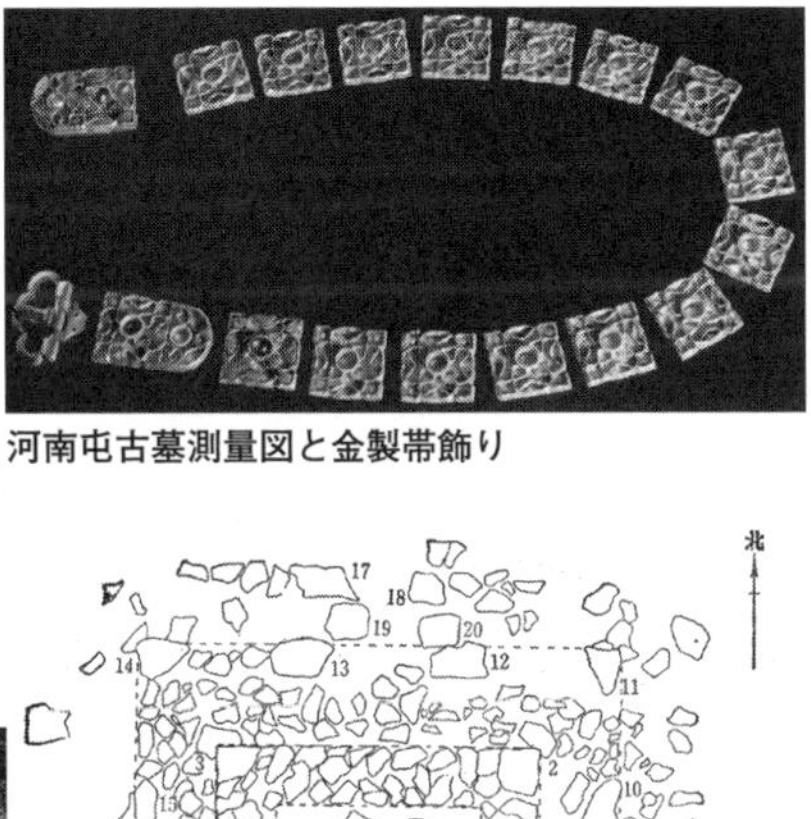

河南屯古墓測量図と金製帯飾り

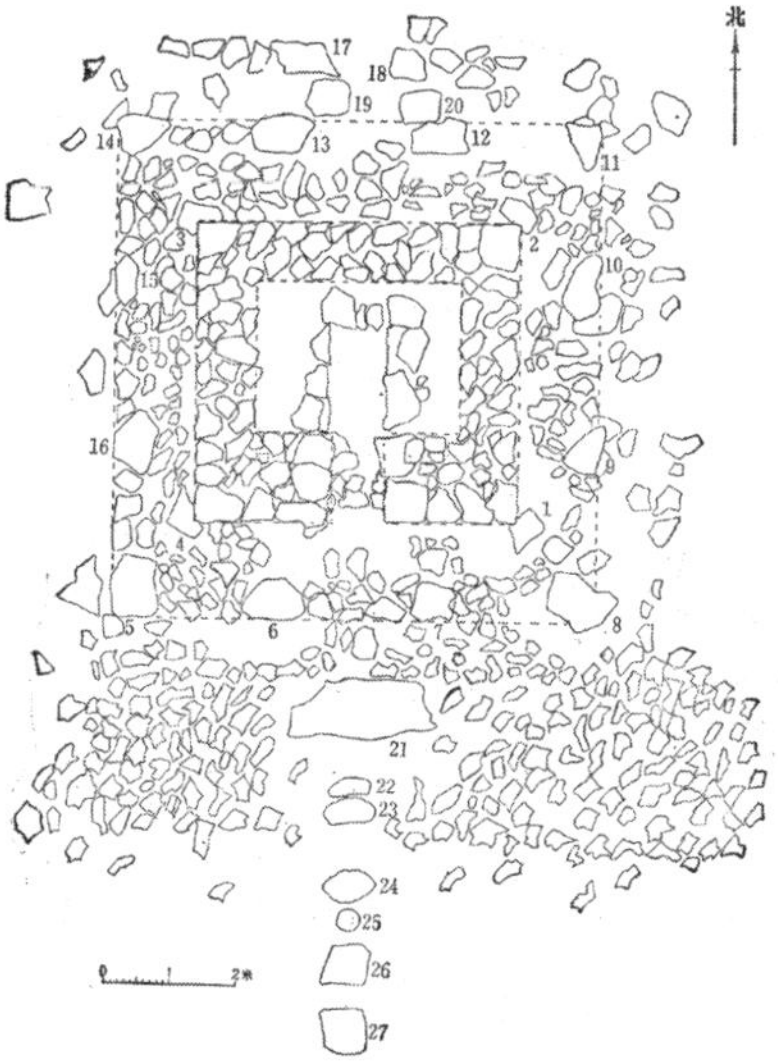

七道河村遺跡と測量図

図６　渤海の墓上建物（2）（註(4)論文･書より）

石室がある。この墓は一九五九年に第一次調査が行われ、石室側壁が持送構造で天井に大石が架けられていたと報告されている。この記述から、M5号墓は一九五九年の調査後に上面がかなり削平されたことが推測できる。六頂山墓群第一墓区では、M5号墓の他にM1号墓も基壇上に石壁で構築された石室が確認されている。これらは横穴式石室の類型に含まれるもので、コクシャロフカ8遺跡の『報告書』で想定している石壁で構築された建物とは無関係である。

(2) 河南屯古墓（図6④）

河南屯古墓は、吉林省和竜市東部の海蘭河左岸に立地する河南屯古城内に造営された渤海時代の墳墓である。河南屯古城が考古学的に認識されたのは、一九二四年八月の鳥山喜一の調査が最初である。鳥山はこの遺跡で渤海瓦を採集し、西壁二〇〇m、南壁一三〇〇mの城壁を確認して八家子土城と命名し、旧国に関係する可能性を指摘している。一九四二年一〇月四日に、和竜盆地の遺跡踏査を行っていた斎藤優がこの遺跡を調査している。斎藤は、この遺跡が虚来平野に所在することから虚来城と命名し、渤海の旧国に関わる遺跡と推定している。

遺跡は外城と内城の二重構造で、外城では北壁が海蘭河の侵蝕で失われ、西壁三六〇m・南壁一二〇〇m前後・東壁六〇〇mの規模と報告されている。城内中央部のやや西寄りに、東西一四〇m・南北一二〇数mの範囲を高さ二mの城壁で囲んだ区画があり、斎藤はこれを内城と報告している。図6「河南屯古城の概略図」中の「イ」地点が、この内城に相当する。内城の中央西寄りに、東西二一m以上、南北一六m以上の基壇があり、斎藤はその上に五×三間の母屋に三m幅の四面廂が伴う東西一八・五m×南北一三mの礎石建物を確認して測量調査を行っている。後に述べるように、この基壇は木室墓系の墓上建物を伴う墳墓だったことが判明している。

戦後、農民が河南屯古城内の基壇状高まりを削平したところ、塼積墓坑が現れて金製帯金具（図6）が出土し、一九七一年に吉林省文物考古研究所の郭文魁氏が発掘調査を行った。郭氏が調査に入ったときには基壇状高まりはすでに削平されていたが、塼積墓坑は調査できたようである。墓坑の規模は二・四m×一・四mで、深さは四七㎝、二基の墓坑から金製帯金具などが多数出土している。また、農民からの聞き取り調査により、墳墓は東西二八m、南北二〇mの規模で、墳墓上に礎石が数個並んでいたことが明らかになっている。墳墓の周囲から、漆喰の壁面に蓮の花を描いた壁画断片や建築材が多数検出されている。郭文魁氏が調査した墳墓は、斎藤優が虚来城平面図の中で「イ地点」とした基檀状遺構と同一箇所である可能性が高い。斎藤の測量図をよく見ると、礎石列が二重になっていたことがわかる。塼積墓坑を設けた墳丘上に四面廂もしくは内陣を伴う建物が造営され、壁面に蓮の花の壁画が描かれていたようである。先に述べたように「イ地点」は斎藤によると周囲を東西一四〇m・南北一二〇数mの城壁で囲まれていた。つまり、河南屯古墓は城壁で囲まれていたことになる。渤海で墳墓を城壁で囲んだ事例は、上京（黒竜江省牡丹江市）の北にある三霊屯墓群だけである。三霊屯墓群は九世紀代に渤海王が埋葬された陵園と推定しており、河南屯古墓も王陵だった可能性がある。[5] 河南屯古城については八世紀中頃に顕州王都として造営され、王都が上京へ遷都した後に廃城となり、その跡地に墓上建物を伴う河南屯古墓が造営されたと考えている[6]。

河南屯古墓の年代は、八世紀第Ⅳ四半期から九世紀前葉に比定している。その根拠としては、河南屯古城内で採集された「素」と刻印した文字瓦と同じ文字瓦が上京3式の瓦当を出土する西古城の井戸と一号住居跡から出土していることや、城内に散布している平瓦に八世紀前半の格子叩きと八世紀後半頃から出現する縄目叩きの両方が見られることなどを挙げることができる。

（3）竜頭山墓群（図5）[7]

竜頭山墓群は、吉林省和竜市竜海の谷間に面する丘陵尾根筋と裾に造営された渤海時代の群集墓である。尾根筋には三代王・大欽茂の孝懿皇后と四女の貞孝公主、第九代王・大明忠の順穆皇后が埋葬されており、女性を主とした王族墓の様相を呈している。竜頭山墓群の山裾の幅広い谷間に、方形基壇上にM13・14号墓の二基の磚室墓を設け、その上に木造墓上建物を伴う墳墓がある。造営年代は、八世紀第Ⅲ四半期と推定している。

調査前は、畑の中に一辺二〇m前後・高さ一mほどの方形の高まりがあり、寺院などの建物基壇と推定されていた。調査の結果、外周で東西二一・五×南北一七・五mで高さ一・五mの方形基壇と判明した。以下は、報告に掲載されている実測図からの推計である。基壇の上縁は、高さ約六〇cmで幅約二・五mのテラスがまわり、埋め込み式の礎石が配されている。礎石は一部で移動や欠失が見られるが、東西五間×南北四間の規模に復元できる。基壇の南北面の中央には、基壇に上がる塼敷の斜路が設けられている。基壇中央部は、高さ約一・五mで東西一六×南北一四・四mの方形に高くなっている。この方形区画の中央に、三×二間（東西九×南北六m）の礎石が置かれている。基壇外縁の礎石列が外陣、基壇内側の礎石列が内陣の二重構造になった建物があったと推定できる。内陣の内側では、塼積墓坑が二基検出されている。M13号墓は二・三六×〇・八m、深さ〇・八mで、菱形嵌銀鍍金珍禽瑞獣鏡一面、金製釧、金製カンザシなどが副葬されていた。M14号墓は、M13号墓の東側一・八mに位置し、二・三×〇・八m、深さ〇・八mで、M13号墓と同一の規模である。玉帯、三葉形金製冠飾などが副葬されていた。発掘簡報は、基壇を覆っていた土層（厚さ四〇～七〇cm）には大量の瓦礫と焼土や鉄釘が含まれていたと記している。このことは、墓上建物が倒壊したときに火災に遭っていたことを示唆している。

（4）七道河村遺跡（図6⑧）

この遺跡は、小河川に面した微高地の尾根上に立地している。遺跡の年代は、ハート形花文の間に鳥文を置いた瓦当から九世紀後半代と推定している。約八×八mの方形に花崗岩の石塊を並べて基壇を構築し、中央に東西五×南北四・五mの方形に石壁を築いている。東・北・西の三面の石壁は、幅八〇cm・残高四〇cmで、南壁は幅一・三mで残高の記述はない。南壁中央には、幅八〇cmの通路が設けられている。石壁で囲まれた内側は、中央に石室が設けられている。石室は長さ一・六×幅一mで深さ約六〇cmの規模で、花崗岩の石塊を一段ないしは二段積んで構築されている。石壁の外側は、東西両側が一・二m、南北両側が一・五mのテラスとなっている。テラスの外縁に三×三間の礎石が置かれている。以上の遺構検出状況から、三×三間の木造建物の内部に石壁で仕切った内陣があり、その床には石室が設けられていたことがわかる。

多量に出土した瓦から外陣の屋根に瓦が葺かれていたことが推定でき、また、風鐸が出土していることから、この建物が一定期間の存続を前提に造営されたことが推測できる。調査簡報は、瓦片の堆積層の下から焼土が多量に検出されたと記しており、建物が火災で倒壊したことがうかがわれる。調査簡報の題が示すように、発掘調査担当者はこの遺跡を渤海時代の建築遺構と認識している。

中央の石段付近から、石碑の断片が二点出土している。調査簡報によると石材は含礫砂岩質で、二点は同じ石碑の断片と推定されている。一点は残高五五cm・幅五〇cm・厚さ五cmで、一九九五年に吉林市の博物館展示室で石碑片を見ることができた。調査簡報では文字が九行書かれているとされているが、ガラスケース越しの観察では二行を確認できただけだった。一行目の末尾に「浄神」、二行目の末尾に「文」と読める文字があった(9)。

建築遺構や石碑の存在は、発掘担当者が考えたように、この遺構が宗教的な施設だったことを思わせる。その一方で石壁造りの内陣で検出された石室の存在は、この遺構が墳墓の可能性をもっていることを示唆している。この遺跡の性格を決めかねていたが、コクシャロフカ8遺跡と同様の構造をもっていることから墳墓遺跡の可能性が高いと判断している。

三　墓上建物の検討

渤海の墓上建物には、前章で紹介した事例の他に三霊屯1号墓のように地下に横穴式石室を設けて地上に木造建物を築いた事例や、貞孝公主墓（竜頭山墓群）や馬滴達墓（吉林省琿春市）、霊光塔（吉林省白山市長白県）などのように塼塔の地下に埋葬施設を置いた塔基墓などがある。

墓上建物の構造は、当時の一般的な建造物と共通していることが考えられる。渤海では木造建物が最も一般的だが、塔基墓のような塼積建物も存在していた。七道河村遺跡やコクシャロフカ8遺跡で確認された石壁建物は、例は少ないが東六道洞二号遺址（九世紀・吉林省琿春市）[10]で見ることができる。この遺構は、西壁・南壁と東壁の一部が、幅一m・残高〇・二～〇・五mの石壁で構築されている。西壁が二一・五m、南壁が六mで、北壁はすでに失われている。東壁は南部が長さ三mの石壁で、建物入口を挟んで礎石列と散水（雨落）が確認されている。この建物は、東側を木柱列、その他の側面を石壁で構築した石壁建物である。瓦が多量に出土していることから、屋根は瓦葺きで官衙的な施設と推定されている。

吉林省集安市に所在する高句麗の将軍塚や太王陵・千秋塚などでは瓦を多量に出土しており、高句麗の大型古墳には墓上建物が伴っていた可能性が高い。一方、北方の靺鞨の墳墓では墓上建物は未確認である。六頂山第一墓区のM3号墓と第二墓区のM9号墓の埋葬施設は、靺鞨の伝統をひく木槨墓で、その上に木造の墓上建物が造営されている。さらに、建物の屋根には十字文や浮文を配した高句麗系瓦当が葺かれており、靺鞨文化と高句麗文化が複合した渤海前期の様相を示している。また、六頂山墓群や竜頭山M13・M14号墓では、多量の瓦片とともに焼土が検出されている。このことから、埋葬後一定の期間が過ぎた時点で、墓上建物に火を放って人為的に倒壊させたと推測している。靺鞨と高句麗の墳墓では棺や遺体に着火した事例があり、墓上建物の火災も埋葬に伴う燔火儀礼だったのではないだろうか。

四　コクシャロフカ8遺跡の検討

コクシャロフカ8遺跡では主室内に石室があり、盗掘の攪乱にもかかわらず石室とその周辺から金製装身具や玉石帯、越州窯青磁の皿など優れた遺物が出土している。『報告書』では副室の石壁が主室を取り囲む復元図が提示されている。しかし、『報告書』の実測図では副室北壁が主室北壁と接しており、主室に接して副室が増築されたとしか読み取れない。副室の床面にも凹みが存在しているようなので、主室での埋葬後に副室を設けて新たな埋葬が行われた可能性を考えている。『報告書』では基壇外側に礎石の存在を指摘しているが、復元図では礎石建物と基壇上建物との関係が示されていないことや、先述のように礎石としての検証が不十分なので、基壇上建物の屋根以外に木造構築物があったとは判断できない。基壇周辺で検出された焼土面は、墓上建物への着火儀礼ではなく、墓前での燔火儀礼の痕跡だと考えている。

以上に述べてきたことを根拠として、コクシャロフカ8遺跡は渤海から継承された墓上建物を伴う埋葬遺跡だった可能性が高いと考えている。コクシャロフカ8遺跡を祭殿とした根拠に提示されている器台形土器は墓上建物での葬送儀礼に使用されたものであり、主室の石室周辺から出土した遺物群は副葬品の一部と思われる。

コクシャロフカ8遺跡の年代については、基壇で出土した回転スタンプ文を施した甕形土器から渤海滅亡後の十世紀前半と推定している。回転スタンプ文土器は契丹系土器に施文され、十世紀前半にロシア沿海地方での出土例が多くなっている。ウラジオストクの研究者は契丹系土器を伴う文化をパクロフカ文化と呼称して、渤海とは区別している。ウスリー川流域では、契丹系土器の流入とともに十世紀代に大型平地城や山城が造営されており[11]、コクシャロフカ8遺跡に隣接するコクシャロフカ城跡もその一つである。

コクシャロフカ城跡を渤海後期の大型平地城とする説も提起されているが、出土した土器を見る限り主体はパクロフカ文化に平行する十世紀前半である。

墓上建物を検出した六頂山墓群第一墓区M3号墓、河南屯古墓、竜頭山墓群M13・M14号墓は、八世紀代の渤海王ないしは王族の墓と推定している。九世紀代の王陵と推測している三霊屯1号墓も石室上に木造建物が構築されていて、墓上建物が王や王族の墓に伴う施設として継承されている。ちなみに、七道河村遺跡は宗教的な建築遺跡として報告されているが、コクシャロフカ8遺跡の調査成果を踏まえると墓上建物を伴う埋葬遺跡だった蓋然性が高くなったと考えている。八世紀前半の六頂山墓群第二墓区M9号墓や九世紀代の七道河村遺跡は、王族ないしは有力者が埋葬された墓である可能性が高いと考えている。

渤海時代の墓上建物を伴う埋葬施設の性格を考慮すると、コクシャロフカ8遺跡の被葬者はコクシャロフカ城跡を拠点とする地域集団の首長だった可能性が高い。この推論に誤りがなければ、沿海地方のパクロフカ文化の基層に渤海文化が根強く存在していたことになり、渤海滅亡後の沿海地方の歴史を考える上で重要な手がかりとなる。

註

（1）대한민국 문하재청、군립문하재연구소、러시아연방 러시아 과학원 극동지부 옉사고고민족지연구소『연해주 콕샤로포카 유적 콕샤로포카1평지성 콕샤로포카8석축구조물』、二〇一五（大韓民国文化財庁、国立文化財研究所、ロシア科学アカデミー極東支部考古学民族学歴史学研究所『沿海州コクシャロフカ遺跡 コクシャロフカ1遺跡・コクシャロフカ8遺跡』二〇一五年）。

（2）基壇状石組などの規模について、『報告書』は寸法を記していない。平面図に縮尺が明示されていないので、『報告書』が部分的に記している遺構の寸法から図面縮尺を百分の一と推測した。

（3）王承礼「吉林敦化六頂山渤海古墓」（『吉林省文物工作通訊』一九五七年）、王承礼・曹正榕「吉林敦化六頂山渤海古墓」（『考古』一九六一年第六期）、王承礼「敦化六頂山渤海墓清理発掘記」（『社会科学戦線』一九七九年第三期）、中国社会科学院考古研究所『六頂山与渤海鎮』（中国大百科全書出版社、一九九七年）、吉林省文物考古研究所・敦化市文物管理所編著『六頂山渤海墓葬』（文物出版社、二〇一二年）。

（4）鳥山喜一「渤海中京考」（『考古学雑誌』第三四巻第一号、一九四四年）、斎藤優『間島の古蹟』（一九四二年）、斎藤優「間島省海蘭平野の渤海遺蹟」（『考古学雑誌』第四〇巻第一号、一九五四年）、郭文魁「和竜渤海墓出土幾件金飾」（『文物』一九七三年第八期）、斎藤優『半拉城と他の史蹟』（半拉城史刊行会、一九七八年）、延辺博物館編『延辺文物簡編』（延辺人民出版社、一九八八年）吉林省博物館編『吉林省博物館』（中国の博物館第二期第三巻、講談社・文物出版社、一九八八年）。

（5）顕州王都から上京へ遷都した三代王・大欽茂が再度遷都した東京で七九四年に亡くなっているが、その葬地は明らかになっていない。河南屯古城の西北にある竜頭山墓群から大欽茂の皇后である孝懿皇后墓が発見されたことにより（この墓群に大欽茂の陵墓を求める説もあるが）、筆者は顕州王都の故地である河南屯古城に帰葬した可能性を考えたい。唐から渤海王に下賜されたと思われる金製帯金具で飾ったベルトを副葬した河南屯古墓が、大欽茂の陵墓にふさわしいのではないだろうか。

(6) 小嶋芳孝「渤海前期の王都に関する研究」（『中国とロシアにおける渤海の考古学的研究―科学研究補助金　基盤研究B研究成果報告書』金沢学院大学、二〇一六年）。

(7) 吉林省文物考古研究所・延辺朝鮮族自治州文物管理委員会弁公室「吉林和竜市竜海渤海王室墓発掘簡報」（『考古』二〇〇九年六期）。

(8) 吉林市博物館「吉林省蛟河市七道河村渤海建築遺址清理簡報」（『考古』一九九三年第二期）。

(9) 吉林市博物館の火災で石碑が焼失し、碑文を検証することができなくなった。

(10) 劉景文・吉林省図琿鉄路考古発掘隊「東六道洞二号遺址発掘簡報」（『北方文物』一九九〇年第一期）。

(11) ウスリー川の流域では、コクシャロフカ城跡の他にマリヤノフカ城跡など、大型の平地城が造営されている。契丹の拠点であるモンゴル高原の東縁地域から、松花江を経て沿海地方に至る経路としてウスリー川の水運が重要な手段になっていたものと思われる。

七世紀の倭・日本における「粛慎」認識とその背景

蓑島栄紀

『日本書紀』(以下、『書紀』と略す)は、欽明紀の「越国」からの報告や、斉明紀における阿倍比羅夫の北航(北方遠征)などの場面で、「粛慎」と表記される人びととの接触・交渉のことを記録している。

「粛慎」は本来、中国の古典において、殷周革命に際して周の徳を慕い、「楛矢・石砮」(楛の木の矢と石鏃)をもたらしたとされる極遠の北方集団である。[1] 一方、『書紀』の「粛慎」については、一種の「雅語」であって、特定の民族的実態に直結すべきではないとの意見が早くからある。[2] 古代日本における「粛慎」は、中国古典の知識を踏まえつつ、日本列島北部における「大陸との地理的媒介者」としての象徴的な意味を帯びた集団であり、かなりルーズな用法であったとも指摘される。[3] 後世の「中尊寺供養願文」に、奥州藤原氏の威勢が及んだ範囲を示すものとして「粛慎・挹婁の海蛮」が登場する点などをみても、こうした理解は基本的に首肯しうるものであろう。

とはいえ、①単に「雅語」と断じるだけでなく、そのときどきにおいて「粛慎」と認識された集団が、実態としてどのような人びとであったのかを解明することは、歴史研究のうえで大きな意味があろう。②また、七世紀の東アジアおよび倭・日本において、「粛慎」概念の有した意義・役割(政治性・イデオロギー性)を明らかにすることも、重要な課題だと思われる。

『書紀』編纂段階において、すでに中国では、北東アジアに居住する集団の呼称として「靺鞨」が登場していた。そのことは、倭・日本の支配層も知っていたはずである。にもかかわらず『書紀』は「粛慎」の語を用いている。なぜ『書紀』では、当時すでに知りえたと思われる「靺鞨」でなく「粛慎」表記が用いられたのであろうか。そこには何らかの積極的な意味があるのであろうか。その背景と要因を探ることが、本稿の主たる目的である。

一　日本史料における「粛慎」記事とその周辺

『書紀』欽明五年条は、「越国」からの報告として、「佐渡嶋の北の御名部の碕の岸」に「粛慎人」が船で来着し、「春夏」の期間、魚を捕って暮らしたことを伝えている。佐渡嶋民はこれを「鬼魅《オニ》」として忌避し、「粛慎人」は「禹武の邑の人」を略奪した。やがて「粛慎人」は、禁忌とされた水を飲んでその半ばが死し、海浜の穴にその骨が積まれ、「粛慎隈」と呼ばれたという。伝説的・説話的色彩が色濃いが、具体性もある記述である。

また、『書紀』斉明四〜六年条（六五八〜六六〇）には、「越国守」（国宰）阿倍比羅夫の北方遠征（航海）のことが記される。「阿倍臣」（比羅夫）の船団は秋田・能代・津軽や「渡嶋」など各地の蝦夷集団と接触・交渉したが、その過程で「粛慎」との遭遇のことが登場する。

斉明四年（六五八）是歳条は、「越国守阿倍引田臣比羅夫、粛慎を討ち、生羆二つ、羆皮七十枚を献る」ことを述べる。また斉明五年（六五九）三月条所引分注には、「〈或る本に云はく、阿倍引田臣比羅夫、粛慎と戦ひて帰る。虜卅九人を献ず。〉」とある。いずれも断片的ではあるが、興味深い情報を記している。

さらに、『書紀』斉明六年（六六〇）三月条には、「粛慎」とのトラブル・戦闘の様子がより詳細に描かれる。「阿倍臣」の船団が「大河」のほとりに至ると、「屯集」していた千人余の「渡嶋蝦夷」から、「粛慎」に襲撃されているとの救援要請を受ける。「阿倍臣」らは「粛慎」と交渉（沈黙交易）を試みるが、失敗して戦闘となり、「粛慎」を敗走させるものの、配下の能登臣馬身龍が戦死する。

その後、斉明六年五月条には、「又た阿倍引田臣〈名を闕く。〉、夷五十余を献ず。又た、石上の池の辺に須弥山を作る。高さは廟塔の如し。以て粛慎四十七人に饗せり」とあり、飛鳥の石上池のほとりに須弥山が築かれ、そこで「粛慎四十七人」に対する服属儀礼が行われたとされる。彼らは斉明五年三月条の「粛慎」の「虜卅九人」と人数が一致しないが、同じ出来事の可能性があろう。

上記の諸史料には、同事重出や不整合などの問題点が指摘されており、坂本太郎氏以来の論点として、『書紀』編纂に際して系統の異なる複数の原史料（「阿倍氏家記」や政府記録）の存在が推測され、またそれらの編集や錯簡の経緯が考察されている。(4) こうした研究は、熊谷公男氏などによって引き継がれ、(5) いまだ決め手を欠くとはいえ、拠るべき基礎的研究となっている。

その一方で、斉明紀に描かれた「粛慎」の動きを、高句麗滅亡（六六八）後の大陸での靺鞨集団の動向と関連づけることで、その実年代を引き下げ、天武・持統期の史実とする若月義小氏の見解もある。(6) この説については、以前、やや詳しく反論したことがあり、本稿では詳述しないが、斉明期において、およそ『書紀』の記述とかけ離れていないだけの実質を伴った、倭王権による北方遠征が実行されたことじたいは、ほぼ疑いないものと思われる。(7)

また、これらのほかにも、『書紀』には、斉明紀以後の「粛慎」の記述として、以下のものがある。

『書紀』天武五年（六七六）十一月丁卯条・是月条

丁卯に、新羅、沙飡金清平を遣して政を請はしむ。（中略）是の月に、粛慎の人七人、清平等に従ひて至れり。

ここで新羅使の伴った「粛慎人」が、果たして斉明紀の「粛慎」と同一実態か否かも重要な問題であろう。さらに持統紀には、

『書紀』持統十年（六九六）三月甲寅条

越の度嶋の蝦夷伊奈理武志と、粛慎の志良守叡草とに、錦の袍袴・緋紺絁・斧等を賜ふ。

とあり、「越の度嶋の蝦夷」と「粛慎」とが共同で朝貢し、ともに繊維製品や鉄製品などの物を賜与されている。この史料に関しても論点は多いが、ひとまず、斉明紀で対立関係にあった「渡嶋蝦夷」と「粛慎」との協調がみられる点に留意される。倭・日本による介入が、北方の諸集団間の関係を調停・安定化する役割を果たしたことを示唆するであろう。これについても私見を述べたことがあるので[8]、ここでは立ち入らないが、この時期の北日本海域における諸集団の比較的安定した関係性は、次の史料にみるように、八世紀初頭にも引き継がれていく。

『続日本紀』　養老四年（七二〇）正月丙子条

渡嶋津軽津司従七位上諸君鞍男等六人を靺鞨国に遣し、其の風俗を観さしむ。

ここでの「靺鞨国」について、渤海国とする見解も根強いが、後述のように、基本的には『書紀』段階に「粛慎」とされた地域と同一実態である可能性が高いであろう。この時期までは、斉明期以来の日本海沿岸の点的な北方支配体制が存続したのである。

さて、およそ以上のような日本古代史料における「粛慎」は、長らく「ミシハセ」と訓まれてきたが、奈良期には「靺鞨」を「アシハセ」と訓読する例があり、『書紀』段階に「粛慎」と表記された「アシハセ」が、『続日本紀』の段階では「靺鞨」の表記に変更された蓋然性が高い[9]。したがって、およそ以下のような経緯を推測できるであろう。本来、列島北部の日本海沿岸地域（「越国」のさらに北）には、倭の支配層によって倭語の「アシハセ」の名で認識される人びとが存在していた。ところがその後、ある段階にこうした人びとには、中国古典の知識にもとづいて「粛慎」の字が当てはめられた[10]。

なお、養老四年の「渡嶋津軽津司」の「靺鞨国」派遣は、『書紀』の完成と同年であり、『書紀』編纂段階では、もはや日本の支配層の間にも「靺鞨」の語が普及していた可能性が高い。ところが『書紀』は「粛慎」の用字を残した。その意味でも、日本史料に登場する「粛慎」の「雅語」的側面は明らかであり、その実像に迫ることは容易ではない。

大陸の靺鞨説	オホーツク文化説	「北方の蝦夷」あるいは 続縄文・擦文の一派説
←「粛慎」としての実態性		「雅語」性重視 →

図1　日本史料における「粛慎」の実態をめぐる諸見解の概念図

日本古代史料に「渡嶋蝦夷」「粛慎」などとして登場する集団の比定には長い議論があるが[11]、斉明紀に初見する「渡嶋蝦夷」は、北海道の続縄文文化（七世紀頃に擦文文化に変容）ないし擦文文化（七世紀頃〜十二・十三世紀頃）の集団にあたる可能性が高いことが通説化しつつある。七世紀の北海道は、一般に続縄文文化最終末の北大Ⅲ式土器の時期とされるが、代わりに十勝茂寄式を設定し、擦文文化のはじまりとする意見も有力である[12]。いずれにせよ、こうした人びとが「渡嶋蝦夷」とされた集団の実態であろう。

一方、「粛慎」については、擦文文化とほぼ同じ時代、北海道道北から道東にかけてのオホーツク海沿岸部と、サハリン・千島列島の沿岸部を中心に分布を広げていたオホーツク文化（北海道ではおよそ五〜九世紀頃、サハリンでは十二世紀頃まで存続）にあてる説がしばしば提起されてきた[13]。オホーツク文化の遺跡の分布が、日本海沿岸において希薄であったことは、この説において明らかな弱点であったが、近年、北海道道南の日本海に浮かぶ奥尻島のほぼ南端、奥尻町青苗砂丘遺跡の考古学的成果などから、「粛慎」＝オホーツク文化説が改めて注目される状況となっている[14]。

ただし、『書紀』の「粛慎」や『続日本紀』の「靺鞨」が、すべて集団として同一実態とは限らない。すでに述べたように、日本史料における「粛慎」の民族的・文化的な実態は単純ではなく、欽明紀、斉明紀、天武紀、持統紀など、事例ごとに個別の検討を要する問題である。

日本古代の「粛慎」をめぐる諸見解については、およそ上のような概念図（図1）に表すことができよう。「雅語」としての誇張を強調する意見として、この「粛慎」の実態を、「北方の蝦夷」の言い換えとしたり[15]、擦文文化のなかの一系統とみなしたりする説もある[16]。とはいえ、「粛慎」という用字をあえて使用している背景には、それを大陸に由来する北方民族と認識する、倭・日本の支配層による強いこだわりがみてとれることもまた確かであろう。大陸系民族を想起させるだけの、ある程度の実態を備えていなければ、「粛慎」と認識されることは考えがたいのではないか。したがって、この「粛慎」表記をまったくの潤色・誇張とみなし、「蝦夷」の一部の別称や、続縄文・擦文文化の人びとの一派とする説は成立しがたいであろう。

一方、これらと対極的なのが、日本古代の「粛慎」は大陸から渡来した「靺鞨」の一派であったとする小嶋芳孝氏⑰や若月義小氏⑱などの見解である。とくに若月氏は、『書紀』の「粛慎」の実態を、一貫して大陸の「挹婁系靺鞨」のことであったとし、「粛慎」とされた人びとの「民族的な同一性」を主張する。さらに、天武期の新羅からの「粛慎人」来朝によって、斉明紀以来の「粛慎」が大陸の「粛慎」と同一であることを、倭の支配層は確認することができたとする。しかし、『書紀』が同様の表記をしていることをもって、両者が客観的に同一実態であるとするのは論理に飛躍があろう。

「粛慎」が大陸の「靺鞨」そのものであるとする見解には、次の二つの難点があると思われる。すなわち、①七世紀の北海道方面へ、「靺鞨」集団が集団的に渡来したことを実証する材料に欠ける。さらに、②オホーツク文化という、当時、列島北部に実在した集団の存在を軽視することになる。

①については、造船・航海技術が進歩し、女真による海上活動がさらに活性化する十一世紀の「刀伊の入寇」の時代でさえ、女真が集団的に北日本海を横断した痕跡はない。今後、考古学的成果の増大によって、靺鞨系集団による、日本海を横断する列島北部への恒常的往来が裏づけられるような状況になれば別であるが、現時点で「粛慎」については、実際に日本列島北部に分布し、倭王権と接触しえた集団を想定するのが筋道であろう

また、②について、オホーツク文化はあくまでも考古学上の概念であり、文献史料の検討のみではその存在は可視化しえない。しかし、オホーツク文化が近隣の続縄文文化・擦文文化や、大陸の靺鞨文化とも相違する文化集団とし

て、これらの人びとと同時代に実在したことは明らかであり、研究の進展にも著しいものがある。このようなオホーツク文化の存在を視野から欠落させた古代北方史は、もはや成り立ちがたいのではないか。北海道やサハリンで独自の歴史・文化を営んできた人びとを、歴史の主体として正当に位置づけた歴史像を構築することこそ、現在、重要な課題であるといえよう[19]。

私見では、『書紀』の「粛慎」に関しては、大陸の靺鞨諸グループの一派と思われる天武紀の一例以外は、基本的にみなオホーツク文化に該当し、欽明五年紀の佐渡の「粛慎」についてもその可能性が高いと考えている。欽明紀において、「粛慎」の生業・文化の特異性、「異人」的色彩は強調されている。彼らの骨が岩穴に積まれたという「粛慎隈」は、従来、洗骨の風習などとも解されているが、これについて、オホーツク文化の特徴の一つとして著名な、竪穴住居内の骨塚の習俗と関連する可能性はないであろうか。憶説にとどまるが、「粛慎人」が退去した後、遺棄された陸海獣骨の骨塚を島民が畏怖をもって呼び習わし、それが説話化したとは考えられないであろうか。

また、文献上の「粛慎」が、いずれも島を拠点とする点にも留意される。先述の奥尻島青苗砂丘遺跡や、礼文島香深井1遺跡では、ヒグマの骨が検出されており、本来ヒグマの生息しないこれらの島嶼にヒグマが持ち込まれた痕跡がある。このことは、当時、ヒグマの生体の「流通」があったことを示唆し[20]、阿倍比羅夫が「粛慎」から「生羆二つ」をもたらしたという斉明四年（六五八）是歳条の記述が改めて注目される[21]。

さらに、養老四年に「渡嶋津軽津司」が派遣された「靺鞨国」も、実態としては前代に倭・日本が「粛慎」と呼び、実際に交渉を有した「アシハセ」の居住地、つまりオホーツク文化の地域にあたるとみるのが妥当であろう[22]。

二　「粛慎」の原像とその展開

ここでは、「粛慎」は本来、どのように、どのようなものとして登場したのかについて検討したい。

よく知られるように、春秋時代の左丘明の著とされる『国語』魯語の孔子にまつわるエピソードが、「粛慎」の実質的な原像である。司馬遷の『史記』は、伝説上の舜・禹の時代における「息慎」のことを記述するが[23]、もとより『国語』の成立年代の方が『史記』より古い。『国語』によれば、陳の宮廷で隼が矢に刺されて死んでいるのが見つかり、陳公がその意味・由来を孔子に尋ねた。答えて孔子はいった。

『国語』魯語・下

仲尼曰。隼之来也遠矣。此粛慎氏之矢也。昔武王克商、通道于九夷、百蛮、使各以其方賄来貢、使無忘職業。於是粛慎氏貢楛矢・石砮、其長尺有咫。先王欲昭其令徳之致遠也、以示後人、使永監焉、故銘其栝曰、粛慎氏之貢矢。以分大姫、配虞胡公而封諸陳。古者、分同姓以珍玉、展親也。分異姓以遠方之職貢、使無忘服也。故分陳以粛慎氏之貢。

すなわち、「隼は遠くから来た。これは粛慎氏の矢である。昔、周の武王が商（殷）を打倒したとき、周辺の未開な諸民族に道が通じ、諸民族にその特産品を持参させることで、その職能を忘れないようにした。この時、粛慎氏は栝矢と石鏃を持ってきた。矢の長さは一尺八寸であった。先王（武王）は周の徳が遠方まで及んでいることを顕示しようと欲し、後人にこれを示して、長く手本とさせようとした。そのため、その矢筈に「粛慎氏の貢矢」と記した。そして大姫（武王の娘）にその弓矢を分けて、虞の胡公と結婚させ、彼を陳に封じた。古くは、王と同姓の諸侯には、珍玉を分け与えた。親族を重んじたためである。異姓の者には遠方の貢物を分け与えた。服従を忘れさせないためである。ゆえに陳には粛慎氏の貢物を分け与えたのである」と。

孔子の物語るところは伝説的で、とくに、陳公に対して周王室への忠誠をうながす結論となっている。いずれにせよ、この説話によって「粛慎の朝貢」は、天子の徳を慕って服属・来朝する遠夷の代表例として、後世まで語り継がれることとなった。「粛慎」の来朝が聖天子の徳を証明するというテーゼは、ここから登場したのである。

さてその後、中国史書においては、北東アジアに「挹婁」「勿吉」「靺鞨」が登場し、活躍する時代となる。それらの諸史料において、「粛慎」は基本的に「挹婁」や「靺鞨」の祖先集団として記される。そしてここでは、支配者の「徳」を表現する遠方の異民族の典型としての性格は後退し、むしろ石鏃使用などの「未開性」をもつ荒ぶる民族集団としての色彩を強く示すようになる（『三国志』『後漢書』挹婁伝、『魏書』『北史』勿吉伝、『隋書』『旧唐書』靺鞨伝、『新唐書』黒水靺鞨伝など）。次に、『三国志』の挹婁伝を引用しよう。

『三国志』魏書・東夷伝・挹婁

挹婁在夫餘東北千餘里、濱大海、南與北沃沮接、未知其北所極。其土地多山険。其人形似夫餘、言語不與夫餘・句麗同。有五穀・牛・馬・麻布。人多勇力。無大君長、邑落各有大人。處山林之間、常穴居、大家深九梯、以多為好。土気寒、劇於夫餘。其俗好養豬、食其肉、衣其皮。冬以豬膏塗身、厚数分、以禦風寒。夏則裸袒、以尺布隠其前後、以蔽形体。其人不絜、作溷在中央、人囲其表居。其弓長四尺、力如弩、矢用楛、長尺八寸、青石為鏃、古之粛慎氏之国也。善射、射人皆入〔目〕。矢施毒、人中皆死。出赤玉・好貂、今所謂挹婁貂是也。自漢已来、臣属夫餘、夫餘責其租賦重、以黄初中叛之。夫餘数伐之、其人衆雖少、所在山険、隣国人畏其弓矢、卒不能服也。其国便乗船寇盗、隣国患之。東夷飲食類皆用俎豆、唯挹婁不、法俗最無綱紀也。

ここには、「挹婁」は弓矢の達人であり、しかも猛毒の矢を使用すること、人口は少ないが弓矢が強力であったため、夫餘もその活動を押さえ込むことができなかったこと、活発な海賊的行為によって隣国を悩ませていることなどが記される。あらあらしい「未開」の狩猟民・海洋民としてのイメージがうかがわれる。こうした記述は、のちの靺鞨の「好戦的」で「精強」なイメージ（『隋書』靺鞨伝など）にもつながるものといえよう。また、その土地の産物として、「赤玉」（メノウか）や世に「挹婁貂」とされる「好貂」（高品質なテンの毛皮）の存在が記述される点にも留意される。

そもそも「粛慎」という集団の具体的な特徴について、『国語』では「楛矢・石砮」が要素としてあげられているにすぎない。つまり、後世の「粛慎」のより具体的なイメージを構成する要素の多くは（海洋民性・毒矢使用・テンの毛皮など）、実際には「挹婁」に関する記録に由来するといってよい。

また、「粛慎」は語義に「恭しい」「慎み深い」というニュアンスがあり、当初は、中華の王の徳を慕って遠方から駆けつけるという、文字通り「恭しい」集団としてイメージされている。しかし挹婁伝以後は、むしろ未開・粗暴な民としてのイメージがより前面に出てくるのである。そして、『書紀』に描かれた「粛慎」像は、後者に近いといえよう。つまり、『書紀』にみられる「粛慎」の特徴は、実質的には「挹婁」以後の民族的イメージなのである。

本来、「挹婁」以後の北東アジア民族と「粛慎」を具体的に結びつける材料は乏しい。おそらくその根拠は、地理・方位と、「石鏃の使用」という二点でしかなかったはずである。『後漢書』『三国志』が「挹婁」と「粛慎」とを結びつけたことが、後世、「粛慎」の具体的イメージを広げることにつながった（たとえば先述の「粛慎・挹婁の海蛮」のような用例など）。

とはいえ、「粛慎」が石鏃使用者であるという『国語』以来のイメージは、『隋書』や『旧唐書』『新唐書』段階など、後世にも根強く残存する。ここで考古学的な実態に目を転じると、魏晋南北朝期の大陸の「粛慎」に関連して、ロシア極東のアムール中流域や沿海地方に分布したポリツェ文化（紀元前四世紀頃〜後四世紀頃）が、「挹婁」の有力な候補として知られる[24]。ポリツェ文化が存在したのは、極東の初期鉄器時代前期から後期にまたがる時代であり、その後期には扶余や高句麗などから鉄器を入手していたと思われるが、アムール中流域や沿海地方などにおいて、その流通量は決して十分ではなかった。ポリツェ文化の遺跡では、鉄鏃とあわせて石鏃や骨鏃も発見されており、大貫静夫氏は、「第2松花江流域以東、豆満江流域以北に展開していた考古学文化を残した集団で遅くまで石鏃を残すのが明らかなのはポリツェ文化であり、西晋時代の「粛慎」の候補は鳳林文化よりはポリツェ文化である」と指摘する。またこの地域の北部では、後期鉄器時代の同仁文化（靺鞨文化）でも石器が残るという[25]。

さらに、『書紀』の「粛慎」をオホーツク文化とする説においても、しばしばオホーツク文化における石鏃の使用が根拠にあげられる[26]。当時の北東アジア民族の実態、およびオホーツク文化の実態に、「粛慎」を連想させる要素が確実に存在したことは留意しておくべきであろう。

上記のような考察とは、いささか異なる観点から問題を提起するのが、若月義小氏の所説である。すなわち若月氏は、①『書紀』において「粛慎」は「楛矢・石砮」と関連づけられていない、②むしろ「羆」と結びつけられている、と指摘する。そして、「粛慎」と「羆」の関連性について、「勿吉の南には徒太山（長白山）があり、虎・豹・羆・狼がいて、人に危害を加える」（『魏書』勿吉伝・『北史』勿吉伝。なお『北史』は「人に危害を加えない」と記す）という記述に注目する。「羆」は『三国志』『後漢書』『晋書』の「粛慎」関連記事にはみえず、「勿吉」段階（『魏書』『北史』）になってはじめて出現する要素であるとし、こうした認識は本来、長白山と関連の深い高句麗に由来するものであろうと主張する。さらに若月氏は、「挹婁」「勿吉」「靺鞨」の登場後も、高句麗では独自に「粛慎」の用字が使用され続けていたと推測し、『晋書』など魏晋南北朝期の中国史料にみられる「粛慎」は、高句麗の側がそのように称したものだとする。そして、こうした高句麗独自の「粛慎」認識は、五七〇年（『書紀』欽明三十二年条）以後の外交によって倭に伝わり、『書紀』の「粛慎」認識のモデルとなった、とするのである。[27]

以上のように若月氏は、「羆」と関わりの深い倭の「粛慎」認識は、高句麗に由来する独自の「粛慎」イメージを受け継いだものであり、中国古典には裏づけられていないと主張する。

高句麗は、朝鮮三国のなかでも「粛慎」との関わりがとくに明瞭であり、『三国史記』に二カ所「粛慎」が登場する。すなわち、太祖大王六十九年（一二一）十月に、「粛慎」が「紫狐の皮衣と白鷹・白馬」を献上したとあり、また西川王十一年（二八〇）十月には「粛慎を撃破」したことがみえる。これらの記述の史実性は薄弱だが、広開土王碑文にも永楽八年（三九六）、広開土王が「帛慎」（粛慎）に軍を派遣し、服属・朝貢させたという記載がある（第Ⅱ面）。また、魏晋南北朝期の中国史料の「粛慎」には、高句麗使に随行して来朝するケースが多いことにも留意される。

高句麗の「粛慎」認識が、倭に大きな影響を与えたことは、後述のように十分にありうることであり、高句麗独自の「粛慎」認識の存在を指摘する若月氏の推測には、傾聴すべき面がある。しかしながら、「羆」という一要素のみから、中国古典の「粛慎」観と『書紀』のそれとの乖離を強調する点は疑問である。

『三国志』魏書陳留王紀・景元三年四月条や『晋書』粛慎氏伝によれば、二六二年に「粛慎」は曹魏に「貂皮」を献上している（後掲表1参照）。「貂皮」は本来「粛慎」とは無関係の要素である。しかし、ここでは「挹婁」の産物としての「貂皮」が、「粛慎」の産物として矛盾なく受容されている。つまり、中国史料においても、必ずしも「楛矢・石砮」の献上だけが「粛慎」の属性だったわけではない。古代中国の「粛慎」観は、一貫した不変のものではなく、新たな知識によってアップデートされることがあったのである。

また、中国古典において、本来、「羆」は「粛慎」と結びつきをもたないという指摘にも疑問がある。『山海経』「大荒北経」によれば（高馬三良訳・平凡社ライブラリー版『山海経』）、

東北の海の外、大荒の中、河水のほとりに附禺の山あり、帝・顓頊と九人の女官をここに葬る。ここには、（中略）虎・豹・羆（中略）あり、みな衛于山より産する。（中略）大荒の中に山あり、名は不咸。粛慎氏の国あり。（中略）叔蜀の国あり、顓頊の子、黍を食う。四鳥・虎・豹・熊・羆を馴らし使う。

とある。ここでは、中国の東北方に位置する「大荒」（世界の中心から最も遠い地方）のなかに「不咸」という山があり、そこに粛慎氏の国があるとされる。「不咸」は『晋書』粛慎氏伝にも登場し、しばしば長白山に擬せられる[28]。その近隣の諸地域には顓頊などの伝説が伝わり、また、虎・豹・羆などの獣が多いとされている。このことから、「粛慎」と「羆」との結びつきは、必ずしも若月説のように高句麗に固有のものではなく、『山海経』以来、古代中国に広まっていた観念であるといえよう。

要するに、高句麗が独自に「粛慎」に対する認識を保持していたとしても、それは必ずしも高句麗によるまったくのオリジナルであったとは限らない。むしろ、南北朝期の中国との通交のなかで、中国側の「粛慎」認識を受容した側面を認めるのが妥当ではあるまいか。そこには、前燕から高句麗に亡命した冬寿[29]に代表される、中国系の知識人

たちの影響も想定されよう。

ここで、日本古代史料に「粛慎」が登場することの意味について目を転じたい。『書紀』において「粛慎」は、欽明五年条に登場して以後、七世紀代の記事にしばしば登場する。一般に、斉明紀以後に登場する「粛慎」の背景には、中国での用例にならって、天皇・国家の威信を示す目的があるとする意見が多い。たとえば工藤雅樹氏は、

しかしいずれにせよ、粛慎は聖天子の出現した時に服属し、朝貢するものであるから、後述するように東夷の小帝国を主張する日本にとって、粛慎が朝貢してきたという話は、まことに都合が良いことであり、阿倍比羅夫の遠征の史料の一つに、遠征の対象を粛慎と記すものがあったというのは、その主張を大変に正直に表現したものと言えるであろう。

と述べている[30]。倭・日本に『国語』以来の「粛慎」認識が受容されていたことじたいは疑いなかろう。ただし、欽明紀の「粛慎」は、佐渡の島民と接触しているという「越国」からの伝聞記事にすぎないから、直接、「天皇の徳」を示すはたらきはもたない。さらに、日本古代における「粛慎」との関係の実質的な嚆矢であり、最も詳細な情報を載せる斉明紀は、「狂心の渠」の建造、葬儀を見守った朝倉山の「鬼」の記述など、斉明に対して批判的な評価を載せていることも見逃せない。要するに、斉明紀の「粛慎の来朝」を、通説のように、天皇の統治一般を美化するものとして捉えることができるか否か、問題はやや複雑なのである。この時代の「粛慎の来朝」の意味には、いま少し入り組んだものがあったと推察される。この点を次節で検討する。

三　『晋書』にみる「粛慎」認識

すでに何度か述べてきたように、中国史料において「挹婁」「靺鞨」がすでに登場している段階にも、「粛慎」に関する記事は散見する。いまそれをここに表示しよう。

表1　魏晋南北朝期の「粛慎」記事

年代	出典	内容	備考
236年	『三国志』魏書明帝紀青龍4年5月丁巳	楛矢	司馬懿の徳。234に諸葛亮の攻勢を撃退。236は後述の白鹿献上の祥瑞と同年(『晋書』)。
262年	『三国志』魏書陳留王紀景元3年4月、『晋書』粛慎氏伝、『同』文帝紀景元3年夏4月	弓、楛矢・石砮、皮・骨・鉄の鎧、貂皮	司馬昭の徳。魏の丞相として。263には蜀滅亡。
279年	『晋書』粛慎氏伝、『同』武帝紀咸寧5年12月	楛矢・石砮	司馬炎の徳。265に魏から禅譲。280には呉滅亡。
319年	『晋書』粛慎氏伝、『同』元帝紀太興2年8月	楛矢・石砮	318、江南に司馬睿（元帝）自立。東晋建国。
330年	『晋書』載記石勒伝下	楛矢	高句麗使に同道し、後趙の石勒へ朝貢。330、石勒は「趙天王」位を称し(2月)、さらに「皇帝」を称する(9月)。
東晋成帝期(326-342)337年頃?	『晋書』粛慎氏伝、『同』載記石季龍伝上	楛矢・石砮	高句麗使に同道し、後趙の石季龍へ朝貢。340に石季龍は成漢の李寿へ楛矢を寄贈(『資治通鑑』)。337に石季龍が「大趙天王」を称した際の来朝である可能性高いか。
396年	広開土王碑第Ⅱ面、永楽8年戊戌	「帛慎」（粛慎）に軍を派遣し、従属させ、朝貢させる。	教して偏師を遣はし、帛慎の土谷を観せしむ。(中略）此れ自り以来、朝貢し、論事す。
459年	『宋書』孝武帝紀大明3年11月己巳	楛矢・石砮	高句麗使に同道し、通訳を重ねて来朝。

表1にみるように、魏晋南北朝期における「粛慎」に関する言及は、『晋書』にとくに顕著である。この点からも、七世紀の倭・日本の「粛慎」を考えるうえで、六四四年頃に編纂された『晋書』の重要性には改めて注目される。そもそも『晋書』については、唐王朝で最初の国家的史書編纂事業であり、その文化史的な意義と影響は、東アジア的にみても大きなものがあったことが指摘されている。

『晋書』における「粛慎」の取り扱いについて、まず注目すべきは、すでに「挹婁」「靺鞨」の呼称が登場し、普及していたはずの時期に、あえて「粛慎」の名で立伝していることである。しかも、『後漢書』『三国志』の挹婁伝が「挹婁は粛慎の後裔」という理解であるのに対して、『晋書』のみが「粛慎氏一名挹婁」と、明確に「粛慎」

＝「挹婁」という立場を示している点は、諸史料でも際立っている。[31] 要するに、『晋書』の編纂に至る過程のなかで、「粛慎」の存在がひときわ脚光を浴びるような条件が存在した可能性があるといえよう。そこで、次に『晋書』における「粛慎の朝貢」の論理を検討してみよう。

『晋書』粛慎氏伝

粛慎氏一名挹婁、在不咸山北、去夫餘可六十日行。東濱大海、西接寇漫汗国、北極弱水。（中略）有石砮、皮骨之甲、檀弓三尺五寸、楛矢長尺有咫。其国東北有山出石、其利入鉄。将取之、必先祈神。（中略）周武王時、献其楛矢、石砮。逮於周公輔成王、復遣使入賀。爾後千余年、雖秦漢之盛、莫之致也。及文帝作相、魏景元末、来貢楛矢、石砮、弓甲、貂皮之属。魏帝詔帰於相府、賜其王褥雞、錦罽、綵帛。至武帝元康初、復来貢献。元帝中興、又詣江左貢其石砮。至成帝時、通貢於石季龍、四年方達。季龍問之。答曰「毎候牛馬向西南眠者三年矣、是知有大国在、故来」云。

これによれば、「粛慎」は「周公が成王を輔佐したときに来朝」した後、秦・漢が盛んとなっても、千年以上にわたって中国に来朝しなかった。ところがその「粛慎」は、「文帝相と作るに及び」、つまり晋の文帝（司馬昭）が魏の丞相となったとき、再び中国に朝貢したとされるのである。

ここにおいて「粛慎」は、武王が殷を討ったとき、「聖天子の徳」を慕って来朝した人びととは、いささか異なるニュアンスを帯びている。すなわち、「粛慎」の約千年ぶりの中国への来朝は、宰相たる司馬昭の功績とされ、その存在は周公旦に擬せられる。[32] そもそも、『晋書』は周代の「粛慎」に関しても、武王の徳と並んで周公の功績を強調しており、『国語』に由来する「粛慎」の原像は、ここでは換骨奪胎されているのである。

こうした『晋書』の「粛慎」観について考える際、その背景となった魏晋南北朝期における「粛慎」観と、それと密接な儒教・礼制イデオロギーの実態について検討しておく必要があろう。

魏晋南北朝期の儒教と礼制に巨大な影響を及ぼしたのは、後漢末期にあらわれ、「儒教国家」たる漢代の思想を集大成したとされる鄭玄である。鄭玄の構築した礼制の体系は、従来、漢王朝の荘厳が目的と理解されてきたが、近年ではむしろ、後漢的礼教国家の衰亡を見越して、来るべき新王朝のために用意した学説であったともいわれる。[33]

同じころ、鄭玄と学説上の対立関係にあった代表的儒学者として、魏の王粛の存在も重要である。鄭玄と王粛の説は、その後に継承され、長く論争を繰り広げた。王粛の著作は散逸したため詳細が伝わらないが、鄭玄も王粛も、『周礼』を根本プランに置く王権・国家の構築をはかったとされる。『周礼』が根本経典となったことは、その編者とされる周公旦の権威が、「王者ならぬ聖者」として著しく向上したことを意味する。[34]

また、王粛が司馬氏の外戚であり、晋に大きな影響を及ぼしたことも重要である。王粛の娘は司馬昭の后であり（王元姫）、その子が西晋を建国した武帝・司馬炎となった。そのため晋は、王粛の学説をきわめて重視した。つまり、鄭玄が漢から魏への禅譲（簒奪）を説明する論理を準備したのに対し、王粛は司馬氏による簒奪を正当化する学説を用意したという側面があった。[35]

表1にみるように、『三国志』には二三六年、二六二年に「粛慎」の朝貢記事があり、前者は司馬懿の、後者は司馬昭の功績と関連づけられているとみなされる。さらに、『三国志』の「粛慎」認識については、魏の鍾会が蜀を攻略中に発した次の檄文の内容にも留意される。

『三国志』魏書鍾会伝

会移檄蜀将吏士民曰。（中略）「今主上聖徳欽明、紹隆前緒、宰輔忠粛明允、劬労王室、布政垂恵而萬邦協和、施徳百蛮而粛慎致貢。悼彼巴蜀、独為匪民、愍此百姓、労役未已。是以命授六師、龔行天罰、征西・雍州・鎮西諸軍、五道並進。」

すなわち、鍾会は蜀の将兵・官民に対して、「今、魏の皇帝（曹奐）の聖徳は欽明で、宰輔（司馬昭）は忠粛にして聡明誠実で、王室をねぎらい労わり、政を布き恵みを垂れて万邦は協和し、百蛮に徳を施して粛慎までもが貢を致した。ところが彼の巴蜀だけが独り匪民となっているので、諸軍を進めてこれを征する」と布告している。鍾会は、

「司馬氏のための思想弾圧者となり、司馬氏に尽くした」[36]とも評される人物であり、ここでの「粛慎」をめぐる認識には、『晋書』に通じるものがある。

以上の『三国志』の検討から明らかなように、司馬氏の徳と「粛慎」とを関連づける観念は、魏末にはすでに存在していた。ただしこうした思想は、「挹婁伝」の記述には反映しておらず、司馬氏の功績との関わりも、『晋書』の場合ほど明瞭には描かれていない。『三国志』において「粛慎」は、『晋書』におけるそれと比べれば小さな役割しか担っていないといえよう。しかしその後、『晋書』編纂までの期間に、「粛慎」の朝貢の意義は政治思想としていっそう深められる。すなわち『晋書』において、「粛慎」の来朝をうながしたのは、皇帝・天子そのものでなく、むしろそれを補佐する宰相・実力者（具体的には司馬氏）の存在である。ここには、いわゆる「聖天子の徳」一般よりむしろ「王佐の臣」、ひいては「天下を輔佐する実力者」の功績を強調する、巧妙な論理のすりかえがみてとれる。換言すれば、ここでは「粛慎」の朝貢は、天子ならぬ実力者による権力の掌握、さらには簒奪を正当化する論理となっているのである。

ところで、『晋書』において、粛慎の貢を受けているのは司馬氏だけではない。先述のとおり、五胡出身である後趙の石勒と石季龍（石虎）のもとにも粛慎が来朝している。『晋書』は、石虎に朝貢した粛慎の使者は「毎候牛馬向西南眠者三年矣」のために「大国」の所在を知ったという説話的な記述によって、石虎の徳を誇張している。

石勒や石虎は、この時期に特有の「天王」号を称した人物としても知られる。石勒は、三一九～三二九年まで「趙王」を自称し、三三〇年二月には「趙天王」と号し、九月には皇帝を僭称する。その後、三三三年に石勒が没すると、太子の石弘が即位したが（廃帝海陽王）、石勒の配下にあった石虎が丞相・魏王・大単于として実権を奪う。石虎は三三四年に石弘を廃してみずから「居摂趙天王」と称し、翌年には鄴に遷都する。さらに三四九年一月、石虎は「皇帝」に即位するが、四月には死去する。皇帝を名乗ったのは三カ月ほどにすぎず、ほとんどの期間は「居摂趙天王」（三三四年～）、さらに「大趙天王」（三三七年～）と称した[37]。

五胡の「天王」号については古くからの議論がある。谷川道雄氏は、「天王」は姫周の称号に由来し、皇帝に準ずるが同一ではない存在であるとする。[38] このように先行研究においては、「天王」号に関して、皇帝と王の間に位置し、実質的には皇帝に近い存在とする理解が多い。

これについて内田昌功氏は、「天王」の諸例を網羅的・具体的に検討し、はじめて「天王」号を使用した靳準（三一八年「漢天王」）から、石勒（三三〇年「趙天王」）、石虎（三三四年「居摂趙天王」）までの三例と、石虎が後半に名乗った「大趙天王」との間で、その性格が大きく変化すると指摘する。[39] すなわち、前者の三例は、いずれも群臣に皇帝即位を要請されたが、固辞して「天王」を名乗ったもので、皇帝の存在を前提とし、その下位に位置づけられている。

靳準は東晋の皇帝を認めたうえで、その下位に自身を位置づけるものとして「天王」号を称した。[40] 一方、石勒・石虎は、いずれも非漢族出身であることを理由とする皇帝即位に対する躊躇から、[41] 当初は皇帝位を空位としたまま「天王」号を称した。ところが石勒は三三三年九月に皇帝を称し、三三三年に没するまでその地位にある。また石虎は三三七年に「大趙天王」を名乗るが、ここに至ってその称号は皇帝の存在を前提としない、実質的に皇帝に近いものとなるという。[42]

三三〇年の石勒への、そして三三七年前後の石虎（石季龍）への粛慎の来朝は、こうした胡族出身の君主・王権の性格が大きく変化する過渡期に起きていることに注目すべきであろう。これらにおいて、粛慎の来朝を誘引したのは、必ずしも「皇帝の徳」とは割り切れない。むしろ粛慎は、「皇帝・天子ならざる実権者」の権威を補強する役割を担わされ、登場しているのである。

以上を要するに、古代中国において、「粛慎」の重要性は必ずしも春秋・戦国期以来の一貫したものではなく、西晋の天下を正当化するものとして新たに浮上してきた概念であることを推測できる。司馬氏については、曹魏からの簒奪、皇帝への即位を目指すうえで、本来は自己と同列の「名士」階層のなかで、それらから超越した一族であることを正当化する必要性に迫られていたという指摘がある。[43] 魏末～西晋において、古典上の知識であった「粛慎」の朝貢は、このような事情を有する司馬氏とそのブレーンたちによって、ことさらに持ち出された政治思想だったのではなかろうか。

すなわち、伝説上の「粛慎の朝貢」は、秦や漢ではなく、晋によって選択され、脚光を浴びた物語であった。それは、司馬氏の簒奪を正当化するため、特別の新たな意味を与えられ、古典から再生させられたのである。

四　魏晋南北朝期の「粛慎」認識と倭・日本

上述のような、『晋書』の記述に集大成される魏晋南北朝期の新たな「粛慎」認識は、七世紀の東アジア諸国にとってまことに時宜を得たものであった。なぜなら当時、東アジア諸国は、政変・クーデターによる新政権樹立の相次ぐ激動期に突入しており、「粛慎」の存在は、新政権が自らの正当性を示すのに格好のイデオロギー装置になりえたと想定される。[44]

新羅においては、六四七年の毗曇の乱を経た真徳女王の推戴と、それを補佐する金春秋・金庾信らによる新体制が成立する。新羅の「粛慎」認識を知るすべはほとんどないが、先述した天武五年（六七六）来朝の新羅使による「粛慎」同道は、新羅が独自に「粛慎」に対する観念を有し、政治的に利用しようとしていたことを推察させる。

ここでは、新羅側が伴った人びとをことさらに「粛慎」と称したのか、日本側が独自にそう判断したのかは判然としない。しかしながら、新羅は靺鞨の一部（粟末部・白山部など）と境を接しており、本来、靺鞨人との関わりが深いことにも留意される。また、新川登亀男氏の指摘するように、新羅は倭・日本に対して、表面上は「朝貢」を称しつつ、ユーラシア各地の先進文物を贈ることによって、暗に自己の高度文明を誇示する外交政策をとっていた。[45] このことから考えて、天武五年の新羅使による「粛慎」同道は、新羅が自らを「粛慎」の朝貢する、徳高い文明国であるとアピールしようという意図のもとに、新羅側の主体的な外交戦略として実施されたものであった可能性が高い。百済についても、国政改革を断行した義慈王は、「海東の曾子（孔子の高弟）」と号した（『新唐書』百済伝）という人物であり、孔子にゆかりの深い「粛慎」伝説への関心が存在した蓋然性がなくはない。北魏の孝文帝の延興二年（四七二）に、百済の蓋鹵王との間に国書がやりとりされており（北魏の実権を握っていた献文帝の詔として『魏書』百済伝に伝わる）、そこには「故に羈縻は前典に著われ、楛貢は歳時に曠かなり」と、「楛貢」すなわち粛慎の朝貢についての言及がある。(46)間接的ながら、粛慎の知識が百済まで伝わっていた証左といえよう。また、『魏書』勿吉伝には、北魏に来朝した乙力史が「百済と共謀して高句麗を攻めた」と述べていることから、百済と勿吉との通交の機会があったことが推量される。

ただし管見のかぎり、これ以外に、百済関連史料には「粛慎」にかかわる記載はみられない。百済の地理的条件からも、北東アジアの「粛慎」「挹婁」「靺鞨」の人びととの接触は限定的なものだったであろう。

朝鮮諸国のうちで、「粛慎」とのつながりの蓋然性が最も高いのは、いうまでもなく高句麗である。先述のように、高句麗と「粛慎」との関わりはそもそも深い。高句麗では六四二年に泉蓋蘇文によるクーデターが勃発し、以後六六六年まで、王は傀儡にすぎず、実権は莫離支の泉蓋蘇文が掌握した。こうした権力集中体制のもとで、高句麗は唐による遠征を幾度も撃退した。七世紀の高句麗に直接「粛慎」にかかわる記録があるわけではない。しかしながら、対隋・対唐戦において、高句麗軍の一翼を担った靺鞨の精強さは広く知れ渡っており（『隋書』靺鞨伝、『旧唐書』靺鞨伝など）、高句麗が「粛慎」の存在を強調しうる条件は存在していた。当時の高句麗国内における泉蓋蘇文の絶大な権威は、『旧唐書』『新唐書』ほか『書紀』の記述などからもうかがわれるが、泉蓋蘇文はその地位を強化するイデオロギー操作に巧みだったのではないか。そのなかで「粛慎」について、積極的な政治的利用が図られたことを想定してもよいかもしれない。

こうした高句麗における「粛慎」の政治的意義が倭に伝来し、倭の「粛慎」観に直接の影響を与えた可能性は、十分にありうることであろう。ただし先述のように、その「粛慎」認識が、高句麗に自生したまったくオリジナルの思想であったとは限らない。むしろ、晋代以来の中国で培われた「粛慎」認識を吸収し、独自に発展させたという側面があるのではないか。

上記の推察を念頭に、当時の倭国の状況を改めてみてみると、乙巳の変後の政権において、『書紀』が「皇太子」として記す中大兄と、中臣鎌足との存在には改めて注目すべきものがあろう。(47)

周知のように、『書紀』白雉元年（六五〇）二月、穴戸（長門）より献上された「白雉」（キジのアルビノ）を祥瑞として、孝徳政権は大化から白雉への改元をおこなう。白雉については『書紀』に百済王子豊璋、高句麗に留学した僧道登が次々に見解を述べたが、直接的な改元の由来となったのは、僧旻が進言した、周の成王・周公のときに南方の越裳氏が白雉を献じた故事である（『論衡』）。新の王莽は、これにならって白雉を献上され、自己を周公になぞらえた（『漢書』平帝本紀・元始元年（紀元一）正月）。王莽は、いわば「南の粛慎」を自己の簒奪の正当化に利用したのである。また、次の『晋書』の記述などにも留意される。

『晋書』帝紀第一・宣帝・青龍四年（二三六）条

獲白鹿、献之。天子曰「昔、周公旦輔成王、有素雉之貢。今君受陝西之任、有白鹿之献。豈非忠誠協符、千載同契、邦家俾乂、以永厥休邪」。

すなわち、魏明帝（曹叡）は、司馬懿（晋宣帝）による白鹿の献上を、周代の素雉（白雉）の献上に重ね合わせ、その功績と忠勤を周公旦になぞらえている。前掲表1にみるように、これは『三国志』魏書明帝紀の「粛慎」来朝記事と同年であり、また諸葛亮の陣没（二三四）の二年後にあたる。司馬懿の功績は、「白鹿」の出現と「粛慎」の貢矢とによって粉飾を受けたのである。

また、『晋書』には、「粛慎」と「白雉」とが並んで登場する例のあることにも注目される。すなわち、後趙の石勒が「趙天王」を称し（二月）、さらに「皇帝」を称した（九月）建平元年（三三〇）には、数々の祥瑞が現れたとされる（『晋書』載記石勒下）。この年には、高句麗を経由して粛慎が楛矢を貢じ、また西域諸国からの「方物」や、江南からの「珍宝奇獣」の献上が相次ぐなか、荊州から「白雉」「白兎」が贈られたという。

これらの「先例」にならった乙巳の変後の政権が、自己を正当化する手段として「粛慎」の存在にも注目し、それを利用したことは十分に考えられる。『書紀』の編纂において、『晋書』の影響の大きさはつとに指摘され、とくに孝徳・斉明紀にはその傾向が強いとされる[48]。要するに、『書紀』に「粛慎」の用字が使用され、斉明紀にその存在がクローズアップされている背景には、これまで述べてきたような、魏晋南北朝期における「粛慎」観の変容が深く関わっている可能性が高いのである。

ところで、讖緯説に明るく、辛酉革命説をとなえた三善清行は、鄭玄の理論をもとに、一三二〇年周期での辛酉年の巡りを重視する説をとなえ、斉明七年（六六一）を神武即位年以来の大変革の年として重視したことはよく知られる[49]。こうした歴史認識は、七世紀段階にもある程度存在したことは想像にかたくない。とくに若月義小氏は、天智期における讖緯思想の影響の大きさを示唆し、

天智朝は歴史叙述としては結実しなかったが六六一年辛酉を我が国における文明・国家組織の大転換の端緒を開く年として意識し意義付けていたと考えられる。（中略）歴史叙述として熟するまでには至らなかったが、天智朝の自己正当化は、実際の権力掌握、政策実施の諸段階において意識され、その一環として百済の影響を改めて深く受ける形で讖緯思想が利用されたことは否定できないであろう。それは推古朝よりも現実的・実際的であったといえる。

と述べている[50]。

そうした当時の倭における政治思想・政治文化のブレーンとしては、白雉の由来を解説した僧旻が代表的な存在といえよう。旻は、隋留学で得た知識にもとづき、蘇我入鹿・中臣鎌足らに「周易」を講じたことで知られ（『家伝』上・鎌足伝）、舒明九年（六三七）二月の流星の正体を「天狗」と説明したり、同十一年（六三九）正月における

「長星」の出現を「彗星であり、飢饉の兆しである」と解説したりする。

『書紀』推古十六年（六〇八）九月辛巳条は、裴世清帰国に伴う小野妹子らの遣隋使派遣のことを記し、そこに留学僧として「新漢人日文」らの名がみえる。これが旻の初見である。「新漢人」とあることから百済系渡来人である蓋然性が高く、また「旻」の名は梁の高僧・旻にちなむものともいわれる。したがって、旻が披瀝した知識・思想は、基本的に南朝―百済系の知の系譜につらなるものといえよう。

南朝（梁・陳）において「周易」の学習はさかんであり、それは百済にとっても重要な関心事だった。『周書』『北史』以下の百済伝には、「医薬・卜筮・占相に通じ、陰陽五行を解し、宋の元嘉暦を長く用いた」とされる。(51)百済の政治文化の軸足は、南朝系の「周易」、卜書などの実践的な知に置かれていたようである。そうした知識になじみ深い旻や、暦法・天文地理・遁甲方術の書を献上した百済僧観勒（推古十年（六〇二）十月条）らの姿は、当時の仏僧が往々にして讖緯思想にも親しんでいた例の典型であろう。(52)

ところで、先述した漢代の儒教や、その集大成ともされる鄭玄の理論は、讖緯説を重視し、宗教的・神秘的な色彩が強い。(53)その一方で、王粛は讖緯説を退け、「理」を前面に出した儒教思想を展開した。前漢末、新の王莽の簒奪に際して最高潮を迎えた讖緯説は、晋の建国時においては、王権による積極的な利用はむしろ後退し、司馬炎の即位儀礼では、王朝交替の根拠とされる祥瑞の少なさが目を引くという。(54)

「理」を重んずる王粛の理論において、「粛慎」の来朝は、讖緯思想的・神秘主義的な「祥瑞」とは異なる、「礼」の思想にもとづく故事として特別の意味が与えられたのではないか。それは、晋代に「粛慎」の存在が脚光を浴びた一因でもあろう。

このように考えてきたとき、高句麗系の政治文化の伝統と、その知識人の存在に留意しておきたい。

『晋書』の原史料のひとつとして、東晋の孫盛の手になる『晋陽秋』の存在が重視されている。『晋陽秋』は散逸しているが、『隋書』経籍志二では「別史」に分類されており、東晋の哀帝年間（三六一～三六五）までを記述した全三二巻の史書であった。佚文の状況から、宣帝（司馬懿）の時代から叙述がはじまっていると推測される。この『晋陽秋』は、前燕を経由して高句麗に伝わったらしい[55]。開皇十八年（五九八）に高句麗王が隋へ送った上表文には、『晋陽秋』からの引用がある可能性が高いとされる。その背景として、高句麗では、五経だけでなく「三史」（『史記』『漢書』『後漢書』）および『三国志』『晋陽秋』などの史書の学習がさかんであり（『周書』高麗伝・『北史』高句麗伝）、これは他の朝鮮諸国に例をみない状況であるという[56]。

こうした経緯のなかで、晋や北朝に由来する当時の新たな「粛慎」認識が、高句麗に伝播した可能性があろう。そして、慧慈や曇徴ら、高句麗から倭に渡来した仏僧は、百済系の知識人とはやや異なる側面として、そうした政治文化への深い知識・理解を有していたのではないか。

あわせて、高句麗僧道顕（賢）の存在にも注目される。道顕は『書紀』の原史料の一つである「日本世紀」の著者として知られ、また仲麻呂期に編纂された『家伝』上・貞恵伝には、「高麗僧道賢作誄曰」と、道顕による貞恵（定恵）への誄が引用されている。そこでは鎌足と貞恵の父子が、孔子（仲尼）・孔鯉（伯魚）の父子および周公・伯禽の父子との関わりで言及されており、とりわけ周公・伯禽が二代で成王を補佐した故事が鎌足・貞恵の姿に重ね合わされ、父子二代で中大兄王を補佐しようとしたと述べられている。

いずれにせよ「貞恵伝」では、道顕によって周公と孔子の故事が重視され、その文脈において鎌足の存在がアピールされていることが目を引く[57]。そもそも鎌足に関しては、『続日本紀』や「鎌足伝」に、その存在を伊尹・太公望・張良・諸葛亮といった歴史上の「王佐の臣」たちに例える言辞のみられることが知られ[58]、とりわけ「鎌足伝」の記述は『史記』の伊尹の伝記パターンと共通性があるとも指摘される[59]。このような歴史認識は、直接には八世紀代のものとはいえ、「貞恵伝」の引く道顕の誄が中大兄・鎌足を成王・周公になぞらえている点を重視すれば、孝徳期―斉明期―中大兄称制期―天智期にかけての倭国の政治過程には、「粛慎」の存在がクローズアップされる必然性が大いにあったのではないか。

ただし、斉明紀は中大兄・鎌足の行動を直接的に示す記述に乏しく、そもそも『書紀』において、北方政策への二人の関与を直接的に示唆する史料は、ほとんど見当たらない。しかしながら、この問題についても、次の「鎌足伝」の記載が注目される。

『家伝』上・鎌足伝（※（　）は筆者が補った）

俄にして天萬豊日天皇（孝徳）、已に萬機を厭ひたまひ、白雲に登遐したまふ。皇祖母尊（皇極・斉明）、俯して物の願ひに従ひ、再び宝暦に応じ、悉く庶務を以って皇太子に委ねたまふ。皇太子（は鎌足に）、事毎に諮決し、然る後に施行す。ここに海に杭し山に梯して朝貢絶へず。撃壌鼓腹にして、郷里稍多し。君は聖に臣は賢にあらざれば、何ぞこの美に致らむ。故、大紫冠に遷し、爵を進め公と為し、五千戸を増封す。前後并びに凡そ一萬五千戸なり。

もとより漢籍の知識による美辞麗句が多く、史実性は留保しなくてはならない。しかし、中大兄と鎌足の君臣関係によって、理想化された「聖代」が出現したという斉明朝像が確認されることは注目してよい。

「鎌足伝」には、「粛慎」に関する直接的な記述はない。しかし、斉明朝について「朝貢不絶」とする認識は、南島人との交渉や朝鮮諸国との外交とあわせて、『書紀』の記す当該期の蝦夷・粛慎との交流を強く意識した文言であろう。このような斉明朝像を描くうえで、斉明から「悉く庶務を」委ねられたとされる中大兄と、それを輔弼する鎌足の姿はことさらに強調されている。つまり『家伝』では、斉明朝における異民族の相次ぐ「朝貢」が、高度に抽象化されつつも、中大兄とそれを補佐する鎌足の功績として記述されているのである。

なお、ここに「粛慎」の具体的な記述がないことは、かえって留意される。天平宝字六年（七六二）の年紀を有し、仲麻呂の弟、朝狩の立てた多賀城碑には、「靺鞨国界を去ること三千里」という表現がある。『家伝』が編纂された仲麻呂期においては、もはや、前代のような「粛慎」の政治的・思想的背景は強調されない。「粛慎」のイデオロギー的意義は、日本的な「中華」世界が未成熟で、異民族が「化外」の「夷狄」として法的に抽象化されていない七世紀、とりわけ斉明期前後の須弥山段階に適合的なものであった蓋然性があろう。

以上のように考えてきたとき、七世紀の倭・日本における「粛慎」との遭遇は、実は偶発的な事件ではなかったのではないか、という想定にかられる。欽明紀にみるように、「アシハセ」集団の存在は、古くから倭の支配層の耳に届いていた。乙巳の変後の政権は、その正当性と威儀を顕示する必要性にかられており、その一環として、「粛慎の来朝」を実現するための積極的な行動を起こしたのではないか。

その思想的な背景としては、この時期の倭・日本において、僧旻のような讖緯思想に馴染んだ百済系渡来人だけでなく、先述の慧慈・曇徴・道顕ら、高句麗からの渡来僧の存在と、その活動に留意する必要があろう。彼らこそ、晋代以降に洗練され、深められた、新たな「粛慎」認識を倭・日本にもたらした当事者であった可能性が推測されるのである。

本稿で考察・指摘してきた内容は、およそ次の三点にまとめられる。①伝説上の周代の「粛慎の朝貢」は、その後、秦や漢には重視されなかったが、魏末~西晋期に、司馬氏による簒奪を正当化するため独自の新解釈が加えられ、古典からよみがえった蓋然性がある。②そのような「粛慎の朝貢」の新たな意義は、南北朝期にかけて東アジアに普及し、倭・日本においても、乙巳の変後の政治過程のなかで浮上する必然性があった。③そこでは中大兄と鎌足の存在に成王や周公のイメージが読み込まれた可能性があり、また、そのブレーンとしての高句麗系知識人の存在が推測される。

ところで、斉明期において「粛慎」の服属儀礼は、飛鳥の「石上池の辺」に築かれた須弥山のもとで行われている。これは、儒教的な「粛慎の朝貢」本来の意味からは大きくかけ離れたものだといえよう。当時の倭王権は、異民族に対する服属儀礼の場として、飛鳥寺西の広場や、しばしばそこに設置された須弥山の周囲など、仏教と関わりの深い聖域を選んでいる。しかしながら、これらの仏教的要素は、一種の「呪術的権威」としての側面が強く、仏教思想への体系的な理解にもとづくものではなかった[60]。

一方、持統十年（六九六）の「粛慎」来朝には須弥山との関連はみられない。持統期においては、「粛慎」について、本来の儒教的理念により近い取り扱いが実現する可能性があった。藤原京の「周礼プラン」を指摘する意見などにもあわせて注目される。

ところが一方で、持統期には「粛慎の朝貢」の重要性は低下していた蓋然性が高い。この頃、天皇を中心とする日本独自の中華思想が整備されつつあり、列島辺境の諸集団は抽象的な「夷狄」身分へと再編成されていった[61]。ここにおいて、「粛慎」という集団の特別な意味が必要とされることは、もはやなかった。「アシハセ」すなわち前代の「粛慎」や「靺鞨」の一部は、日本型中華思想の形成・成熟によって、北方の「夷狄」の一種である「蝦狄」概念に包摂されていくのであろう[62]。

さらに、七世紀末から八世紀前半にかけての北東アジア情勢の緊迫化は、日本の支配層に、大陸の靺鞨の世界、さらには渤海の存在を、よりリアルで切実なものとして受け止めることを要求するようになった。七二七年には第一次渤海使が来着し、日本と渤海との国家間交渉が開始される。こうした経緯のなかで、現実の北東アジア諸民族に対する知識・理解が深まり、観念的・伝説的な「粛慎」イメージを後景に追いやっていく。八世紀後半の多賀城碑には、「靺鞨国界を去ること三千里」の文言があり、仲麻呂期には、もはや七世紀段階のような「粛慎」の特別な政治的・思想的意義は強調されなくなっていたことを示唆する。

その後、渤海使の北日本への来着が途絶え、西日本への来着例が多くなる九世紀には、「粛慎」「靺鞨」系の人びとの世界が、国土の北のかなたに存在するという地理認識じたい、忘却されてゆく。ところが、十世紀には、契丹の勃興と渤海の滅亡、「靺鞨」から「女真」への変容などの激動が北東アジアの民族世界を揺るがすようになり、その影響もあって、同時期には列島北部でも文化・社会の大きな再編のうねりが生じる。こうしたなかで、日本の支配層の脳裡には、国土の北辺と北東アジア大陸との連続性に関する地理認識が再生し、独自の「粛慎」観がよみがえっていく。中世日本の国際認識・自他認識が萌芽し、生成していく過程で、「粛慎」概念には新たな意味が付与され、再びその存在が想起される時代を現出するのである。(63)

註

(1)『説文』によれば、「楛」の木は「今、遼左に楛木あり。状は荊の如く、葉は楡の如し」とされる。

(2)津田左右吉「粛慎考」(『日本古典の研究』下、岩波書店、一九五〇年)。

(3)室賀信夫「阿倍比羅夫北征考」(『古地図抄』東海大学出版会、一九八三年)。関口明『蝦夷と古代国家』(吉川弘文館、一九九二年)。

(4)坂本太郎「日本書紀と蝦夷」(『蝦夷』朝倉書店、一九五六年)。

(5)熊谷公男「阿倍比羅夫北征記事に関する基礎的考察」(『東北古代史の研究』吉川弘文館、一九八六年)。

(6)若月義小「律令国家形成期の東北経営」(『日本史研究』二七六、一九八五年)、同「古代北方史研究の課題」(『新しい歴史学のために』一八八、一九八七年)。

(7)論点は多岐にわたるが、とくに、斉明紀において蝦夷・粛慎の服属儀礼が須弥山を媒介としていることは、この北航が天武・持統期の史実ではなく、紛れもなく斉明期の事件であることの有力な論拠だと思われる。蓑島栄紀『古代国家と北方社会』(吉川弘文館、二〇〇一年)など参照。

(8)前掲註(7)蓑島書、同「北方社会の史的展開と王権・国家」(『歴史学研究』八七二、二〇一〇年)など参照。

(9)児島恭子「粛慎・靺鞨と結びつく蝦夷観」(『アイヌ民族史の研究―蝦夷・アイヌ観の歴史的変遷―』吉川弘文館、二〇〇三年、初出は一九八四年)。

(10)若月義小「アシハセ・粛慎考」(『弘前大学国史研究』一〇七、一九九九年)。

(11)先行諸学説の論点整理については、小口雅史「渡嶋再考」(『国立歴史民俗博物館研究報告』八四、二〇〇〇年)が詳しい。なおここで、小口氏自身は「渡嶋」=「津軽海峡両岸の地域」という独自の説をとなえている。その後の研究の大半は、「渡嶋」=北海道説を前提としており、筆者自身、「渡嶋」=北海道説をとるものではあるが、『書紀』などの古代史料にみえる北方関係の地名をめぐっては、近年の知見や研究をふまえた新たな視角からの研究が改めて必要な段階に入っているといえるかもしれない。

（12）大沼忠春「北海道の古代文化と社会」（『古代蝦夷の世界と交流』名著出版、一九九六年）。

（13）石附喜三男「考古学からみた〝粛慎〟（みしはせ）」（『蝦夷』社会思想社、一九七二年。のち『アイヌ文化の源流』みやま書房、一九八六年に再録）、天野哲也「極東民族史におけるオホーツク文化の位置（下）」（『考古学研究』二五－一、一九七八年。のち『古代の海洋民　オホーツク人の世界―アイヌ文化をさかのぼる』雄山閣、二〇〇八年に改稿して再録）など参照。

（14）北海道埋蔵文化財センター編『奥尻町青苗砂丘遺跡2』（二〇〇三年）。

（15）前掲註（9）児島論文。

（16）樋口知志「渡嶋のエミシ」（『古代蝦夷の世界と交流』名著出版、一九九六年）など。樋口氏は、初期の擦文文化にもいくつかの系統や地域差があることを重視し、とくに、続縄文文化直系の北大式系統の土器を使用する集団が、本州由来の土師器系統の土器を使用する集団とは区別され、「粛慎」として認識されたと主張する。

（17）小嶋芳孝「日本海の島々と靺鞨・渤海の交流」（『境界の日本史』山川出版社、一九九七年）。

（18）前掲註（10）若月論文。

（19）たとえば、「粛慎」＝大陸の靺鞨説を堅持する若月義小氏は、「オホーツク文化に使者を派遣してもあまり意味がないのではないか」とも述べるが（前掲註（10）若月論文）、オホーツク文化に対するこのような評価には疑問がある。

（20）増田隆一・天野哲也・小野裕子「古代DNA分析による礼文島香深井A遺跡出土ヒグマ遺存体の起源―オホーツク文化における飼育型クマ送り儀礼の成立と異文化交流」（『動物考古学』一九、二〇〇二年）など。

（21）前掲註（13）天野論文など。

（22）前掲註（7）蓑島書。

（23）『史記』五帝本紀第一・帝舜には、舜が帝位にあるとき、治水のために起用した禹の功績によって「方五千里」が治まり、南西北東の異民族が朝貢したとされる。それによれば、「北は山戎・発・息慎」が服従したとあり、鄭玄の注はこれを「息慎、或謂之粛慎。東北夷」としている。こうした業績によって禹は舜から禅譲を受けるのである。詳しくは後述するが、後世の『晋書』には、「粛慎」が天子の徳よりむしろ「王佐の臣」の功績によって朝貢するという論理が出現する。このようなアイデアは、あるいは伝説上の舜・禹の物語を淵源とするものかもしれない。なお、このほか『史記』における「粛慎」としては、前漢の司馬相如が武帝に奏上した賦に、斉国の位置・方角を修飾する語として登場するにすぎない（『史記』司馬相如列伝第五十七)。
(24) 臼杵勲『鉄器時代の東北アジア』(同成社、二〇〇四年)、大貫静夫「挹婁の考古学」(『国立歴史民俗博物館研究報告』一五一、二〇〇九年)。
(25) 前掲註(24)大貫論文。
(26) 越田賢一郎「北方社会の物質文化—鉄からみた北海道島の歴史」(『日本の時代史19　蝦夷島と北方世界』吉川弘文館、二〇〇三年)。長沼孝・越田賢一郎「考古学から見た北海道」(『北海道の歴史〈上〉古代・中世・近世編(新版)』北海道新聞社、二〇一一年)。
(27) 前掲註(10)若月論文。
(28)『山海経』「海外西経」は、「粛慎の国が白民の北にある。雄常という木がある」としている。晋代の郭璞(二七六〜三二四)の注によれば、「雄常の木」は中国に聖人の帝王が代わって即位することがあったとき、この木に皮が生じ、それを衣とすることができるという。同様の記述は『晋書』粛慎氏伝にもみえる。つまり、粛慎はこの現象によって「聖天子の出現」を知りうるという説明であるといえよう。なお郭璞の注では、「粛慎国」は遼東から三千里のところにあるとされ、そこに描かれた習俗などは「挹婁」伝のそれに近い。
(29) 高句麗壁画古墳の安岳三号墳(北朝鮮黄海南道安岳県)には、人物像の頭上に墨書による七行の墓誌があり、被葬者の冬寿が東晋年号の永和十三年(三五七)に六九歳で没したことを記す。武田幸男『高句麗史と東アジア』(岩波書店、一九八九年)など参照。
(30) 工藤雅樹『蝦夷と東北古代史』(吉川弘文館、一九九八年)四四六–四四七頁。
(31) 前掲註(10)若月論文。なお、南朝宋の范曄が編纂した『後漢書』孔融伝の注(唐の李賢による)には、「魏略」(散逸した『三国志』の原史料の一つ)を引用して「挹婁一名粛慎氏」とみえるので、「粛慎」と「挹婁」とを同一視する認識の登場は魏代に遡る可能性がある。
(32) 池内宏「粛慎考」(『満鮮史研究』上世編、祖国社、一九五一年)。
(33) 渡邉義浩『儒教と中国「二千年の正統思想」の起源』(講談社選書メチエ、二〇一〇年)。
(34) 小島毅『東アジアの儒教と礼(世界史リブレット六八)』(山川出版社、二〇〇四年)参照。なお、西晋の杜預による『春秋左氏伝』研究においては、周公の存在がとくに強調され、相対的に孔子の位置づけの低下が起きているという(渡邉義浩

『西晋「儒教国家」と貴族制』〔汲古書院、二〇一〇年〕）。つまり晋代には、司馬氏の地位を正当化するという課題のもとに、周公を重視する説が脚光を浴びた可能性が高く、後述の「粛慎の朝貢」に関する新解釈の登場も、そうした思想状況の一環として考えることができるのではないか。

(35) 前掲註（33）渡邉書。

(36) 前掲註（34）渡邉書。

(37) 三崎良章『五胡十六国　中国史上の民族大移動〔新訂版〕』（東方書店、二〇一二年、旧版は二〇〇二年）。

(38) 谷川道雄「五胡十六国および北周の諸君主における天王の称号について」（『隋唐帝国形成史論』筑摩書房、一九七一年、初出は一九六六年）。

(39) 内田昌功「東晋十六国における皇帝と天王」（『史朋』四一、二〇〇八年）。

(40) なお、靳準は最初に「天王」号を称した際に「準自号大将軍・漢天王、称制、置百官」（『資治通鑑』九〇・元帝太興元年）とあり、「称制」したとされている（漢―唐代の「称制」については、河内春人氏による集成があるが、この事例は漏れているようである。河内春人『日本古代君主号の研究―倭国王・天子・天皇』〔八木書店、二〇一五年〕参照）。このことは、六六一年の斉明死去から、六六八年の天智「即位」まで、中大兄が「称制」したとされる問題との関係で留意される。『晋書』は靳準については粛慎の朝貢を記していないが、「皇帝」「天子」ならざる最高権力者と「粛慎」との関係を考えるうえで注意を払うべき事例かもしれない。

(41) 胡族の漢族に対するコンプレックスは、容易に拭い去れるものではなかったが、それにたいする反発と矜持も見過ごすことはできない。五胡は自己の正当化に中国文化を利用し、とりわけ「礼・義の有無」を重視した（檀上寛『天下と天朝の中国史』〔岩波新書、二〇一六年〕）。匈奴の劉淵は「帝王というものは定まったものではない。禹は西戎に出自し、文王は東夷に生まれている。要は徳の問題である」（『晋書』劉元海載記）と述べている。中華の帝王の地位に対する胡族の認識をうかがい知るうえで重要である（前掲註（39）内田論文）。したがって、三三〇年二月に「趙天王」を、九月に「皇帝」を称した石勒が、同年に粛慎の朝貢があったと述べること、そして三三四年に「居摂趙天王」を称し、三三七年に「大趙天王」を名乗った石虎も、その前後に粛慎の来朝を実現させたとされることは、胡族の権力確立過程において、粛慎の朝貢が重要な意味を有したことを示唆する。また、石虎が「殷周之制」に従い「大趙天王」を称したとされる（『晋書』載記・石季龍上・咸康三年条）点も、「粛慎」の重視との関わりで留意される。

(42) 前掲註（39）内田論文。
(43) 前掲註（34）渡邉書参照。
(44) 前掲註（8）蓑島論文。
(45) 新川登亀男「日羅間の調（物産）の意味」（『日本歴史』四八一、一九八八年。のち『日本古代の対外交渉と仏教―アジアの中の政治文化』［吉川弘文館、一九九九年］に改稿して再録）。
(46) この国書や倭王武の上表文には、『晋書』と類同の字句が多いことが知られている（内田清「百済・倭の上表文の原典について」［『東アジアの古代文化』八六・八七、一九九六年］）。倭・百済・高句麗はいずれも中国との交渉の場面において、広く史書・経書に通じた人物が晋代の用例を意識しつつ、北魏や宋で使われた新たな用語例も取り入れて外交文書を起草していたと指摘される（田中史生「武の上表文―もうひとつの東アジア」［『文字と古代日本2　文字による交流』吉川弘文館、二〇〇五年］、金子修一「北朝の国書」［『梁職貢図と東部ユーラシア世界』勉誠出版、二〇一四年］）。
(47) 『家伝』上・鎌足伝に、唐の魏徴、高句麗の泉蓋蘇文、百済の善仲（鬼室福信）、新羅の金庾信らと鎌足とを同列に比較する記述があることにも留意される。これは直接には八世紀代の歴史認識を示すものではあるが、このような観念は、七世紀の高句麗僧道顕に由来する可能性がある。加茂正典「高麗沙門道顕『日本世記』補考」（『國書・逸文の研究』臨川書店、二〇〇一年）、榊原史子「『藤氏家伝』に見える道顕の文章と『日本世記』」（『藤氏家伝を読む』吉川弘文館、二〇一一年）など参照。
(48) 坂本太郎『六国史』（吉川弘文館、一九七〇年）。
(49) 所功『三善清行』（吉川弘文館、一九七〇年）。
(50) 若月義小「天智朝と讖緯思想―その正当化の痕跡と『日本書紀』」（『日本思想史研究会会報』二〇、二〇〇三年）。
(51) 新川登亀男『日本古代文化史の構想―祖父殴打伝承を読む』（名著刊行会、一九九四年）一三八－一三九頁。
(52) ただし、後趙のブレーンとして著名な西域僧仏図澄は、祈雨や戦況の占いによって石勒の信頼を得るに至っている（前掲註（37）三崎書）。中国への仏教伝来の早い段階より、仏教・仏僧そのものに、讖緯思想に類似した「実践的」性格が伴っていたことにも留意すべきであろう。
(53) 前掲註（33）渡邉書。
(54) 荊州学の系譜につらなる王粛は、漢代に皇帝権威の根拠とされた神秘的な緯書や讖緯思想を退け、あくまでも「理」にもとづいて経典を解釈しようとした。そのうえで、讖緯思想にもとづいて五帝と昊天上帝をともに祭天の対象とした鄭玄説を批判し、昊天上帝のみを天とした。このような王粛説の重要な特徴は、漢代の神秘的・宗教的な儒教から、のちの朱子学のような神秘性の低い儒教へ向かっていく思想史の流れをつくったことにあるという（前掲註（34）渡邉書）。ただし、その後の諸王朝の皇帝祭祀では、必ずしも王粛説だけが採用されたというわけではなく、鄭玄説が採用されることも多かった。唐代においても、どちらの説が重視されたかは時期によって異なり、両説が折衷される例もみられる（金子修一『中国古代皇帝祭祀の研究』［岩波書店、二〇〇六年］）。

(55)　前掲註（51）新川書。

(56)　前掲註（51）新川書。

(57)　ただし、一方では、「鼠、馬の尾に産む」という怪異を高句麗滅亡の予兆とするなど、道顕（賢）自身も「占」をしたことが知られるし（天智元年四月条）、誄に「周易」からとられた語句が多いことなどから、貞恵も「周易」をよく学んだとされる（遠藤慶太「入唐僧貞恵と藤原鎌足―『家伝』と「日本世記」の接点―」〔『藤氏家伝を読む』吉川弘文館、二〇一一年〕）。新川登亀男氏は、ここには前代以来の要素、つまり南朝―百済―倭の政治文化の伝統がなお根強いが、新たに唐や新羅に規定された面があり、変容のきざしがみられると指摘する。そして、『書紀』において「周孔之教」は鎌足を中心に述べられており、そこには、蘇我大臣家の「仏法」を凌ぐべき鎌足の「周孔之教」という意識がみられるとする。要するに、七世紀の政治過程において、南朝―百済―倭の政治文化と、それに揺さぶりをかける唐―新羅という構図が存在し、その中心的役割を担ったのが鎌足ではないかと想定するのである（前掲註（51）新川書）。

(58)　富樫進「君聖・臣賢・茲美―『藤氏家伝』における諫言の機能―」（『藤氏家伝を読む』吉川弘文館、二〇一一年）。北條勝貴「鎌足の武をめぐる構築と忘却―〈大公兵法〉の言説史―」（『同上書』）など参照。

(59)　前掲註（58）北條論文。

(60)　伊藤循「古代国家の蝦夷支配」（『古代蝦夷の世界と交流』名著出版、一九九六年）、同『古代天皇制と辺境』（同成社、二〇一六年）参照。本稿で触れてきたように、七世紀の倭・日本の思想状況は複雑であり、今後、いま少し詳細に解きほぐす必要性がある。そうした意味で、「呪術的」という評価はやや端的にすぎるとも思われるが、大勢として正しい評価であることも否定できない。こうした当該期の倭国の政治文化のありようには、いわば「利用できるものを手当たり次第に利用する」という意味で、レヴィ＝ストロースのいう「ブリコラージュ」的な側面を指摘できるのではないか。なお鈴木靖民氏は、当時の倭国の文化状況について、ミルチャ・エリアーデの著作などに導かれつつ「シンクレティズム」という概念を用いて説明し、それらが複合的な「文化統合」（日本化）を遂げていくという見通しを述べている（鈴木靖民『日本古代の国家形成と東アジア』〔吉川弘文館、二〇一一年〕など参照）。

(61)　前掲註（60）伊藤論文、田中聡『日本古代の自他認識』（塙書房、二〇一五年）。なお近年、長らく通説とされてきた「夷狄」論に根本的な懐疑を投げかける研究が登場している。大高広和氏は、「蕃」と区別された存在としての「夷狄」概念は、九世紀前半の令義解段階にはじめて成立するのであり、「夷狄」は八世紀段階にはそもそも存在しなかったとする（「大宝律令の制定と「蕃」「夷」」『史学雑誌』一二二―一二、二〇一三年）。本稿ではこうした新説を十分にふまえた論を展開することができなかった。今後の重要な課題としたい。

(62)　熊田亮介『古代国家と東北』（吉川弘文館、二〇〇三年）、前掲註（8）蓑島論文など参照。なお、前掲註（60）伊藤書は、『類聚国史』において「粛慎」「靺鞨」はともに「殊俗部」に、「蝦狄」＝エミシは「風俗部」に分類されていることを指摘し、「粛慎」「靺鞨」が、まったく性質の異なる「蝦狄」＝エミシの一部に包摂されることはありえないと批判する。伊藤氏の批判には、私見に対する誤読もあると感じているが、ここで一点のみ反論しておきたい。平安期の対外認識・異民族認識は、承和九年（八四二）の藤原衛の奏上による、新羅人の「帰化」を認めないという方針転換にみるように、中華思想が本来有する「徳化」の論理から大きく逸脱したものとなっていく。九世紀末に編纂された『類聚国史』にみられる「殊俗部」と「風俗部」との分類（峻別）は、こうした九世紀の思想状況に強く規定されているとみるべきであろう。したがって、『類聚国史』の記述を根拠に、本来「粛慎」「靺鞨」（アシハセ）とされていた集団の一部が、八世紀段階に「蝦狄」概念に包摂されたという可能性を否定することはできない。

(63)　たとえば、十～十一世紀頃から、賭弓や御禊行幸のような宮廷儀礼の場面で、「粛慎羽」なる矢羽が登場する点に注目される。蓑島栄紀『「もの」と交易の古代北方史―奈良・平安日本と北海道・アイヌ』（勉誠出版、二〇一五年）参照。

〔追記〕　本稿の校了直前に、尾崎勤氏による下記の論文の存在に気づいた。本稿に深く関わる内容を含むが、その議論を本稿に取り入れることができなかった。後考を期したい。尾崎勤「中大兄皇子と周公旦―斉明朝の「粛慎」入朝が意図すること」『日本漢文学研究：二松学舎大学21世紀ＣＯＥプログラム「日本漢文学研究の世界的拠点の構築」』二、二〇〇七年。

流鬼国をめぐる試論

中村和之

唐の貞観十四年（六四〇）に、流鬼が唐朝の都である長安に朝貢した記事が見える。この事実については『通典』・『唐会要』・『新唐書』・『資治通鑑』・『冊府元亀』などに記述されている。では流鬼国に関する記事を、唐の杜佑『通典』巻二〇〇、辺防一六、北狄伝の流鬼の条に見てみよう[1]。

流鬼〔の国〕は北海の北にある。北は夜叉国に至り、ほかの三面はみな大海に抵《あ》たり、南は莫設靺鞨《ばくせつまっかつ》を去ること船行十五日のところにある。その国には城郭がなく、〔流鬼は〕海の中の島に依って散居している。〔中略〕人は皆、皮の服を着ている。また犬の毛や麻で布をつくって、これを着る。婦人は冬に豚皮製や鹿皮製の衣服を着て、夏には魚皮製の衣服を着ている。〔中略〕その土地は凍りつく寒さで、早くに霜がおり、雪が降る。〔中略〕靺鞨の中には海に乗り出してその〔流鬼〕国へ交易に行く者がいて、唐の国家の繁栄ぶりを〔流鬼に〕話したところ、その国の君長の孟蜂《もうほう》は息子の可也余志《かやよし》を唐に使節として派遣した。この使節は貞観十四年に、途中で何度も通訳を重ねて長安に朝貢にやって来た。使節は初めて靺鞨の地に到達したが、そこで馬の乗り方がわからなかったので、馬に乗ったらすぐに落ちてしまった。流鬼の長老の人たちの間に昔から伝わっている話として言うには、その国の北一月行程のところに夜叉という人たちがいて、その人たちは皆、豚の牙が突き出たような、人をくらわんばかりの容貌であるという。〔夜叉国の人たちは〕その国から外に出ることがないので、いまだかつて中国にやってきたことがない。

靺鞨に伴われて長安にやってきたという流鬼の国については、これをサハリン島とする説とカムチャツカ半島とする説が発表されている。本稿ではこの問題について、これまでとは別な観点から検討を加えてみたいと思う。

一　流鬼国の位置をめぐるこれまでの研究

流鬼をカムチャツカ半島と考える説は、いつから主張されるようになったのか。筆者の知る限り、最も早くそれを主張したのは、近藤重蔵（一七七一～一八二九年）である。文化元年（一八〇四）の序がある『辺要分界図考』巻之三には、つぎのようにある(2)。

按ニ清一統志寧古塔ノ部ニ大洲ハ在城東北三千餘里、混同江口之東〔混同江ハ則アムル河也〕大海中。南北二千餘里、東西數千里、距西岸、近處ハ僅百里許。有山曰圖可蘇庫、其長サ竟洲、林木深翳。有小水數十、東西分流入海。唐書流鬼國去京師萬五千里、其地直黑水靺鞨東北少海之北。三面皆阻海、人依嶼散居、有魚鹽之利。通典曰流鬼在北海之北、疑卽此也ト見ユ。大洲ハ卽サカリン島ナリ。然レトモ唐書通典ニ所謂流鬼ハ地理ヲ以テ推ストキハカラフト地カムサスカ地方ナルヘシ。唐山ノ書ニ此島ヲ載スル奇聞ト謂ヘシ。

近藤は、『大清一統志』が流鬼国をサハリン島としているのを否定し、カムチャツカ半島であるとしている。『大清一統志』にある「唐書」とは『新唐書』のことである。同書巻二二〇、東夷伝、流鬼の条には、

流鬼去京師萬五千里、直黑水靺鞨東北、少海之北、三面皆阻海、其北莫知所窮。人依嶼散居、多沮澤、有魚鹽之利。地蚤寒、多霜雪、以木廣六寸、長七尺系其上、以踐冰、逐走獸。

とあり、『大清一統志』は傍線の部分を引用している。さて、『大清一統志』は前後三回の勅撰が行われた。最初は康

熙帝の勅命によって編纂され、乾隆八年（一七四三）に完成し、翌九年（一七四四）に殿版として刊行された。つぎは「乾隆二九年勅撰本」と称されているもので、乾隆五五年（一七九〇）に殿版として刊行された。最後が嘉慶年間に始められた増訂版で、道光二二年（一八四二）に完成したが版刻されず、一九三四年にいたって『四部叢刊続編』に『嘉慶重修一統志』として収録された。『大清一統志』（乾隆九年刊本）巻三五、寧古塔、には、

大洲〔寧古塔《ニングタ》の城の東北三千餘里、混同江《こんどうこう》の口之《かこうの》東の大海の中に在《あ》る。南北は二千餘里、東西は數百里で、西岸から距たることが近い處は僅《わず》か百里許《ばかり》である。山が有って圖可蘇庫《とかそこ》と曰《い》い、其《そ》の長さは洲に竟《わた》る。林や木は深《ふか》く翳《かげ》っている。小さな水《ながれ》が數十も有り、東西に分流して海に入る。唐書に「流鬼國は京師を去ること萬五千里で、其の地は黒水靺鞨の東北の少海之北に直《あ》たり、三面は皆《みな》海に阻《はば》まれ、人は嶼《しま》に依《よ》って散居し、魚鹽之《の》利が有《あ》る」とあり、通典に「流鬼は北海之《の》北に在《あ》り、疑《おそ》らくは即此《きっとこれ》なのではないか」と曰う〕

とあり、近藤が引用しているのはこれである。なお乾隆五五年刊本と嘉慶重修本の吉林の巻にもほぼ同様の記載があるが、「唐書に『流鬼國は京師を去ること萬五千里』」以下の文言はない。ただし後述するように、乾隆年間に刊行された『皇清職貢図』には流鬼国をサハリン島とする記述があるので、流鬼国がサハリン島であるという認識があったことは事実である。なぜ『大清一統志』から、流鬼国についての考証が見えなくなるのかの理由は不明である。

近藤重蔵に続いては、清末の学者である何秋濤《かしゅうとう》（一八二四〜一八六二年）の『朔方備乗《さくほうびじょう》』がある。『朔方備乗』は光緒七年（一八八一）の跋が付せられている。同書巻二二、庫葉附近諸島考、に、

或いは、唐書に流鬼国は京師を去《さ》ること萬五千里、其の地は黒水靺鞨の東北にある少海之《の》北に直《あた》り、三面は皆《みな》海に阻《はば》まれ、人は嶼《しま》に依《よ》って散居し、魚鹽之《の》利が有ると曰《い》う。通典には流鬼は北海之《の》北に在《あ》りと曰う。疑《おそ》らくは即《きっと》今の庫葉島《クイとう》なのではないか。臣の秋濤が謹《つつし》んで案《かんが》えたところ、唐書には流鬼国は三面を海に阻《はば》まれると明言しており、則《つま》り一面が陸に通じることを知ることが可《でき》る。庫葉島は海中に在《あ》り、四面は海に阻《はば》まれているので、流鬼と一つの地には為《な》り得不《えな》い。考えるに庫葉島の東北は海を隔《へだ》てて俄羅斯《オロス》国の甘査甲部《カムチャツカぶ》で為《あ》り、亦堪察加《またカムチャツカ》

と曰《い》い、亦岡札徳加《またカムチャツカ》と曰う。其《そ》の地は東南西の三面が皆《みな》海に阻まれ、惟《ただ》北の地は疴哥徳《カムチャダール》部《ぶ》と相連《あいつらな》っている。其《それ》が古《いにしえ》の流鬼部で為《ある》ことは疑《うたが》いが無い。甘査甲の西に面する之《の》海は即ち黒龍江省の東北之《の》海で、亦《また》渤海に係《つらな》り、大海では非《ない》の也《である》。故に唐書に之《これ》を少海と謂《い》い、又《また》黒水靺鞨の東北に在《あ》ると云《い》うの也《である》。或いは流鬼部は既《すで》に庫葉島では非《ない》と曰《い》う。則《すなわ》ち庫葉島は古《いにしえ》に在《あ》っては何《ど》の国と為《な》すに当《あた》るのか、夤紘図考《いんこうずこう》は庫葉島を以て則《つま》り古《いにしえ》の女国、亦の名を毛人国と考えている。其の説は信じるべきであろうか。

とある。庫葉島とはサハリン島のことである。この『朔方備乗』という名は清の咸豊帝から賜ったものである。その後同書は動乱で一度失われ、稿本から再構成されたものという。(3) 李鴻章が序文を寄せていることに示されるように、『朔方備乗』は露清関係史の専門家である何秋濤の主著とされているが、本当に何秋濤の稿本のままなのかどうかは不明である。

最後に、オランダの東洋学者ヒュスタフ・シュレーヘル（Gustaaf Schlegel：一八四〇～一九〇三年）は、自らが主宰する『通報』第三巻から六巻（一八九二～九五年）に「地理学の諸問題―中国の歴史家の作品にみる外国の諸民族」という全二〇章からなる長編の論文を発表し、第四巻に発表された第五章「流鬼国：堕落した鬼の国」という論文で、『通典』北狄伝、流鬼の条と『新唐書』東夷伝、流鬼の条をフランス語に翻訳し、流鬼国をカムチャツカ半島とする説を展開している。(4) なお後述するように、その内容については、白鳥庫吉が要約をしたうえで反論を加えている。(5) シュレーヘルは、ロシアの博物学者ゲオルク・ヴィルヘルム・シュテラー（Georg Wilhelm Steller：一七〇九～一七四六年）の『カムチャツカ誌』からの引用を主な論拠として流鬼国をカムチャツカ半島とする説を展開しており、何秋濤の著作からの引用はない。このように近藤重蔵、何秋濤およびシュレーヘルは、十九世紀の段階で、互いに独立して流鬼国をカムチャツカ半島とする解釈にたどり着いたことになる。おそらく彼らの発想は、流鬼国が「三面はみな大海に抵《あ》た」るという記述から出発していたであろう。

二十世紀になると、日本で流鬼の問題が活発に論じられるようになる。これについては、すでに菊池俊彦氏の詳細な紹介がある[6]。ここではそれぞれの研究者の論拠をあげることはせず、ごく簡単に結論だけを取りあげることにしよう。さきにあげた白鳥庫吉は、流鬼国をサハリン島とした[7]。これに対し、和田清氏[8]や佐藤達夫氏[9]がカムチャツカ半島説を主張した。一九七〇年代以降、菊池俊彦氏が流鬼国はサハリン島であり、流鬼はこの当時サハリン島に居住していたオホーツク文化の担い手であるとする見解を発表し[10]、現在ではこの説が有力である。しかし反論がないわけではない。蓑島栄紀氏はサハリン島説を支持しているが[11]、天野哲也氏[12]、若月義小氏[13]、田中聡氏[14]などはカムチャツカ半島説である。

流鬼国の位置をめぐるこれまでの研究の概略は、以上に述べたとおりである。これらの研究では、当然のことながら同時代である唐代の史料、あるいは五代・宋代に成立した史料から唐代の記事を集めて考察を加えている。あるいは考古学資料から得た情報を、文献史料と照らし合わせて考察がなされている。ここで筆者は、別な観点からこの問題を考えてみたいと思う。すなわち筆者が研究している、金代・元代およびそれ以降の時代の史料で、サハリン島やカムチャツカ半島はどのように登場するのかという、地理認識の観点から流鬼国の問題について検討をしてみたい。

二　サハリン島・カムチャツカ半島をめぐる地理認識の推移

(1)　サハリン島をめぐる地理認識

①金代・元代の地理認識　遼代の史料には、アムール河下流域についての記載はみえない。つぎに金代の史料では、アムール河の下流域までは記載されているが、サハリン島についての記述はない。『金史』巻二四、地理志上には、

金の壌地《りょうど》の封疆《きょうかい》は、東は吉里迷《ギレミ》と兀的改《ウデカイ》などの諸《もろもろ》の野人之境《のりょういき》に極まり、……

とあり、金の領域は、吉里迷や兀的改の居住地に及ぶとされている。吉里迷はサハリン島に住む漁撈民のニヴフ民族（旧称はギリヤーク）の祖先を呼ぶ gillemi を漢字の音であてたものであり、兀的改はツングース系の集団で、名称的

には現在のウデへ民族につながる。十九世紀後半には、ニヴフはサハリン島北部と、アムール河の河口部に居住していた。もしニヴフの居住域があまり大きく変化していないとすれば、金朝の時代には、中国王朝の影響力がサハリン島にまで伸びていたことになる。ただし、サハリン島の存在自体は知られていなかった。元代の地誌『元一統志』巻二、遼陽等處行中書省、開元路、古蹟には、以下のようにある。

上京故城《じょうきょうこじょう》　上京城の西南は寧遠城と曰《い》う。又西南は南京と曰う。……東北は哈州《ごうしゅう》と曰い、奴児干城《ヌルガンじょう》と曰う。（これらは）皆《みな》渤海・遼・金の建《た》てた所（のもの）であり、元は並《すべ》て廃《はいし》したが、城の址は猶存《なおのこ》っている。

ヌルガンという地名は、アムール河下流域にあるティル村の付近に付けられた名前である。ここには、金代にはヌルガン城が、元代には東征元帥府が、明代にはヌルガン都司が置かれていた（図１）。金代以降、ティル村は一貫してこの地域の支配の中心であったことがわかる。ただし金代では、サハリン島の存在はまだ知られていない。

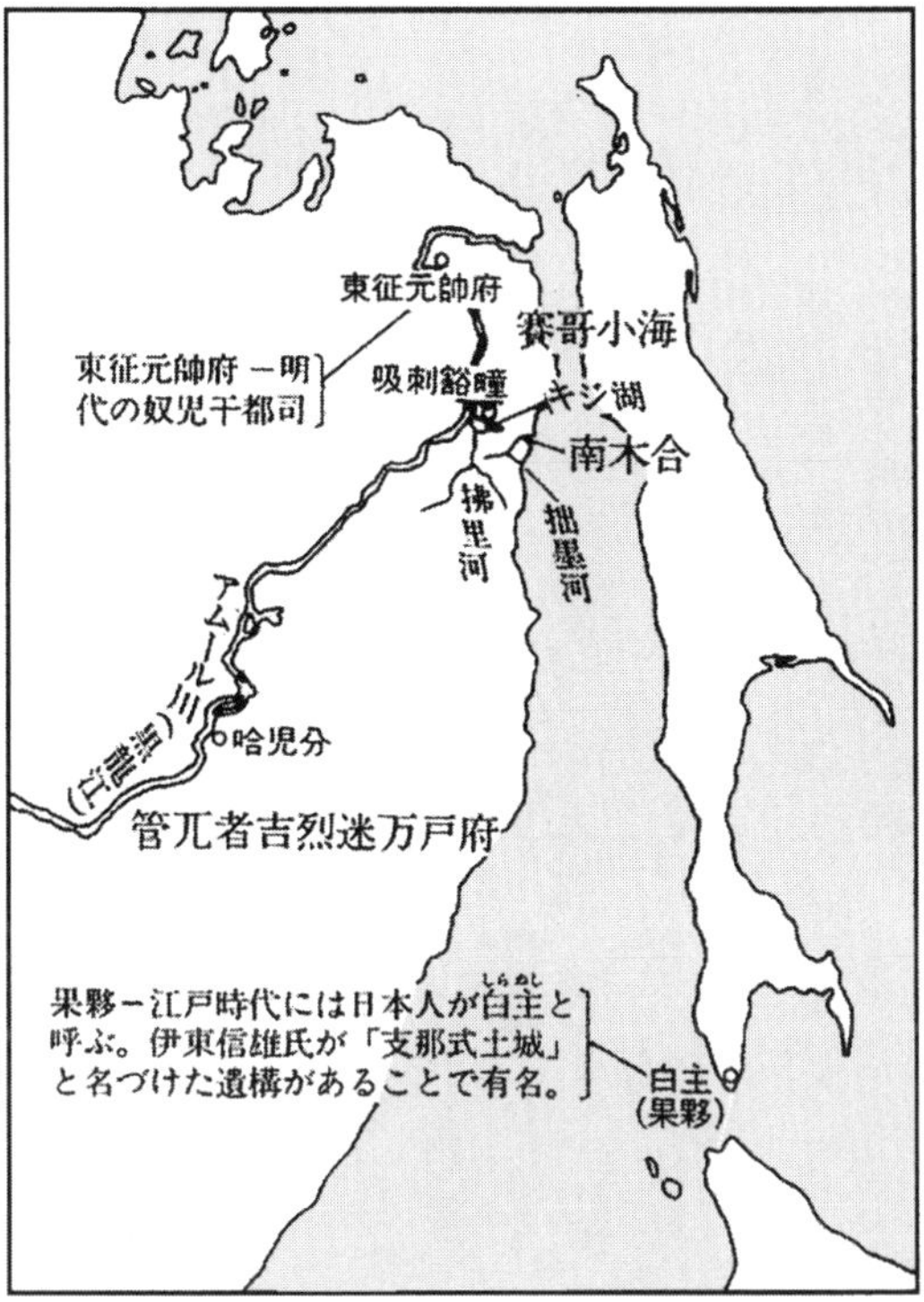

図１　元・明時代のアムール河下流域・サハリン島

つぎに元代では、アムール河下流域に屯田を経営するなど恒常的な支配体制をしいている。モンゴル軍は、アムール河下流域を根拠地としてサハリン島に勢力を拡大した。その結果として、北海道からサハリン島に居住域を拡大しつつあったアイヌと衝突することになる。元朝の正史である

『元史』には、骨嵬《クイ》についての記述がみえる。骨嵬とはアイヌ民族の祖先のことであり、古アジア諸語に属するニヴフ語や、オルチャ語などのツングース諸語でアイヌを意味するkuyi～kuyi～kuiを漢字の音であてたものである。

『元史』巻八、世祖本紀五、至元十年九月壬寅（西暦の一二七三年十一月四日）には、

征東招討使《せいとうしょうとうし》の塔匣剌《タヒラ》が骨嵬部を征《う》つことを請《ねが》ったが、（帝《こうてい》はこれを）允《ゆる》さ不《なか》った。

とあるように、実現はしなかったが、一二七三年に骨嵬を攻める企てがあった。この企てについては、『国朝文類（元文類）』巻四一、経世大典序録、政典、招捕、遼陽骨嵬、により詳細な記事がある。

至元十年、征東招討使の塔匣剌の呈《ぶんしょ》に「前《さき》に海が風と浪で勢《あれ》た以《ため》に渡り難《がた》く、䚦因《タイイン》・吉烈迷《ギレミ》・骨嵬等の地を征伐するには到《いた》ら不《なか》った。去年征《ぐんをすす》行め、弩児哥《ヌルガン》の地に至り、問《しら》べた得《ところ》、兀的哥《ウデカイ》人の厭薛《イムシェ》が『骨嵬を征《せいばつ》しようと欲《す》るなら、必ず兵を聚《あつ》め、冬月に賽哥《サイカ》小海の渡り口が結凍《けっぴょう》するのを候《ま》つべきである。氷《こおり》の上であれば方《はじめ》て前《すす》去《すす》むことが可《でき》る。先に䚦因・吉烈迷を征《う》ち、方《はじめ》て骨嵬の界《さかい》に到《いた》る。』と称《い》った」とある。云云。

ここでいう賽哥小海とは間宮海峡のことであり、間宮海峡を越えるとまず䚦因と吉烈迷の居住域があり、その向こうに骨嵬の居住域があることが記されている。このように、元代になると間宮海峡の向こうに島があることが知られ始めたことがわかる。元朝がつぎに骨嵬を攻撃したのは、一二八四年のことである。『元史』巻一三、世祖本紀十、至元二十一年八月辛亥（西暦の一二八四年九月十六日）には、

征東招討司の聶古帯《ニクタイ》が「『進《しんげき》して骨嵬を討て』という旨《みことのり》を有《え》た。而《だ》が阿里海牙《アリハイヤ》・朶剌帯《トラタイ》・玉典《ユテン》の三《さんにん》の軍《ぐんだん》は皆期《じき》に後《おく》れてしまった。七月之後《いこう》、海風は方《ひじょう》に高く、糧《ひょうろう》と仗《ぶき》で船が重いため、不測《ふそく》（の事態）を深く虞《おそれ》ており、姑《とりあえ》ず少《しばら》く緩《たいき》する宜《べき》である。」と言ってきた。之を従《きょか》する。

とある。やはり骨嵬を攻撃するためには、海を渡ることが必要とされていることがわかる。

さて一二八〇年代は、元朝の中央政府がアムール河下流域に直接支配を及ぼすようになった時期であった。前掲の一二八四年に続き一二八五年、一二八六年と三年連続して、元軍は骨嵬を攻撃している。おそらくこのことと連動す

るのであろうが、「海島」という表現が史料に現れるようになる。黄溍『金華黄先生文集』巻二五、魯国公札剌爾《ジャライル》公神道碑に言及がある。この史料は、ジャライル国王家の別里哥帖穆爾《ベルケテムル》の父である碩徳《シッディ》の事跡について、

……東征元帥府の道路は険阻《けわし》く、崖石《いわやま》は錯立《きりた》っている。盛夏は水が活《なが》れる乃舟《ので》で行《すす》むことが可《でき》る。冬は則ち犬駕《いぬぞり》を以《もちい》て氷の上を耙行《すす》む。地には禾黍《こくもつ》が無く、魚を以て食に代《か》える。……斡拙《ウジェ》・吉列滅《ギレミ》が、海島に僻《かたよ》り居《す》んでいるが、（彼らは）礼儀を知ら不《な》い。而《そのため》に鎮守《ちゅうとん》する者が撫御《なさけをかけ》ても乖《そむ》き方因《さから》って寇《あだ》なすに致《いた》る。乃《すなわ》ち諸万《ばん》戸《こ》に檄《ふれ》て、近くの地に壁《かべ》を列《つら》ね、其《そ》の要衝《ようしょう》に拠《よ》った。使《つかい》に諭《さと》して之《かれら》に曰《い》うには「朝廷は汝等《なんじら》遠くの人《もの》が教化に霑《よく》せ不《ず》、自の作《なりわい》に靖《やす》んじ弗《な》い為《ため》に、故《ゆえ》に使《つかい》を遣し来りて切《せつ》に有司を責し、而《そう》して汝等を存恤《あわれ》み、其《そ》の生業に安《やす》んじ令《さ》せた。苟《も》しも能《よ》く過《あやまち》を改め善《ぜんにん》に遷《かえ》るのならば、則《すなわ》ち聖世之《の》良民で為《あ》り、否《しな》いなら則《すなわ》ち盡《ことごと》く誅《ちゅう》して赦《ゆる》しは無《しな》い」と。是《これ》に由《よ》り脅されて従《したが》っていた者は皆降《みなこうさん》した。島の中に遁《にげ》た者は則《ただち》に（人を）遣《つかわ》して之《これ》を招《しょうかん》した。第《た》だ其《そ》の渠魁《しゅかい》を戮《ころ》し、その余《ほか》は問《とがめ》る所《こと》は無《しな》かった。

と記している。クビライ・カアンの命令に従ってアムール河下流域に進撃したシッディは「海島」すなわちサハリン島にまで軍を出したことが記されている。シッディはチンギス・カンの四駿の一人といわれたジャライル家のムカリ国王の玄孫であり、ジャライル家はクビライ・カアンの側近であった。『金華黄先生文集』所載の記事は、一二八〇年代のモンゴル中央政府のアムール河下流域への進出にかかわるものと考えられる[15]。

以上のように、元代になるとサハリン島の存在が知られ始めるようになった。しかし、モンゴル時代の世界地図として有名な『混一疆理歴代国都之図』（図2）の北東アジアの部分をみると、サハリン島はまだ登場しない。この地図は一四〇二年に朝鮮王朝で作られたが、モンゴル時代の地図の面影を残したものとされている。この地図には、アムール河とウスリー川と思われる大河が描かれている[16]。日本列島については北海道が描かれておらず、本州・四国・九州は描かれているが方向が九〇度ほどずれている点が違う。また元代の地誌では、ヌルガンと骨嵬の居住域との位置関係は必ずしも明確ではなかった。元代の地方志である戚輔之《せきほし》『遼東志略』（『説郛《ぜっぷ》』弓六二所収）には、

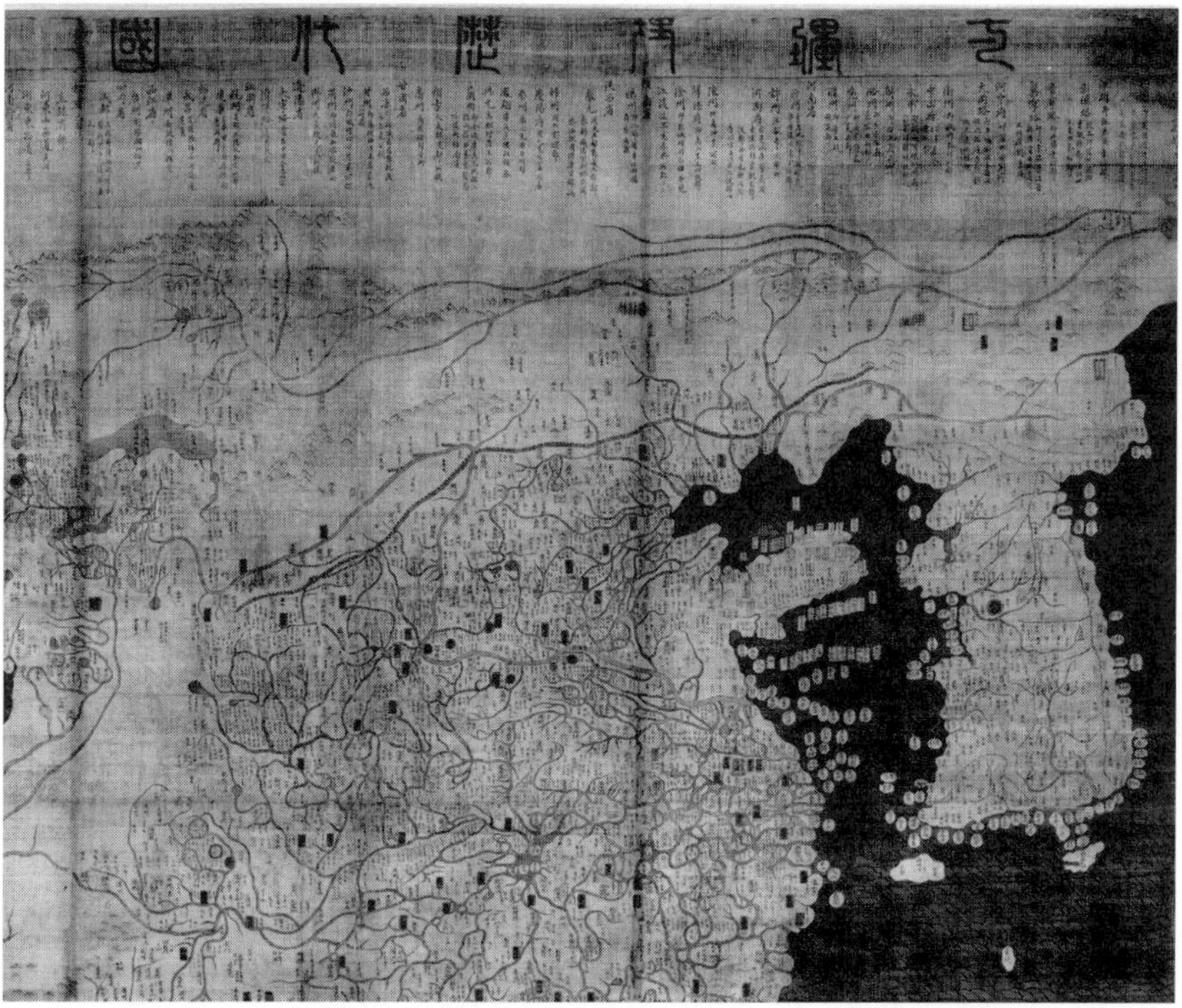

図２　『混一疆理歴代国都之図』の北東部分（龍谷大学大宮図書館蔵）

遼東の地は方《しゅうい》が数千里で、……又《また》東北は奴児干《ヌルガン》に至り、海を渉《わた》ると吉列迷《ギレミ》などの諸《もろもろ》の夷《えびす》の地が有り、咸《すべ》て統内《しはいか》に属《ぞく》している。

とある。『遼東志略』は、『説郛』という叢書に収められた部分だけしか残っていないが、元代の成立とされる地誌である。ここでは、ヌルガンから海を渡ると吉列迷などの居住地であることが記されているが、骨嵬の名はない。おそらくアムール河の下流域に置かれた出先機関では、ある程度まで正確な地理認識が蓄えられていたのであろうが、その知識は地誌などで一般化するには至っていなかったのであろう。以上を要約すると、元代の地理認識ではサハリン島の存在は知られていたが、その北部のことしかわかっていなかったようである。

②明代・清代の地理認識　明朝の第三代皇帝である永楽帝は、一四一三年に宦官のイシハをアムール河の下流域に派遣してヌルガン都

司を開設させた。イシハはティル村にヌルガン都司を置き、これにヌルガン永寧寺を併設した。イシハはまた、永寧寺建立の経緯を記した石碑を立てた。これが一四一三年の「勅修奴児干永寧寺記」である。イシハの遠征は、永楽年間に五回、宣徳年間に二回の都合七回を数えたが、一四三二年に最後の遠征でティル村にきたとき、イシハらは永寧寺が焼かれているのを発見した。イシハらはただちに寺を再建し、その経緯を記した石碑を立てた。これが一四三三年の「重建永寧寺記」である。間宮林蔵は、一八〇九年にデレンの満洲仮府からの帰途、ティル村の位置を通り過ぎた際、崖の上の二つの石碑を遠望して絵に残している。ただし、林蔵はここには上陸しなかったので、石碑がどのようなものであるのかについてはなにも報告していない。現在この二つの石碑は、沿海地方のウラジオストーク市に移されている。一四一三年の石碑は沿海地方国立アルセーニエフ総合博物館の玄関ホールに置かれており、一四三三年の石碑は長く同館の分館である国際展示館の前庭に置かれていたが、現在は博物館の収蔵庫に移されている。

では永寧寺の二つの碑からは、この当時の地理認識がどの程度まで明らかになるのか。実はそれほどの情報が得られるわけではない。一四一三年の「勅修奴児干永寧寺記」には、

　海西自《かいせいよ》り奴児干に抵《いた》り、海の外の苦夷《クイ》の諸民に及ぶまで、男婦に賜うに衣服・器用を以てし、給《あた》えるに穀米を以てし、宴《もてな》すに酒饌《さかな》を以てしたところ、皆踊躍《おどりあが》って懽忻《よろこ》び、一人も梗化《さから》って率《したが》わない者は無《な》かった。

とあり、イシハらが朝貢を受けた者のなかに「苦夷」があげられている。苦夷は、後述する苦兀《クイ》と同様にアイヌを意味する明代の用例である。一四三三年の「重建永寧寺記」には、

　道は万《いちまん》余里、人には女直、或いは野人・吉列迷・苦夷が有る。重訳によら非《なけ》れば、其の言《ことば》を暁《あきら》かに莫《でき》ない。武《ぶりょく》で威《いあつ》するので非《なけ》れば、其の心を服《ふくぞく》させ莫《られ》ない。舟に乗ら非《なけ》れば其の地に至り難《がた》い。

とある。二つの石碑からは、せいぜい苦夷がヌルガンから海を渡ったサハリン島に定住していたらしいこと、アムール河下流域からサハリン島にかけての地域に、野人・吉列迷・苦夷などが住んでいたことくらいしか明らかにできない(17)。

つぎに明代の地方志を検討してみたい。ここで取りあげるのは、『開原新志』と『遼東志』である。『開原新志』は、『大明一統志』巻八九、外夷、女直、に収められた部分しか残っていない。『開原新志』と『遼東志』の内容を一読すればわかるように、両者の内容には関連がある。ただし『遼東志』が『開原新志』の内容に新たな情報をつけ加えて成立したものなのか、あるいは両者に共通する原典があり、それに手が加えられて成立したものなのかについては明らかにできない。なお、『開原新志』と『遼東志』に記された北東アジアの諸民族については、すでに増井寛也氏によって包括的な検討がなされている。[18]まず『開原新志』には、

> 苦兀は奴児干の海の東に在《あ》る。人の身《からだ》は多毛で、熊皮を戴《いただ》き、花布《かふ》を衣《き》る。親が死ねば、腸胃《ないぞう》を剔《えぐ》り、曝乾《かんそう》して之《これ》を負《せお》い、飲食《いんしょく》のときは必ず祭《まつ》り、三年の後に之《これ》を棄《す》てる。

とある。続いて『遼東志』巻九、外志、建州、には、

> 苦兀は奴児干の海の東に在《あ》る。身《からだ》は多毛で、頭に熊皮を帯《お》び、身に花布を衣《き》る。木の弓を持ち、矢は尺余《いっしゃくあまり》、毒を鏃《やじり》に塗《ぬ》り、中《あた》れば必ず死《し》ぬ。器械《どうぐ》は堅利《べんり》である。父母が死ねば、腸胃《ないぞう》を剔り去《さ》り、屍体《したい》は曝《かん》乾《そう》して、出入《ではいり》に之を負《せお》い、飲食のときは必ず祭《まつ》り、居処《へいそ》には敢《けっし》て対《たいめん》しない。約三年に至《いた》り、然《しか》る後之《のちこれ》を棄《す》てる。

とある。『遼東志』は、一四四三年と一四八八年、それに一五二九年の合計三回にわたって編纂がされている。現行本は一五二九年の重修本であるが、個々の記述のなかには一四四三年本の内容がそのまま引き写されている可能性もある。では『開原新志』はいつの成立であろうか。これには元代とする説と明代とする説とがあるが、筆者は明代の初期ではないかと考えている。その理由は、さきにあげた『遼東志略』のように、元代の地誌ではヌルガンと骨嵬との位置関係がまだはっきりしていなかったからである。

明代の初期には、ティル村にヌルガン都司を設置し、サハリン島にも三つの衛を設置している。[19]このことが、サハリン島の地理認識の深化をもたらしていることがわかる。しかしそれは長続きしなかったようである。明代の末期

になってジェスイットの宣教師が中国にやってくるようになっても、サハリン島と北海道との正確な位置関係はわかっていなかった。マテオ・リッチ（利瑪竇《りまとう》）が万暦三十年（一六〇二）に刊行した『坤輿万国全図《こんよばんこくぜんず》』という世界地図には、日本列島では本州の北に北海道がなく、オホーツク海の北岸部に「野作」という地名がみえるが、これは蝦夷《えぞ》を意味し、現在の北海道のことである。(20) したがってこの時期は、北海道が島であることやサハリン島の存在すらわかっていなかったのである。野作の西隣には、「奴児干」があり、その脇に「奴児干都司は、皆女直《みなじょちょく》の地である。元は胡里改《こりかい》と為《し》た。今は一百一十四の衛と二十の所を設《せっち》しているが、其の分地《いち》は未詳である」という注記が添えられている。「胡里改」とは、元代にアムール河中下流域に置かれた、合蘭府水達達等路に属する五つの万戸府のひとつである。このように、十七世紀の初頭には、奴児干都司の衛所の位置を含む、アムール河下流域の状況はわからなくなっていたらしい。(21) 明代のアムール河下流域とサハリン島の地理認識は、元代を越えるものではなく、やはりサハリン島の北部しか視野に入っていなかったようである。

清代に入ると、中国の地図にサハリン島が登場する。康熙帝がジェスイット教団の宣教師に命じて作らせた『皇輿《こうよ》全覧図《ぜんらんず》』は康熙五十六年（一七一七）に刊行された。この『皇輿全覧図』では、サハリン島の北緯五十度より北の地域が描かれていた。(22) 清朝がサハリン島に勢力を伸ばすのは康熙二十九年（一六九〇）以降であるが、清朝がサハリン島の中部・南部にも進出をはじめるのは雍正五年（一七二七）以降のことである。清朝は、雍正十年（一七三二）にはサハリン島全体で六姓一四六戸をしたがえて、彼らを辺民に組織した。サハリン島の辺民には、アムール河流域の辺民たちと同様に毛皮の貢納が義務づけられた。その後、サハリン島の辺民は二戸増えて一四八戸となり、乾隆十五年（一七五〇）にはそれを定額と定めた。(23) このような清朝のサハリン島への進出の結果として、乾隆二十五年（一七六〇）の『乾隆内府輿図』（この地図は『乾隆十三排図』という名でも知られている）ではサハリン島の南部までが描かれている。

(2) カムチャツカ半島をめぐる地理認識

サハリン島とは違って、中国の文献にカムチャツカ半島と明確にわかる記述は、明代になっても登場しない。さきにあげたマテオ・リッチの『坤輿万国全図』においてもサハリン島と北海道は描かれていないし、カムチャツカ半島はその存在すら知られていなかった。

清代になるとロシア帝国の東方への進出がはじまり、一六八九年のネルチンスク条約の締結以降、ロシアとの国境交渉に直面した清朝は、アムール河左岸、サハリン島などに順次調査隊を派遣した。雍正四年（一七二六）から翌五年にかけて、北京でロシアとの国境交渉を行った清朝は、互いの地図を交換して検討するという作業のなかで、ロシアから提供された地図を見て衝撃を受けた。ロシアから提供された地図で、新たに発見されたカムチャツカ半島をエゾとする記述を見つけたからである。清朝はエゾを自らの支配下にあるものと見なしていたため、ロシアから提供された地図を見て驚き、このことがきっかけとなって、清朝はサハリン島の中部・南部に進出することになる[24]。さて、ロシア側が清朝側に提供した地図は一七二五年にドイツのニュルンベルグで刊行された、ヨハン・ホーマンの『世界地図帳』に収められた「カムチャツカすなわちエゾ地図」（図3）であった。この地図のカムチャツカ半島には「カムツァダーリアあるいはエゾ」と記されている[25]。千島列島南端にある扁平な島に「マツマイ島」とあり、これがすなわち北海道である。このように、清朝がカムチャツカ半島の存在を知ったのはロシアを介してであり、しかもそれは十八世紀のことであったのである。

なお、先にあげた清代の『皇輿全覧図』や『乾隆十三排図』などにはカムチャツカ半島は描かれていない。ただしそれは、これらの地図が中国とその周辺を描いたものであるためであって、当時の中国の地理認識を反映しているわけではない。

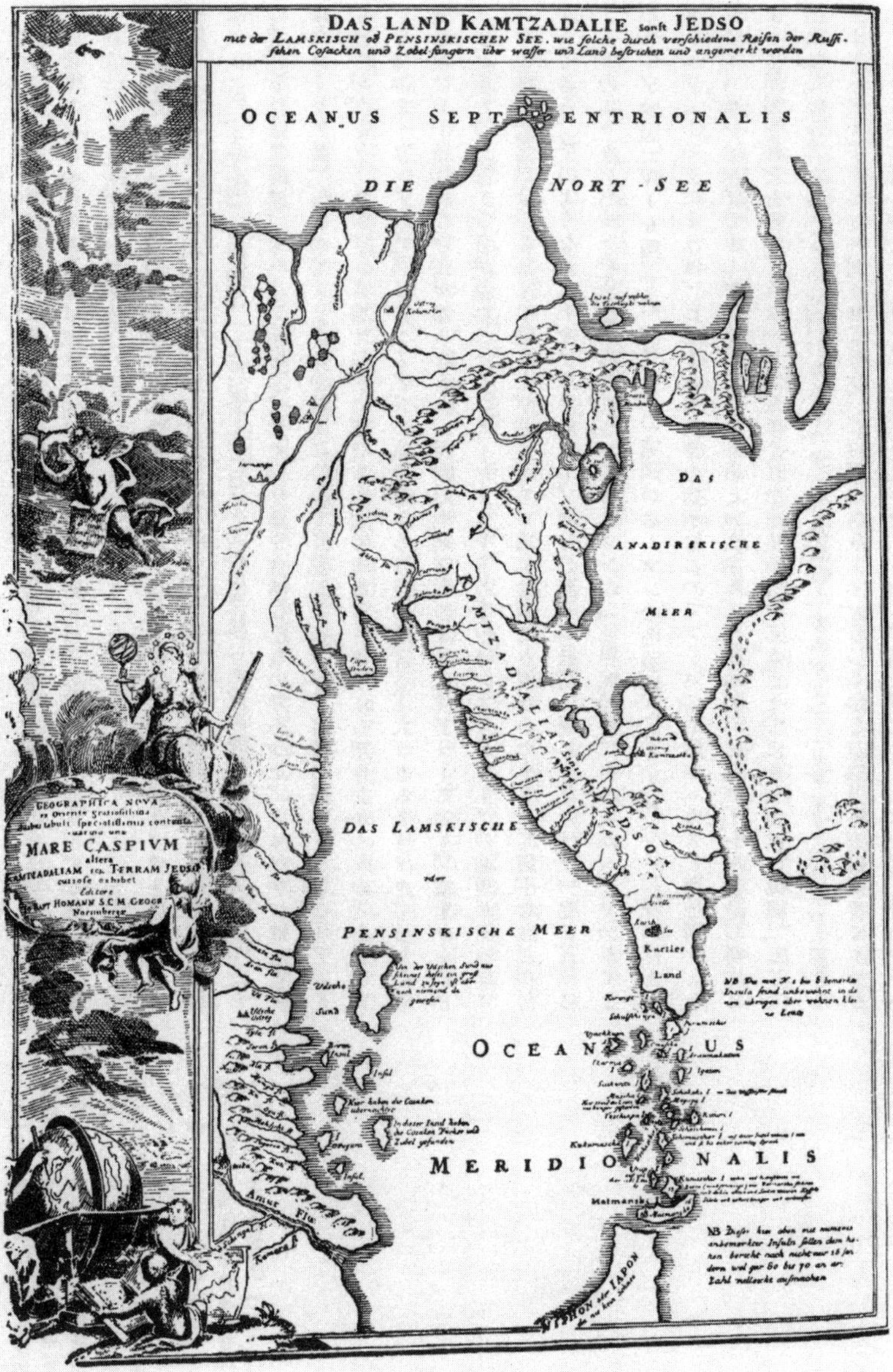

図3　ヨハン・ホーマン「カムチャツカすなわちエゾ地図」

三 謝遂『職貢図』にみえる乾隆年間の流鬼国についての理解

さきにも引用した近藤重蔵『辺要分界図考』では、『大清一統志』に流鬼国をサハリン島とする記述があるとされていた。これに係わる史料として謝遂『職貢図』を取りあげよう。同書は、乾隆帝の勅命により、乾隆十六年（一七五一）に編纂が始まり、乾隆二十六年（一七六一）に完成した本である。当時清朝と朝貢関係を結んでいた各地域の人びとを男女それぞれに絵に描き、満洲語と漢語の対訳で簡単な解説を加えている。いわゆる満漢合璧である。この本をもとに『皇清職貢図』が編纂されるのであるが、謝遂『職貢図』巻二、闗東、鄂倫綽には、つぎのようにある。まず漢文とその訳をあげる。

寧古塔之東北海島一帶、唐書所云「少海之北、三面阻海、人依嶼散居、有魚鹽之利」者。人有數種、鄂倫綽其一也。在近海之多羅河強黔山遊牧、男女皆披髪跣足、以養角鹿捕魚為生、所居以魚皮為帳。性懦弱、歳進貂皮。

［訳］寧古塔《ニングタ》之《の》東北の海島の一帯とは、唐書《とうじょ》に云《い》う所の「少海之《の》北は、三面が海に阻《はば》まれている。人は嶼《とうしょ》に依《よ》って散《さんざい》して居《す》む。魚《さかな》と塩之利《しおのりえき》が有《あ》る」の者《こと》である。人には数《いつくか》の種《しゅるい》が有《あ》り、鄂倫綽《オロンチョ》は其《そ》の一《ひと》つで也《ある》。近海之《の》多羅《ドロ》河《が》と強黔山《キャンキャンさん》に在《あっ》て遊牧し、男女は皆《みな》披《ざんばら》の髪と跣《はだし》の足《あし》で、角《つの》のある鹿を養《やしな》い魚を捕《とら》えることを以《もっ》て生《せいぎょう》と為《な》し、居《きょじゅう》する所は魚《さかな》の皮《かわ》を以《もっ》て帳《たれぬの》と為《し》ている。性《せいしつ》は懦弱《だじゃく》で、歳《としごと》に貂の皮を進《けんじょう》する。

つぎに満洲文のローマナイズと逐語訳、それに訳をあげる。(26) 満洲文の「/」は改行を示す。

mukden,/ oronco,/ ningguta i dergi amargi mederi tun i emu girin i ba, tang gurun i bithede,
ムクデン、オロンチョ、寧古塔 の 東 北 海 島 の 一 帯 の 地域(は)、唐 国 の 書に
šoo hai bai i amargi/ ergi ilan dere mederi de heturebuhe. niyalma alin de nikeme
少 海 各処の 北(の) 方向(は) 三つの 方角(が) 海 に 遮られている。 人(は) 山 に 寄りかかって

son son i tembi. nimaha dabsun i aisi/ bi sehengge inu. niyalma ududu hacin bi.
ちりぢりに 住む。 魚(と) 塩 の 利益(が) 有る というもの なのである。 人(は) 多くの 種(が) 有る。
oronco terei emu hacin. mederi hanci doro bira kiyangkiyan/ alin i bade nukteme
オロンチョ(は) その 一つの 種(である)。 海 近い ドロ 河 キャンキャン 山 に おいて 遊牧して
tembi. haha hehe gemu funiyehe tuhebume bethe niohušulembi. oron buhū ujime/ nimaha
住む。 男 女(は) 皆 毛髪(を) ばらりと垂らし 足(を) 裸にする。 トナカイ(を) 養い 魚(を)
butame banjimbi. nimaha i sukū i coron boo arafi tembi. banin budun eberhun.
漁して 暮らす。 魚 の 皮 で 木を組み合わせた小屋 家(を) 作って 住む。 性質(は) 軽薄で いやしい。
aniyadari/ seke jafambi./
毎年 貂の皮(を) 納める。

[訳] ムクデン、オロンチョ、寧古塔の東北の海島の一帯は、唐国の書に「少海各処の北の方向は、三つの方角が海に遮られている。人は山に寄りかかってちりぢりに住む。魚と塩の利益が有る」のことである。人には多くの種が有る。オロンチョはその一種である。海に近いドロ河とキャンキャン山において、遊牧し住む。男女は皆、毛髪を垂らし裸足である。トナカイを養い、魚を漁して暮らす。魚の皮を用いて、木を組み合わせた小屋を作って住む。性質は軽薄でいやしい。毎年、貂の皮を納める。

さて鄂倫綽の漢文に「唐書」、満洲文に「tang gurun i bithe（唐国の書）」とあるのは、先にもあげた『新唐書』巻二二〇、東夷伝、流鬼の条の記載である。この鄂倫綽の記述では鄂倫綽と流鬼との関係は明確ではない。しかし、サハリン島が流鬼国と考えられていたことは明白である。このように、清朝のサハリン島における辺民支配が確立した乾隆期において、流鬼国はサハリン島と考えられていたのである。

これまで検討してきたように、中国王朝の地理認識では、十八世紀になるまでカムチャツカ半島の存在は知られていなかった。もし唐代にカムチャツカ半島が中国と交流をもったのだとしたら、その後の史料にカムチャツカ半島にかかわる記述、およびそこに向かう経路についての記述が見あたらないのはどうしてであろうか。『通典』にも明らかなように、流鬼は靺鞨に伴われて唐に入朝した。靺鞨諸部の居住域について詳細な検討を加えた日野開三郎氏は、高句麗によって唐との往来を遮断された靺鞨諸部は、高句麗の領域を迂回する形で西に進み、突厥の領域を経て唐に至るという経路をとったのではないかと指摘している。そして突厥を始めとする草原の勢力が弱体化したときだけ、靺鞨の使節が長安に入朝したと考えられることを明らかにしている。[27] もし日野氏の指摘が正しいのであれば、流鬼と靺鞨、突厥との関係は六四〇年の一回だけではない。もっと長期に及ぶものであった可能性を指摘できる。そうであるならば、遼代・金代の史料にカムチャツカ半島に向かう経路についての記述が見あたらないのは不自然である。

またモンゴル帝国・元朝の時代においても、サハリン島は中国王朝の東北辺境の境界であり、清朝が最も繁栄したといわれる乾隆帝の時代でさえ、流鬼国はサハリン島と考えられていた。それは、サハリン島が中国王朝の地理認識の境界でもあったからである。以上の検討によって筆者は、流鬼国はサハリン島にあったのであろうと考えている。

註

(1)　菊池俊彦「夜叉国へ至る道―七世紀の北東アジアの歴史と地理―」(『環オホーツク海古代文化の研究』北海道大学図書刊行会、二〇〇四年：初出二〇〇一年)四四頁。

(2)　『近藤正齋全集』第一巻(国書刊行会、一九〇五年)四〇―四一頁。

(3)　『満洲歴史地理』第一巻(南満洲鉄道株式会社、一九一三年)四四―四五頁。
朔方備乘：支那北部の外國關係を主とし、併せて北方の地誌を舊記より採錄せるものなり、淸の何秋濤撰ず。秋濤の墓表によれば、初め北徼彙編六卷をなしゝが、後圖說を增衍して八十五卷となしたり、書、上るに及び文宗命して朔方備乘となしき。これ蓋咸豐三年（西紀一八五三）より同六年（西紀一八五六）のことなるべし。何氏の朝廷に獻納せる本書は、咸豐十年（西紀一八六〇）北京の變に際し亡失せり。副本は黃宗漢の許にありしが、黃の家の兵火に罹れる爲め亦た亡失せり。然らば今日通行の本書は何氏の原本なりやと考ふるに、卷數の上に於ては必しも一致せりといひがたし。李鴻章の序によれば、何氏の子孫より本書の稿本といふを出しゝが、塗沫讀み難きを以て、當時畿輔通志を編纂せる人々に囑して脩補せしめ以て舊觀に覆せり、とあり。果して然るや否や、これ又た疑はし。吾人の知るところにては同治四年刊本に北徼彙編六巻あり、察するにこは何氏の初編に係るべし。今の朔方備乘を目して何氏の原本となすは恐らく當らず。何氏、には外に一鐙精舍甲部藁一巻あり、併せ見るべし。

（4）Gustaaf Schlegel, Problems Géographique:"LIEOU-KOUÏ KOUO : 流鬼國 : Pays des Diable dissolus, *T'oung-pao, vol.4, 1893*, pp.335-343.

（5）白鳥庫吉「唐時代の樺太島に就いて」（『白鳥庫吉全集』第五巻、塞外民族史研究 下、岩波書店、一九七〇年：初出一九〇七年）。

（6）菊池俊彦『オホーツクの古代史』（平凡社、二〇〇九年）。

（7）前掲註（5）白鳥論文。

（8）和田清「支那の記載に現はれたる黒龍江下流域の原住民」（『東亜史論藪』生活社、一九四二年：初出一九三九年）。和田清「唐代の東北アジア諸国」（『東亜史研究（満洲篇）』東洋文庫、一九五五年：初出一九五四年）。和田氏は一九四二年の論文では、白鳥の説に従ってサハリン島説を支持しているが、一九五四年の論文では、カムチャツカ半島説に見解を変更している。

（9）佐藤達夫「流鬼考」（『日本の先史文化―その系統と年代』河出書房新社、一九七八年：初出一九六七年）。

（10）菊池俊彦「オホーツク文化の起源と周辺諸文化との関連」（『北東アジア古代文化の研究』北海道大学図書刊行会、一九九五年：初出一九七八年）。菊池俊彦「靺鞨と流鬼」（『北東アジア古代文化の研究』北海道大学図書刊行会、一九九五年：初出一九八九年）。

（11）蓑島栄紀「古代日本と北海道・東北北部の交易・交流」（『「もの」と交易の古代北方史―奈良・平安日本と北海道・アイヌ』勉誠出版、二〇一五年）。

（12）天野哲也「極東民族史におけるオホーツク文化の位置（下）」（『考古学研究』第二五巻第一号、一九七八年）。

（13）若月義小「古代北方史研究の課題」（『新しい歴史学のために』第一八八号、一九八七年）。

(14) 田中聡「九・一〇世紀の東北アジア情勢と蝦夷社会の変容」(『日本古代の自他認識』塙書房、二〇一五年)。
(15) 中村和之「『北からの蒙古襲来』について—モンゴル帝国の北東アジア政策との関連で—」(『歴史と地理』第六七七号、二〇一四年)。
(16) 中村和之「『混一疆理歴代国都之図』にみえる女真の活動について」(『『混一疆理歴代国都之図』の歴史的分析—中国・北東アジア地域を中心として—:平成二三~二五年度科学研究費補助金(挑戦的萌芽研究)研究成果報告書』龍谷大学文学部、二〇一四年)。
(17) 中村和之「骨嵬・苦兀・庫野:中国の文献に登場するアイヌの姿」(佐々木史郎、加藤雄三編『東アジアの民族的世界:境界地域における多文化的状況と相互認識』有志舎、二〇一一年)。
(18) 増井寛也「『乞列迷四種』試論—元明時代のアムールランド」(『立命館文学』第四四四・四四五号、一九八二年)。
(19) 楊暘(西川和孝訳)「永寧寺碑文と北東アジア—奴児干都司と黒龍江下流域・サハリンの先住民族との関係を中心に—」(菊池俊彦・中村和之編『明代の北東アジアとアイヌ—奴児干永寧寺碑文とアイヌの北方世界—』高志書院、二〇〇八年)。
(20) 朱維錚主編『利瑪竇中文著譯集』(香港城市大学出版社、二〇〇一年)。
(21) 中村和之「大陸から見た中世日本の北方地域」(矢田俊文・工藤清泰編『日本海域歴史大系』第三巻中世篇、清文堂、二〇〇五年)。
(22) 秋月俊幸『日本北辺の探検と地図の歴史』(北海道大学図書刊行会、一九九九年)。
(23) 松浦茂「アムール川中・下流地方の辺民組織」(『清朝のアムール政策と少数民族』京都大学学術出版会、二〇〇六年:初出一九九一年)。
(24) 松浦茂「一七二七年の北京会議と清朝のサハリン中・南部進出」(『清朝のアムール政策と少数民族』京都大学学術出版会、二〇〇六年:初出二〇〇三年)。
(25) 前掲註(22)秋月書、八三—八五頁。
(26) 翻訳にあたっては、下記の論文を参考にした。増井寛也「謝遂『職貢図』満文解説訳註:アムール流域とサハリンの諸民族を中心に」(『北海道立北方民族博物館研究紀要』第二六号、二〇一七年)。
(27) 日野開三郎「靺鞨七部の住域について」(『日野開三郎東洋史学論集』第一五巻、三一書房、一九九一年:初出一九四七年)。日野開三郎「粟末靺鞨の対外関係—高句麗滅亡以前—」(『日野開三郎東洋史学論集』第一五巻、三一書房、一九九一年:初出一九四九～五〇年）。

〔付記〕シュレーヘルの論文の翻訳については、小樽商科大学附属図書館の非常勤職員である石川崇志氏にご協力をいただいた。心より感謝申しあげる。

長澤盛至作製『東蝦夷地海岸図台帳』にみる地域情報の収集と表象

米家志乃布

日本北辺を対象とした地図史研究においては、小縮尺あるいは中縮尺の蝦夷図に関する研究が中心である。これらの研究では、いかに正確に蝦夷地の輪郭が描かれていくようになったのかという地図発達史的視点が重要であった。しかし、蝦夷図のなかでも、沿岸図・場所図といわれる大縮尺の絵図・地図に関しては、まだ未解明な部分が多く、研究の余地は残されている。秋月俊幸氏によれば、幕末において蝦夷地の沿岸図・場所図が多く作製され、物資輸送や場所経営、旅行者の手引きや諸藩の警備などで、これらの図の需要は日常的になったとされる[1]。このような蝦夷地の沿岸図のなかには、すでに伊能図や今井八九郎作製図などの測量された平面図が存在した時期においても、絵画的な表現の絵図および風景画が存在した。

筆者は、これらの幕末蝦夷地の沿岸図・場所図の作製は、場所経営・警備・旅行者といった実際に地域を訪れる人びとが利用するためのものだけではなく、政治的権力による地域情報把握の意味をもつことについて論じたことがある[2]。たとえば、江差に保管された「江差沖の口役所備付西蝦夷地御場所絵図」の場合は、蝦夷地に赴く人びとの利用のためだけではなく、西蝦夷地の玄関口である江差において、江戸幕府により収集・保管された絵図群であることを推定した。また、江戸幕府の命で蝦夷地の地図調査を行った目賀田帯刀（守蔭）の『延叙歴検真図』は、明治になってから開拓使の命によって本人によって再写され、『北海道歴検図』として、美麗で大型の風景画集として、開拓使において保管された。これは、実際に北海道を旅するために利用するための実用的な地図というよりは、近代の国家権力が備え付けておかなければならない「権威的」かつ「象徴的」な国土図としての役割をもっていたと考えられる(3)。

ところで、幕末蝦夷地において人の往来や物資の輸送が活発になり、沿岸絵図や地図が数多く作製されたのは、安政二年（一八五五）に始まる江戸幕府の蝦夷地直轄が最大の契機である。江戸幕府は、それまでにも一度蝦夷地を直轄化しているものの、第二次直轄は人的にも物理的にもその規模は前回に比べて格段に大きく、なかでも幕府の命によって派遣された東北諸藩の蝦夷地沿岸警備、その後の分領化に関しての負担は莫大であった。そのため、江戸幕府だけでなく東北各藩においても、その警備の必要上、安政年間における地域情報の収集が行われ、蝦夷地の地図整備は格段に進んだのである。筆者は、前稿において、従来、作者不詳とされていた秋田藩の「マシケ御陣屋御任地面境内絵図」について、秋田藩の箱館詰留守居役であった長瀬直温が現地には赴かずに、すでに秋田藩や箱館奉行所が収集した地域情報をもとに作製・編集したと推定した(4)。このことは、安政二年以降の東北諸藩の蝦夷地警護において、蝦夷地直轄の拠点である箱館こそが、東北諸藩にとって地域情報を収集する場であり、その業務に活用するためのさまざまな地域情報が蓄積されていたことを物語る。

本稿で対象とする盛岡藩も、秋田藩同様、安政二年二月に蝦夷地沿岸の警備を命じられ、同年四月には元陣屋を箱館に、出張陣屋をエトモに置くことが決定される。盛岡藩は、同年四月には表目付上山半衛門および勘定奉行新渡戸十次郎を中心とした盛岡藩士一行に対して、持場である東蝦夷地の実地見分を命じた(5)。彼らは七月までには調査を終え、十一月にはその結果の詳細や資料を藩に提出し、その情報をもとに蝦夷地の警備体制の強化を行った。このような状況において、盛岡藩も、他の蝦夷地警備を命じられた東北諸藩と同様に、東蝦夷地および箱館において業務に活用するためのさまざまな地域情報の収集を行っていた。

そこで本稿では、この地域情報収集の結果のひとつである盛岡藩士の長澤盛至によって作製された『東蝦夷地海岸図台帳』を事例として、そこに描かれた地域情報や地域表現の特徴を検討し、当該史料の作製目的を明らかにする。さらに、作者である長澤盛至の人物像を推定し、第二次幕府直轄期の蝦夷地における地域情報収集のあり方とその表象を考える際の一助としたい。

一　長澤盛至作製『東蝦夷地海岸図台帳』について

本稿で取り上げる『東蝦夷地海岸図台帳』は、安政二年十月、盛岡藩士の長澤盛至によって描かれた東蝦夷地の風景画集であり、二冊の原本（あるいはどちらかが写本）が確認される。ひとつは、函館市中央図書館所蔵のものであり、もうひとつは、もりおか歴史文化館所蔵の『東蝦夷地海岸之図』である。前者は、箱館にあった盛岡藩の陣屋において保管されていたものが明治初年の戦禍を免れて残ったのか、あるいは盛岡藩から箱館奉行所に献上されていたものが残ったのか、どのようなルートで函館市中央図書館郷土資料室のコレクションに入ったのかは不明であるものの、いずれにしても幕末から明治初期にかけて、箱館に存在した史料と思われる。後者は、もりおか歴史文化館の所蔵史料である。その元は盛岡市中央公民館の南部家史料であることから、本史料にも「南部家図書」と朱印が押されており、明らかに盛岡藩に献上されたものであろう。

函館本『東蝦夷地海岸図台帳』と盛岡本『東蝦夷地海岸之図』の両写本間の関係についての詳細を明らかにした先行研究はないが、両者を実見したところ、その筆跡の酷似や記載内容の一致から、いずれも長澤盛至自筆のものであり、安政二年十月以降（図中には安政三年以降の加筆も散見される）に作製されたことはまちがいないと思われる。しかし、本史料がいつ、どのように盛岡藩に献上されたのか、盛岡本と函館本のそれぞれの献上の時期など、その正確な時期は不明である。

本史料は、従来から、函館市史や北海道各地の自治体史において、その記述の一部が、各自治体の歴史を知る上で必要な箇所のみ、取り上げられてきた(6)。前述のように、幕末蝦夷地における東北諸藩の地域情報収集や地図作製の状況の一端を知る上で重要な史料であるにも関わらず、その全体像を検討した先行研究は見られない。そのなかで、小野寺淳氏は、本史料の作者である長澤盛至の人物像について、安政二年の盛岡藩による東蝦夷地見分の概要を記した『松前持場見分帳』の記述をもとに、「安政二年三月に幕府から命じられた東蝦夷地警護に対処するため、盛岡藩では目付上山半衛門と勘定奉行新渡戸十次郎のもとに測量あるいは作図技能を有する者を召集し、民情や産物などの、いわゆる見分とともに、六月二三日から七月九日までの短期間で函館から幌別までの沿岸測量を実施」し、その任務のなかで測量・見分に従事した「長澤文作」が、本史料の作者である「長澤盛至」と同一人物である可能性が高いことを指摘している(7)。この論点は、本稿にとって多くの点において参考になる。

なお、函館市立中央図書館には、長澤盛至模写の『安政度南部藩御持場東蝦夷地風物図絵』と称する巻子本も残っている。この絵画史料には、長澤盛至らしき名や印などは一切見あたらず、絵画そのものには作者が確実に長澤盛至であるという証拠は存在しない。しかし、本絵画を保管していた木箱の外側に、「一名、安政度宇須絵鞆風物図、旧名、臼の焼山同沼図　長澤盛至模写」と明記されており、それにより、所蔵当初から函館市立中央図書館の郷土史料目録において、この絵画史料が長澤盛至の模写であることの証拠とされている。この風景画を見ると、模写といえども、絵画技術の技量が高い人物が作製したことが推察される。本稿ではこれについても、同作者の『東蝦夷地海岸図台帳』に描かれた「風景」の画風からも改めて検討する。

二　『東蝦夷地海岸図台帳』に描かれた地域情報の特徴と絵画表現

まず、『東蝦夷地海岸図台帳』（以下、本文中では本史料を「台帳」と略す。各写本個別について説明が必要な場合は、函館市立中央図書館所蔵本は函館本、もりおか歴史文化館所蔵本は盛岡本とする）の全体の構成をおさえる。最初に「東蝦夷地海岸図台帳」と記述があり、その後に「例言」が続く。「例言」の主な内容は、長澤本人の「台帳」作製に対する考えや図の作製の方法やその苦労話、さらに「異人」と「御公儀」の図の作製に関わる相違点、図中の凡例の説明などである。

その次に、函館本のみ「大野ヨリ箱館間内見渡シ処之略図」という図が掲載されている。函館本には、最終頁にも同様の図が再録され、さらに「ヲリ」「タテカワセ」「シタキ」「ヨイチ」「ヨリツケト」「逢来山」「和」「日和」「時化」といった用語の解説や方角と風の呼び名の関係など、天気や風に関する用語の解説が掲載されている。まさに海に面し、一年を通して風の強い港町である箱館において、本史料が利用されていた可能性を強く示唆する。これらの地図と解説は、盛岡本には掲載されていない。その他、これ以降の記述に関しては、函館本と盛岡本は共通した内容となっている。見開き二頁分で各地域の風景画が描かれ、三分の一程度の区切りの上の部分に各地域の概要が記述されている。そこで、「台帳」内に描かれている地域とその頁構成について一覧にしたものが表1である。

まずは、「御持場海岸大旨図」とあり、盛岡藩の持場である箱館とエサン崎からフシコヘツまでが朱色で示され、フシコヘツ以降東側の仙台藩の持場は灰色、エサン崎から箱館を除いた七里浜までの津軽藩の持場は黄色、さらに七里浜から札苅までの松前藩の持場は緑色と塗りわけられている。さらに各藩の本陣屋・出張陣屋・小屯場・御台場警護番所が図中に示されている。

次に、各地域の風景画と地域情報が続く。安政二年に命を受けた仙台藩警護地と盛岡藩警護地の東蝦夷地の境界である「フシコヘツ」(3・4)から始まり、ホロヘツ(5・6)～エトモ(15・16)～モロラン(29・30)と続いている。この後は、内浦湾沿いにぐるりとまわり、ウス(36・37)～アブタ(40・41)～レブンケ(48・49)～ヲシャマンベ(56・57)となる。その後、ヤムクシナイ(64・65)を過ぎて、蝦夷地から和人地へ入り、亀田半島の東側をぐるりと回って、箱館(122・123)で終了する。それぞれの図のなかに、地名と和人の施設名、地形の特徴、距離の記載や測量の詳細、その地域の人口や船数、産物などが書き込まれている。

表1　『東蝦夷地海岸図台帳』に記載された地域情報

番号	地名	図中の施設名	地誌の概要
1・2	御持場海岸大旨之図	本陣屋・出張陣屋・小屯場・御台場・警護番所	
3・4（図1）	フシコヘツ・スクリヘツ・ランボケ・モセウシナイ・ヲカシヘツ		測量の記録あり 距離の記載あり、支配関係、人口、産物、自然環境の特徴
5・6	ホロヘツ・フレヘツ・トンケシ・追分・ワスヘツ・ワスヘツ崎	会所、○イナリ、△遠見番所	測量の記録あり 距離の記載あり、支配関係、人口、産物、自然環境の特徴
7・8	イタンキ崎・ヘシホツケ・トツカリシヨ・ホンチキウ		人口・自然環境の特徴
9・10	チキウ崎	勤番所	
11・12	ヲエナヲシ・トンムイ・セタツキ・マシユイツセ	遠見所（△安政三年以来）	産物
13・14	マタエコレ崎・ホロツネヒウ崎・ホンツチヒウ崎・エトモ崎		測量の記録あり 距離の記載あり
15・16	エトモ・シクトチ崎・ヲアシナイ		測量の記録あり 距離の記載あり、支配関係、自然環境の特徴
17・18	トツカリムイ	番屋	測量の記録あり
19・20	マクニシ		測量の記録あり、自然環境の特徴
21・22	ボコイ・エトツケレフ		測量の記録あり、自然環境の特徴
23・24	チツフタヲシナイ・クンエキリヘツ・チリヘツ・イタンキ		測量の記録あり、自然環境の特徴
25・26	ホシ		測量の記録あり、自然環境の特徴
27・28	エモロモ・ホロツシケ		測量の記録あり
29・30	ホロヘテシウタ・ヲマモエ・ホトイン・モイ・モロラン	○稲荷	測量の記録あり 支配関係、人口、産物、自然環境の特徴

30・31	ホロシストル・チマイヘツ・ヲエンホシ・ポロネプ・ヲヒロネプ		人口、産物、自然環境の特徴
32・33	エマレマレツプ・ヲサルヘツ		
34・35	臼山（ヲサルヘツより見たる所の真形）・ヲサルヘツエントモ崎		距離の記載あり、会所情報（異人船来航情報）、東夷周覧稿より引用
36・37（図2）	ムロイ・臼・チヤウシケ崎・トコタン・臼山（臼の会所前より見たる臼山の図）	会所・○稲荷・○善光寺	人口、産物、東夷周覧稿より引用
38・39	臼山（アブタより見たる臼山の形）		自然環境の特徴
40・41	アブタ・アフタ崎・チムシマ・シヤン		人口、産物、東夷周覧稿より引用、自然環境の特徴
42・43	ヘンベ崎・ヘンベ・ノチケベツ・フレヘツ		自然環境の特徴
44・45	ポンヲタニコル・エスリコハニユマ・シユマツエ・ヲウケシ崎		距離の記載あり
46・47	ヲフケシ・シヤシ		
48・49	レブンケ・ゼイ		距離の記載あり
50・51	レブンケ崎・ノブコチヤ・カハリシラリ		距離の記載あり
52・53	ホロナイ・コワルヘノイ・ベカウシ・トカルポロ		
54・55	ツエノヒマ・イルンヘ・ラケシウリ・ワイキナイ崎		
56・57	インヲシモイ・シツカリ・ヲシヤマンベ	会所・○善光寺仮寺・○稲荷・漁小屋	距離の記載あり △安政三年新道あり
58・59	モンヘツエキ・ツリウ・クンナイ・ボロナイ		
60・61	ルコチ・シラリカの黒岩・シラリカ・ホンシラリカ・ヤマサキ・フイタウシナイ・ベツフシキ	小休処・○漁小屋・○稲荷	距離の記載あり
62・63	ユウラップ・トコタン・ヲコチアイ・フユンへ・フユンへ崎・サランペ山		

64・65	ヤムクシナイ・ユヲイ	勤番所・会所・○稲荷2カ所	距離の記載あり 人口、産物、自然環境の特徴
66・67	野田追・ヲトシベ	○稲荷3カ所	距離の記載あり 人口、産物
68・69	石クラ・濁川・ホンカヤヘ・エモヤコタン・ポンセ・ポンアイ	○稲荷2カ所	距離の記載あり 人口、産物
70・71	ユノサキ・鷲の木・トリサキ・柳原・モリ	モリの番屋・○稲荷2カ所	距離の記載あり 人口、産物
72・73	尾白内・ヲシタン・カカリマ・掛り間より見たる内浦岳の形	○稲荷2カ所	距離の記載あり 人口、産物、自然環境の特徴
74・75	砂原・小サハラ・内浦岳（砂原より見たる内浦岳の形）	出張陣屋・漁小屋・○稲荷・○地蔵	距離の記載あり 人口、産物、自然環境の特徴
76・77	松屋崎・テケマ・テケマ崎・内浦岳		距離の記載あり 人口、産物、自然環境の特徴 △安政三年より松屋先に遠見番所あり
78・79	ボンベツ・鹿部・カメトマリ・ザル石・内浦岳（亀泊より見たる内浦岳の形）	○稲荷	距離の記載あり 人口、産物、自然環境の特徴
80・81	ホヤタラ・ポロ・ケカツハマ・イソヤ・白岩・内浦岳（ホヤタラより見たる内浦岳の形）		距離の記載あり 人口、産物、自然環境の特徴
82・83	クマトマリ・ヲタハマ・キヒカサキ・エヒス嶋	○イナリ2カ所	距離の記載あり、人口
84・85	ウスシリ・大黒嶋・弁天嶋・イタキ・精進川	会所・弁天・○稲荷2カ所・○リウコアン	距離の記載あり、人口、産物、
86・87	カワクヒ・チヨホッケイ	○イナリ	距離の記載あり、人口、産物、自然環境の特徴
88・89	尾札部・クロイワ・ナシエツ・一本木崎・一本木・シブリウタ	○イナリ	距離の記載あり、人口、産物、自然環境の特徴
90・91	バノ沢・ヒカケバナ・ホンキナヲシノシコタン・ヒリハマ・キナヲシ	○イナリ	距離の記載あり、人口、産物
92・93	キナヲシ崎・ワレイワ・シリ川・オオカチ・立岩		

94・95	シシバナ・フルベ	○稲荷	産物
96・97	フルベアヤマ・ハンノ沢・テウシ沢・テウシ崎		距離の記載あり
98・99	ヤシリハマ・シマドマリ・トドホッケ	○八幡	距離の記載あり、人口、産物
100・101	水ナシ・カッカソリ・トド岩・カッカ石・エサン崎・恵山（エサンの岬より見たる恵山の図）		人口、産物、自然環境の特徴
102・103	イソヤ・サツナイ・七つ石・恵山		
104・105	ネタナイ・ネタナイ崎・山瀬泊・コフイ・恵山（ネタナイより見たる恵山の形）		
106・107	ハマナカ・ナリサキ		
108・109	イセシナイ・尻岸内	○八幡	
110・111	カラスカラ・ヒウラ	○イナリ	
112・113	ハラキ・カマウタ・コウタ		
114・115	ヲカノムイ・コウタ・クマベツ・戸井・ベイサイマ・サイトウ・ヲセキナイ	○宮川・○明神	
116・117	小安・石崎・古川尻・シオトマリ・メナノ沢	石倉稲荷	
118・119	銭亀沢・志苔・根崎・湯の川・三森山・障子山・赤川・鍛冶村	○八幡2カ所・○念祢庵・○ヤクシ	
120・121	砂森	△御街場境杭	
122・123	箱館之潤略図	御陣屋・御役所・町会所・御蔵地・御家御津軽家持場境・佐竹家・仙台・松前・沖の口役所など	

○は後に函館の図から書き加えたもの。△は後に書き加えたもの。

これら図中の地名など、さまざまな地域情報の収集には、いくつかの元になる情報があることをおさえる必要がある。地名については、「例言」の最後に述べられている。地名の多くは黄色で囲まれており、この凡例は「先立案内者より聞きたる所の名」である。白で囲まれているものは「箱館町の者に所持する図を借て跡より加ひたる」地名である。ただし、これらの地名については「昔の名と今の唱へと替る事もあるへかれとも、その分せんさくするのいとまなく、後の考と思い記し置きたる也、且蝦夷地の小名とはむかしと替りて唱ふる事所々有之由、案内者のいへる也」とあり、地名が昔と今では変わっている可能性も述べている。

また全体の構成において重要なことは、「台帳」の情報には、地域によって粗密があることである。たとえば、測量の記録が書き込まれている図は、表1の3～6と13～30に集中しており、それ以外の地域には、里数（距離）の記載はあるものの、測量の記録はない。たとえば、フシコヘツの記述では「七月三日早朝ホロヘツを出舟してフシコヘツに着しより陸道に上りて測量せし」とあり、道に沿って細かく測量した結果が記録されている（図1　フシコヘツ（2・3））。つまり、これらの地域は長澤盛至自身が測量した地域であることを示している。また「野」「谷地」などの地形情報なども同様に、長澤が見分した記録を書き込んでいるといえよう。

もうひとつ、長澤自身が見分した結果として、「臼山」「内浦岳」「恵山」といった山々の絵画表現において、眺望とともに「真形」を描くことにこだわりを見せているところに注目したい。たとえば、臼山（有珠山）に関しては三方向から山を描いている（34～39）。その際、「臼之会所前ヨリ見タル臼山之図」というように、スケッチした場所も記述している（図2、ウス［36・37］）。ここに描かれた臼山の形状を見ると、嘉永六年の噴火によって盛り上がった「大有珠」が険しい縦線の筆致で赤く描かれ、噴煙を上げていることがわかる。これを、前述の長澤盛至模写の『安政度南部藩御持場東蝦夷地風物図絵』「一名、安政度宇須絵鞆風物図、旧名、臼の焼山同沼図　長澤盛至模写」の臼山の風景画と比較してみると、明らかに異なった表現であることがわかる（図3）。

これらの幕末蝦夷地において作製された風景画の描写について、鶴岡明美氏は、谷元旦の『蝦夷山水図巻』の分析から、『公余探勝図』をはじめとする谷文晁の実景図のスタイルが「蝦夷地」を描く作例に大きく影響を与えていたことを述べている。(8) ここで鶴岡氏が指摘していることは、『公余探勝図』を初めとする実景表現は、本州の山々や風

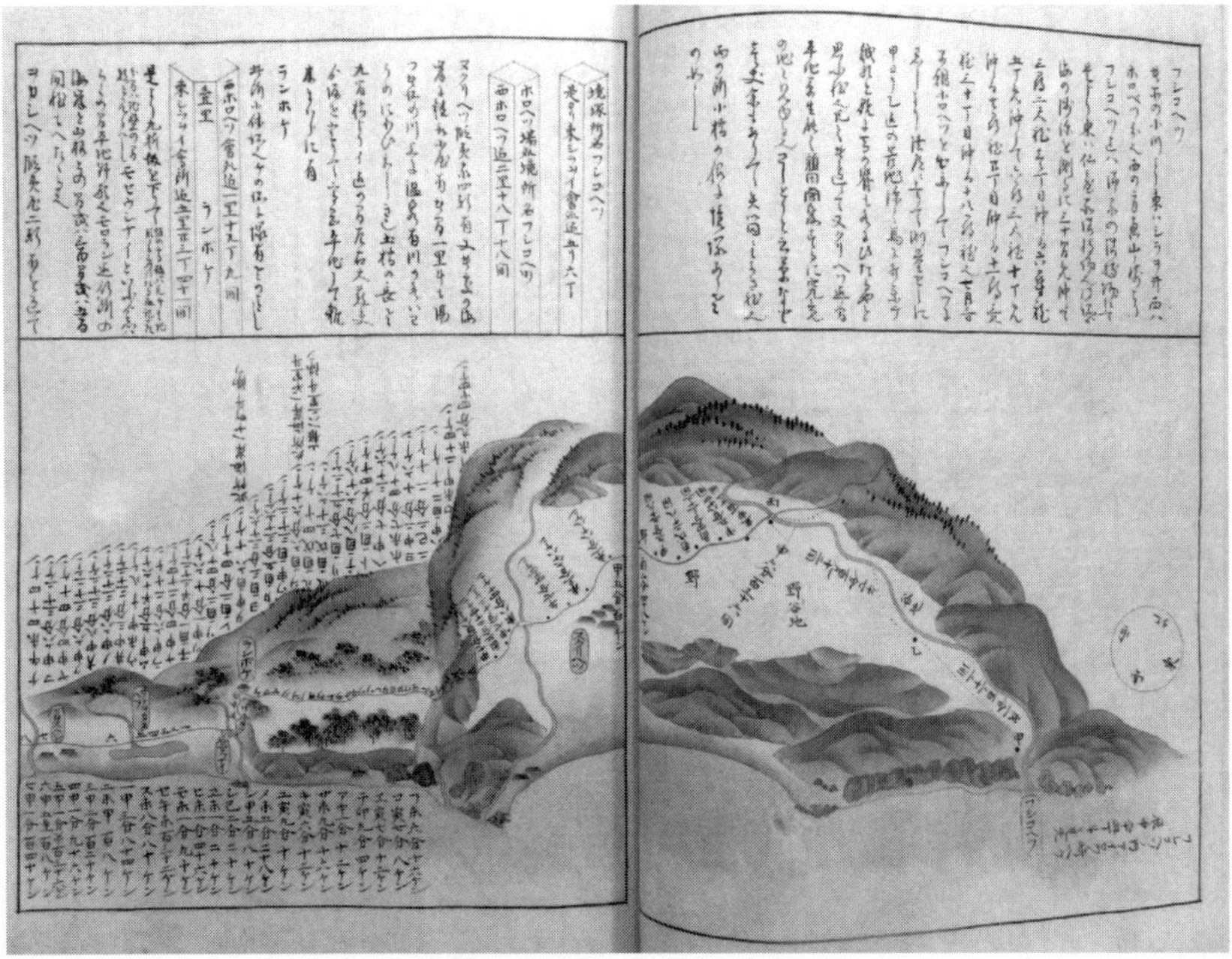

図１　『東蝦夷地海岸図台帳』のフシコヘツ（1・2）

景を描くに際して、なだらかな美しい山岳を描いている一方で、蝦夷地を海岸から描いた「蝦夷山水図巻」における岩石や山肌の表現は、蝦夷地ならではの自然環境に適したダイナミックな山岳表現に結びつき、より実際の風景に近い描き方に特徴があるということである。たとえば、安政年間に蝦夷地を見分し、やはり蝦夷地の風景画を残した目賀田帯刀の『延叙歴検真図』の「ウス山」の山岳表現にもこの傾向が顕著になっている[9]。これら実景表現としての蝦夷地の山岳描法は、長澤の「台帳」における絵画表現にも共通して見ることができる。

一方、人口や産物、船数などの地誌的な記載も、蝦夷地においては会所など和人の拠点がある地域、あるいはヤムクシナイ以南の和人地においては、和人の村々の部分に詳細な記述が見られる。これらの多くは、自ら調査して得た情報だけではなく、当該地域の会所や村々がすでに収集した情報を得ているのであろう。たとえば、ウスでは、会所からの情報として天保二年に噴火湾に異国船が到来した情報が掲載されている（34・35）。

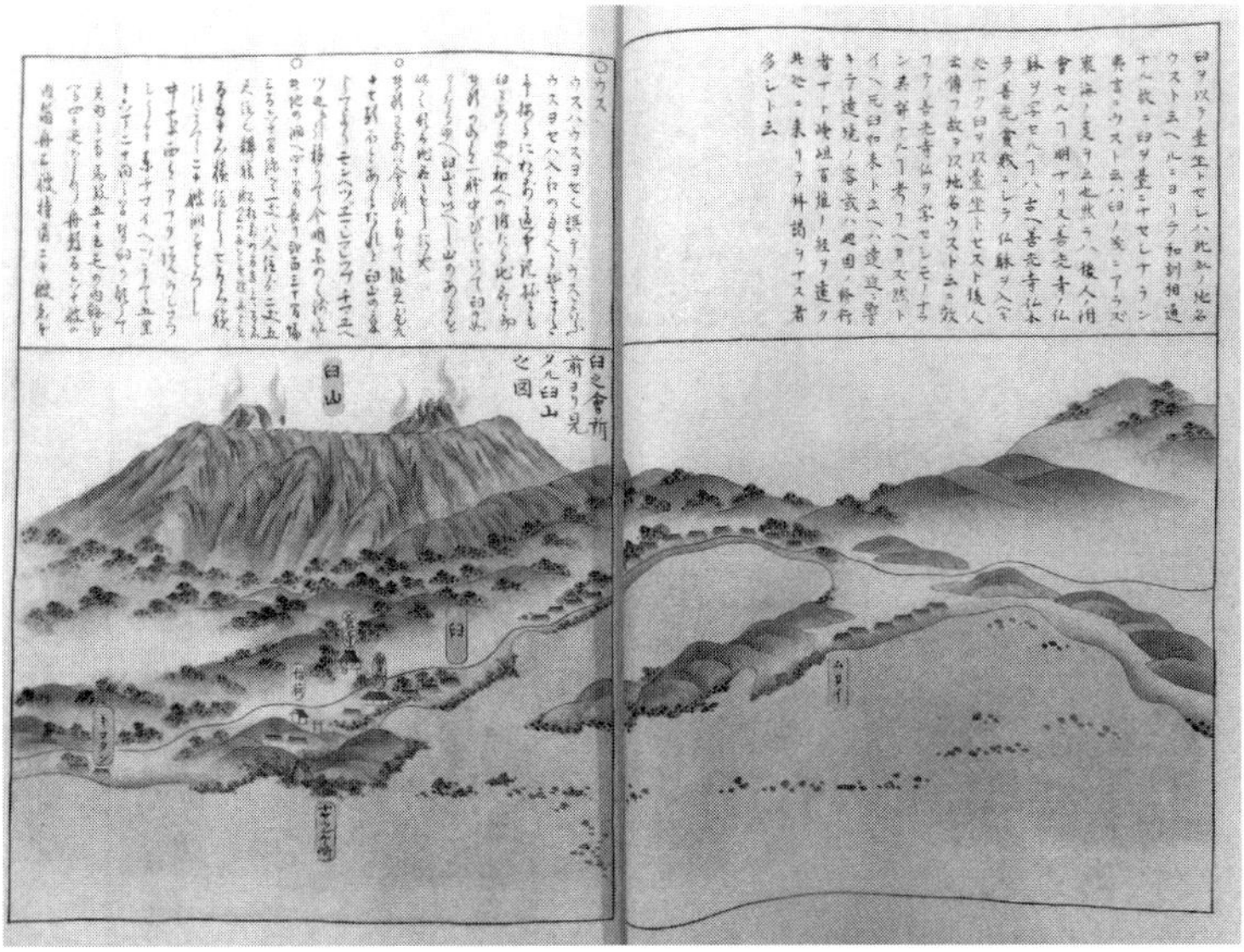

図２　『東蝦夷地海岸図台帳』の臼山（ウス、36・37）

図３　『安政度南部藩御持場東蝦夷地風物図絵』の臼山

また、長澤が多くの記述を依拠している先行の地誌書として『東夷周覧稿』が挙げられる。「台帳」内の地域では、ウスやアブタなどにその記述が見られるが、最も多く利用しているのは最後の「箱館」の項である。122・123の後に八頁にわたってほぼそのまま書き写している。ただし、一〜三頁に所々「盛至此処ニ着船之所ハ」「盛至渡リタルハ」など自分の経験や考えを挟んで記述している。この『東夷周覧稿』は、長澤が記しているように「享和之年東都嶰谷□知文士誌セル」とあり、享和元年（一八〇一）に江戸幕府が蝦夷地仮上知にあたり、東蝦夷地見分に派遣した蝦夷地御用掛の羽太政養（後に蝦夷奉行［箱館奉行］、『休明公記』の作者）に同行した福井芳麿が著した『東夷周覧』のことである。

以上、「台帳」の地域情報と絵画表現の特徴について論じた。これらの情報をもとに、次章では、作者である「長澤盛至」の実像について、盛岡藩の東蝦夷地見分との関係から検討していく。

三　盛岡藩一行による東蝦夷地見分と『東蝦夷地海岸図台帳』の関係

前述のように、盛岡藩は、安政二年四月に表目付上山半衛門および勘定奉行新渡戸十次郎を中心とした藩士一行に箱館および東蝦夷地の盛岡藩の持場を見分するように命じた。この一連の東蝦夷地調査に関しては、『松前持場見分帳』(10)に詳しい。この『松前持場見分帳』によれば、同年六月二十三日から七月十四日まで、同一行が東蝦夷地の見分を行っており、その一行のなかに「長澤文作」という人物がいたことが判明している。

小野寺淳氏によれば、この「長澤文作」が本史料の作者である「長澤盛至」であり、その根拠として、盛岡藩士一行が藩に献上した「木古内よりフシコヘツ迄縮図」の裏面にある椴法華から幌別までの人口と産物などの明細が、長澤文作らが見分したルートと一致し、さらにこの数値が『東蝦夷地海岸図台帳』の地域情報と一致することが挙げられている。

『松前持場見分帳』によれば、盛岡藩士一行、つまり「長澤文作」らが見分したルートは左の通りである。安政二年六月二十三日小安会所を出発し、六月二十四日戸井から尻岸内まで陸路で移動、エサン岬で測量船を手配した。椴法華から尾札部まで測量船で海を渡り、六月二十四日暮れに尾札部に到着した。尾札部からは陸路で内浦湾沿いを移動し、六月二十八日には、松前地と蝦夷地の境界であるヤムクシナイの松前藩の番所が普請中だったため、近くのユヲイへ宿泊した。六月二十九日にはヲシャマンベ、六月三十日にはレブンケ、七月一日にはヘンベ、アブタを通り「臼山焼」を見て、七月一日にはモロランに到着した。七月二日にはホロベツ、そこから「シラヲイ御持場境」まで陸路を測量見分し、七月四日にはホロベツを出発し、トツカリムイを廻って七月五日にモロランに到着した。その後、エトモ澗内を測量見分し、七月九日には砂原へ出発している。箱館に帰着したのは七月十四日である。

ここで、まずは『東蝦夷地海岸図台帳』の「例言」にある「長澤盛至」の見分ルートを確認してみよう。

〔史料一〕

一　東蝦夷地御持場見分測量之御用を蒙り、安政二年六月廿三日箱館表出立したるに、一日路之廻嶋六里斗の日積にて先願出せし故、兎角真之図を取る之事にハ至らずといへとも、丹精を尽して及ぶ丈の委しきを取調よとの仰、是を受、海陸の手本をして或ハ馬に乗、或は舟に在りながら、此所より向ふの崎へ、何十丁程と空眼を以て見定め、また案内者の答へる所の里数をも考へ合せて、仮にその海岸の里数を取りて、其所に磁針をあて見る所の模様を委しく図し、目立所の高山出崎に所々より針を向けて繋ぎ、或ハ所々弐十丁沖三十丁沖に舟を漕出して、海の浅深をも量りたる也、御持場境フシコヘツまてハ、日数十一日かかりたれとも、雨天にて、尾札部を置立したることもあり、また臼の明き家に入りて雨晴しなどに時を過せしも、あれハ正の出日といへるハ、十日程に准しへしく、されハ箱館よりフシコヘツ迄ハ六十二里余ある故、一日分の測量する所六里余小にあたれり（後略　史料二へ）……

史料一によれば、「長澤盛至」は、安政二年六月二十三日に箱館を出発し、「馬に乗り」「舟に在り」ながら、「御持場境フシコヘツ」まで一一日かかったということがわかる。『松前持場見分帳』によれば、盛岡藩一行がホロベツに到着したのは七月二日、そこから仙台藩との境に出発して七月四日に見分を終了しているため、やはり一一日かかっている。次に、「馬に乗り」「舟に乗り」というルートであるが、史料一によれば、「雨天にて尾札部を置立」「臼の明き家に入りて雨晴し」などとあり、尾札部で陸路を使い、臼で陸路を使ったことも判明する。

また「例言」の一つ書きの二つめの記述には、「予、嶋泊を出舟時波荒きか故に、悉く汐合を見定舟を押出したれと大波の中に突入り舟中に波をかぶりて、しハらく着頭杯をそぶり、図帳も濡らして」ともあり、これによれば「嶋泊を出舟時」と船に乗った場所が「嶋泊」であることは明らかである。つまり、「長澤盛至」は亀田半島の南端のシマドマリから船に乗り、雨のため、尾札部に降り立ち、その後、陸路で移動したことがわかる。前述の『松前持場見分帳』によれば、やはり盛岡藩一行も「エサン岬」で船を調達し、椴法華から尾札部まで船で移動しており、シマドマリは椴法華のすぐ隣村の港であることから、このルートも一致する。

さらに前章で検討した「台帳」の地域情報の構成も、『松前持場見分帳』の見分状況と一致する。同史料によれば、尾札部で陸路ムロランへ向かった一行ではあるが、測量船に関しては、ホロヘツでの業務のため測量方にお願いしていた。この見分の主要な目的が、フシコヘツからムロランまでの海岸浅深測量と陸地測量の両者であったと思われるからである。この情報は、まさに長澤の「台帳」にある測量情報にも反映している。前述したように、測量の記録がある地域は、表1で見ると、3～6と13～30の地域に集中しており、盛岡藩士一行の見分の目的と一致している。

以上のことから、「台帳」を作製した「長澤盛至」と東蝦夷地を見分した「長澤文作」は、小野寺氏の推定のように、まさに同一人物であると考えられる。そこで次章では、さらに「台帳」の作製目的および作者・長澤の人物像にせまっていきたい。

四　『東蝦夷地海岸図台帳』の作製目的と「長澤盛至」の人物像

著者である長澤は「台帳」の作製目的について、どのように述べているのだろうか。引き続き、「例言」の記述を見てみよう。

〔史料二〕

……（前略　史料一）伝へ聞、測量日積の定法凡一日に三、四里或ハ、難所を越へ山深ニ入るハ二里内外なりと、然れば此度の測量ハ元より真の図取にあらすといへとも、其勧業たる所大に早く我取たる故、図揚之節に至りて、まがひのみ出て図に結びあわざる事などいで間敷候ト心配せしに、箱館に戻りて後、図記を出して、先ツ空眼乃里数をもつて、仮に海岸の形ちを顕ハし、夫より高山出崎を繋ぎたる方位を蜘の巣屋の如くに糸を引合せて、其地の在りところを据え、是を図体としてもり付たる也にて、元より、測量の道に入りて学びたる事もなく、只郷村を吟味などの節、先輩の取行ふ所を見聞きしたるのみのわざなれば、見返の違る事も多かるべき故、幸いにまづ台帳をここに記して教示を得んことを希ふのみ

史料二によれば、台帳作製の目的として、「まづ台帳をここに記して教示を得ん」としている。なぜならば、長澤自身は、測量のプロではなく、ただ郷村を吟味する際に先輩達の業務を見聞きしていたことが述べられている。しかし、今回の東蝦夷地の調査は、一日に六里の行程で行われており、通常の測量で進む行程からは考えられないスピードで成果をださなければならない状況だったようである。そこで、その図の完成度を心配した長澤は、箱館に戻ってから、さまざまな「図記」をもとにこの「台帳」を制作したようである。これは、本史料が明らかに「編集図」であることを物語っている。

〔史料三〕

一　此図真之図にあらすといへとも、其日和によりて波静なる日は磁石の振りよく、心気悠々として空眼違ハず、斯て節よりへては小路小川小橋等眼に触れし所の分ハ是を捨ず、山林の木立枝葉を詳かず、徽社願堂、或は大石大木等、これを記したりといへとも、分間せまって一々筆を入かたき故、元図の外に巨細の所ハ此書に寄りて見るへき也、斯の如き真之図に至れるもあり、又ハ風波の強きにたえてハ思ふ所の勧業なり……（中略）……心覚を土人に尋ねて書加ひなどするも、あれは多くは略図なる故、此地に至る諸若子方追々改め至はりて猶情熟を希ふのみ

史料三では、「元図の外に巨細所ハ此書に寄りて」とあり、この「台帳」が、他の図（おそらく藩に献上された絵図群）の補完的な意味があり、かつ「真之図に至れるもあり」とまで述べている。しかし、やはり多くは略図であり、今後、蝦夷地に赴任する後進である若者たちに向けて、これらの図を修正していくよう努力を促している。

〔史料四〕

一（予）[11]弓馬上に於て筆を取る事此度始めて覚へ得たり、帳を持てる手首と筆をもてる手首を合わせて腰にしまりを付て書ときハ、蝦夷地のいと悪き、馬といへとも思ふままに帳を付けるに能ず也、それて一日の内に六里も測量せんと思わんにハ磁石を立る時のみ馬より下りて、馬の上には急かず筆を取る事にあらされハ、斯て急卒の間にはあらさるなり、外に身を安くして早俄取業もありしものや、是分も問学ふ事をねかふ也

史料四では、主に陸路での苦労話である。ここでも、このような馬上での測量は始めての経験であることが述べられている。長澤が蝦夷地における職務に苦労していることがわかる。

これらの「例言」の記述で留意すべきことは、史料一にあるように「兎角真之図を取る之事にハ至らずといへとも、丹精を尽して及ぶ丈の委しきを取調よとの仰」とあり、今回の測量は「真の図取」ではないと明言していることである。「真の図」とは、おそらく「測量図」のことであると考えられる。長澤によれば、「真の図取」ではなくても、可能な限り、「丹精を尽して」詳細に取り調べて図を作製することが、藩から命じられていたという。そのため、

陸地においても海上においても、長澤が相当苦労して「図取」していたことが、史料一から史料四の「例言」の記述からわかる。

ところで、長澤盛至（文作）は、東蝦夷地の見分を終え箱館に七月から九月まで滞在した。前述の『松前持場見分帳』によれば、その後、安政二年九月二十四日に新渡戸十次郎とともに、箱館を船で出発した。その後、各地を見分し、同年十月八日に盛岡に到着する。翌十月九日には、「見分御用諸始末目録」として、海防御用掛の南部善兵衛に一番から二一番までの文書と雑壱番から一四番までの絵図面一式を提出している。同年十一月二十五日には、さらに詳細な絵図面や陣屋配置図などを献上し、見分御用の報酬として、長澤も同席して「御召御上下一具宛」を拝領したことがわかる。これらの絵図面のリストを見ると、長澤が記した「台帳」は見当たらず、藩への献上はこの段階では行われていなかった。「台帳」の「例言」には、安政二年十月の年紀があることから、同年七月〜九月の箱館滞在中にさまざまな図記をもとに「台帳」を制作したとしても、それを完成させたのは盛岡においてだったと想定できる。

それでは、これら「台帳」は、いつ盛岡藩に献上されたのだろうか。これについては、まず、「台帳」のなかに長澤の筆と思われる安政三年の追記が所々にある（表1参照）ことから、少なくとも、安政三年にはまだ長澤の手元にあったことがわかる。しかし、その後の追記は見られない。ここで、盛岡藩への献上時期について考えるうえで注目したいのは、「長澤文作」と「長澤盛至」という名前の使い分けの意味である。

史料二の「元より測量の道に入りて学びたる事もなく、只郷村を吟味などの節、先輩の取行ふ所を見聞きしたるのみのわざなれば」という記述から、長澤が盛岡藩の在地において、領内の村々の測量業務の補助的業務に従事していた人物であることが推定できる。そこで、岩手県立図書館所蔵の盛岡藩の村方文書において確認すると、弘化二年（一八四五）から慶応二年（一八六六）まで、長澤文作は、盛岡藩の「御調吟味出役御勘定方」として、盛岡藩領の各郷村において「御吟味御竿打」の任務を行っていた[12]。蝦夷地から戻って翌年の安政三年（一八五六）の文書にはその名前は見られないものの、安政四年（一八五七）には再び「御勘定方」として郷村を廻っていることがわかる。

つまり、長澤文作の盛岡藩士としての「勘定方」の職務は、蝦夷地見分時以外は、一貫して、盛岡藩領内の郷村の「吟味」であったことがわかる。

ところで、長澤文作の蝦夷地見分における「御雇勘定方」としての任務は、蝦夷地の測量業務であり、各地域の「図」の作製であった。その際、同行していたメンバーに注目すべき人物がいる。明治以降に開拓史のお雇い絵師・画家・地図作製者になった「船越長善（月江）」である。[13]『松前持場見分帳』においては「船越善四郎」とあるが、彼こそが船越長善であり、盛岡藩士としての名は「善四郎」であったとされる。[14]船越長善（月江）といえば、盛岡藩において、藩主の「御画御相手」を勤めた川口月嶺一門の一人であり、[15]もちろんプロの絵画表現（南画・日本画など）の訓練は受けていた。おそらく、盛岡藩士の見分メンバーのなかに船越がいたことは、彼も当然、各図の作製に関わっていたはずであり、このときの蝦夷地での経験が、のちに開拓使の御雇になることにつながった。

前述した長澤模写の『安政度南部藩御持場東蝦夷地風物図絵』は、原図が何なのか、現段階では不明ではあるものの、安政年間以前に存在した絵画をもとに、おそらく箱館において長澤が模写したものであると思われる。一方、「台帳」においては、長澤自身が描いた絵画表現が示されている。このような蝦夷地を描く実景図のスタイルを、長澤はどのようなかたちで学んだのであろうか。これこそが、おそらく、蝦夷地見分に同行した船越長善や箱館におけるさまざまな情報収集のなかで学んだのであろう。彼が盛岡藩の郷村吟味の職務を遂行していただけでは、本「台帳」にある美麗な風景画集の作製はできなかった。つまり、長澤文作は、蝦夷地見分の経験により、画家・地図作製者としての自分の能力に目覚め、自ら「盛至」という雅号をつけて、本「台帳」において初めて「長澤盛至」と名乗ったのではないだろうか。しかし、藩士としての名前はあくまで「長澤文作」であるため、盛岡藩の村方の任務においては、幕末まで「長澤文作」としてあり続けたのではないだろうか。

一方、同じ蝦夷地見分に同行した船越善四郎（長善）は、安政二年九月以降も蝦夷地勤番として職務を遂行し、安政三年四月まで箱館に滞在した。その後、盛岡に戻って以降も、盛岡藩士としてさまざまな任務についている。画家・船越長善の描いた『夷様真写』などの絵画史料は、現在、もりおか歴史文化館所蔵となっており、いずれも「南部家図書」印があることから、これらも「台帳」同様、南部藩に献上されたものである。[16] 安政三年四月以降、蝦夷地情報を持ち帰った船越が、それらを盛岡藩に献上したのであろう。その際、長澤盛至も、（船越との直接の交流があったかもしれないが）自分が退去した後の安政三年の蝦夷地の地域情報を得て、自らの「台帳」に書き込んだ。そして、ひとつは盛岡藩に献上し、もうひとつは蝦夷地勤番の盛岡藩士に託され、ふたつの「台帳」は盛岡と箱館に現在まで保存されることになったのではないだろうか。

慶応四年（一八六八）八月十二日、箱館に元陣屋を置く盛岡藩士らは、自ら陣屋を焼き、盛岡に帰った。ここに、盛岡藩の箱館および東蝦夷地での警護任務は終わりを告げ、「蝦夷地」は「北海道」として新しい時代を迎える。

本稿では、盛岡藩士の長澤盛至（文作）によって作製された『東蝦夷地海岸図台帳』を事例として、そこに描かれた地域情報や地域表現の特徴を明らかにし、当該史料の作製目的と作者である長澤盛至の人物像を検討することから、第二次幕府直轄期の蝦夷地における地域情報収集のあり方とその表象の意義を考察することを目的とした。

安政二年以降の東北諸藩の蝦夷地警護において、蝦夷地直轄の拠点である箱館は、東北諸藩にとって地域情報を収集する重要な場であり、その業務に活用するためのさまざまな地域情報が蓄積されていた。また、蝦夷地の会所や和人地の村々でも、さまざまな地域情報が存在し、それらを活用しながら、盛岡藩士達も情報を収集した。そのなかで、長澤盛至（文作）の『東蝦夷地海岸図台帳』の絵画表現は、明らかに、幕末蝦夷地の沿岸図の「風景」表現の流れの影響下にあった。つまり、目賀田帯刀（守蔭）、船越善四郎（長善）の著作である蝦夷地・北海道の風景画集と同様に、そもそもそれらの著者が明確に意図しているかどうか、という問題ではなく、そして彼らの意図することかどうかは別の結果として、蝦夷地を「和人の土地」として表現し、その表象を推し進める風景画のひとつであったことをうかがうことができた。

今後の課題として、秋田藩・盛岡藩以外の事例を検討することと同時に、「蝦夷地」から「北海道」になる当該地域の地図作製の「実践」を、さまざまな地図史料をもとに考察していく必要がある。

註

（1）秋月俊幸『日本北辺の地図と探検の歴史』（北海道大学図書刊行会、一九九九年）三三五一頁参照。
（2）山田志乃布「幕末蝦夷地の絵図にみる地域情報の把握―江差沖の口役所備付『西蝦夷地御場所絵図』を事例として―」（『歴史地理学』四二―二、初出二〇〇〇年、後に米家志乃布『近世日本と蝦夷地―古地図からみる北海道』法政大学出版局、二〇一八年として再録予定）。
（3）山田志乃布「地域情報の記録と風景画」（中西僚太郎・関戸明子編『近代日本の視覚的経験』ナカニシヤ出版、二〇〇八年）。
（4）米家（山田）志乃布「秋田県公文書館所蔵『マシケ御陣屋御任地面境内略図』の作製主体と作製年代について」（戸祭由美夫編『北海道・東北各地所蔵の幕末蝦夷地陣屋・囲郭に関する絵地図の調査・研究』平成一七〜二〇年度科学研究費補助金（基盤研究B）研究成果報告書、初出二〇〇九年、後に米家志乃布『近世日本と蝦夷地―古地図からみる北海道』法政大学出版局、二〇一八年として再録予定）。
（5）村上由佳・中尾千明「安政二年における盛岡藩の蝦夷地持場の見分に関する予察―『松前持場見分帳（十和田市立新渡戸記念館所蔵新渡戸家文書）』の分析から―」（戸祭由美夫編『北海道・東北各地所蔵の幕末蝦夷地陣屋・囲郭に関する絵地図の調査・研究』平成一七〜二〇年度科学研究費補助金（基盤研究B）研究成果報告書）。
（6）『函館市史通史編二』（函館市、一九七四年）五三一―五三三頁、『森町史』（森町、一九八〇年）七四―七五頁、『鹿部町史』（鹿部町、一九九四年）二八九―二九五頁、『砂原町史第一巻通説編』（砂原町、二〇〇〇年）二七二―二八八頁、『恵山町史』（恵山町、二〇〇八年）三八七頁など。
（7）小野寺淳「安政二年における盛岡藩の蝦夷地警備と絵図作製―長澤盛至とその作製絵図について―」（戸祭由美夫編『北海道・東北各地所蔵の幕末蝦夷地陣屋・囲郭に関する絵地図の調査・研究』平成一七〜二〇年度科学研究費補助金（基盤研究B）研究成果報告書）。

（8）鶴岡明美『江戸期実景図の研究』（中央公論美術出版、二〇一二年）一七九―二二三頁。
（9）前掲註（8）三八〇頁参照。
（10）『松前持場見分帳』の記述については、以下の研究成果報告書の翻刻を利用した。『十和田市立新渡戸記念館所蔵　新渡戸十次郎筆『松前持場見分帳』の翻刻（解読者・村上由佳）』（戸祭由美夫編『文化遺産としての幕末蝦夷地陣屋・囲郭の景観復原―GIS・三次元画像ソフトの活用』平成二一～二五年度科学研究費補助金（基盤研究B）研究成果報告書）。
（11）函館本の「例言」には「予」と記述されている。盛岡本に記述はない。
（12）弘化二年には和賀郡下江釣子村、弘化三年（一八四六）同藤根村、志和郡江柄村、嘉永六年（一八五三）稗貫郡関口村・八重畑村、安政四年（一八五七）同花巻村、文久二年（一八六二）志和郡赤沢村・西徳田村・東徳田村、文久三年（一八六三）同西長岡村・東長岡村、和賀郡下鬼柳村、元治元年（一八六四）志和郡白沢村・室岡村、慶応二年（一八六六）志和郡枥内村・北沢村・江柄村・乙部村・黒川村・大萱生村・手代森村などで「御吟味」を行っている。
（13）船越長善の開拓使御雇時代の代表作である「明治六年札幌市街之真景」の意義や地図作製との関係については、拙稿に詳しい。山田志乃布「描かれた植民都市―近代札幌の風景」（中西僚太郎・関戸明子編『近代日本の視覚的経験』ナカニシヤ出版、初出二〇〇八年、後に米家志乃布『近世日本と蝦夷地―古地図からみる北海道』法政大学出版局、二〇一八年に再録予定）。
（14）齋藤里香「盛岡藩士船越長善（月江）の足跡」（『岩手県立博物館研究報告』第三三号、二〇一六年）。
（15）前掲註（14）七二―七三頁参照。
（16）前掲註（14）七二頁参照。

〔付記〕本稿作成に際し、もりおか歴史文化館、岩手県立図書館、函館市中央図書館において、長澤盛至・長澤文作関係の史料閲覧に便宜を図っていただいた。関係各位の皆様に記して感謝申し上げる。

Ⅱ　北緯四〇度以北の世界の実相

続縄文文化後半期の東北地方と北海道の関係について
――土器群の時間的関係から――

小野裕子

かつて筆者は、東北地方では「北大Ⅱ式」・「同Ⅲ式」がわずかな事例を除き出土しなくなることを指摘し、「北大Ⅰ式」の卓越段階で北海道と東北のダイレクトな交流はいったん途絶え（再開は擦文初頭）、有文の土師器については東北で在地化した「北大式土器」製作者の後裔によるものと考えた(1)。だが、他方で、「北大式」、ことにその後半段階における鉄器入手先として東北地方を除くことはむずかしく、東北地方と北海道の交流関係をより広い視野から検討し直す必要を痛感した。そのため、「北大式土器」に先立つ「後北C_2・D式」段階での東北地方への分布拡大を、実態とその原因の双方から理解することを課題とした。

その第一段階として、「後北C_2・D式」の道内における〝斉一化〟現象を土器の属性分析から考察し、その型式変化の主導性が道央部以南の地域にあったことをおおむね確認した。また、その原因を鉄器入手を主たる目的とした交易活動に求めた(2)。これに対し、道央部以南の主導性、ならびに鉄器入手に対する異議が出されている(3)。しかし、中でも道央部地域は、単に「後北C_2・D式」段階に留まらず、続縄文後葉から擦文文化の形成時、さらに擦文文化の展開、終末時に至るまで、北海道の古代史における牽引車的な役割をもっている。「後北C_2・D式」段階はその契機であり、道央部、この段階では、連動する道南地域を含めた道央以南地域となるが、その役割を過小評価することは、その後の歴史的展開の理解にも影響する問題である。それゆえ、第二段階として、「後北C_2・D式」の東北地方への分布拡大の問題を取り上げ、〝斉一化〟の問題や、鉄器を主目的とする交易の問題も含め、より広い観点から「後北C_2・D式」土器が東北地方に広く分布することの意味を検討することとした。ただし、問題は多岐にわたり、また紙幅の関係もあることから、検討事項を、一つは関係土器群間の時間的な問題、もう一つは「後北C_2・D式」の分布とその要因の問題の二つに分け、本稿では、まず議論の土台となる関係する土器群間の時間的問題を取り上げる。後者については別稿にて検討する。

東北地方に分布する続縄文文化後期の土器群には河野広道氏が設定した「後北式土器」、およびこれに続く「北大式土器」がある(4)。中でも「後北C_2・D式」の出土は早くから知られていたが(5)、同地方で出土することの意味に注意が向けられ始めたのは一九三〇年代終わりからである。関心の一つは、弥生式土器や土師器との時間的関係であり(6)、もう一つは、アイヌや蝦夷との文化的・「人種的」関係である(7)。後者については、今日では古人骨のDNA分析にもとづく分子遺伝的研究の進展により、アイヌ集団と本土日本人との分子遺伝学的関係について解明が進んでいるが、蝦夷とアイヌの文化的関係、あるいは、考古学的文化と蝦夷との関係については、未だに解明されていない多くの問題が残されている。本稿における取り組みもまた、最終的にはそれらの問題に結びつくものである。対象とする土器群の時間的な問題については今日おおむね定まった観があるが、本質的な問題が残されているので、時間的枠組みを整理し直し、問題を絞り込むことにしたい。

一　年代比定に関わる型式論的問題

(1)「後北C_2・D式」の段階区分

「後北C_2・D式」の時間的変遷は大沼氏がその変化の基本的な方向を示し(8)、その後、札幌市K一三五遺跡四丁目地点の調査により多数の同土器群とその層位的所見が得られたことから、時間的裏付けのある段階区分が進んだ。[9] これらの段階区分と信頼性についてはすでに論じているので[10]本稿でもそれに拠る。

(2)「北大式土器」の型式論的問題

この問題については「後北C_2・D式」に関して行ったような詳細な検討を踏まえてはいないが、本件に関わる問題なので主要な点に絞って整理しておく。「北大式土器」の分類とその問題点についてはすでに幾多の論考があるが、議論が分かれるゆえんは、「後北式土器」と「擦文式土器」の間に位置する土器群でありながら、その縦の系譜に加え、発生と展開にまったくの異系統であるオホーツク式土器[11]や東北北部の土師器の影響が色濃く反映する点にある。

形成に関しては、「後北C_2・D式」に円形刺突文[12]を併用する一群を「北大式」に含めるか、「後北C_2・D式」に留めるかで意見が分かれているが[13]、この特徴をもつ一群は、円形刺突文の採用以外には「後北C_2・D式」の器形や作り、施文規則、意匠などが基本的にまだ維持されていることから、筆者は「後北C_2・D式」に含めている。[14] だが、この一群が重要なのは、その帰属よりも続縄文集団とオホーツク文化との接触が始まったことを示す資料という点にある。そうした事態が前期後半のオホーツク文化の本格的な北海道への定着（竪穴住居を伴う移住）に関わるものであることはすでに論じられており[15]、筆者もまた同意見である。両者の交流を示す証拠は、オホーツク文化の骨塚出土のヒグマのMtＤＮＡ解析や、オホーツク式土器の円形刺突文の施文具の層位的変化によって捉えられる。[16] これらの分布が北海道から東北地方まで、「後北C_2・D式」のそれに基本的に重なることはすでに指摘されているが[17]、分布の広さの割に出土事例が少ないことから、オホーツク文化との接触・交流の開始という新たな事態は、比較的短期間のうちに、北海道から東北地方にかけての「後北C_2・D」を製作・使用する人びとの間に伝わっていたと見てよいだろう。また、平行微隆起線という視覚効果の高い要素を採用した「北大式土器」への変化も――その具体的様相はなお、不明だが――この間に生じ、その同じ範囲においてより多くの出土例や多様性があることから、より長い盛行期間が想定される。

「北大式土器」の分類は諸案あるが、口縁部の円形刺突文列に加え、①平行微隆起線、②縄文（長条[18]・斜行）、③沈線文（集合条線文[19]・円形刺突文のみも含む）を主要な特徴とする文様構成・器形をもつものを各々一群とし、土師器との関係を考慮してそれらに序列を与えた分類[20]（「北大Ⅰ～Ⅲ」）が早くに出されている（図1参照[21]）。その後、新たな発掘資料が蓄積され、円形刺突文列を欠くが、多種の「刺突文」や沈線文との複合で③同様の文様や器形などの特徴をもつ一群（後に鈴木氏が「刺突文土器群」④と命名）、円形刺突文列も文様も欠く一群の存在（後に鈴木氏が「無文土器群」⑤と命名）が明らかになり、「擦文式土器」の形成と絡む「北大Ⅲ式」の範疇が問題となった[22]。その多くは「北大Ⅲ式」の特徴から「擦文式土器」に繋がるものを切り分ける意見であったが、「北大Ⅲ式」全体を「北大式」から外し、「初期擦文土器」（「十勝茂寄式」）とする意見[23]も出された。また「北大Ⅱ式」と③、④、⑤の包

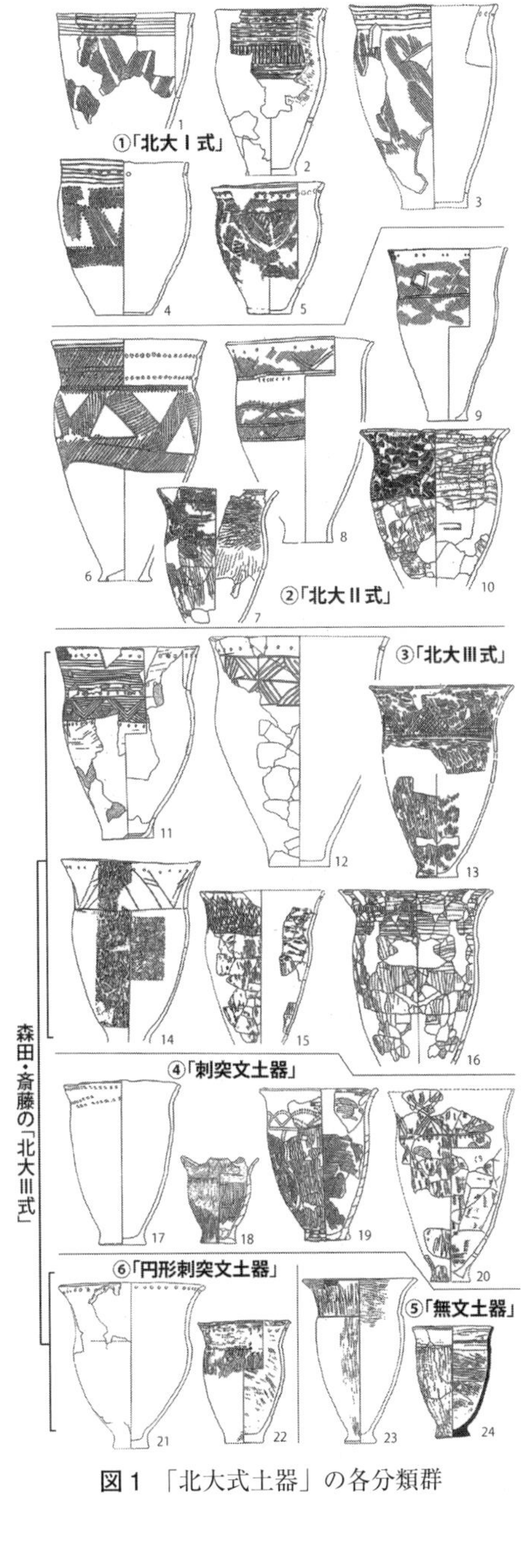

図1　「北大式土器」の各分類群

含層や遺構での共存例も報じられたことから、「北大Ⅱ式」と「同Ⅲ式」は、型式論的特徴において異なるものの同時期の土器群として理解され、従来の「北大式」の三段階区分は質的に変化した。しかし、新たな定義のないまま、なし崩し的な従来の分類の使用も続いた。だが、これら多種多様な「北大Ⅲ式」土器群を伴う竪穴住居址はほとんど検出されておらず、文化複合体としては未だ続縄文文化のあり方が維持されている段階である。(24) その意味で、これら「北大Ⅲ式」を続縄文文化の土器群として扱う点で基本的な立脚点を同じくするその後の分類案を見ておく。

鈴木氏の分類(25)は、従来の「北大Ⅰ」群（①）と「同Ⅱ」群（②）はそのまま採用し、口縁部に円形刺突文のみをもつ一群（「円形刺突文土器群」⑥）を森田・斎藤「北大Ⅲ」群から除いた③が「北大Ⅲ」群、刺突文土器群（④）、無文土器群（⑤）、そして、円形刺突文群（⑥）の六群からなる。これらは、さらに文様（要素、配置）、器形（口縁・底部形状、長胴化）、器面調整（ナデ、ミガキ、ハケ）などにおける、「後北C_2・D式」から「擦文式土器」への型式論的な変化の方向性に従い、各々数段階に細分されている。各段階の時間的関係は、土壙／土壙墓の一括資料（その型式論的類似資料を含む）を「定点」とした時間軸により、その相対的位置が決定されている。型式論的変遷の流れに沿って設定された各段階とこれら共伴例には若干のズレも認められるが、鈴木も認めるようにわずかな共伴例による「接点」を時間軸としていることがその原因であろう。「北大式土器」の場合には、その存続時間の大半を覆うような層位的資料が得られていないことが、「後北C_2・D式」から「擦文式土器」への型式論的変遷の方向に則った段階区分が専らなされてきた理由である。これら六群四〇段階、一二期を数える分類群は、「北大Ⅰ～Ⅲ式」（①～③）と「刺突文土器群」（④）の消長のあり方から三つの「大単元」に括られている。「円形刺突文土器群」（⑥）と「無文土器群」（⑤）については、資料数上の制約から「大単元」の括りに使用されておらず、両者は全「大単元」と併行するという見通し案が提示されている。内容的には以下の四つに整理できる。

⑴　「北大Ⅰ式」（①）しか見られない段階：⑤と⑥も併存の可能性あり

⑵　「北大Ⅱ式」（②）と「北大Ⅲ式」（③）が時期差をもって加わる段階：「北大Ⅰ～Ⅲ式」の併存（「北大Ⅰ式」

⑶「刺突文土器群」（④）が加わる段階：「北大Ⅱ式」（②）、「北大Ⅲ式」（③）、「刺突文土器群」（④）の併存。（「北大Ⅱ式」はこの段階で終息）、⑤と⑥も併存の可能性あり

⑷「北大Ⅲ式」（③）と「刺突文土器群」（④）が併存する段階：⑤と⑥も併存の可能性あり（「刺突文土器群」（④）はこの段階で終息）、⑤と⑥も併存の可能性あり

つまり、従来の「北大Ⅰ式」（①）、「同Ⅱ式」（②）、「同Ⅲ式」（［③・⑥］＋④・⑤）の分類群は、一線的に継起する「段階」の連続ではなく、重複しつつ推移するという結論である。これは土器群の型式論的変遷が、特別の状況下にない限り、漸移性を示すという基本的なあり方に抵触しない結果であるが、たとえば「北大Ⅰ式」の土器が出土した場合、それが「北大Ⅰ式」のみしか見られない時期のものか、「北大Ⅱ式」、あるいは「同Ⅲ式」がすでに併存している時期の「北大Ⅰ式」かを判別するのは、その資料の文様、器形、器面調整などの特徴から「新古」の細分に比定して判断することになる。その場合、「細分」自体の妥当性、その時間幅などの問題が充分担保されていることが前提となる。この点が榊田の批判に繋がった。

榊田氏は多数の出土例（単独、一括含む）の型式論的特徴を洗い出し、クロス集計による諸特徴間の相関関係を見出す方法により、従来の「北大Ⅰ式」（①）、「同Ⅱ式」（②）、「同Ⅲ式」（③）、「刺突文土器群」（④）については、「口唇部文様帯」の有無が段階区分の有効な基準となると指摘した[26]。また、「円形刺突文土器群」（⑥）についても、「口径・胴径差」、「頸部」および「頸・胴部の区画」の有無の組合せに応じて「北大Ⅰ〜Ⅲ式」に繰り入れ、新たな「北大式土器」の三段階区分を提唱した。

従来の、文様要素とその構成に重きを置いた「北大式土器」の三分類と食い違う部分が生じたことに注意が必要である。また、「無文土器群」（⑤）については、「北大式土器」に含めていない。考古資料の型式論的変遷をある特徴・群の出現頻度により捉えることは方法として適正なものである。これまでのところは、上記のような基準以外には、より細かな変遷を「段階」として捉える積極的な根拠がないという主張も、現状では一理ある。ただし、口縁部破片

のみの資料の場合、この段階区分に際し困難が生じることは明らかで、その場合は、旧来通りの文様要素とその構成に従った分類に拠らざるを得ないだろう。

冒頭で触れたように、「北大式土器」の占める時間幅は三〇〇年余りであり、仮に三分割すると一段階一〇〇年前後となり、土器製作者の三、四世代は優に含まれる長さである。この間の型式論的変化を捉える方法は、やはり必要である。鈴木氏が土師器からの影響を念頭において器面調整に着目したことは、「北大式土器」が土師器からの直接的・間接的影響で「擦文式土器」へ変化する大きな方向性に即したものである。成形と器面調整という土器製作の基礎に関わる技術の変化を示す指標の判別は、「擦文式土器」の形成過程を解明する上で不可欠であり、「北大Ⅲ式」(③)、「刺突文土器群」(④)、「円形刺突文土器群」(⑥)、「無文土器群」(⑤)における「作り」に関わる型式論的特徴の変化を捉える重要な切り口となるものである。問題はしたがって、「作り」に関わる特徴ある組合せ(成形、器面調整などの)を多頻度で抽出(=「段階」[27])できるか否かにかかっており、その余地は充分残されていると考える。

以上、鈴木氏、榊田氏が提起した分類案は、「北大式土器」の多様性とその変化を捉えるための問題点を明らかにした点で、研究史的な意義をもつものである。上記の検討を踏まえ、本稿においては出現頻度の裏付けのある榊田分類を基本とするが、小破片資料の場合には、文様要素とその構成による旧分類に拠る。したがって、そこに榊田分類と誤差が生じる可能性があることを断っておく。

二　続縄文後葉の土器群と弥生式土器、土師器との関係

東北地方に分布する「後北C_2・D式」の多くは、「大沼編年」[28]の後半段階に当たることが早くに指摘されている。[29]これらと弥生式土器、土師器との時間的関係については九〇年代終わりから一〇年ほどの間に相次いだ諸論考でおおむね整理され、[30]現在では、①「後北C_2・D式」と広義の「天王山式系」との併行、②「塩釜式古段階」と「後北C_2・

D式」、「塩釜式新段階」と「北大Ⅰ式」との併行、③「北大Ⅰ式」と「南小泉式」、「引田式」との併行、という理解が一般的となっている。だが、以下のような問題点も残されている。

（1）「天王山式系」最終段階の「赤穴式」と「塩釜式」の併存問題

齋藤氏は、「赤穴式」最終の「鳶ヶ長根Ⅳ・小井田Ⅳ段階」を「続十王台式」併行とし、永福寺山遺跡の調査結果[31]も踏まえ、「布留0式古段階」に位置づけている[32]。「布留0式新」は「次山1段階」＝「辻Ⅱ—1段階[33]」に比定されているので、「塩釜式」直前に当たる。つまり、「赤穴式」は「塩釜式」とは併行せず、それ以前に終焉を迎え、後に続く在地の土器は「後北C_2・D式」に交替するという。相沢氏もまた元屋敷古墳群、桜町高見町A遺跡の羽状撚糸文をもつ「天王山系」土器を「十王台Ⅱa式」併行とし、その時間的位置を庄内式後半（「辻Ⅰ期」併行）と見るので、「赤穴式」と「塩釜式」の併存はない[34]。

これに対し、八木氏は「赤穴式」と「後北C_2・D式」の併行関係に時間幅があることを指摘し、「赤穴式」から「塩釜式」への変化もまた漸移的であることから、三者の「共存」を排除せず、それぞれの時間幅は異なるものの、「赤穴式土器」の製作・使用者が「塩釜式土師器」、あるいは移住者の「後北C_2・D式土器」をモデルにそれらを作製するようになると見ている[35]。

札幌市K一三五遺跡四丁目地点では、主要包含層の上下から多数の「後北C_2・D式」が出土[36]しているが、それらは主として「後北C_2・D式」の初頭と終末段階を除く最盛期（「a～e段階」）にほぼ相当する（図2[37]）。同地点の下層Ⅶa・c層発掘区からは弥生後葉段階の「天王山式」、さらに後出の「赤穴式」に比定される土器群が四一三点出土しており、少なくとも成立段階を除く「後北C_2・D式」の盛行期前半（「a」～「d段階」の一部）は、弥生後葉と時間的に並行する部分をもつことが知られる。また、こうした弥生文化の土器と「後北C_2・D式」との併行関係がほぼ道央～道南部の諸遺跡で散見[38]されることから、筆者は、弥生後葉の東北地方との関わりを担っていたのは、主

として道央部以南の地域であったと考えている。(39)

前述のように同地点から出土した「天王山系土器」は、羽状縄文をもつ「赤穴式」を含め下層（Ⅶa、c層）からの出土であり、上層（Ⅱa～Ⅴ層）からはこれらの資料はまったく出土していない。図2に示したように、K一三五遺跡は、最終段階を除く最盛期後半にも存続しており、上層では下層に比して遺構・遺物とも量的に半減するものの狩猟採集を基本とする類似の生活が営まれていたことが動植物遺存体から確認できる。また、東北各地で出土する「後北C_2・D式」はその後半段階のものが多いことを木村が指摘(40)しているが、同地点上層では、口縁部上端の擬縄貼

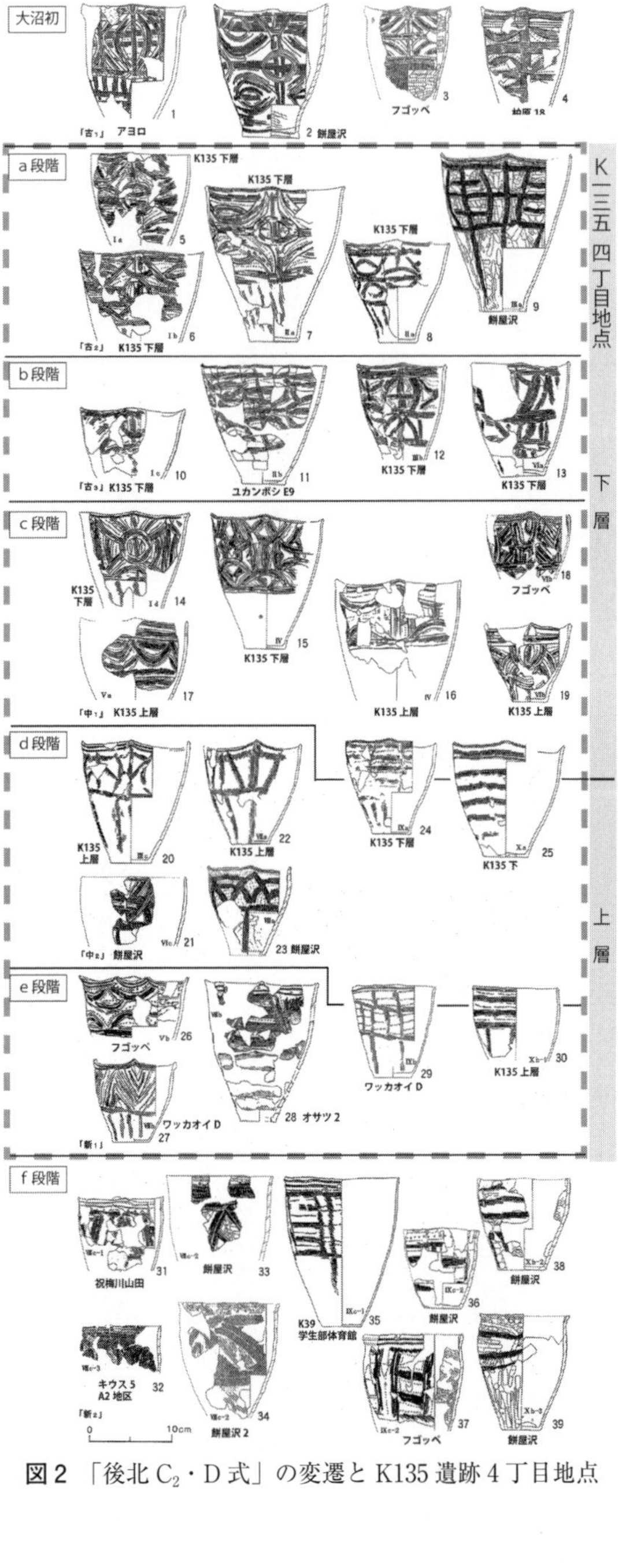

図2　「後北C_2・D式」の変遷とK135遺跡4丁目地点

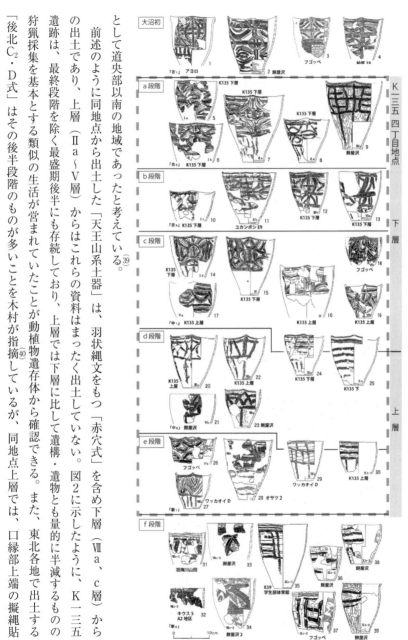

付文の出現率が、上層の「Ⅶ2群」で45％に上ることが報告されている。したがって、引き続き東北地方との関係が維持・継続されていたにもかかわらず「赤穴式土器」が出土しないとすれば、「赤穴式」は遅くとも上層「d段階」の早い時期に終息していた可能性が高い。札幌市のS三五四遺跡や、恵庭ユカンボシE9遺跡出土の羽状縄文（附加条第2種）をもつ「後北C_2・D式」の深鉢[41]が、器形や施文規則から「c段階」〜「d段（下層資料）」に無理なく比定できることとも整合的である。さらに検討してみよう。

図3に東北各地の「赤穴式」、「後北C_2・D式」、「塩釜式」、「北大Ⅰ式」に関する主な共伴例[42]を示した。筆者による段階比定を黒マル印で、また、各氏らによる比定[43]は名称とともに記載している。弥生系土器と土師器には濃度を変えた網掛けをしている。遺跡ごとに出土資料の判定結果を隅丸矩形で囲んであるが、長方形になるほど判定のバラツキを示す。破線矩形については、攪乱ないし伝世が推定[44]されているものである。

八木氏の主張の根拠の一つに長興寺Ⅰ遺跡六八号墓出土の「赤穴式土器」と「後北C_2・D式」との共伴がある。氏はそのうち完形に近い深鉢を氏の「四段階」に比定しており[45]、「赤穴式」の時間的位置づけとしては比較的遅いものとなっている。この資料を見ると、長原体を駆使せず、「天王山系」由来の短原体を用いた回転押捺をしており、縄文原体による回転押捺の技術的系譜を異にすることがわかる。また、烈点文と擬縄文の位置関係が原則から外れていることなど、すでに指摘されているように模倣の蓋然性の高いものである。しかし、器形や意匠をよく真似ようとしていることは明らかで、擬縄文が一条であることも含め、K一三五遺跡四丁目地点下層出土の、横走する長条縄文のみが広く胴上半に施文される資料（「Ⅶ1群」）と同類の「d段階」に含めてよいと考える。したがって、前述の事例と合わせ「赤穴式」との接点を示す同段階の資料と考える。

だが、「赤穴式」の存続時間の問題は、単に比定の如何を問うことでは済まない重要な問題を含んでいる。新金沼遺跡一五号住居址は、「塩釜式土師器」（辻Ⅱ期）と「後北C_2・D式」が共伴した確実な事例として著名である。出土した「後北C_2・D式」はK一三五遺跡四丁目地点下層の「c段階」に相当し、これより新しくなる公算は小さい。

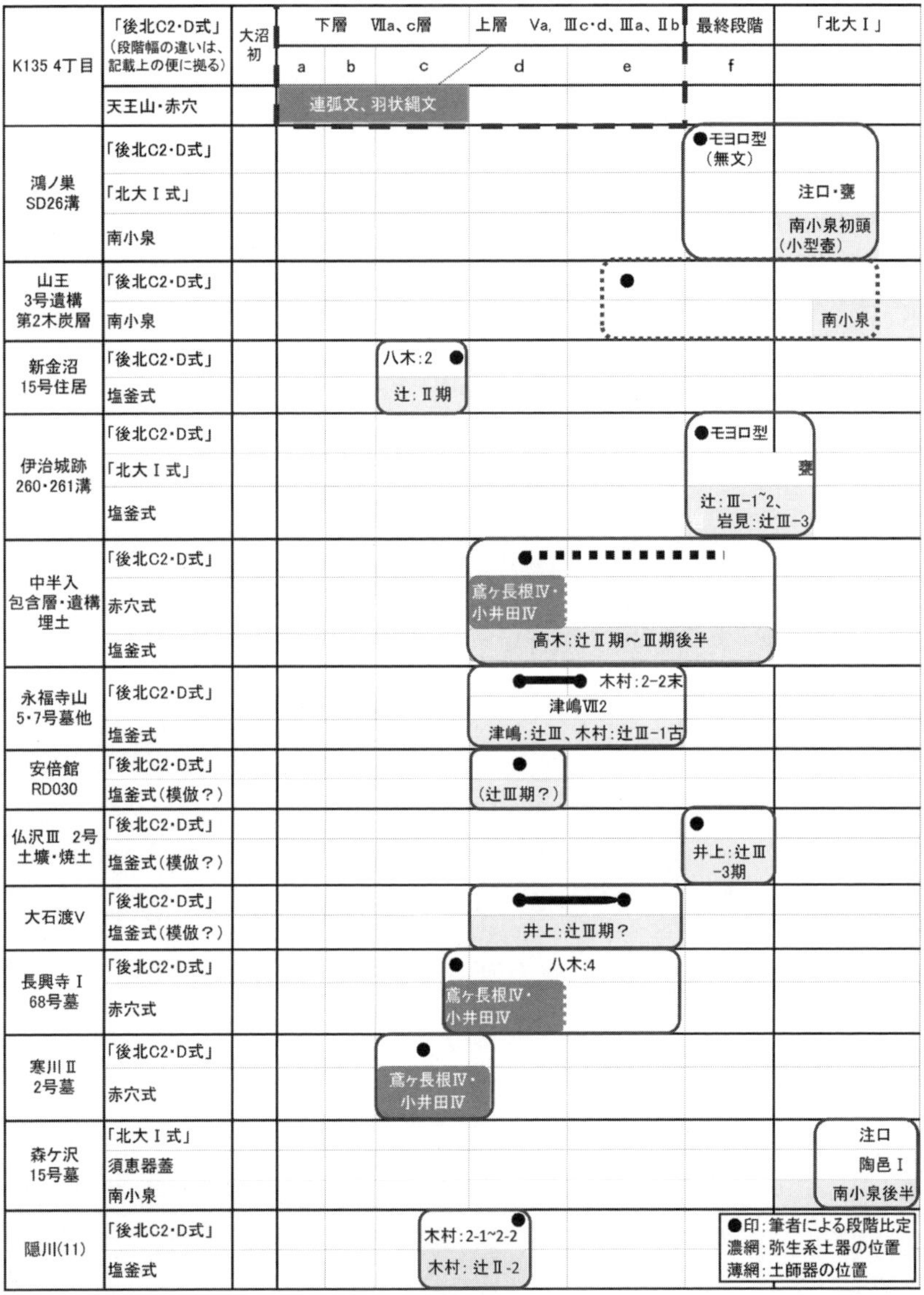

図 3　東北各地の「後北 C_2・D 式」、「赤穴式」、土師器の出土状況
（遺跡出典は註(42)に記載。各氏の編年比定は註(43)論文・書に拠る）

「塩釜式土師器」を伴う集落の東北南部への出現は関東方面からの移住者によるもので、古墳社会の開始を告げる重要な出来事であったことが辻氏によって指摘されている。[46]「塩釜式土師器」を伴う集落は山形や大崎平野に及ぶが、その北の岩手南部ではわずかに高山遺跡や中半入遺跡に限られる。[47]さらに北上した盛岡市周辺では、「後北C_2・D式」と「塩釜式」を共伴する土壙墓が検出された永福寺山遺跡や安倍館遺跡、両者の共伴が強く推定される仏沢Ⅲ遺跡、四三基の焼土群が検出された大石渡Ⅴ遺跡、あるいは遺構が未検出の北津軽郡隠川（11）遺跡など、「塩釜式」の住居を伴わない遺跡群が知られるのみである。[48]出土している「塩釜式」[49]は、岩手南部の中半入遺跡：「辻Ⅱ期〜Ⅲ期後半」、岩手中部の永福寺山遺跡：「辻Ⅲ期（木村はⅢ—1）」、安倍館遺跡：「辻Ⅲ期？」（ミガキ調整顕著、模倣品か）、仏沢Ⅲ遺跡焼土：「辻Ⅲ—3」、大石渡遺跡：「辻Ⅲ期？」、隠川（11）遺跡：「辻Ⅱ—2期」と、わずかな事例であるが、波及時期という点では東北南部と大差ない。さらに、道内の事例を見ると、七飯町の上藤城3遺跡[50]では包含層から「塩釜式」の甕破片が出土しており、ともに包含層から出土した「北大Ⅰ式」に近い時期とみられ、「辻Ⅲ期」に比定されている。[51]また、同町の桜町遺跡[52]出土の「塩釜式土師器」は、高坏脚部片（焼土53）が辻氏の「高坏G」（「辻Ⅲ—3期）に、また、複合口縁壺片（N10ブロック）は、「壺M」（「辻Ⅱ期」）に近い可能性がある。同遺跡の「C_2・D式」はその初頭から最終末を除くほぼ全期間に相当するが、これら「塩釜式」は少なくともその後半段階に伴うものと判断される。したがって、集落の出現を別とすれば、「塩釜式土師器」の波及は、東北北部から少なくとも道南部を含む一円においても、それほど大きな時間差をもたずに生じていたとみてよいだろう。

　これらに共伴する「後北C_2・D式」だが、新金山遺跡一五号住居址の完形の甕は、胎土、焼成が土師器的であり、現地製作とみられている。[53]底部、口唇形状を含めた器形、主副のある文様割付、施文配置などに「後北C_2・D式」の基本原則が認められ既述のように「c段階」に含めてよいものと思われるが、口縁上部の擬縄貼付文は波頂と連携した道央以南でも見られる後出のデザインとなっており、「c段階」の上層資料併行でよいだろう。中半入遺跡では「塩釜式」の住居群とは離れた地区からの出土であり、十点のうち図示されている三点を見る限りでは、少なくとも

「d段階」以降の可能性が高い。永福寺山遺跡では、器形や文様割付から見て、「Ⅶ2群末」の「e段階」に遡る「d段階」も含めてよいと考える。仏沢Ⅲ遺跡2号土壙墓出土の甕については、「f段階（前葉）」に含められよう。報告者は遺跡内の「塩釜式」と併存の可能性が高いと見ている。大石渡Ⅴ遺跡の焼土出土の甕は出土状況の詳細が不明だが、やや時間幅が見込まれるので、器形、割付規則から「d～e段階」に位置づけておく。したがって、「c段階」から「f段階」までが、おおむね「塩釜式」との併存期間ということになる。

これら諸段階の「後北C_2・D式」と「赤穴式」との遺構における共伴例については、「d段階初葉」とみられる長興寺Ⅰ遺跡に加え、「続十王台式」の壺形土器と、同系の鉢形土器が副葬された寒川Ⅱ遺跡2号墓がある。埋土上層から出土した「後北C_2・D式」は数個体の破片資料だが、注口ないし小型鉢形土器とみられ、「c段階」に比定できる。先述のように、「続十王台式」は「赤穴式」最終の「鳶ヶ長根Ⅳ・小井田Ⅳ段階」に併行するとみられているので、「赤穴式」とのより遅い接点は「d段階初葉」となる。先述のK一三五遺跡の四丁目地点の層位的な出土状況とも大きな齟齬はない。以上、東北南部や岩手中部に「塩釜式」を伴う集落が進出し、在地との接触・交流が始まった段階では、少なくとも岩手北部周辺やその北の地域では、「赤穴式」はまだ存続しており、他方で、これに重なるように北からの「後北C_2・D式」を伴う動きが増大していたことを確認した。

(2)「後北C_2・D式」最終段階から「北大Ⅰ式」にかけての土師器との関係

続く東北南部では、大崎平野北部の伊治城跡二六〇・二六一溝跡から、「塩釜式土師器」（「辻Ⅲ—1～2」、岩見「辻Ⅲ—3」）（図3）と「f段階」の「後北C_2・D式」の深鉢片、ほぼ同段階とみられるおそらく注口底部片、それに「北大Ⅰ式」の深鉢の共伴が報じられている。伊治城跡からは他に「後北C_2・D式」が出土していないようなので、わずかな破片ではあるが、これらは「北大Ⅰ式」の深鉢と一括としておく。この「北大Ⅰ式」の深鉢は、底部外面の立ち上がり部を横のケズリで整形しており、北海道の「北大Ⅰ式」にはまず見られない手法であるが、底部の作

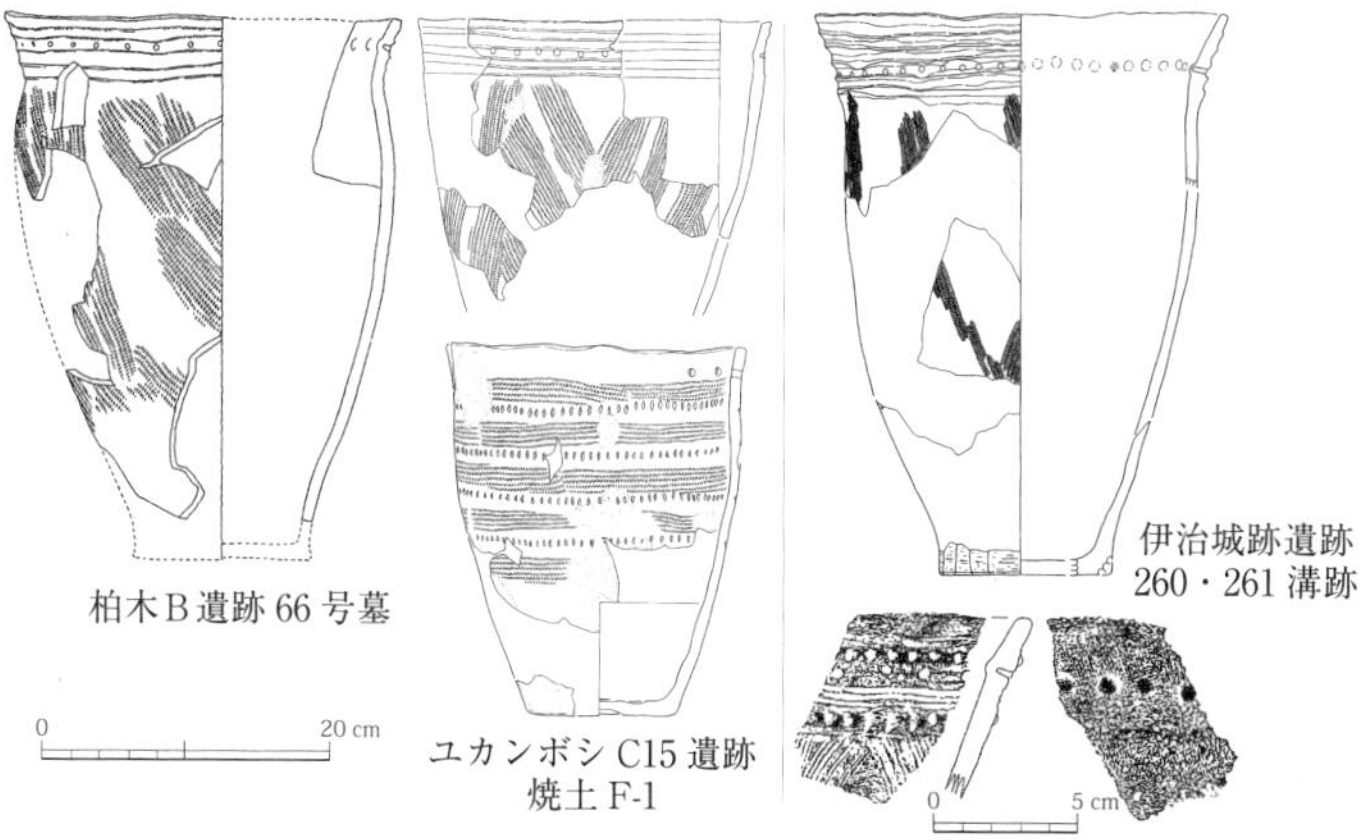

図4　伊治城跡 260・261 遺跡出土「北大式土器」の類例（遺跡出典註(42)）

り自体に「塩釜式」の影響は認められない。一括出土した「塩釜式」の甕や鉢にも底部近くに縦／横のケズリ整形を残すものがあることから、ヘラ状工具の入手を含め、土器製作の現場に出入りできるか、少なくとも「塩釜式土師器」を入手／実見できた在東北の製作者による部分的な技術の採用と思われる。また、器形が「後北C_2・D式」の深鉢に比べ伸長し、口縁部と胴部の施文使い分けを含めた視覚的な分離が進んでいるが、「塩釜式」段階では東北南部においてもまだカマドの普及は一般的ではなく、それに伴う土師器甕の長胴化は生じていないので、「北大式土器」の製作者側の器形としてよいだろう。ただし、例外的な器形というわけではないようである。

図4に示したようにユカンボシC15遺跡焼土F－1、柏木B遺跡66号土壙墓出土の「北大I式」の深鉢は、[54]口縁部の縮約にいささかの違いがあるが類例である。前者は、榊田がともに「北大I式段階」としたもので、「後北C_2・D式」の特徴を残す深鉢と共伴している。この個体は口縁部に円形刺突文をもたないが、伊治城例も合わせ、「北大I式」成立前後の様相を示すものと理解してよいだろう。柏木B遺跡の例は、口縁部が縮約を見せる点でより伊治城跡例に近いものである。これらは北海道と東北地方の間で、「北大I式土器」の製作に関する情報が遅滞なく共有されていることを示している。以降の「北大I式」については、東北では「後北C_2・D式」段階にもまして破片資料が大半で、注口を除き土器全体の特徴がわかる資料はごくわずかである。しかしながら、その限りにおいて「北大I式」の同定がなされていることを考慮すると、

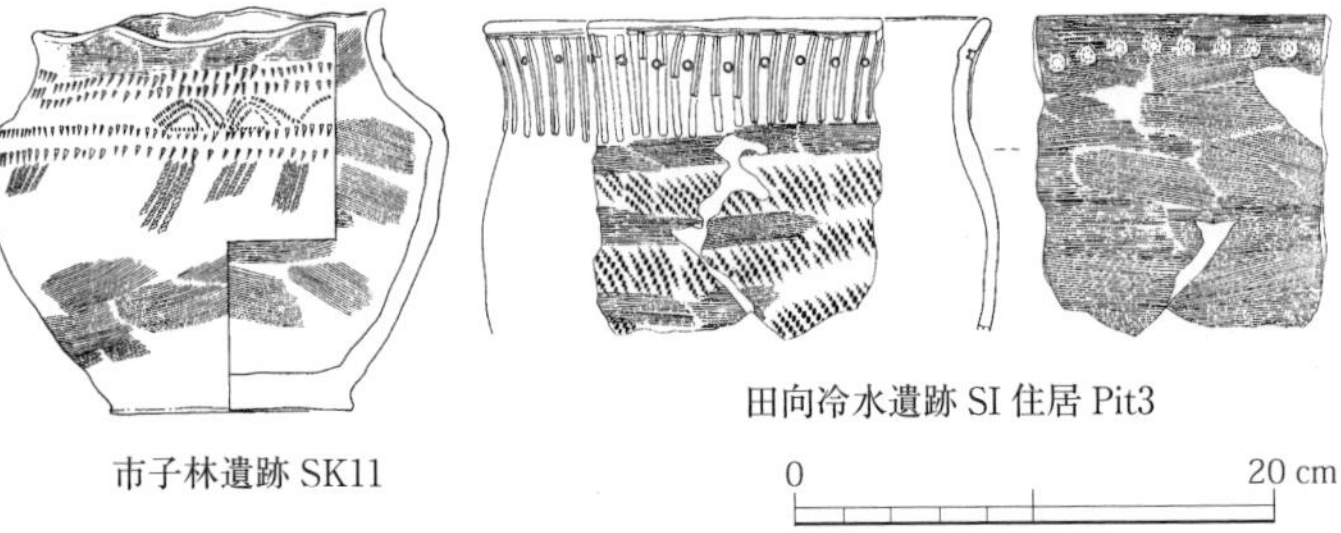

図5　馬淵川下流域の「北大Ｉ式」併行期の在地化例（遺跡出典註(55)）

口縁部に平行微隆起線と円形刺突文、胴部に長条縄文や平行微隆起線、あるいはその組合せによる施文といった「北大Ｉ式」の基本原則が維持されている個体が一般であると考えてよいだろう。ただし、全体の特徴がわかる例外的なものとして、田向冷水遺跡、市子林遺跡、あるいは森ケ沢遺跡などからの資料があるが(55)、いずれも古墳中期にかかる事例で、北海道とはより近接地域であるにもかかわらず、北海道の同段階資料の変異幅よりさらに振れが大きい資料が散見される（図5）。中でも市子林遺跡の事例は、土師器的な甕形器形に、続縄文式土器由来の烈点状刻文、長条縄文などの文様要素を用いて自由度の高い意匠を描いており、定型化は後退している。在地化の過程が一段と進んだ姿であろう。また、田向冷水遺跡の「北大Ｉ式」では、円形刺突文と平行微隆起線による施文という点では「北大Ｉ式」の原則にしたがっているが、内面はハケメ調整をもつものが一般化しており、図5例のように施文に準じた役割も認められる。これは市子林遺跡においても認められる現象で、馬淵川下流域では、「北大Ｉ式」段階に土師器的な甕形器形・調整の採用が普遍化しつつあることが捉えられる。こうした変容が馬淵川下流域という北部地域の、「塩釜式」に遅れる時期であることに注意したい。他方で、青森県下の「後北C_2・D式」には道内との型式論的特徴の差異が指摘される事例がやや多いことが知られている。他の東北北部と異なり、青森では津軽平野、陸奥湾周辺、下北半島陸奥湾側に一〇カ所余りの「後北C_1式」を出土する遺跡があり、「C_2・D式」後半段階に本格化する東北地方への分布拡大以前からの、北海道、ことに道南部との地域間関係が成立・維持されていた地域である。青森出土の「C_2・D式」に指摘される(56)在地的変化は、道南部における〃（道央部に対する）変異〃にむしろ近いものであり、道南部と青森との地域間関係を背景とした

「C_2・D式」内での変化とすることができる。したがって、前述の「塩釜式」に遅れる段階に確認できる「C_2・D式」末から「北大Ⅰ式」にかけての土師器的な特徴を合わせもつ〝在地化〟現象は、これらとは質を異にする変化ということができる。

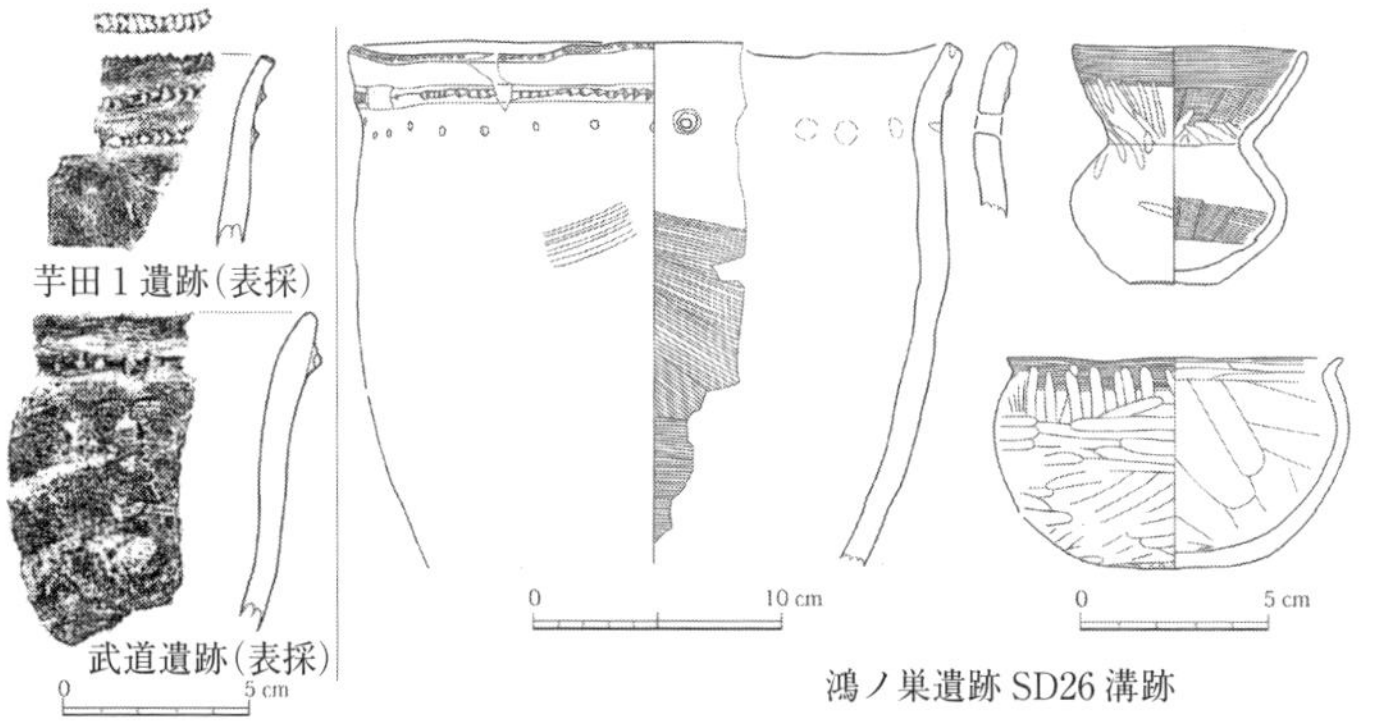

図６　鴻ノ巣遺跡 SD26 溝跡出土「後北 C_2・D 式」と土師器および類例（遺跡出典註(42)）

伊治城跡と時間的に近接するとみられるのが、仙台平野の北、鴻ノ巣遺跡SD26溝出土例である（図６）。「後北C_2・D式」は「f段階」に位置づけてよいと思われるが、一括出土した小型丸底壺や坏から、「南小泉式」の最古段階に位置づけられており、伊治城跡の「北大Ⅰ式」との時間的位置に論議を呼んできたものである[57]。擬縄貼付文下の円形刺突文以下が無文であること、内面をヘラ状工具でナデ調整している点で道内のこの段階の深鉢資料としては異例である。しかし、岩手中部の芋田Ⅰ遺跡、武道遺跡他[58]から円形刺突文こそもたないが、擬縄貼付文のみの資料が出土しており、「後北C_2・D式」の最終段階前後には、少なくとも東北地方において、無文化やヘラ調整のような土師器製作の部分的模倣も出現していたことを示すものであろう。この延長に先の市子林遺跡などの事例を充てることができよう。山王遺跡３号遺構第二木炭層（SX〇五八遺構）を含め、今日までこれらと同様の時間幅のありそうな共伴例が増えていないが、伝世品を含めた祭祀的扱いと関わるものであるならば、少なくとも東北南部の「後北C_2・D式」・「北大Ⅰ式」の分布域周辺の古墳文化圏内で、今後さらに類例が見つかることが期待できる。資料の一括性が動かないとすれば、現在のところは、少なくとも投棄の時点では、一括であったと理解しておくことにしたい。

　これまで検討してきたように、「後北C_2・D式」の後半段階から「北大Ⅰ式」段階まで、北海道と東北に分布するこれら土器群の基本的な型式論的属性は維持され、連動して変化していることが看取できた。また、「後北C_2・D式」最終段階から「北大Ⅰ式」段階にかけての、東北で製作されたとみられる土器の一部に、土師器製作技術の選択的採用が認められた。その一方で、「赤穴式」との共伴や、併存を示す特徴が施文などに見られるのは、すでに見たように、遅く見積もっても「d段階」前葉頃までと判断できる。それゆえ、「赤穴式」と「後北C_2・D式」との関係からいえば、前者が後者に先行して終焉を迎えていたとする先学の見解(59)に大筋として同意する。しかし、「赤穴式」の終焉に続く土器型式が「後北C_2・D式」になるということは何を意味しているのだろうか。わずかに八木氏が発言を続けている以外(60)、これまであまり詰めて検討されたことはないように思う。

　新金沼遺跡一五号住居における「塩釜式」と「C_2・D式」の共伴が示すのは、「c段階」（「C_2・D式」）にはすでに「塩釜式」の集落が石巻周辺にまで拡大していたということにほかならない。そのことは、少なくとも東北南部にあった弥生終末の集団が、「塩釜式」を伴う文化に変容ないし同化されたことを意味する。したがって、東北南部では「C_2・D式」と「塩釜式」の製作・使用者間の関係が始まっていたのに対し、東北北部では、長興寺Ⅰ遺跡の「赤穴式」と「C_2・D式」の共伴から、さらに遅れる「d段階」のいずれかの時点まで、「赤穴式」と「C_2・D式」の製作・使用者間の関係が継続していたことを示している。したがって、これら系譜を異にする三者の土器群の時間的関係は一線的な継起を描くものではなく、東北地方の弥生終末段階の在地社会に、南から「塩釜式」、北からは「C_2・D式」を伴う人の動きがあり、それらが同時進行していたと考えるべきである。「赤穴式」の存続における南北のタイムラグは、「塩釜式」を伴う土師器文化の波及進度によるものとみてよいだろう。東関東系とされる「塩釜式」を伴う古墳文化の進出・定着・同化が比較的容易に進行した地域と、弥生中期後葉の水稲耕作崩壊以降、狩猟・漁撈・採集・

雑穀栽培を複合的に営んできた東北北半部地域との自然環境、社会的条件の違いである。その具体的な解明は、「赤穴式」を伴う遺跡・遺物のさらなる増加を待たねばならないが、本稿での提起が、従来、続縄文系土器群に比べ、その存在意義が看過されてきた傾向がある「赤穴式」に注意が向けられる契機となれば幸甚である。

「赤穴式」の製作・使用者の変容という問題を、「C_2・D式」や「塩釜式」との関係から考えてみるとすれば、その主要な舞台は、当然ながら、続縄文系土器出土遺跡が相対的に少なく、弥生系土器から「塩釜式土師器」への転換が速やかに進行した東北南部ではなく、「塩釜式」の集落形成も満足に見られない東北北半部の「C_2・D式」の分布域に求められることになる。(61)

図3に挙げた仏沢Ⅲ遺跡では、「f段階（前葉）」の「C_2・D式」の深鉢片を土壙上面に伴う墓（二号墓）が一基検出されている。墓壙は長円形で柱穴ピットや袋状ピットなどの付属施設をもたず、他の三基の墓も同様である。近隣の大石渡遺跡でも注口土器片と黒曜石フレークを土壙上面に伴う墓（十六号墓）が同様の特徴を示す。これらの墓は、北海道のこの時期の墓壙形状・埋葬方法とかなり異なることから、雫石川左岸の在地的な墓と考えられるものである。墓に伴う続縄文系遺物の意味については、被葬者ないし会葬者の出自を示すものであることはほぼ確かであろうが、埋葬・葬儀の主催者も「C_2・D式」集団であったかは、疑ってよいと考えている。この問題については、「後北C_2・D式」の分布拡大に関する検討の中で再論することにしたい。仏沢Ⅲ遺跡の報告では遺構外からこの「C_2・D式」と同時期の可能性が考えられている「塩釜式後半」の甕、台付甕、器台脚部、同受部が出土しており、東北南部の「塩釜式」とは異なる特徴が指摘されている。(62)滝沢地区周辺では他にも既述の大石渡V遺跡や、対岸の耳取遺跡、安倍館遺跡、永福寺山遺跡など「塩釜式」を出土する遺跡が点在している。

もし「赤穴式」のグループが「C_2・D式」に吸収されてしまったとするなら、これら「塩釜式」を伴う遺跡は、より正確にいえば、在地製作を考えてよい遺跡は、これら周辺で依然として「C_2・D式」土器が製作・使用されていることからいえば、東北南部からの移住者に求めなければならないことになるが、既述のように「塩釜式」を伴う集落は胆沢周辺を北限とするので、竪穴住居を伴わない「塩釜式」の遺跡は、その性格付けが困難となろう。「C_2・D式」の側からいえば、伊治城例で見たように、「北大Ⅰ式」段階に至るまで北海道との型式論的連動性が保たれており、「C_2・D式」が土師器的な特徴を部分的に取り入れ始めるのはその最終段階以降で、より大きな変容の始まりは「北大Ⅰ式」に入ってからとみられることからも、この段階で「C_2・D式」が「塩釜式」の製作・使用者に変容する理由は見当たらない。また、「C_2・D式」を引き続き製作・使用しながら、他方で甕、壺、器台など一通りの組成をもつ「類塩釜式」を合わせて製作・使用することはおよそ考え難い。それゆえ、東北北部における「塩釜式」の製作・使用者は、基本的には旧「赤穴式」のそれに求めてよいと思われる。

最近では、岩手県下閉伊郡の浜泉Ⅲ遺跡から、「赤穴式」と土師器の折衷を示す資料(63)も報じられていることから、「赤穴式」を出土する遺跡が少ないとはいえ、今後も類例が増えるものと思われる。むろん、これまで指摘したことは「赤穴式」の製作・使用者がまったく「C_2・D式」のそれに転化しなかったことを保証するものではない。「赤穴式」土器の製作・使用者たちは、なぜ、あるいは、どのように変化したのか、本質的な部分はまだ多くが未解明のままである。結局のところ、この問題は東北地方に「後北C_2・D式」土器群が分布を伸ばす背景と不可分の関係にあり、そこから改めて問い直す必要がある。先述のように「赤穴式」を伴う遺跡・資料に関する情報が少ない現状では、相対的に情報量の多い「C_2・D式」の拡大の問題を検討する中で、合わせて考察するのが現実的であろう。冒頭で述べたように、本稿での土器群の時間的関係を土台として、つぎなるステップは「後北C_2・D式」の東北地方における分布の背景と関係諸文化との関係について検討を進めることにしたい。

註

（1）小野裕子「北海道における続縄文文化から擦文文化へ」（『考古学ジャーナル』四三六、一九九八年）四－一〇頁。
（2）小野裕子「続縄文後半期の道央地域の位置について」（『海峡と古代蝦夷』高志書院、二〇一一年）七七－一二八頁。
（3）八木光則「古墳時代併行期の北日本」（藤沢敦編『倭国の形成と東北』吉川弘文館、二〇一五年）一三四－一六一頁。

（4）「後北式土器」は河野広道氏が設定し（「北海道式薄手縄紋土器群」［『北海道原始文化聚英』犀川会、一九三三年］一六―二一頁）、後に分類群の追加（「後北Ｅ式」、後「北大式」として分離）や、細分類（「C_1型」、「C_2型」）を加え、五十年代半ばに確定したものである（「北海道の土器」［『郷土の科学』二三、一九五六年］一―四二頁）。今日では、「C_2型」と「D型」を「後北C_2・D式」として同段階として扱うのが一般的な理解となっているが、それ以外の変更はない。「北大式土器」についてはこの「北海道の土器」において内容が具体的に記述され、「縄文土器から擦文土器への移行形式」という位置づけもなされたが、それ以上の具体的な分類はされずに終わっている。

（5）杉山壽栄男『日本原始文化工藝』（工芸美術社、一九二八年）の第一四二図版十七に「Sannohe Mutu」と記載された「後北C_2・D式」の完形の注口土器が掲載されている。

（6）山内清男「Ⅳ縄紋式以後」補注四四『日本遠古の文化』（補註付・新版、一九三九年）著者自刊（一九六七年［新刷］『山内清男・先史考古学論文集』第一冊）。

（7）伊東信雄「東北地方の彌生式文化」（『文化』八、一九五〇年）四〇―六五頁。江坂輝彌「奥羽地方北部の続縄文文化の問題」（『貝塚』六三、一九五七年）一―二頁。「人種」という用語は、伊東論文の記載による。本土日本人、アイヌ、沖縄集団の核ＤＮＡを用いた分子遺伝学的関係については、Hideaki Kanzawa-Kiriyama, Kirill Kryukov, Timothy A Jinam, Kazuyoshi Hosomichi, Aiko Saso, Gen Suwa, Shintaroh Ueda, Minoru Yoneda, Atsushi Tajima, Ken-ichi Shinoda, Ituro Inoue and Naruya Saitou 2017 A partial nuclear genome of the Jomons who lived 3000 years ago in Fukushima, Japan. *Journal of Human Genetics* 62, pp. 213–221.

（8）大沼忠春「後北式土器」（加藤晋平・澤四郎編『縄文土器大成』五、講談社、一九八二年）一二七―一二九頁。

（9）上野秀一「Ⅱ　四丁目地点」（上野・加藤編『K一三五遺跡 四丁目地点 五丁目地点』札幌市文化財調査報告書ＸＸＸ札幌市教育委員会、一九八七年）三一―四五一頁。鈴木信「Ｘ　成果と問題点　三　Ⅰ黒土層の土器について」（『千歳市ユカンボシC15遺跡（1）』北埋調報一二八、北海道埋蔵文化財センター、一九九八年）三二九―三四四頁。鈴木信「Ⅶ　まとめと考察　三　道央部における続縄文土器の編年」（『千歳市ユカンボシC15遺跡（6）』北埋調報一九二、北海道埋蔵文化財センター、二〇〇三年）四一〇―四五二頁。

（10）前掲註（2）論文。なお、筆者は漸移的な変化を示す土器群を「卓越期」という捉え方で扱ってきている（小野裕子「道北オホーツク海岸の『地域集団』をめぐる問題上・下」［『古代文化』四八―五・二一―三六頁、四八―六・一四―二四頁、一九九六年」)。「卓越期」は、分類要素（群）の出現頻度の相対的な高さにより示される〝ある段階〟であり、セリエーション法により具体的に捉えることが可能なものである。その前提は型式論的に弁別できる分類群が立てられることであり、これはモノのもつ型式論的特徴が漸移的に消長を示す実態と矛盾するものではない。この問題については別稿を予定しているので改めて論じる。

(11)「北大式土器」の形成に関与するのは「鈴谷式土器」ではなく、オホーツク文化前期後半の円形刺突文土器群であることはすでに論じている。前掲註（2）論文。

(12) 松下氏は内外からの刺突方向の別を付した「突瘤文」という用語を使用しているが（松下亘「いわゆる北大式についての一考察」［『北海道地方史研究』四六、一九六三年］六―一二頁）、本稿では丸棒状工具を器面外から突いて円孔を設ける場合を「円形刺突文」、内面から突いて外面に瘤を設けるものを「突瘤文」として、装飾効果を区別する香深井分類（大場・大井『オホーツク文化の研究2　香深井A遺跡』東京大学出版会、一九七六年）にしたがっている。

(13) 上野氏は「北大式」に含め（上野秀一「第三節　土器群について」［『N一六二遺跡』札幌市文化財調査報告書V、一九七四年］九一―九九頁）、田才氏は「後北C_2・D式」から一段階として分離し、「北大式」の直前に位置づけている（田才雅彦「北大式土器」［『北奥古代文化』一四、一九八三年］一二〇―一二九頁）。「後北C_2・D式」に留め置く意見は、前掲註（9）の鈴木（二〇〇三年）論文や榊田氏の論考（榊田朋広「北大式土器の型式編年―続縄文／擦文変動期研究のための基礎的検討一―」［『東京大学考古学研究室研究紀要』二三、二〇〇九年］三九―九二頁）などがある。

(14) 前掲註（1）論文。

(15) 天野哲也「オホーツク文化前期の地域開発について」（『北海道大学総合博物館研究報告』一、二〇〇三年）六九―八〇頁。天野哲也「オホーツク文化前期・中期の地域開発と挫折」（菊池俊彦編『北東アジアの歴史と文化』北海道大学出版会、二〇一〇年）二八七―二九五頁。なお、オホーツク文化前期の時間区分については、天野（二〇〇三年）論文の基準に拠っている。

(16) Ryuichi Masuda, Tetsuya Amano and Hiroko Ono 2001 Ancient DNA Analysis of Brown Bear (*Ursus arctos*) Remains from the Archeological Site of Rebun Island, Hokkaido, Japan. ***Zoological Science*** 18, pp. 741-751. 小野裕子・天野哲也「オホーツク文化の形成と展開に関わる集団の文化的系統について」（榎森進・小口雅史・澤登寛聡編『エミシ・エゾ・アイヌ　アイヌ文化の成立と変容―交易と交流を中心として―』上、岩田書院、二〇〇八年）一三九―一九二頁。天野哲也・小野裕子「オホーツク集団と続縄文集団の交流」（小口雅史編『海峡と古代蝦夷』高志書院　二〇一一年）二一七―二三四頁。

(17) 前掲註(13)上野論文。

(18)「長(条)縄文」、「長(条)原体」とは続縄文や東北地方の弥生後半に見られる「束縄文」、「帯縄文」、「縞縄文」などと称されてきた、長い条痕の縄文圧痕に対する林氏の批判的造語である(林謙作「学生部体育館建設予定地の調査　遺構と遺物(2)遺物　1土器」[『北大構内の遺跡』六、北海道大学、一九八八年]二六―三五頁)。従来の呼び名は、いずれも長条にするための原体の作りや施文方法とは無関係の単なる視覚的命名であることから、林氏の批判には合理性がある。ただし、原体を示す場合には「長原体」が適当であろう。本稿では施文を示す場合は「長条縄文」と表記する。

(19)「櫛目文」と記載される場合もあるが、条痕から明瞭な櫛目文まで幅があるので、ここでは集合条線文としておく。なお、オホーツク式土器の刻文系土器群に多用される櫛歯状工具をスタンプ文としている場合は、「櫛歯文」として区別している。

(20) 森田知忠「北海道の続縄文文化」(『古代文化』一九―二、一九六七年)三九―五〇頁。斎藤傑「擦文文化初頭の問題」(『古代文化』一九―五、一九六七年)七七―八四頁。

(21) 図1は前掲註(9)の鈴木(二〇〇三年)論文の掲載図より作製し、各分類群に通し番号と名前を記したものである。なお、森田・斎藤氏の「北大Ⅲ式」には、本文中に断ったように、円形刺突文のみのもの(④)も含まれる。

(22) 西蓮寺健「いわゆる『北大式』省察野帳―北海道千歳市ウサクマイ遺跡群が提起する問題」(『古代』六九・七〇、一九八一年)八三―一一八頁。前掲註(13)の田才論文など。

(23) 大沼忠春「北海道の土器」(金子裕之編『古代史復元　九　古代の都と村』講談社、一九八九年)一七四―一八七頁。上野氏は大沼氏提唱の「十勝茂寄式」を基本的に採用するが、「北大Ⅲ式」を「広義」と「狭義」に分け、前者は「十勝茂寄式」に、後者については、「北大Ⅲ式」として「同Ⅱ式」と時間的に併行させている(上野秀一「北海道続縄文文化の諸問題―北大式をめぐって―」[『北日本続縄文文化の実像』縄文文化検討会、一九九四年]一二一―一二二頁)。

(24) わずかな例外として、恵庭市カリンバ3遺跡のカマドを伴う一・二号住居址では、擦文式土器の甕、土師器坏に「北大Ⅲ式」の甕破片が共伴している(木村英明『いわゆる北大式土器とその文化に関する基礎的研究(予報)』文部科学省科学研究費[一般研究C]研究成果報告書、一九八五年)。一号住居は柱穴が屋外四隅に配されるカリンバ型で、二号住居は炉を併設している。坏類からみて七世紀後葉~八世紀前葉の「栗囲式新段階」に比定できる。報告者が述べるように「擦文文化」への移行期の一つの姿であり、北海道大学中講堂建設予定地区の「北大Ⅲ式」とされる小片と黒曜石石器・剥片を伴う詳細不明の小竪穴(北海道大学『北大構内の遺跡』六、一九八七年)を含め、類例がほとんど知られていないことから、「北大Ⅲ

式」段階の大方は「続縄文文化」の生活様式が保持されていたとしてよいだろう。斎藤氏が早くに提起した「北大式土器」を文化複合との関係で定義する考え方は（前掲註（20）の斎藤論文）、「北大式土器」とこれに伴う文化を捉え、解明してゆくために、依然として有効であると考える。

(25) 前掲註（9）の鈴木（二〇〇三年）論文。これは一九九八年の分類の修正を含んだ更新版である。

(26) 前掲註（13）の榊田論文。

(27) ここでいう「段階」とは、ある一定の空間的広がり・時間幅（この場合層位）における最多の出現頻度によって示される卓越した型式論的特徴群を指す。

(28) 前掲註（23）論文。

(29) 石井淳「東北北部における続縄文土器の編年的考察」（『筑波大学先史学・考古学研究』五、一九九四年）三三―五五頁。木村高「東北地方北部における弥生系土器と古式土師器の並行関係―続縄文土器との共伴事例から―」（『青森県埋蔵文化財調査センター研究紀要』四、一九九九年）四七―六二頁。

(30) 相沢清利「東北地方続縄文文化小考―仙台平野の事例を主にして―」（『宮城考古学』一、一九九九年）五五―六四頁。前掲註（29）論文。辻秀人「続縄文文化と弥生・古墳文化の関係を考える」（『北海道考古学』四六、二〇一〇年）九―二二頁。

(31) 津嶋知弘・神原雄一郎他『永福寺山遺跡　昭和四〇・四一年発掘調査報告書』（盛岡市教育委員会、一九九七年）。

(32) 齋藤瑞穂「赤穴式土器の変遷と弥生土器の終末」（学位論文『東北北部における弥生土器の研究』［分類 DA04522-2007・資料 ID10008010742］二〇〇八年）五二―七〇頁。なお、「布留0式」については、寺沢薫「畿内古式土師器の編年と二・三の問題」（『矢部遺跡』奈良県史跡名勝天然記念物調査報告四九、一九八六年）三二七―三九七頁、同「布留0式土器の新・古相と二、三の問題」（『箸墓古墳周辺の調査』奈良県文化財調査報告八九、橿原考古学研究所、二〇〇二年）一三七―一四〇頁。また、「続十王台式」への比定については、鈴木正博「栃木『先史土器』研究の課題（1）」（『古代』八九、一九九〇年）七八―一一七頁、および「茨城弥生式の終焉―『続十王台式』研究序説」（『古代』一〇〇、一九九五年）一四三―二〇一頁。

(33) 辻秀人「東北南部における古墳出現期の土器編年―その2」（『東北学院大学論集　歴史学・地理学』二七、一九九五年）三九―八八頁。次山淳「塩釜式土器の変遷とその位置づけ」（『究班』埋蔵文化財研究会十五周年記念論文集、一九九二年）二三五―二四八頁。

(34)　相沢清利「東北地方における弥生後期の土器様相—太平洋側を中心として—」(『古代文化』五四－一〇、二〇〇二年)四七－六四頁。
(35)　前掲註(3)論文。
(36)　前掲註(9)の上野論文。
(37)　前掲註(9)の鈴木(二〇〇三年)論文「図10・11」をもとに作製した前掲註(2)論文「図4・5」に加筆。なお図2の段階区分と層序の関係だが、「c段階」と「d段階」の一部には、層位的に互いに属する資料を含む。それを踏まえた上で本稿では、原則的に、「c段階」までが下層、「d段階」からは上層として扱う。
(38)　上野秀一「北海道における天王山式系土器について—札幌市K一三五遺跡四丁目地点出土資料を中心に—」(加藤稔先生還暦記念会編『東北文化論のための先史学歴史学論集』七六三－八〇八頁、一九九二年)。および前掲註(3)の八木論文。
(39)　前掲註(2)論文。
(40)　前掲註(29)の木村論文。
(41)　札幌市教育委員会編『S三五四遺跡』(札幌市文化財調査報告書二五、一九八二年)、上屋眞一編『ユカンボシE9遺跡・ユカンボシE3遺跡』(恵庭市教育委員会、一九九三年)。
(42)　K一三五遺跡(前掲註(9)上野論文)、鴻ノ巣遺跡(工藤哲司編『鴻ノ巣遺跡』仙台市文化財調査報告書二八〇、二〇〇四年)、山王遺跡(多賀城市教育委員会編『山王・高崎遺跡』多賀城市文化財調査報告書二、一九八一年)、新金沼遺跡(石巻市教育委員会編『新金沼遺跡—高規格道路「三陸自動車道」建設に伴う発掘調査報告書』、二〇〇三年)、伊治城跡(築館町教育委員会編『伊治城跡』築館町文化財調査報告書五、一九九二年)、中半入遺跡(高木晃他『中半入遺跡・蝦夷塚古墳発掘調査報告書』岩手県文化振興事業団埋蔵文化財調査報告書三八〇、二〇〇二年)、永福寺山遺跡(盛岡市教育委員会編『永福寺山遺跡　昭和四〇・四一年発掘調査報告書』一九九七年)、安倍館遺跡(平澤祐子他『安倍館遺跡—厨川城跡の調査—』盛岡市教育委員会、一九九九年)、仏沢Ⅲ遺跡(井上雅孝編『仏沢Ⅲ遺跡発掘調査報告書—平成二年度発掘調査報告書』滝沢村埋蔵文化財センター調査報告書三、二〇〇八年)、大石渡Ⅴ遺跡(『仏沢Ⅲ遺跡』に所収)、長興寺Ⅰ遺跡(岩手県文化振興事業団埋蔵文化財センター編『長興寺Ⅰ遺跡発掘調査報告書』岩手県文化振興事業団埋蔵文化財調査報告書三八八、二〇〇二年)、寒川Ⅱ遺跡(秋田県埋蔵文化財センター編『一般国道七号八竜能代道路建設事業に係る埋蔵文化財発掘調査報告書Ⅰ—寒川Ⅰ遺跡・寒川Ⅱ遺跡—』秋田県埋蔵文化財調査報告書一六七、一九八八年)、森ケ沢遺跡(阿部義編『寒川遺跡・木戸脇裏遺跡・森ケ沢遺跡発掘調報告』国立歴史民俗博物館研究報告一四三・一四四、二〇〇八年)、隠川(11)遺跡(青森県埋蔵文化財調査センター編『隠川(11)遺跡』青森県埋蔵文化財調査報告書第二六〇、一九九九年)。

(43)(出現順)八木：前掲註(3)論文。辻：前掲註(33)論文。岩見：岩見和泰「伊治城(いじじょう)跡」(『シンポジウム2　東日本における古墳出現過程の再検討』日本考古学協会新潟大会実行委員会、一九九三年)。高木：前掲註(42)の中半入遺跡書。木村：前掲註(29)の木村論文。津嶋：前掲註(31)書。井上：井上雅孝「岩手県域における続縄文文化」(『第29回岩手考古学会研究大会発表資料』、二〇〇二年)。

(44)撹乱とするのは、高橋誠明「角塚古墳前夜の大崎平野」(『角塚古墳シンポジウム　最北の前方後円墳　資料集』胆沢町教育委員会、一九九八年)三二一–四三頁。伝世とみるのは、佐藤信行「宮城県内の北海道系遺物」(渡辺信夫編『宮城の研究一　考古学篇』清文堂、一九八四年)四二五–四七八頁。および、伝世され祭祀的扱いを受けたとみるのは前掲註(30)の相沢論文。

(45)前掲註(3)八木論文。なお、氏の四段階区分については根拠が明記されていないので、図3では、論文に掲示されている図から「d段階」～「e段階」の少なくともある部分までは併行するものと推定して作製している。

(46)辻秀人「東北南部」(広瀬和雄・和田晴吾編『講座日本の考古学　7古墳時代』青木書店、二〇一一年)四七九–五一七頁。

(47)新田賢他『高山遺跡』高山遺跡調査委員会・水沢市教育委員会、一九七八年)および前掲註(42)の中半入遺跡書。

(48)前掲註(31)書。前掲註(42)の青森県埋蔵文化財調査センター編(一九九九年)書、平澤他(一九九九年)書、井上編(二〇〇八年)書、青森県埋蔵文化財調査センター編(一九九九年)書。

(49)「塩釜式」の段階比定は、前掲註(43)の該当文献による。

(50)石本省三・竹花和晴編『上藤城3遺跡』(七飯町教育委員会、二〇〇〇年)。

(51)前掲註(30)の辻論文。

(52)石本省三・横山英介他編『桜町遺跡発掘調査報告書』(七飯町教育委員会、二〇〇〇年)。

(53)前掲註(42)の石巻教育委員会書。

(54)ユカンボシC15遺跡(前掲註(9)の鈴木(一九九八年)論文に同じ)、柏木B遺跡(木村英明編『北海道恵庭市柏木B遺跡発掘調査報告書』恵庭市教育委員会、一九八一年)。なお、柏木B遺跡の包含層からはTK二〇八に比定される須恵器碗の出土が報じられているが、同遺跡の続縄文期の遺構・遺物は、圧倒的多数が「後北C_2・D式」で、少数の「北大式土器」に属する遺構・遺物はほぼ「Ⅰ式」に限られることから、この須恵器碗は、「北大Ⅱ式」が伴い始める段階に先行する、陶邑Ⅰ期のより早い時期の把手付碗の可能性を改めて（前掲註（1）論文）指摘しておきたい。

（55）田向冷水遺跡（八戸遺跡調査会編『田向冷水遺跡Ⅰ』八戸遺跡調査会埋蔵文化財調査報告書一、二〇〇一年、八戸市教育委員会編『田向冷水遺跡Ⅱ』八戸市埋蔵文化財調査報告書一一三、二〇〇六年）、市子林遺跡（八戸市教育委員会編『八戸市遺跡発掘調査報告書一八』八戸市埋蔵文化財調査報告書一〇二、二〇〇四年）、森ケ沢遺跡（前掲註（42）阿部編（二〇〇八年）書）。

（56）前掲註（3）論文。

（57）前掲註（42）の工藤哲司編（二〇〇四年）書など。

（58）芋田Ⅰ遺跡、武道遺跡ともに、前掲註（42）『永福寺山遺跡』に所収。

（59）辻秀人「東北の弥生土器と土師器」（『アジア文化史研究』一、二〇〇一年）一－一八頁。および前掲註（32）の齋藤論文、前掲註（34）の相沢論文など。

（60）八木光則『古代蝦夷社会の成立』（同成社、二〇一〇年）。八木光則「古代北日本の画期と移住」（『新しいアイヌ史の構築：先史編・古代編・中世編』［「新しいアイヌ史の構築」プロジェクト報告書］北海道大学アイヌ・先住民研究センター　九四－一〇九頁、二〇一二年）。および、前掲註（3）の八木論文。

（61）前掲註（46）の辻論文。

（62）前掲註（42）の仏沢Ⅲ遺跡書。

（63）岩手県文化振興事業団埋蔵文化財センター編『浜泉Ⅲ遺跡発掘調査報告書』（岩手県文化振興事業団埋蔵文化財調査報告書六、二〇一六年）。

青森平野における古代集落の様相

木村淳一

筆者は、一九九五年（平成七）に青森市教育委員会に採用され、これまで二〇年にわたり野木（1）遺跡や石江遺跡群など青森平野での遺跡調査を続けてきた。また近年、北東北古代集落遺跡研究会による竪穴建物跡の集成(1)、青森県史で集成された古代文字資料(2)刊行後の青森県内の古代文字資料の集成(3)、日本考古学協会二〇一六年度弘前大会での津軽地域の古代の様相について取りまとめを行った(4)。日本考古学協会弘前大会の資料集中で、青森平野の古代の遺跡について平山明寿・浅田智晴の両氏によって取りまとめが行われているが(5)、本稿は、筆者が近年携わった青森平野の海岸部に近い市街地上での調査や集成作業などの成果を踏まえたものである。

一　青森平野の環境変遷

青森平野の環境変遷については、戦前の一九三三年（昭和八）発行の『郷土誌うとう』第一号に掲載された板谷八郎氏による報告がある(6)。板谷氏によると青森平野の形成は、市街地の場所にあった安潟の埋没に伴う影響が大きく、安潟に流れ込んでいた堤川（荒川）が天正年間に横内城城主堤弾正の開鑿により川筋が変化したことによって安潟の埋没が進んだとした（図1）。この堤川の流路変更が堤弾正によって行われたという考えは、それ以前の一九〇九年（明治四十二）発刊の『青森市沿革史』に掲載された葛西音弥氏による仮説を前提としたもので、現在では否定されている。[7] しかしながら、堤川上流の荒川では、図2のとおり自然堤防の形成による流路の変更と北流した旧河道の痕跡が確認できる。さらに旧河道の北側については、『青森県史 自然編 地学』で掲載された戦後間もない空中写真を見ると青森駅周辺の安方地区で旧河道の痕跡が視認できる。[8] 人工的な流路変更は否定されたものの、後述する図3でも把握できるように自然地形が変遷していく中で流路の変更が生じたようである。現在の「安方」という地名は、元々「安潟」が由来であると考えられる。安潟は、江戸時代の正保の国絵図（一六四四年）の控えで現存する「陸奥国津軽郡之絵図」（一六八五年）では、青森村と沖館村の間に描かれている。江戸時代の紀行家である菅江真澄の『外が浜づたい』の中でも安潟と善知鳥沼に関する記述が見られ、別稿（『うとう考』）にまとめたという記載が見られるが、現在は行方不明本であるという。[9] 善知鳥沼は、青森市の善知鳥神社の境内に現存しているが、外浜を舞台にした謡曲「善知鳥」[10] においても親鳥が「うとう」と鳴くと雛が「やすかた」と応えるという対比関係が取られており、地名や潟に関する認知が少なくとも十五世紀中葉以前に存在した可能性がある。[11]

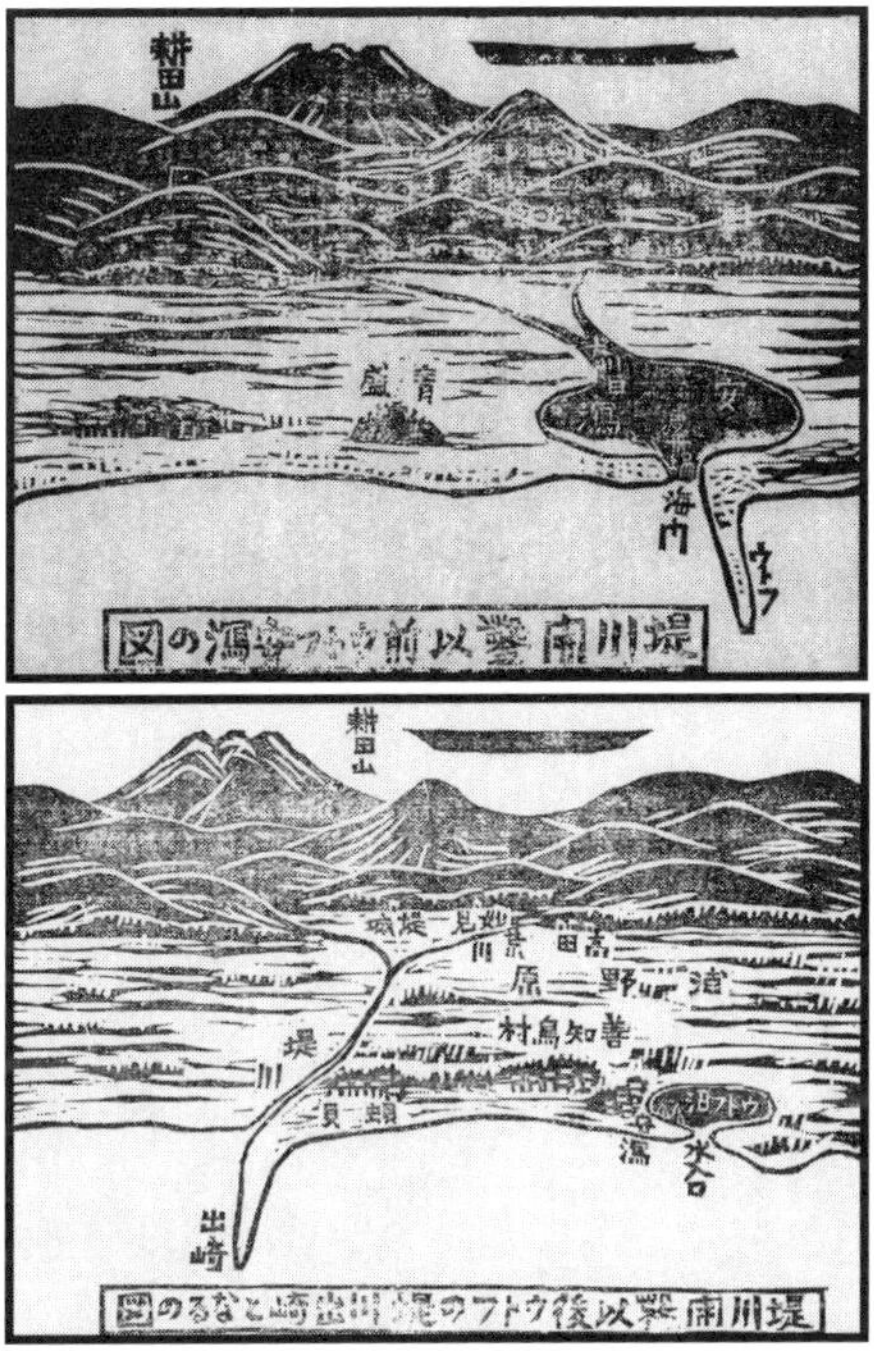

図1　堤川および安潟の変遷図（板谷 1933）

　青森平野の海岸部側が早期に市街化されたこ

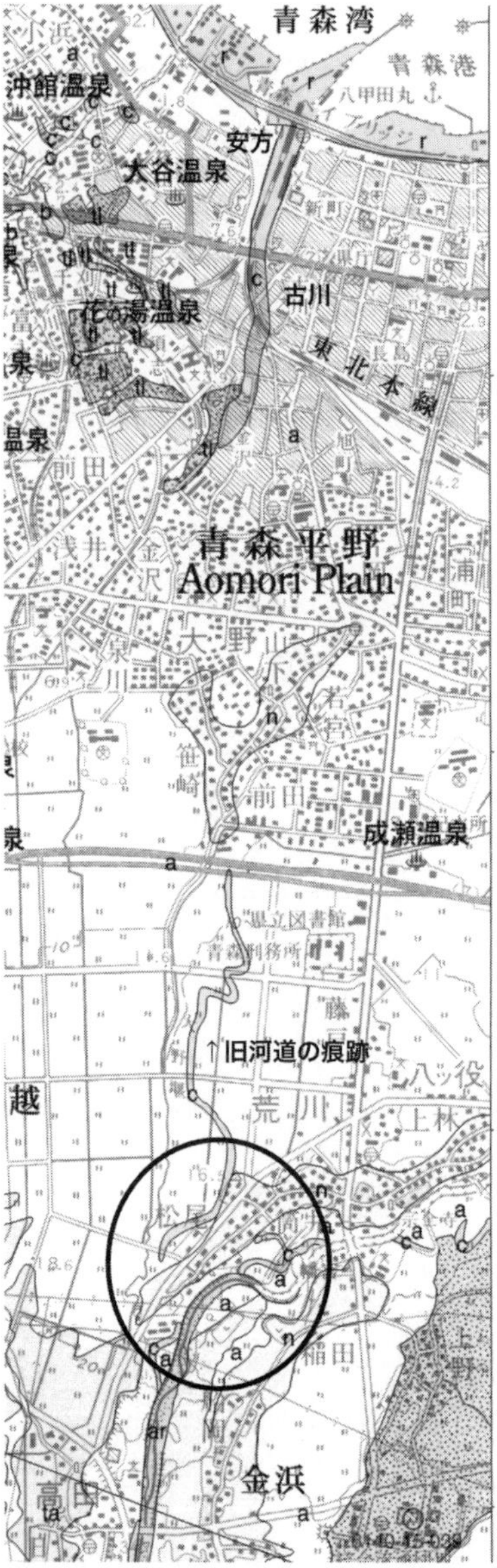

図2　荒川の旧河道の痕跡（長森ほか2013、筆者一部加筆）

とから、考古学や地質学的な調査が進まないまま開発が継続された。埋蔵文化財の調査体制が整備され発掘調査が行われるようになった一九七〇年代以降も、丘陵地の開発を対象とし、平野部の発掘調査は手つかずのままであった。二〇〇〇年代に入りようやく三内丸山遺跡に関する研究で、久保純子氏らによって最終氷期以降の青森平野の環境変遷史がまとめられた。縄文海進以降海岸部には砂州が、内陸部には湿地が発達していき、平安時代には砂州上に沢田遺跡などが分布することから、現在の地形に近いものとした[12]。鎌田耕太郎氏は、久保氏らの縄文海進以降の環境変遷に対し、浜堤の堆積システムについて触れ図3のとおり修正を行った[13]。考古学側では、分布論的な研究事例が多く、縄文時代の貯蔵穴に関する伊藤由美子氏の本文中で研究史と鎌田氏の環境変遷過程の図を取り上げた事例[14]や、「後潟」「安方」の地名から推測して十二世紀後半に潟湖地形を利用して港湾施設が存在した可能性を指摘した羽柴直人氏の事例がある程度である[15]。

二〇一五年（平成二十七）に日本海側の潟湖について、森浩一氏の古墳と潟湖に関する研究[16]の再認識と検討が行

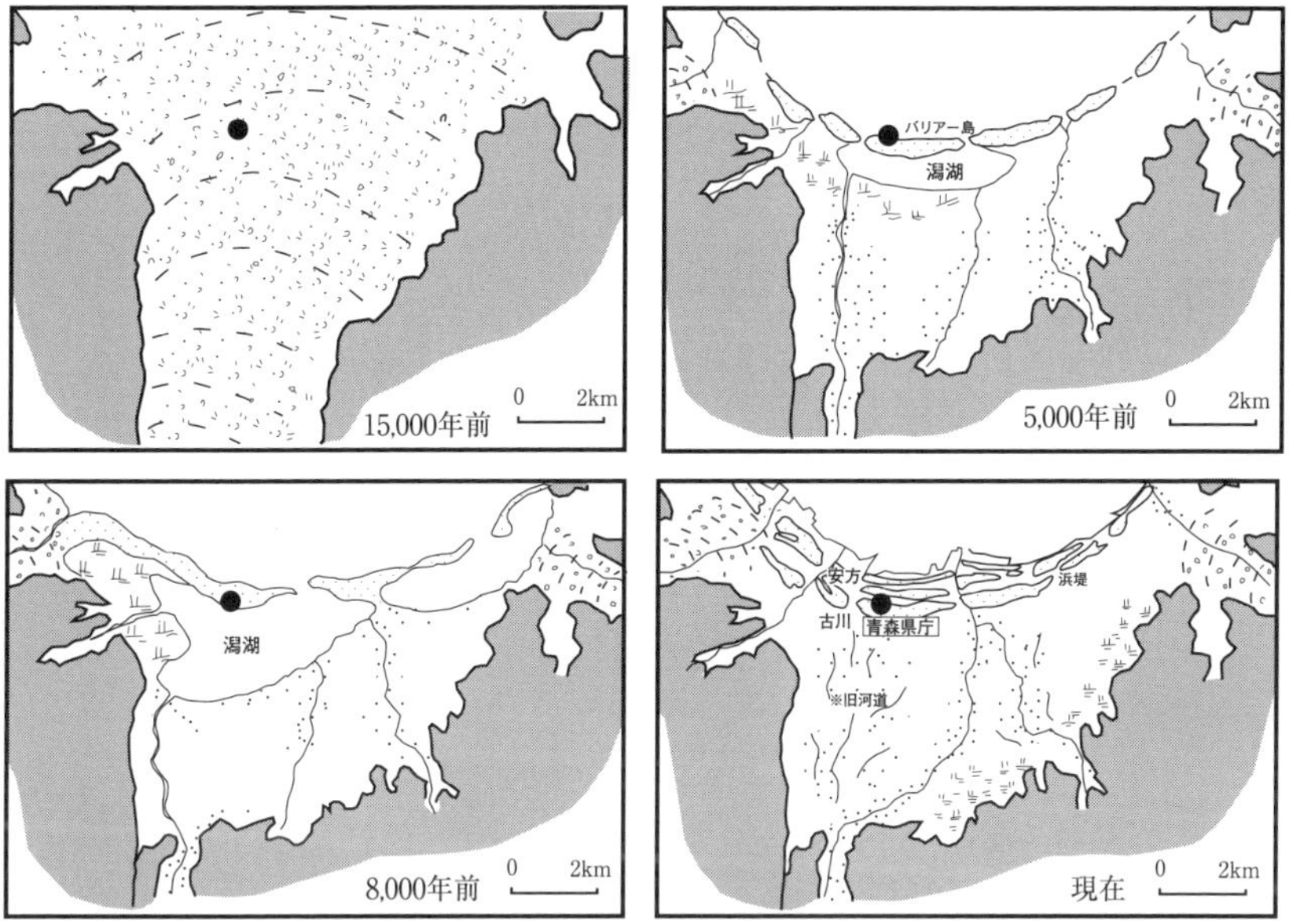

図３　青森平野の沖積層堆積時期の環境変遷図（鎌田 2009、筆者再トレース・一部加筆）

われた[17]。その中で、森田喜久男氏は、森氏の研究を踏まえながらも、近年では日本海沿岸の潟湖付近から奈良・平安時代の注目すべき遺跡が発見されていることから律令制国家それ自体も潟湖を重要な存在として意識していた可能性があると指摘した[18]。潟湖と古代の遺跡の立地については、日本海側のみならず、太平洋側でも事例が見られること[19]や、青森平野でも海岸部の浜堤上に立地する八世紀代の沢田遺跡・露草遺跡が所在することなどを踏まえると、同様の環境が各地にあったことが想定される。二〇一六年度以降の開発協議に伴う確認調査および工事立会いの成果で、沢田・露草遺跡および、南方の小柳遺跡についても新たな知見が得られており、沢田遺跡については、八世紀代の資料以外に十世紀後半から十一世紀前半にかけての資料も出土することが判明した[20]。桜井清彦氏による沢田遺跡の調査成果[21]を見返すと、八世紀代の資料が出土した竪穴建物の出土遺物には、十世紀前半の回転糸切底の資料などが混在し、近隣の小柳遺跡の出土資料などを見ても十世紀代の資料が継続している。青森平野の場合、河川単位での遺跡分布の様相だけではなく、海岸部の潟湖の範囲や浜堤列、および後背湿地の形成と変遷過程を理解した上でそれぞれの遺跡について考慮することは重要である。現状では市街化が進み、調査が限定的であるため大きな進展はむずかしいであろうが、今後新たな成果によって、周知の埋蔵文化財包蔵地として登録されていない伝承地[22]の取扱いなども含め、俎上に載せることはいずれ必要であると考える。

二　丘陵上の集落の様相について

前項で触れたとおり平野部は市街化が早くから進み、考古学的な調査は限定的な状況である。丘陵地については、一九七〇年代から埋蔵文化財の体制整備に伴い発掘調査が実施され続け、一九九〇年代には青森中核工業団地や青森自動車道、二〇〇〇年代には東北新幹線、石江土地区画整理事業に伴う発掘調査事業などで大規模な面的調査が行われている。北東北古代集落研究会での竪穴建物跡の集成で津軽地区を担当した筆者は、その取りまとめに際し、地域・地域間での構造や消長差が生じている点を指摘し、小地域内での様相についての検討の必要性を指摘した[23]。青森平野の丘陵地は、北側に面した青森平野を「U」字状に取り囲むように拡がっており、西側は奥羽山脈から伸びる大釈迦丘陵の一部で、南～南東側は八甲田山から伸びる火山性台地、東側は第三紀中新世の火山岩・堆積岩で構成される東岳などの山地が拡がるといった差がある。

前述の資料集の中で平山氏らは、主要河川を境界とした五区分により傾向をまとめている[24]が、本稿でも、同様の五区分で取りまとめを行うこととする。ただし、平山氏らの五区分のうち「⑤新城川以北」は、対象する遺跡の調査事例がないため、「④荒川～新城川間」とした④について、三内丸山遺跡の北側を流れる沖館川を境界として、「④荒川～沖館川間」、「⑤沖館川～新城川間」の区分とした。なお、時期区分や竪穴建物の柱構造の分類に関しては、北東北古代集落研究会で提示した区分[25]で表記することとした（図4参照）。

①野内川以東　青森県新総合運動公園建設事業などに伴い宮田館遺跡・山下遺跡などが調査されている。山下遺跡

1期　9世紀前葉（非轆轤土師器坏を自動的に8世紀としないよう留意）
2期　9世紀中葉
3期　9世紀後葉
4期　9世紀末～10世紀初頭（元慶年間～To-a降灰）
5期　10世紀前葉（To-a～B-Tm降灰）
6期　10世紀中葉（胆沢城・秋田城終焉まで）
7期　10世紀後葉
8期　11世紀（適宜細分）
N期　時期不明

※竪穴建物の規模区分
小型　～5m未満
中型　5m以上～7m未満
大型　7m以上～9m未満
超大型　9m以上

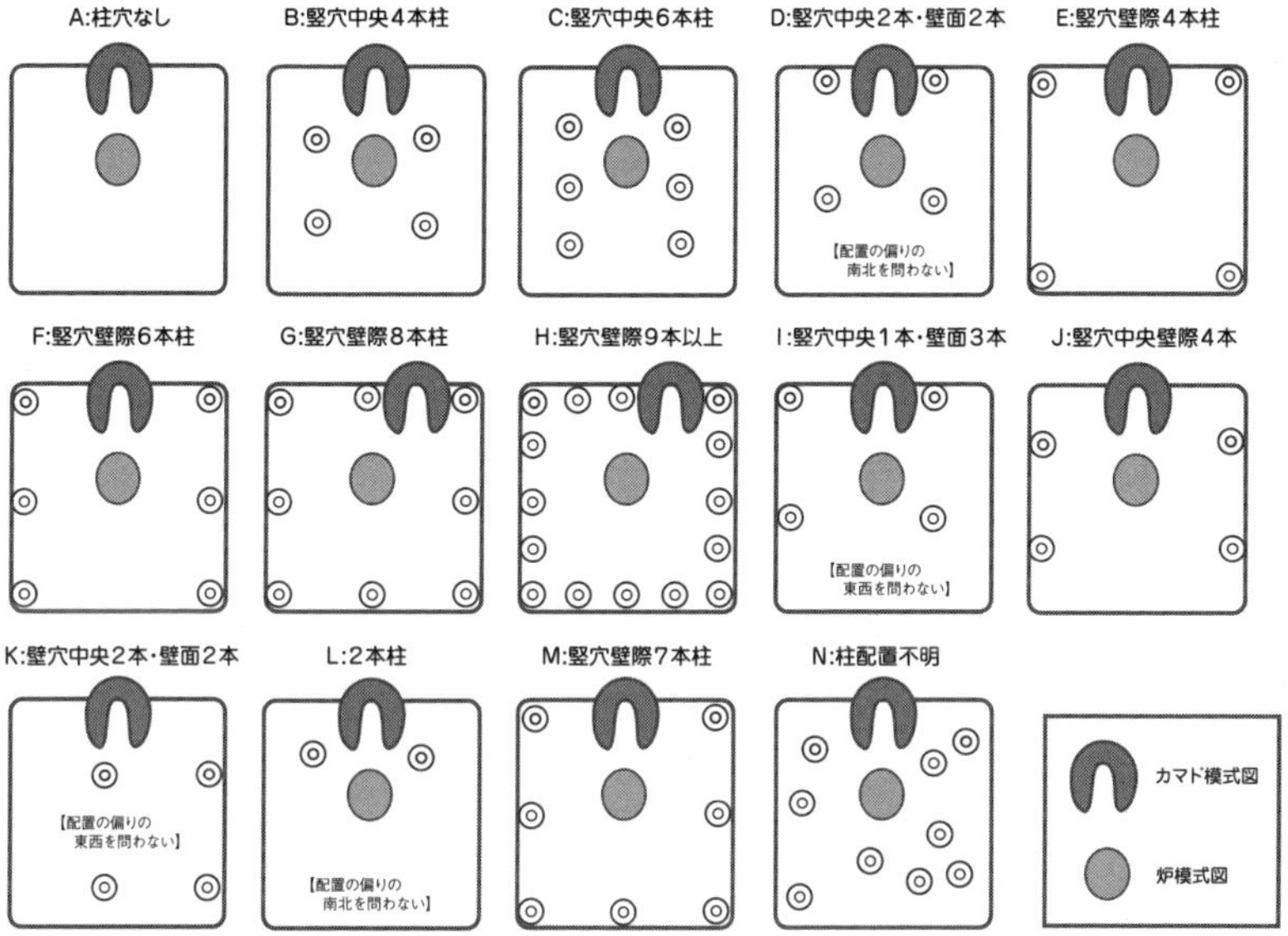

図4　時期区分および竪穴建物柱構造区分（北東北古代集落研究会2014）および本稿での竪穴建物の規模に関する区分

は、5・6期の竪穴建物跡が四棟のみで、竪穴規模は一辺が五m台の中規模なものである。外周溝と掘立柱建物が伴う竪穴建物がある。浅田氏によると報告書では中世以降とした溝跡について竪穴建物と軸線が類似することから区画施設が伴う可能性を指摘している。(26)

通称鉢巻山と呼ばれた宮田館の麓周辺の発掘調査では、竪穴建物が五三棟検出された。集成ではそこから三八棟のデータを抽出している。6期を主体とし、前段の5期〜8期までの継続が認められるが、竪穴建物の構成は、一辺が三〜四m台の小型が主体を占め、中型が一〜二棟、七m以上の大型のものは6期・7期に一棟ずつという構成である。7期の大型の竪穴建物には掘立柱建物が伴い、外周溝が伴う竪穴建物は一辺が三m台の小型のみである。総柱の掘立柱建物は確認されていないが、規模の大きな竪穴建物

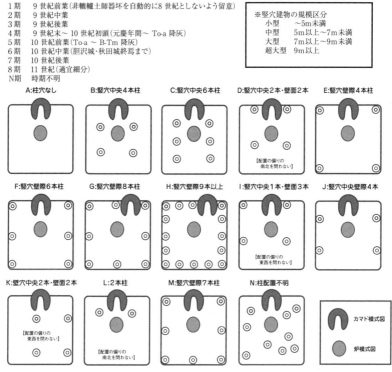

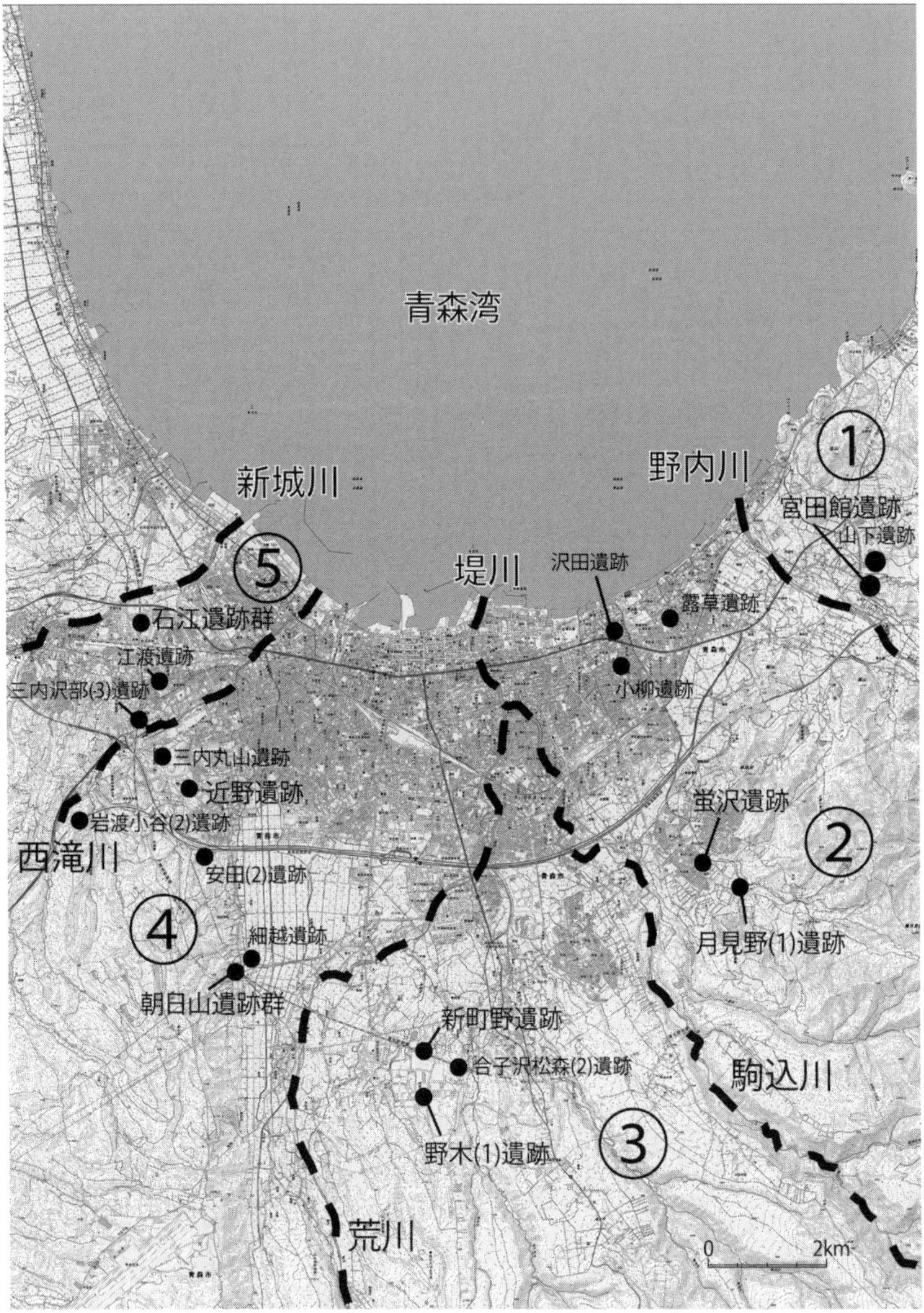

図 5　青森平野の主要遺跡分布図（平山・浅田 2016 をもとに筆者作成）

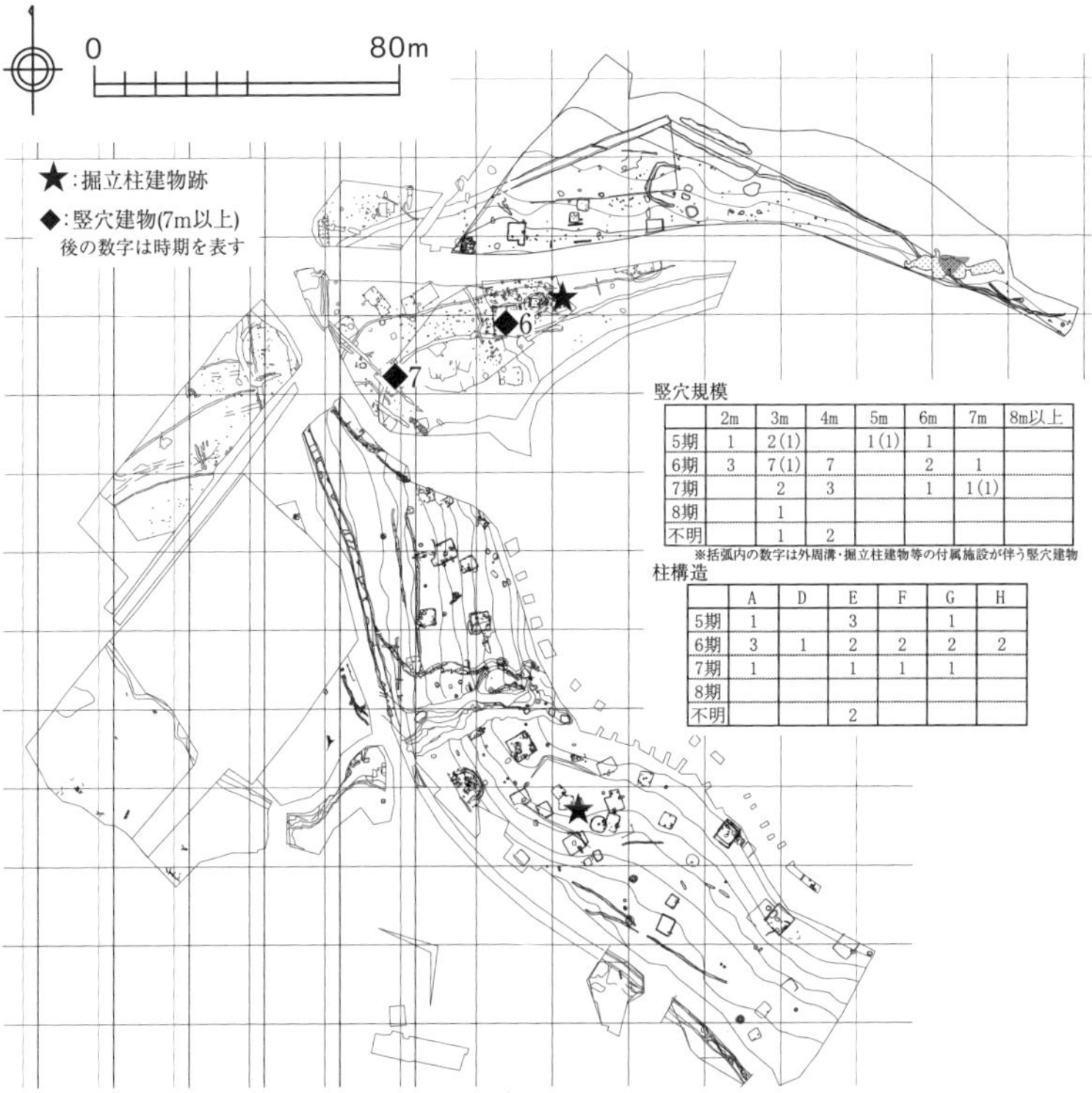

竪穴規模

	2m	3m	4m	5m	6m	7m	8m以上
5期	1	2(1)		1(1)	1		
6期	3	7(1)	7		2	1	
7期		2	3		1	1(1)	
8期		1					
不明		1	2				

※括弧内の数字は外周溝・掘立柱建物等の付属施設が伴う竪穴建物

柱構造

	A	D	E	F	G	H
5期	1		3		1	
6期	3	1	2	2	2	2
7期	1		1	1	1	
8期						
不明			2			

図6　宮田館遺跡（青森県教育委員会2009、筆者一部加筆）

の近接した位置から数棟検出されている。竪穴建物の柱穴配置は、Dが一例のみで、壁隅に配置するE～Gが多く見られる。

②野内川～駒込川間　浜堤側には露草遺跡や沢田遺跡が所在するが、丘陵地上では蛍沢遺跡・月見野（1）遺跡などが発掘調査されている。蛍沢遺跡は、4～7期にかけての集落で、竪穴建物跡六二棟などが検出されている。5・6期には大型が各一ずつ、五m台を主体とする中型、三m台を主体とする小型もほぼ均等に推移しており、一一m近い超大型が7期に伴う。主柱配置は、八m以上の大型のものはBが多く、Eも多用されている。竪穴建物には外周溝や掘立柱建物は付属せず、総柱の掘立柱建物が大型竪穴建物の近接地から検出されている。

　蛍沢遺跡の南西に所在する月見野（1）遺跡は、竪穴建物跡二二棟などが検出されている。4～6期にかけての集落で、近隣の併行する蛍沢遺跡と近似した主軸方位を取っている。5期が最も検出数が多いが、八m台の大型が一棟、五～六m台の中型が四棟、二～四m台の小型が四棟という構成である。柱穴配置が不明瞭なものが多いが、中～大型に関しては、Bである可能性が高い。蛍沢遺跡同様外周溝や掘立柱建物が付属した竪穴建物がなく、調査報告では掘立柱建物も報告されていないが小ピットが群集する地点があり調査区外も含め存在した可能性を残すものである。[27]

③駒込川～荒川間　青森中核工業団地造成などで調査された新町野遺跡、野木（1）遺跡などが代表される。浅田氏によると野木（1）遺跡の斜面下方に相当する新町野遺跡内に墓域である円形周溝墓群があり、同一空間を共有する一つの遺跡群として考えているが、[28]①新町野遺跡では外周溝や掘立柱建物が伴う竪穴建物がなく、野木（1）遺跡では存在する。②円形周溝が伴う集落は、新町野遺跡の東側に合子沢松森（2）遺跡が所在するなど東方向への拡がりが認められるものの、南側の野木（1）遺跡の工業団地内の調査区およびその南方の確認調査区でも確認されていない。③出土須恵器の産地などを見ても新町野遺跡側の方が太平洋側の別系譜の流入が想定される。以上から同時期に併存ではあるものの、集団的な系譜は別要素があることを指摘しておきたい。竪穴建物の集成では八九棟を抽出したが、①期3～5期、②期7・8期の二区分に分かれる。①期は一辺二～四mが主体を占め、②期は六m台が主体を占め、七m以上の大型も複数存在している。柱穴配置について①期の段階では小規模なものが多く柱穴無のAが多く、4期の段階では柱穴配置のバリエーションが増える傾向にある。②期の段階では壁柱穴が多数のものが主体を占めるものの、大型の竪穴ではBが見られる。前述のとおり掘立柱建物や外周溝が付属した竪穴建物はない。また、月見野（1）遺跡同様小ピットが多数検出され、建物の可能性は指摘しているものの報告書中では掘立柱建物として認定されたものがない。面的に調査された新町野遺跡では、後代の土地利用も明確で、古代に帰属する資料の可能性は下がるものである。[29]

野木（1）遺跡では五二四棟の竪穴建物を抽出した。建物は、主に東傾する斜面上に建てられている。青森市教育

蛍沢遺跡

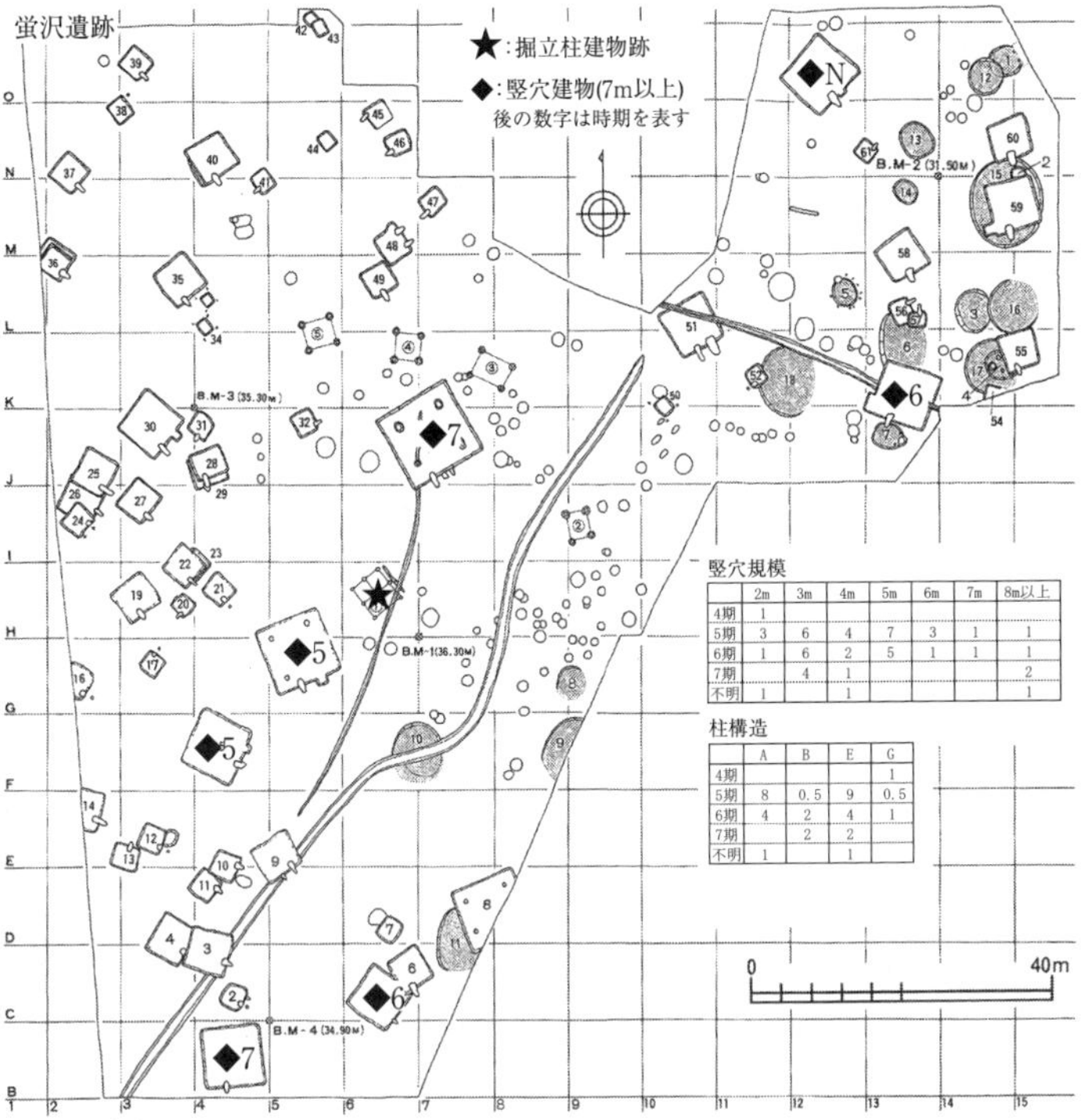

竪穴規模

	2m	3m	4m	5m	6m	7m	8m以上
4期	1						
5期	3	6	4	7	3	1	1
6期	1	6	2	5	1	1	1
7期		4	1				2
不明	1		1				1

柱構造

	A	B	E	G
4期				1
5期	8	0.5	9	0.5
6期	4	2	4	1
7期		2	2	
不明	1		1	

月見野(1)遺跡

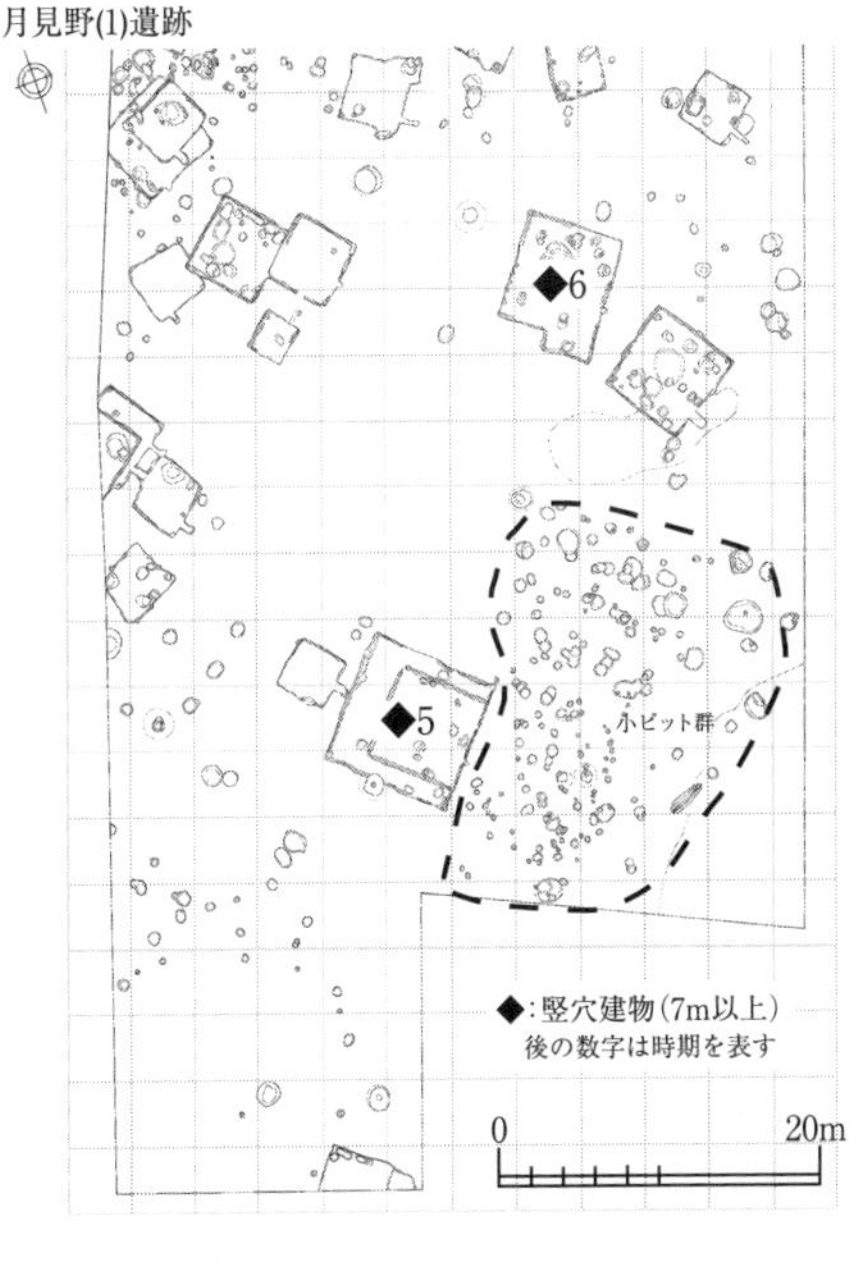

竪穴規模

	2m	3m	4m	5m	6m	7m	8m以上
4期			1				
4-5期		1					
5期	1	2	1	2	2		1
6期			2			1	
不明		3					

柱構造

	(B)	G
4期		
4-5期		1
5期	2	
6期	1	
不明		

図7 蛍沢遺跡（上段、青森市蛍沢遺跡発掘調査団1979）および月見野(1)遺跡（下段、青森市教育委員会2007、いずれも筆者一部加筆）

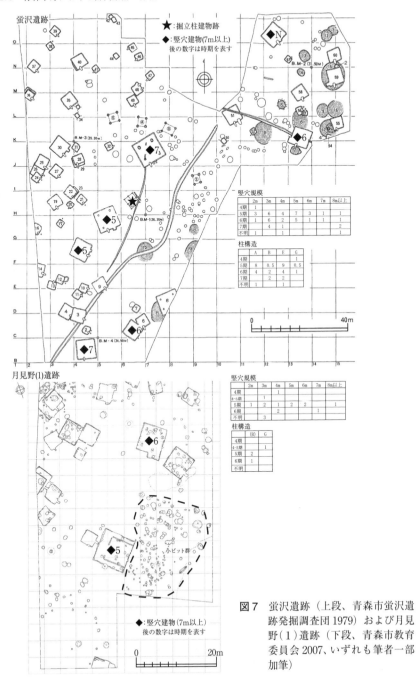

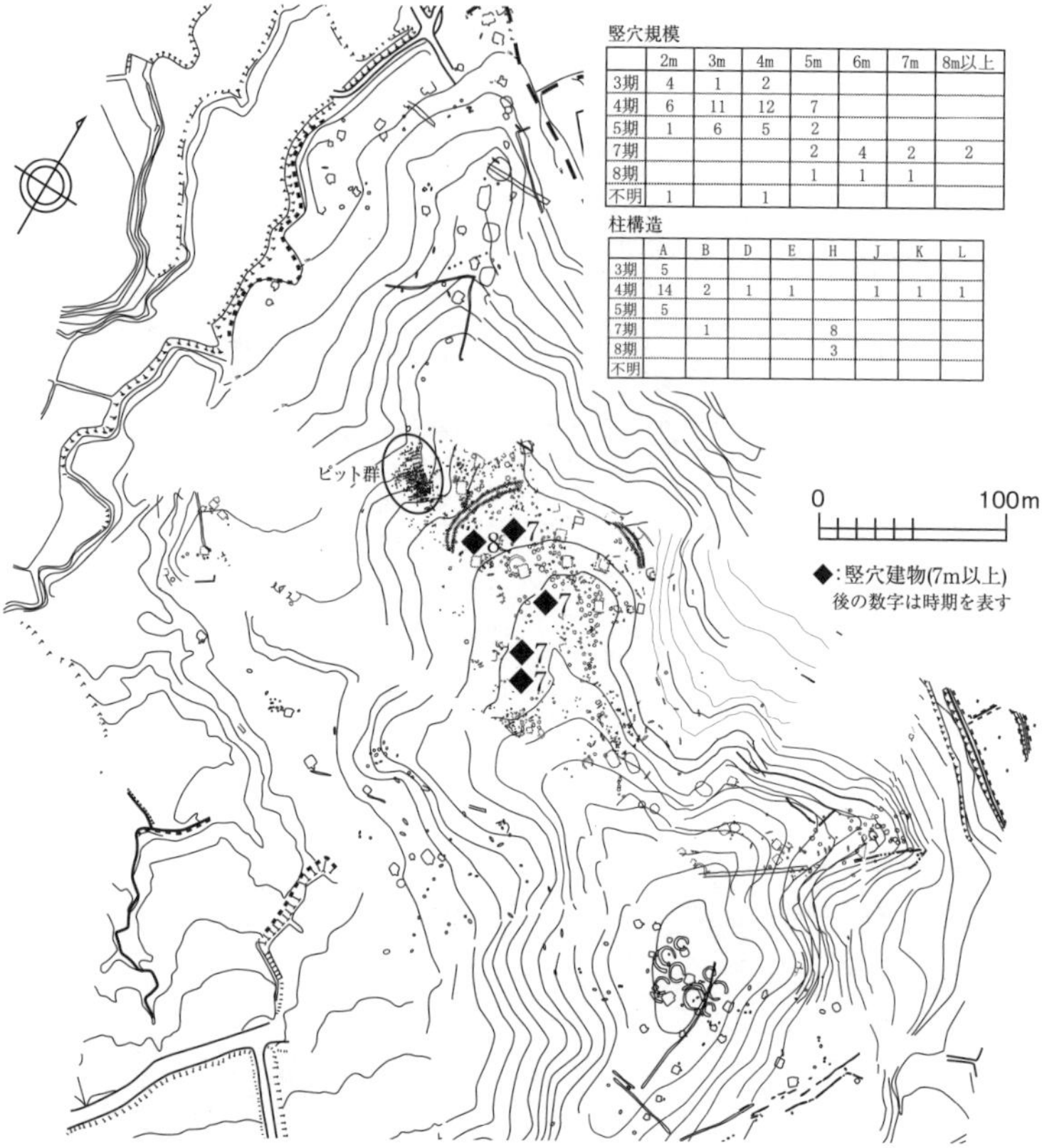

竪穴規模

	2m	3m	4m	5m	6m	7m	8m以上
3期	4	1	2				
4期	6	11	12	7			
5期	1	6	5	2			
7期				2	4	2	2
8期				1	1	1	
不明	1		1				

柱構造

	A	B	D	E	H	J	K	L
3期	5							
4期	14	2	1	1		1	1	1
5期	5							
7期		1			8			
8期					3			
不明								

図8　新町野遺跡（青森市教育委員会2008ほか、筆者一部加筆）

委員会が調査を担当した北地区は建物の重複が少なく、分散した傾向にあるのに対し、青森県埋蔵文化財調査センターが調査を担当した南地区は建物の重複が激しく、同一箇所での継続した土地利用が見受けられる。また、南地区は、東傾する斜面の下方に大規模な水場遺構があり、井戸跡が皆無に等しい丘陵上で、水源を確保した拠点的な集落として位置づけが可能である。両地区とも4期から建物数が増加し始め、5期に著しい増加をみせる。規模についても4期の時点では、三m台に集中が見られたものが、5期では三m台のものが最頻値ではあるものの、やや規模の大きい五～六mの率が増える。柱穴配置は、無柱のAが最も多いものの、カマド側の壁面に配置が寄るDの率が高い傾向である。南地

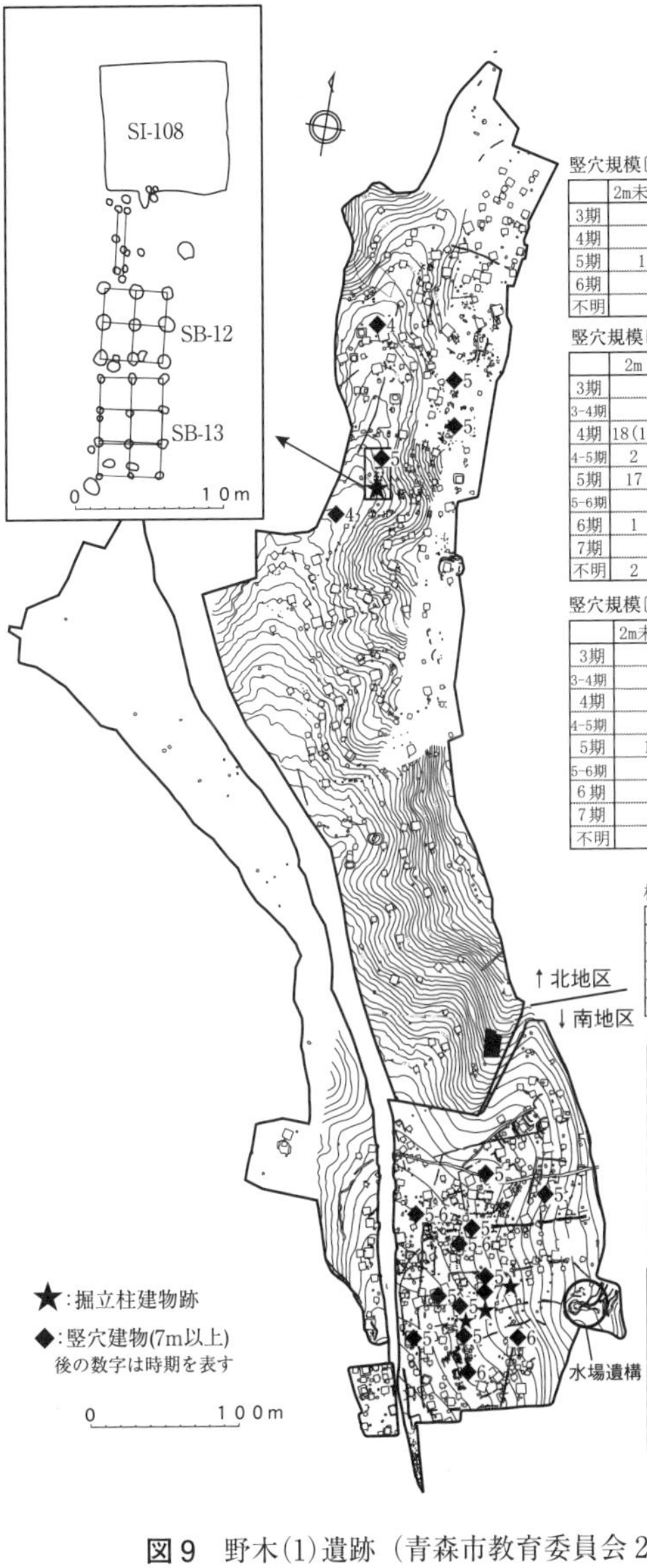

竪穴規模〔北地区〕

	2m未満	2m	3m	4m	5m	6m	7m	8m以上
3期			1					
4期		4	20	17	4	1	2	
5期	1	13	45	38	21(2)	17(1)	2(1)	1
6期			2	2	2	2		
不明		1	5					

竪穴規模〔南地区〕

	2m	3m	4m	5m	6m	7m	8m以上
3期			1	1			
3-4期		1					
4期	18(1)	23(1)	17(2)	7	3		
4-5期	2	4	2	4	1		
5期	17	47(1)	35(3)	28(3)	20(1)	5(1)	3
5-6期				2	3	1	1
6期	1	4	11	7	7	2	
7期						1	
不明	2	2	1				

竪穴規模〔野木(1)遺跡合算〕

	2m未満	2m	3m	4m	5m	6m	7m	8m以上
3期			1	1	1			
3-4期			1					
4期		22(1)	43(1)	34(2)	11	4	2	
4-5期		2	4	2	4	1		
5期	1	30	92(1)	73(3)	49(5)	37(2)	7(2)	4
5-6期					2	3	1	1
6期		1	6	13	9	9	2	
7期							1	
不明		2	2	1				

※括弧内の数字は外周溝・掘立柱建物等の付属施設が伴う竪穴建物

柱構造〔北地区〕

	A	B	D	E	F	G	I	K	L
3期	1								1
4期	23	1	5	1		1		2	4
5期	59		29.5	2	1	1	0.5		8
6期	2		3						
不明	5			1					

柱構造〔南地区〕

	A	B	D	E	F	G	H	L
3期	1							
3-4期	1							
4期	40	1	4	3				1
4-5期	4	1		1				
5期	49	4.5	20	3	4	4	4	6.5
5-6期	1	1	1				1	
6期	11	1	3	2		1	1	
7期			1					
不明	3							

柱構造〔野木(1)遺跡合算〕

	A	B	D	E	F	G	H	I	K	L
3期	2									1
3-4期	1									
4期	63	2	9	4		1			2	5
4-5期	4	1		1						
5期	108	4.5	49.5	5	3	5	4	0.5		14.5
5-6期	1	1	1				1			
6期	13	1	6	2		1	1			
7期			1							
不明	8			1						

図9　野木(1)遺跡（青森市教育委員会2001ほか、筆者一部加筆）

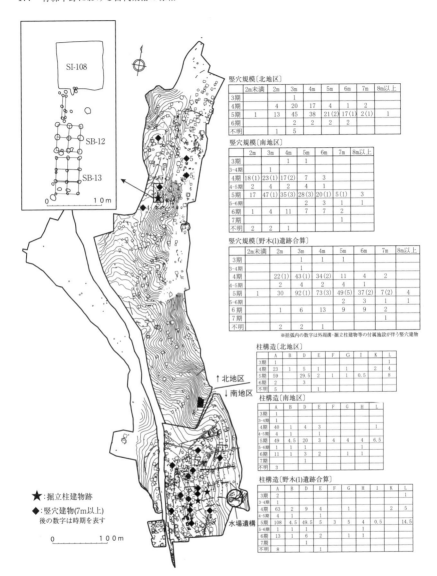

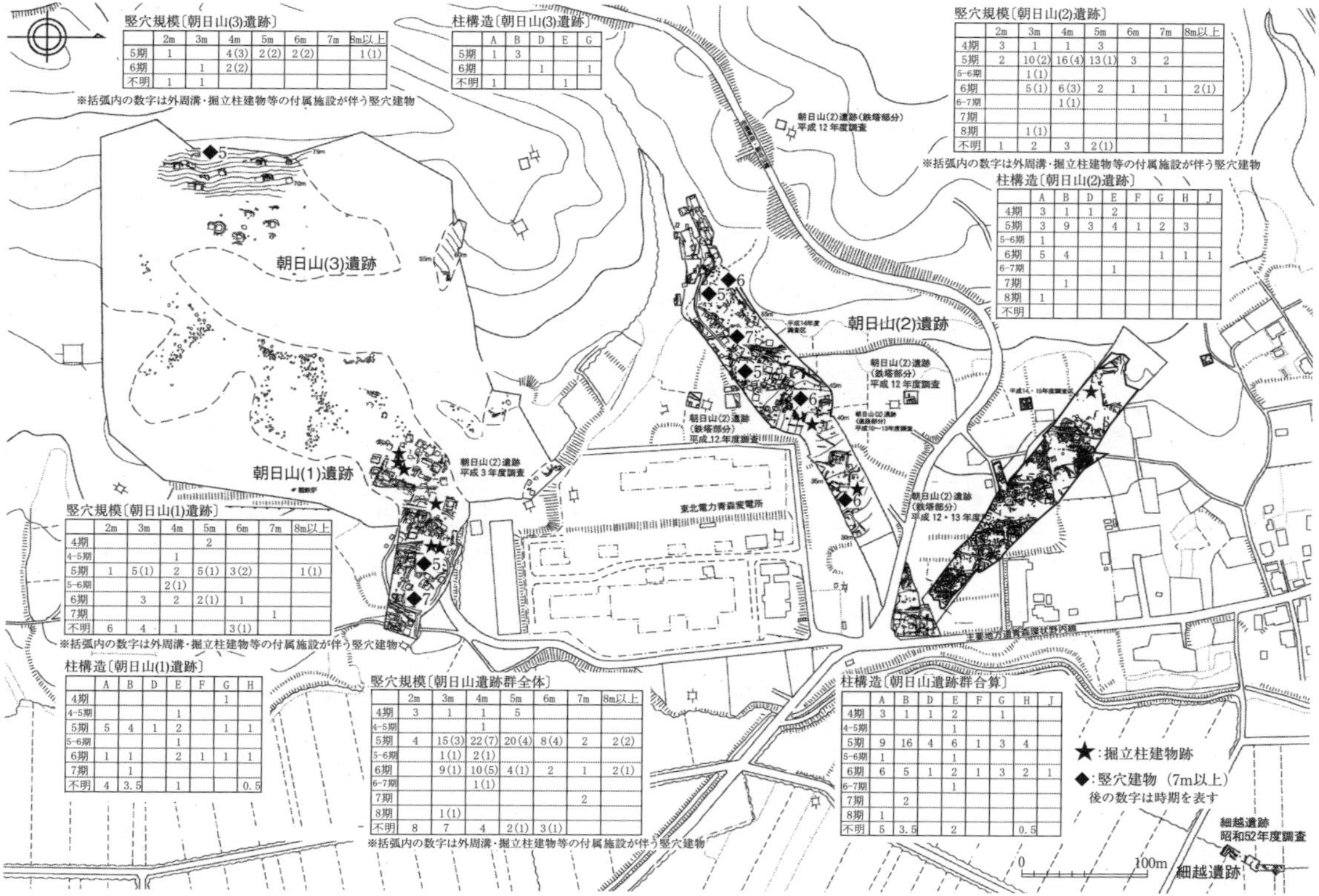

竪穴規模〔朝日山(3)遺跡〕

	2m	3m	4m	5m	6m	7m	8m以上
5期	1		4(3)	2(2)	2(2)		1(1)
6期		1	2(2)				
不明	1	1					

※括弧内の数字は外周溝・掘立柱建物等の付属施設が伴う竪穴建物

柱構造〔朝日山(3)遺跡〕

	A	B	D	E	G
5期	1	3			
6期			1		1
不明	1			1	

竪穴規模〔朝日山(2)遺跡〕

	2m	3m	4m	5m	6m	7m	8m以上
4期	3	1	1	3			
5期	2	10(2)	16(4)	13(1)	3	2	
5-6期		1(1)					
6期		5(1)	6(3)	2	1	1	2(1)
6-7期			1(1)				
7期						1	
8期		1(1)					
不明	1	2	3	2(1)			

※括弧内の数字は外周溝・掘立柱建物等の付属施設が伴う竪穴建物

柱構造〔朝日山(2)遺跡〕

	A	B	D	E	F	G	H	J
4期	3	1	1	2				
5期	3	9	3	4	1	2	3	
5-6期	1							
6期	5	4				1	1	1
6-7期				1				
7期		1						
8期	1							
不明								

竪穴規模〔朝日山(1)遺跡〕

	2m	3m	4m	5m	6m	7m	8m以上
4期				2			
4-5期			1				
5期	1	5(1)	2	5(1)	3(2)		1(1)
5-6期			2(1)				
6期		3	2	2(1)	1		
7期						1	
不明	6	4	1		3(1)		

※括弧内の数字は外周溝・掘立柱建物等の付属施設が伴う竪穴建物

柱構造〔朝日山(1)遺跡〕

	A	B	D	E	F	G	H
4期						1	
4-5期				1			
5期	5	4	1	2		1	1
5-6期				1			
6期	1	1		2	1	1	1
7期		1					
不明	4	3.5		1			0.5

竪穴規模〔朝日山遺跡群全体〕

	2m	3m	4m	5m	6m	7m	8m以上
4期	3	1	1	5			
4-5期			1				
5期	4	15(3)	22(7)	20(4)	8(4)	2	2(2)
5-6期		1(1)	2(1)				
6期		9(1)	10(5)	4(1)	2	1	2(1)
6-7期			1(1)				
7期						2	
8期		1(1)					
不明	8	7	4	2(1)	3(1)		

※括弧内の数字は外周溝・掘立柱建物等の付属施設が伴う竪穴建物

柱構造〔朝日山遺跡群合算〕

	A	B	D	E	F	G	H	J
4期	3	1	1	2		1		
4-5期				1				
5期	9	16	4	6	1	3	4	
5-6期	1			1				
6期	6	5	1	2	1	3	2	1
6-7期				1				
7期		2						
8期	1							
不明	5	3.5		2			0.5	

図10　朝日山遺跡群（青森県教育委員会2003ほか、筆者一部加筆）

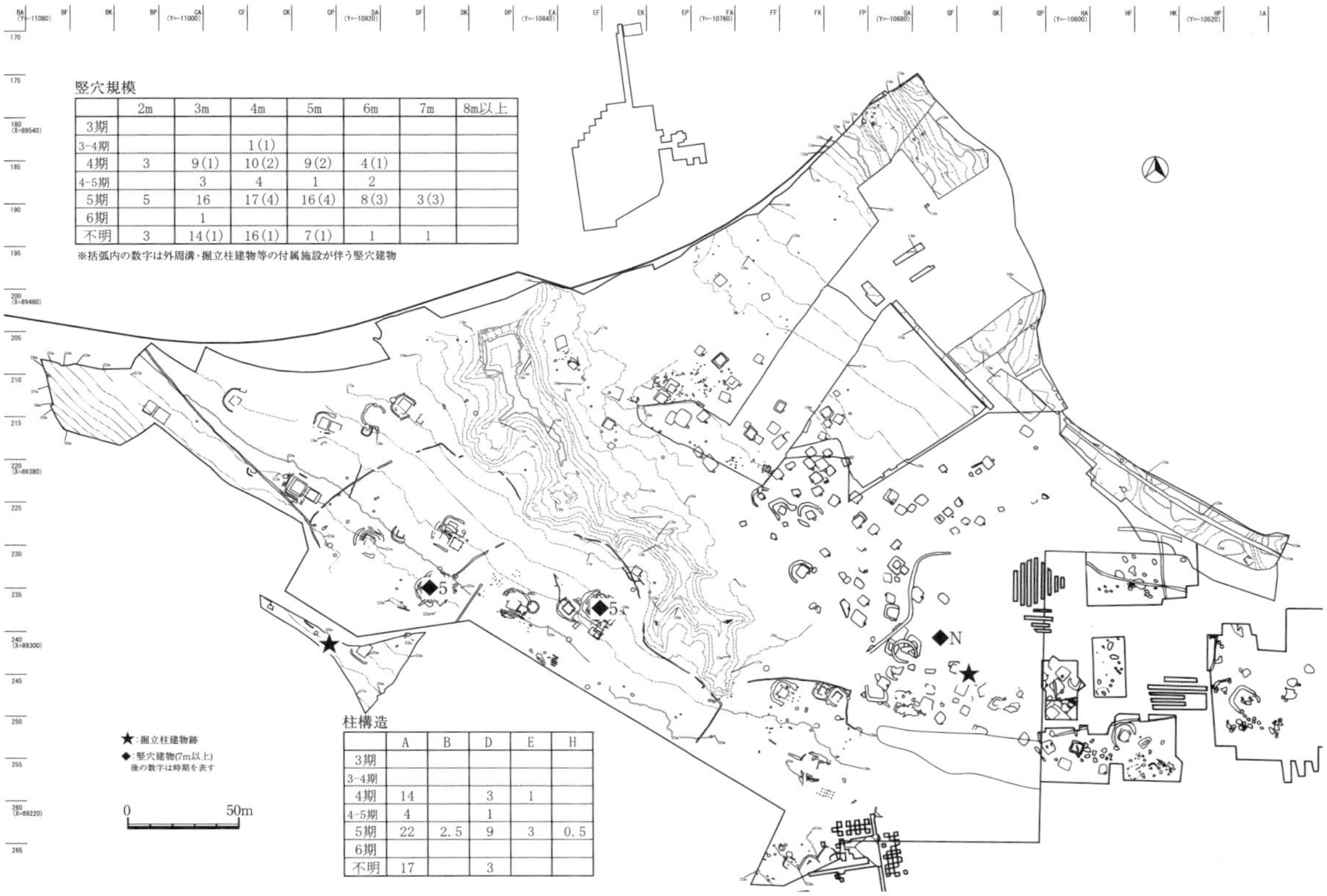

竪穴規模

	2m	3m	4m	5m	6m	7m	8m以上
3期							
3-4期			1(1)				
4期	3	9(1)	10(2)	9(2)	4(1)		
4-5期		3	4	1	2		
5期	5	16	17(4)	16(4)	8(3)	3(3)	
6期		1					
不明	3	14(1)	16(1)	7(1)	1	1	

※括弧内の数字は外周溝・掘立柱建物等の付属施設が伴う竪穴建物

柱構造

	A	B	D	E	H
3期					
3-4期					
4期	14		3	1	
4-5期	4		1		
5期	22	2.5	9	3	0.5
6期					
不明	17		3		

図11　近野遺跡（青森県教育委員会2007、筆者一部加筆）

区では、中部地方で見られる礎石を有するB配置の大型建物が一棟検出されており、5期の時点が一〇m近い超大型の竪穴が複数存在する。外周溝と掘立柱建物、掘立柱建物、外周溝のみが伴う建物が複数確認されているが、竪穴建物は小〜中規模主体である。また、大型竪穴建物の近隣には総柱の掘立柱建物が検出されている。

④荒川〜沖館川間　大釈迦丘陵の延長上に立地する丘陵は、開発の頻度が高く、東北電力青森変電所建設工事などで調査された朝日山遺跡群、青森総合運動公園建設事業などで調査された近野遺跡などが代表される。朝日山遺跡群は、朝日山（1）〜（3）遺跡の三遺跡として登録されている。朝日山（1）遺跡と朝日山（3）遺跡が比較的急傾斜地に立地するがいずれも東傾する斜面上に立地する。朝日山（3）遺跡が外周溝が伴う竪穴建物主体の構成で、5・6期のみの継続であるが、朝日山（1）・（2）遺跡の地点では、4〜8期に継続する継続幅の長い集落である。朝日山（1）・（2）遺跡の4期は、一辺五m台を最大とする中型以下の竪穴建物のみ構成であるが、5期以降は他遺跡同様に建物が増加し、外周溝が伴う竪穴建物が存在するようになる。建物の規模は、七m以上の大型が二棟、五〜六mの中型が一六棟、五m未満の小型が二八棟と他遺跡と類似した構成である。また、朝日山（1）遺跡では、外周溝を有する九m以上の超大型の竪穴建物が存在する。柱穴配置は、5期でバリエーションが増えるものの、全般的にBが主体を占める。また、総柱の掘立柱建物は、外周溝と掘立柱建物が伴わない建物が検出される朝日山（1）・（2）遺跡内で確認され、朝日山（1）遺跡では複数棟併存の可能性が高い。

近野遺跡では一七〇棟の竪穴建物跡を抽出したが、調査年が古い資料が含まれ、時期不明とされた資料が多い。集落は、3期以降6期にかけ継続しているが、他遺跡と同様に4・5期主体である。4期の時点でもやや大型の六m台の竪穴があり、5期ではさらに七m以上の大型が構成に加わる。柱穴配置は、無柱のAに続いてDが主体を占める。外周溝を伴う建物は、4期の時点ですでに存在し、伴わない建物と規模的に差はない。総柱の掘立柱建物は、時期不明の大型竪穴建物の近隣と西側の地点で検出され、遺跡近隣の安田（2）遺跡でも総柱の掘立柱建物が検出されている。

⑤沖館川～新城川間　石江土地区画整理事業・東北新幹線などで発掘調査が実施された石江遺跡群、三内沢部（3）遺跡、江渡遺跡などが代表される。石江遺跡群のうち高間（1）遺跡が4～6期に継続し、北側の新田（1）・（2）遺跡側に拠点が移り8期まで継続している。高間（1）遺跡で七〇棟、新田（1）・（2）遺跡で六五棟の竪穴建物を抽出した。4期の高間（1）遺跡では、三m台の小型の建物を主体とし、最大でも五m台が一棟あるのみであったのが、5期になると、八m台の大型が一棟、中型が一二棟、小型が三四棟という構成で、他遺跡と同様に柱穴配置のバリエーションが増え、Dの比率が最も高くなる。該期は、新田（1）・（2）遺跡でも竪穴建物が建てられるようになるが、中型の六m台のものがあり、6期になるとさらに七m台が加わるとともに中・小型の資料も構成に加わるようになる。七期以降は、八m以上の大型・超大型の建物が二棟以上を占め、小型のものは四m台のみで、新町野遺跡と同様に大型化の傾向となる。掘立柱建物が伴う竪穴建物は高間（1）遺跡の5期の資料のみで、総柱の掘立柱建物は検出されていない。

ここまで①～⑤の地区の主だった遺跡の傾向について建物を通じて概観してきたが、4期以前の建物は、比較的小型のものが多く、竪穴建物の検出数が増加する5期の時点で、大型・超大型の竪穴建物が伴う構成になる傾向が見受けられる。また、集落が減少するとされる7期以降の建物については、逆に規模が大きくなる傾向となる。柱穴配置については、北東北古代集落研究会での集成でみられたDの柱穴配置が多い傾向(30)について、野木（1）遺跡・近野遺跡・高間（1）遺跡など、建物の検出数の多い遺跡の数量に影響を受けているだけで、朝日山遺跡群・蛍沢遺跡などではBが主体を占めており遺跡単位で構成差が認められる。5期の時点ではさらに柱穴配置のバリエーションが豊富になり、朝日山（1）遺跡では礎板、野木（1）遺跡では礎石をもつ竪穴建物が認められ、他地域からの技術や情報などの流入が想定される。外周溝（＋掘立柱建物）を有する建物については、朝日山遺跡群や近野遺跡など青森平野西部の④の地域での検出が多いが、伴わない建物と排他的な関係ではなく、併存した関係が認められる。一方、②の蛍沢遺跡・月見野（1）遺跡、③の新町野遺跡、⑤新田（1）・（2）遺跡では掘立柱を伴わない竪穴建物のみの構成

竪穴規模〔石江遺跡群合算〕

	2m	3m	4m	5m	6m	7m	8m以上
4期		5	1	1			
4-5期			1				
5期	3	12	20	11(1)	3		1
5-6期		2			1		
6期	2	4	5	3	2	1	
6-7期			1		1		
7期			5	6	1	3	2
7-8期			3		2	2	3
8期			1	2	1		2
不明			2	2			

柱構造〔石江遺跡群合算〕

	A	B	D	E	F	G	H	I	J	K
4期			1					1		
4-5期				1						
5期	2	2	7	2		1	1		3	1
5-6期										
6期	1	0.5	2				0.5	1		
6-7期										
7期	3		2		1		2			
7-8期		1		2			2			
8期							2			
不明										

竪穴規模〔新田(1)・(2)遺跡〕

	2m	3m	4m	5m	6m	7m	8m以上
5期	1				2		
5-6期					1		
6期		1	2	1	1	1	
6-7期			1		1		
7期			5	6	1	3	2
7-8期			3		2	2	3
8期			1	2	1		2
不明			1	1			

柱構造〔新田(1)・(2)遺跡〕

	A	B	D	E	F	H	I
5期			1				
5-6期							
6期	1	0.5				0.5	1
6-7期							
7期	3		2		1	2	
7-8期		1		2		2	
8期						2	
不明							

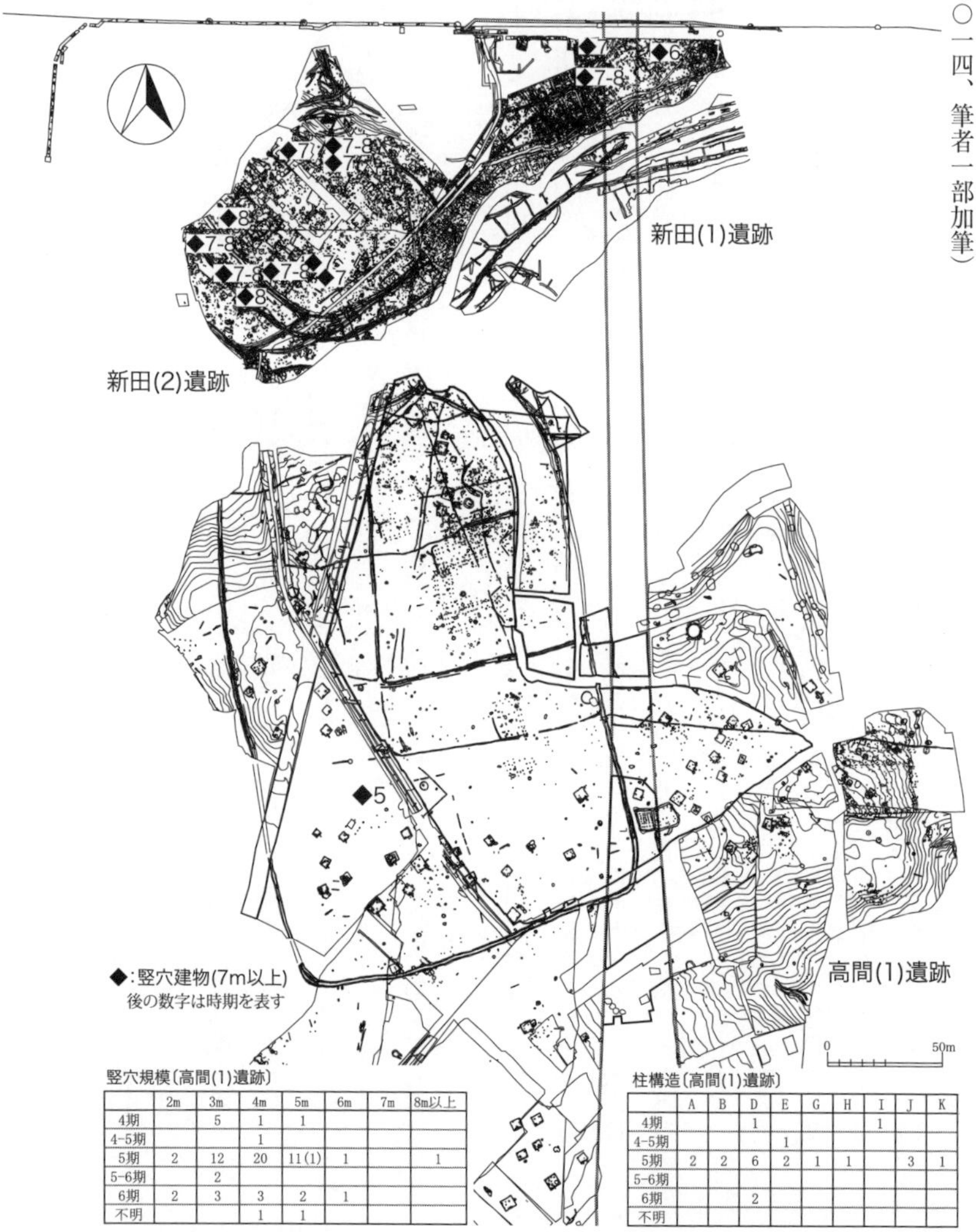

竪穴規模〔高間(1)遺跡〕

	2m	3m	4m	5m	6m	7m	8m以上
4期		5	1	1			
4-5期			1				
5期	2	12	20	11(1)	1		1
5-6期		2					
6期	2	3	3	2	1		
不明			1	1			

柱構造〔高間(1)遺跡〕

	A	B	D	E	G	H	I	J	K
4期			1				1		
4-5期				1					
5期	2	2	6	2	1	1		3	1
5-6期									
6期			2						
不明									

図12　石江遺跡群（青森県教育委員会二〇一四、筆者一部加筆）

で、時期的な要因（7期以降は明確に減少）以外に集団背景の差として考えられる。

掘立柱建物は、井上尚明氏によると関東地方などの東国では七世紀後半を画期としてそれ以降波及していき、竪穴建物と掘立柱建物が併存する景観は、衰退する十世紀代まで続く[31]。掘立柱建物の場合、埋土中から遺物の出土例が少ないことから時期判断がむずかしいが、図9左上段に図示した野木（1）遺跡北地区ＳＩ１０８（一辺八ｍ：5期）の南側には総柱の掘立柱建物が二棟並んだ状態で検出されている。南側のＳＢ１３は建て替えが行われており、継続した使用が考えられる。青森平野以外の津軽平野でも浪岡地区の山元（3）遺跡や羽黒平（1）遺跡で検出されている。一方、外周溝と掘立柱建物が付属する建物が顕著に検出された野尻（4）遺跡では総柱の掘立柱建物が確認されず集落単位でも差が認められる。また、太平洋側では、出羽甕が出土したおいらせ町中野平遺跡やふくべ遺跡の九世紀代の集落内で検出例があり、八戸地域ではさらに七・八世紀代の検出例がある[32]。岩手県域での事例が中野平遺跡と同様に九世紀代に留まることから[33]、系譜や地域差については今後の検討課題である。しかし、東国の集落景観に類する構成が国家の領域外で一定数検出されることは非常に重要な指標で、単位集団の問題などもあるが、集落を束ねる長が蓄財可能な社会体制であることが考えられる。また、掘立柱建物について、東国での十世紀代の衰退とも連動するが、新田（1）・（2）遺跡、新町野遺跡②期などのように7期以降の集落の中では、構成要素として掘立柱建物が欠落するようになる。この傾向は浪岡地区の高屋敷館遺跡などでも同様に見られ、大型竪穴建物が存在するものの、単独の倉庫は設けない構成に変化している。ただし、津軽平野の低地に所在する五所川原市十三盛遺跡では、掘立柱建物は居住施設とともに総柱の掘立柱建物が伴うことからすべてなくなるわけではないようである。該期は、いわゆる防御性集落と呼ばれる時期に相当し、建物の大型化なども含め再編された集落のあり方が反映されている可能性がある。

表1　青森平野内出土墨書土器

遺跡名	出土数	釈読数	
赤坂	1	1	「十万」
朝日山 (1)	1	1	「寺」
朝日山 (2)	13	2	「上」
江渡	1	1	「六」
合子沢松森 (2)	2	2	「寺」・「／」
葛野 (2)	1	0	
沢田	1	1	「ケ」
三内丸山 (9)	2	1	「生」
新城平岡 (4)	1	0	
新町野	4	4	「米」・「住ヵ」・「丈ヵ大ヵ」・「一ヵ十ヵ中ヵ＼丈ヵ大ヵ」
高間 (1)	5	1	「南」
玉清水 (3)	4	2	「坏一口」・「亍」
近野	9	7	「六」・「十」・「大ヵ犬ヵ」・「ㅛ」
月見野 (1)	1	1	「卄」
新田 (1)	28	6	「元」・「南」・「十」・「卌」・「ナ」
新田 (2)	35	3	「A」・「卌」・「山」
野木 (1)	63	29	「夫」・「天」・「大」・「丈」・「本」・「十万」・「万」・「一」・「Ⅲ」・「X」・「#」・「△」
細越	1	1	寺
蛍沢	4	3	大・上・夳
安田 (2)	2	0	

三　文字資料を通した様相について

二〇〇八年に刊行された『青森県史資料編二古代「出土文字資料」』[34]の中で青森平野内（青森地区）の資料は二五遺跡七三〇点集成され、そのうち墨書土器は一四遺跡一〇二点である。さらに文字や記号として明確に判読可能な資料は、一二遺跡四九点で、一〇点以上判読可能な資料が出土したのは、野木（1）遺跡のみ（二九点）ときわめて少ない傾向にある。野木（1）遺跡では「丈」が南地区、「夫」・「天」が北・南地区で複数点出土している。また、「六」が近野遺跡と江渡遺跡（一㎞）、「寺」が朝日山（1）遺跡と細越遺跡（約三〇〇m）と比較的近接した位置から出土するなどの事例がある。また、進上（奉）的な意味合いが想定される「上」は、蛍沢遺跡と朝日山（2）遺跡で出土しており、「奉」の略字として想定される「夫」[35]が野木（1）遺跡で複数点出土していることなどを踏まえると墨書土器を使った祭祀行為は執り行われている可能性が想定される。前述のとおり県史刊行後の集成について筆者らが行っているが[36]、青森平野内は一七遺跡四九九点（うち二点が県史と重複）が集成され、墨書土器は一〇遺跡八〇点である。さらに文字や記号として明確に判読可能な資料は八遺跡一八点のみである。新田（1）・（2）遺跡内では「十」・「卌」・「ナ」、近野遺跡でも「十」、月見野（1）遺跡では「卄」など数字に関する文字ないしはそれに類する記号が目立つ中、三内丸山（9）遺跡では「人」を意味する「生」が出土しており、量的に少ないものの、国家領域の集落内での墨書土器の様相と近似した要素は見受けられる。墨書土器は7期以降でも残り、新田（1）遺跡での蓮華文状に描かれた事例など仏教的要素が強くなり、（仏）手や火焔光背などの仏教的な木製遺物とも相関性が認められる。

このように青森平野内での文字資料については、一見すると千点以上（一一二九点）を超える資料があるように見えるもののそのほとんどが五所川原窯産の刻書された須恵器である。集落内における識字層の存在や祭祀における文字の記入された墨書土器の使用はきわめて限定的なものに留まるものである。ただし、墨書の記入内容を見ると集落内における位置づけは、国家領域の集落と比較可能な内容であると考えられる。また、五所川原産須恵器は、食膳具の有台の資料の欠落や視認しやすい部位への刻書記入の量がきわめて多いという特異性があるものの、国家領域の須恵器貯蔵具における転用のされ方[37]と同様の手法で打欠き、転用がされており、領域内と近似した習俗であったことが想定される。

青森平野における古代集落の様相については、これまで丘陵上の集落を中心とした調査をもとに論じられてきた。しかし、青森平野内での環境変遷における潟湖と浜堤の位置づけと平野内部の微高地における土地利用などの様相が不鮮明で、現状ではやや片手落ちの状態である。調査は限定的であろうが、今後、青森平野内の環境変遷がより詳細に明らかになることによって、浜堤上に立地する八世紀代の沢田遺跡と露草遺跡について再検討されることが想定される。さらには同時期の日本海側での動向の延長線上の中で遺跡立地の理解が深まるものと思われる。八世紀代までの動向があった後に丘陵地上に展開した後発の集落について、これまでの調査結果をもとに竪穴建物ならびに墨書土器を通して検討すると、5期の時点で集落構成や多様性が増すこととなり、単純に継続した在地集団の変遷拡大のみでは説明できない事象が多々見られる。集落の中で、建物の規模の差や総柱掘立柱建物における財の蓄積などが5期の時点で顕著であることは、国家領域あるいはそれに準ずる地域の社会習俗の流入が増加した背景が想定される。一つの要因としては十和田火山の噴火などの影響も考えられるが、遺跡によっては限定的なものに留まるものもあり一様ではない。この様相は、6期以降に社会的に変容し（質の変化）、北方との交易が増加し大きく転換する7期以降の集落でも基層となるものである。この地域での歴史事象の理解については、ある特異点のみが強調されるものではない。普遍的に共通する要素が見られながらも一元的なものではなく、多様性のあるモザイク的な様相を理解することが重要であると考える。

註

（1）北東北古代集落遺跡研究会『九〜十一世紀の土器編年構築と集落遺跡の特質からみた、北東北世界の実態的研究』（北東北古代集落遺跡研究会、二〇一四年）。

（2）青森県『青森県史資料編古代2出土文字資料』（青森県、二〇〇八年）。

（3）木村淳一・秋元莉絵・佐藤裕香「青森県出土文字資料集成―『青森県史資料編古代2出土文字資料』以後―」（『弘前大学國史研究』一四〇、二〇一六年）。

（4）木村淳一「青森県域の動態①日本海側」（日本考古学協会二〇一六年度弘前大会実行委員会、二〇一六年）。

（5）平山明寿・浅田智晴「青森平野」（日本考古学協会二〇一六年度弘前大会実行委員会、二〇一六年）。

（6）板谷八郎「青森地方の地勢の變遷」（『郷土誌うとう』壹、一九三三年）。

（7）青森市歴史資料室工藤大輔氏のご教示による。青森市のメールマガジン「あおもり歴史トリビア」第二四号（二〇一二年九月一四日配信）に記述されている。

（8）青森県『青森県史自然編地学』（青森県、二〇〇一年）八八頁。

（9）内田武志・宮本常一編訳『菅江真澄遊覧記』二（平凡社、二〇〇〇年）。

（10）天野文雄・土谷恵一郎・中沢新一・松岡心平編『能を読む④信光と世阿弥以後　異類とスペクタクル』（角川学芸出版、二〇一三年）。

（11）前掲註（10）天野ほか論文。謡曲「善知鳥」は、世阿弥の作とされたこともあるが、作者は不明で、寛正六年（一四六五）の音阿弥の初演が初見（『親元日記』）であることからそれ以前とした。また、「古川」という地名は、工藤大輔氏のご教示によると十七世紀中頃の絵図に記載が見られるとのことである。
(12)久保純子・辻誠一郎・村田泰輔・辻圭子・後藤香奈子「最終氷期以降の青森平野の環境変遷史」(『植生史研究』特別第二、二〇〇六年)。
(13)鎌田耕太郎「臨界域に形成される沖積層の堆積システム」(『青森地学』五四、二〇〇九年)。
(14)伊藤由美子「青森平野西端部における低湿地型貯蔵穴を備えた縄文集落の変遷について」(『青森県立郷土館研究紀要』三七、二〇一三年)。
(15)羽柴直人『東日本初期武家政権の考古学的研究』(総合研究大学院大学、二〇一〇年)。
(16)森浩一『考古学と古代日本』(中央公論社、一九九四年)。
(17)研究集会「海の古墳を考えるV」実行委員会『日本海の潟湖と古墳の動態―北陸からの視点―予稿集』(研究集会「海の古墳を考えるV」実行委員会、二〇一五年)。
(18)森田喜久男「海へとつながる湖の記憶―古代出雲、そして「北ツ海」の潟湖のミナトの風景―」(『日本海の潟湖と古墳の動態―北陸からの視点―予稿集』二〇一五年)。
(19)日本考古学協会二〇一六年度弘前大会第Ⅱ部会での滝沢市埋蔵文化財センター井上雅孝氏の口頭発表による。
(20)木村淳一「10．沢田遺跡」(青森市教育委員会『市内遺跡発掘調査報告書』二三、二〇一五年)。
(21)桜井清彦「青森市沢田A遺跡の調査報告」(『北奥古代文化』五、一九七三年)。
(22)昭和三〇年代の大合併以前の村史などで記載された遺跡に関する情報は、現在の周知の埋蔵文化財包蔵地登録に反映されていない事例が存在する。
(23)木村淳一「(三)竪穴建物跡の集成」(北東北古代集落遺跡研究会『九～十一世紀の土器編年構築と集落遺跡の特質からみた、北東北世界の実態的研究』二〇一四年)。
(24)前掲註(5)平山・浅田論文。
(25)ここ数年、年代測定に関する分析の進展が著しい。石江遺跡群の新田(1)遺跡の年輪年代資料について、世界各地の西暦七七四～七七五年の樹木年輪に記録された^{14}C濃度急上昇イベント(^{14}C‐spike)と酸素同位体比にもとづく年輪年代測定で発掘調査報告書刊行時の年代値を補正した上で、西暦四一七～一〇〇九年にわたる年輪年代曲線を構築した。箱崎真隆・中村俊夫・大山幹成・木村淳一・佐野雅規・中塚武「西暦774‐775年の^{14}Cイベントと酸素同位体比年輪年代法に基づく青森市新田（1）遺跡アスナロ材の暦年代の検証」（『名古屋大学加速器質量分析計業績報告書』二七、二〇一六年）。
　また、白頭山‐苫小牧火山灰（B‐Tm）についてもオッペンハイマー氏らは、^{14}C‐spikeにもとづく分析を行い、西暦九四六年の噴火年を確定した。さらに従来『扶桑略記』から西暦九一五年とみていた十和田a火山灰の噴火年代について、九二〇～九三〇年代に下る可能性を指摘した。Oppenheimer,C.,Wacker,L.,Xu,J.,Galván,J.D.,Stoffel,M.,Guillet,S.,Corona,C.,Sigl,M.,Cosmo,N.D.,Hajdas,I.,Pan,B.,Breuker,R.,Schneider,L.,Esper,J.,Fei,J.,Hammond,J.O.S and Büntgen,U. 2017 Multi-proxy dating the 'Millennium Eruption' of Changbaishan to late 946 CE. *Quaternary Science Reviews* 158, pp.164-171.
　B‐Tm火山灰の降下年代は、早川氏らが古文書などから比定した年代とも一致している。早川由紀夫・小山真人「日本海をはさんで十世紀に相次いで起こった二つの大噴火の年月日―十和田湖と白頭山―」（『火山』四三、一九九八年）。
　北東北古代集落研究会での資料作成時のB‐Tm火山灰の降下年代の時期観よりも下った時期区分となり、4～6期にかけて調整が必要となるが、本稿の執筆はそのままの時期区分で取り扱った。

(26) 前掲註（5）平山・浅田論文。

(27) 発掘調査報告書の本文（三六頁）中では時期不明としながらも一〇〇頁に掲載された遺構配置図上では竪穴建物跡のみを平安時代の帰属、土坑などを一括して縄文時代の帰属としている。柱穴の堆積状況の小規模な掘削痕も土坑としていることから遺構認定・帰属時期の判断について問題があるといわざるをえない。

(28) 前掲註（5）平山・浅田論文。

(29) 図8で図示したピット群について館などの大規模な掘立柱建物と推定される。報告書では具体的な検討がされず月見野（1）遺跡同様問題がある調査報告である。

(30) 前掲註（23）木村論文。

(31) 井上尚明『古代東国社会の成立と展開』（総合研究大学院大学、二〇一二年）。

(32) 宇部則保氏のご教示による。七世紀代の田面木平（1）遺跡では竪穴建物から少し離れた位置から掘立柱建物二棟が検出されている。八世紀代の資料については酒美平遺跡の事例がある。

(33) 八木光則氏のご教示による。また、鐘江宏之氏によると東国では「継続型集落」では九世紀に入って掘立柱建物が導入されるが、「開発型集落」では形成期から掘立柱建物が比較的多く見られるのが特徴であるという。鐘江宏之「郡司と古代村落」（『岩波講座日本歴史』三古代3、二〇一四年）。

（34）前掲註（2）青森県書。
（35）平川南「青森市野木遺跡出土の「夫」墨書土器」（青森市教育委員会『野木遺跡発掘調査報告書Ⅱ』第五分冊、二〇〇一年）。なお、あくまでも略字としての一つであり、野木（1）遺跡内での墨書土器の規範が日本列島全体の墨書土器の流れに則ったものであるという認識である。
（36）前掲註（3）木村ほか論文。
（37）川畑誠「須恵器貯蔵具の消費痕跡試論」（『北陸古代土器研究』八、一九九九年）。

古代北奥における集落・竪穴建物の動態について

齋藤　淳

二〇一四年に刊行された『九～十一世紀の土器編年構築と集落遺跡の特質からみた、北東北世界の実態的研究』(1)は、既調査で検出された北奥(2)の竪穴建物跡を集成するとともに、1期／九世紀前葉、2期／九世紀中葉、3期／九世紀後葉、4期／九世紀末～十世紀初頭、5期／十世紀前葉（To－a～B－Tm降灰）、6期／十世紀中葉、7期／十世紀後葉、8期／十一世紀に時期区分し、それらの時間・空間分布、あるいは形態・属性など、各種の基礎データを提示したものである。本稿では、同書の付属データをもとに、七～八世紀の動向も加えて、北奥における古代集落・竪穴建物のマクロな動態を俯瞰するとともに(3)、その意味について検討する。

ただし、右書の4・5期を十世紀前葉に、7・8期を十世紀後葉に統合し、各時期おおむね三分の一世紀とした。一方、七～八世紀データについては、二分の一世紀間隔とした。また、時期不明の建物数については、判明建物数の比率によって各時期に按分した。なお、七～八世紀データの岩手県分については、八木光則氏より提供を受けたが、氏の時期区分のうちⅠ期（六世紀後葉～七世紀前葉）・Ⅱ期（七世紀中葉）を七世紀前半、Ⅲ期（七世紀後葉～八世紀初頭）を七世紀後半に繰り入れた。これらの資料操作による錯誤などについては、すべて筆者の責に帰せられるものであることを明記しておきたい。

一　古代集落・竪穴建物の推移

図2〜6は、各時期の集落分布を黒円（の中心）、集落を構成する竪穴建物数を円面積で表したものである。[4] 以下では、水系をもとに設定した直径四〇㎞ほどの地域区分（図1）にしたがって、各時期の概要を述べる。

七世紀前半　北奥において、カマド付竪穴建物からなる古代集落が本格的に展開する時期である。集落分布は、奥羽山脈以東の太平洋側に偏り、北上川中流（胆沢・和賀）・上流（紫波・岩手）、馬淵川上流（二戸）・下流（三戸）において密である。膳性遺跡（奥州市）をはじめとして古墳時代から集落が継起する胆沢平野を起点に、拠点地域が

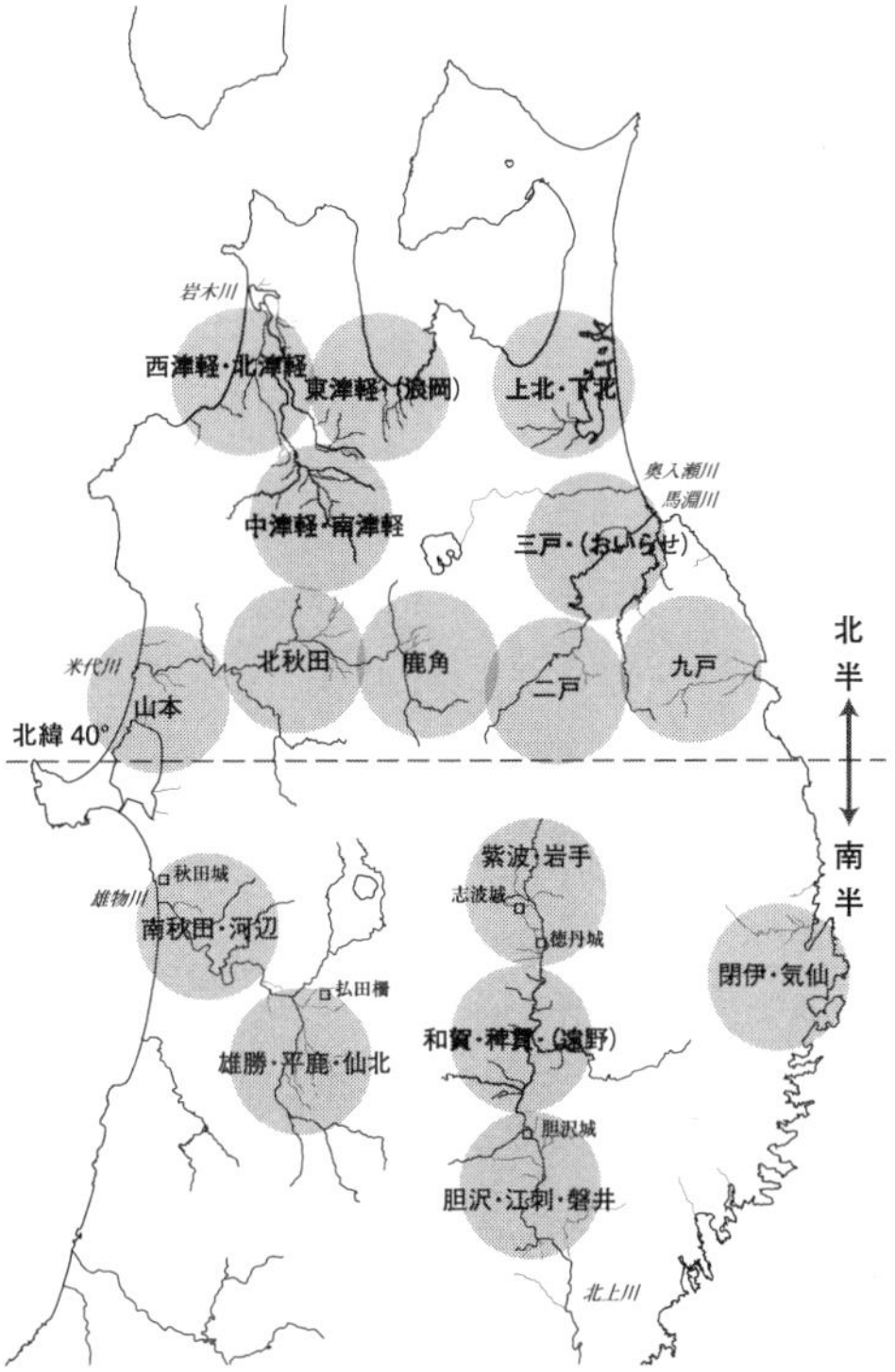

大区分	地域区分	水系	主な市町村
北奥北半	東津軽・（浪岡）	陸奥湾西岸域・（浪岡）	青森市・外ヶ浜町・蓬田村
	西津軽・北津軽	岩木川下流	五所川原市・つがる市・中泊町・鰺ヶ沢町
	南津軽・中津軽	岩木川上流域	弘前市・黒石市・平川市
	上北・下北	陸奥湾東岸域・小川原湖岸域	十和田市・三沢市・むつ市・野辺地町・七戸町
	三戸・（おいらせ）	馬淵川・新井田川・（奥入瀬川）下流域	八戸市・三戸町・（おいらせ町）
	二戸	馬淵川・新井田川上流域	二戸市・八幡平市・一戸町
	九戸	新井田川上流域・久慈川流域	久慈市・九戸村・軽米町・野田村
	山本	米代川下流域	能代市・八峰町・三種町
	北秋田	米代川中流域	大館市・北秋田市
	鹿角	米代川上流域	鹿角市・小坂町
北奥南半	南秋田・河辺	雄物川下流域	秋田市・潟上市・男鹿市
	仙北・平鹿・雄勝	雄物川上流域	仙北市・大仙市・横手市・湯沢市
	岩手・紫波	北上川上流域	盛岡市・矢巾町・紫波町
	稗貫・和賀・（遠野）	北上川中流域	花巻市・北上市・（遠野市）
	胆沢・江刺・磐井	北上川下流域	奥州市・一関市・金ヶ崎町
	閉伊・気仙	三陸沿岸域	宮古市・釜石市・山田町・大船渡市・陸前高田市

図1　地域区分

大河川に沿って南北方向に連なり、集落規模[5]・密度も北上するにしたがって縮小する傾向にある。

当該期集落の七〇％前後が一～二棟の竪穴建物で構成される最小単位集落である（図8－08）。時期が下るにしたがって比率が減少するものの、基本的には十世紀後葉に至るまでこうした一～二棟集落が主体を占める。古代を通じて、単婚家族単位の小規模集落が基本であり、散村的景観が一般的であったと考えられる。一方、一集落あたりの平均建物数については、北緯四〇度以南の地域（南半域）が約五棟、以北の地域（北半域）が三棟（同07）、また、一〇棟以上で構成される中～大規模集落の比率は、南半が一九％（同09）、北半が七％であり（同10）、いずれも前者が卓越する。もっともこれらは、一時期一遺跡から検出された竪穴建物数に依拠した統計値であり、建物の配置・密度・同時性などは未検証である。中・大規模とした集落であっても、内実は小規模集落の時間的・空間的集合にすぎない場合も想定される。

集落の立地は、生業や地域間交流の在り方と密接な関連を有する。以下では、平成の大合併以前の旧市町村役場標高を基準点とした各集落立地点の比高について集計し、おおまかな傾向を読み取りたい[6]。当該期集落の平均比高については、南・北半域ともに＋五ｍ前後となるが、北半域では時期が下るにしたがって高地化が進行するとともに（図9－01）、ばらつき（偏差）が大きく多様な占地がなされている。たとえば、南半域では、基準点±一〇ｍの範囲に収まる集落が六〇％強に達し、現在の市街地（旧市町村役場）に近似した立地の集落が大半であるのに対し、北半域では三〇％弱に留まる（同02）。このような集落立地の南北差は、古代を通じて保持されるが、おそらくは生業構造を軸とした集落編成・政治体制の違いが反映されているものと推定される。

七世紀後半　前代の拠点地域を核として、集落分布・竪穴建物数が急速に拡大する時期である。集落・建物数は前代に比して数倍に達する（図7）。新たに北上川中流域（稗貫）、三陸沿岸（閉伊）、奥入瀬川下流（おいらせ）、小川原湖周辺（上北）ほか、日本海側においても集落が出現する。日本海側では、雄物川上流の横手盆地（雄勝・平鹿）に集落が集中するほか、雄物川下流の秋田平野北端（南秋田）、米代川上流の花輪盆地（鹿角）、岩木川水系上流の津軽平野南端（中・南津軽）などにも小規模集落が成立する。前代まで一〇棟前後の中規模集落が集中した胆沢地域では、一～二棟の小規模集落が増加し、以降建物数は八世紀後半まで横這いで推移する。一方、より北方の紫波・岩手、二戸、三戸では、徳丹城跡（＊徳丹城下層・矢巾町）・台太郎遺跡（盛岡市）・中曽根Ⅱ遺跡（二戸市）・田面木平（1）遺跡（八戸市）など中～大規模集落が増加し、建物数が急増する。一～二棟集落の比率が五〇％に急減する一方、三～六棟で構成される集落が急増し、一集落当たりの平均建物数も六棟前後に上昇する（図8－07）。最小単位集落が減少する一方、複数の世帯・家族から構成される新規集落が急増する時期ととらえられる。

八世紀前半　前代の拠点地域や新開地を起点として、引き続き集落分布の拡大が進むが、減少する地域もみられることから、集落・建物数ともに横這いとなる（図7）。北上川流域から馬渕川上流域にかけては全般的に減少し、和賀・稗貫、紫波・岩手、二戸などでは建物が半減に近い状況となる。一方、より北方の九戸、上北、南秋田、中・南

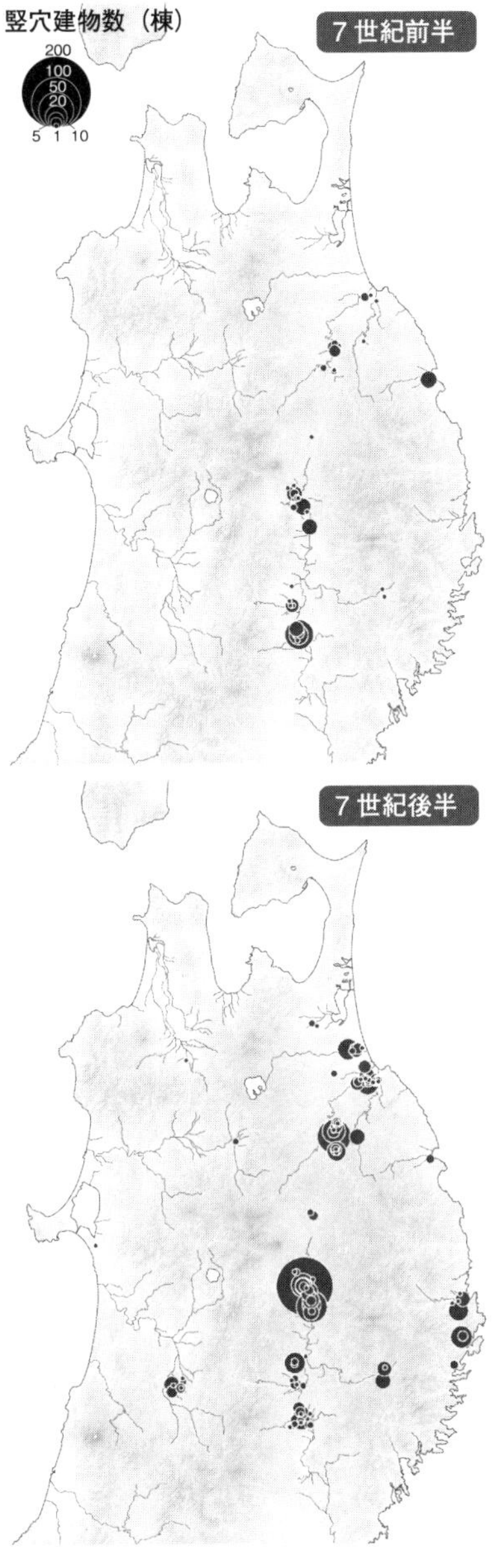

図2　古代北奥の集落分布／竪穴建物数01

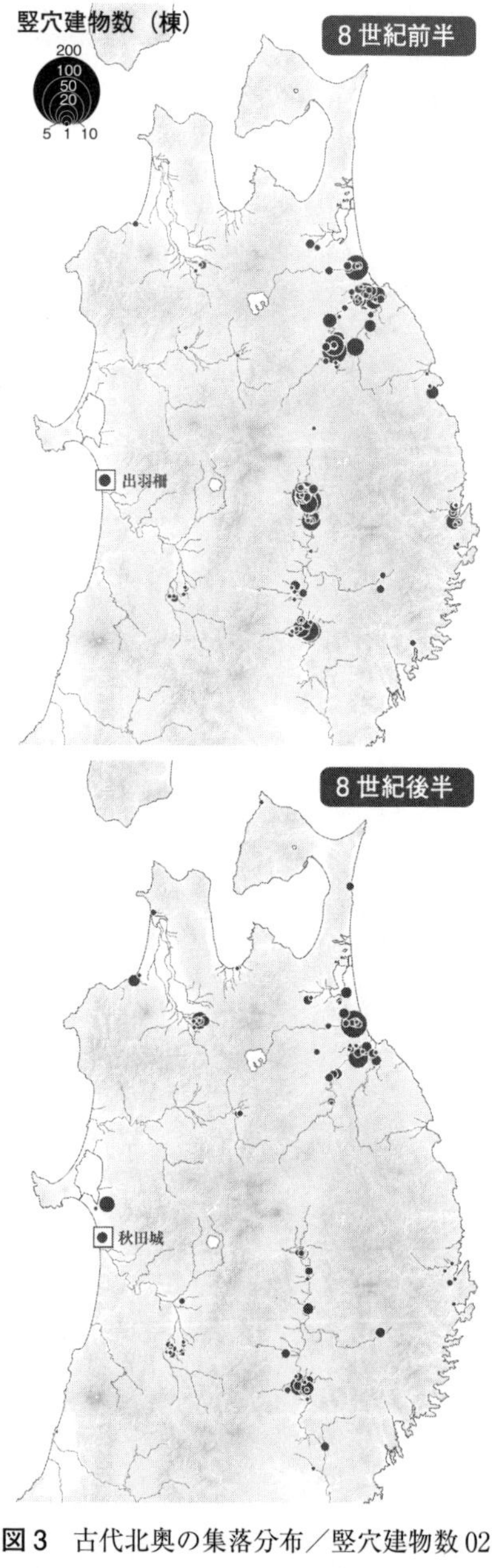

図3　古代北奥の集落分布／竪穴建物数02

津軽では増加傾向となり、とくに馬淵川・奥入瀬川下流域（三戸・おいらせ）では、田面木遺跡（八戸市）・中野平遺跡（おいらせ町）をはじめとして建物数が急増し、ピークを迎える。また、津軽西海岸（西津軽）においても新たに集落が出現する。一集落当たりの平均建物数、一～二棟集落、一〇棟以上の集落比率については、さほど大きな変化はみられない（図8）。集落構成・立地をはじめとする社会の在り方は、基本的には前代を継承するものといえそうである。

八世紀後半　集落数が前代の三分の二に縮減し、なかでも中～大規模集落の急減によって建物数が半減する（図7）。とくに太平洋側の紫波・岩手、二戸、九戸、三戸、閉伊は軒並み急減し、落ち込みが激しい。一方、奥入瀬川以北の上北地域や、雄勝・平鹿・仙北、南秋田、鹿角、北秋田、中・南津軽、西・北津軽など日本海側への拡散・増加傾向が認められるほか、五月女萢遺跡（五所川原市）・沢田遺跡（青森市）・銅屋遺跡（東通村）など、津軽半島・

青森湾・下北半島の沿岸部において新たに小規模集落が形成される。一～二棟集落の比率が再び上昇する一方、一〇棟以上の集落は急減を見せ、一集落当たりの平均建物数は三棟台に低下する（図8－07）。従来の拠点地域における中～大規模集落の解体・縮減、日本海側・沿岸部・低地部への進出などに特徴づけられる時期である。

九世紀前葉　北上川流域では、胆沢城が造営される胆沢・江刺、志波城が設置される紫波・岩手地域をはじめとして新規集落が急増し、集落・建物数ともに倍増する（図7）。雄物川流域では、新たに払田柵が設置される雄勝・平鹿・仙北地域で半減、秋田城を擁する南秋田地域が倍増と、対照をなす（建物数は両地域とも微減）。一方、青森県域では、中・南津軽を除いて集落・建物数ともに急減し、とくに八戸地域を中心とした三戸の落ち込みが激しい。このように南半域で急増、北半域で急減となって相殺されるため、北奥全体では集落・建物数ともに横這いで推移する。当該期の中規模集落は、跡呂井遺跡（奥州市）・館畑遺跡（紫波町）・李平下安原遺跡（平川市）など、前代から継続するものが目立つ。一集落あたりの平均建物数・構成建物比率についても、さほど大きな変化はない（図8）。城柵設置・建郡など政治的には大きな転換期に相当し、集落動態・立地についても南北間の格差が目立つ時期であるが、前代から継承されている部分も少なからず認められる。

九世紀中葉　前代に倍増した北上川流域を中心に、集落・建物数が増加する。前代に急減した青森県域においても増加に転じ、従来稀薄であった米代川下流（山本）や岩木川中流域（浪岡）に集落が出現するなど、日本海側において集落分布の拡大が認められる（図7）。一方、七世紀後半以降、安定的に集落が運営されてきた雄物川流域（雄勝・平鹿、南秋田）で急減する状況が見られる。北奥全体では、一～二棟集落、一〇棟以上の集落比率ともに下降する一方、相対的に三～五棟で構成される集落が急増する現象が認められる（図8）。北半域においては、建物平均面積の急激な縮小のほか（図9－03）、基準点平均比高が七ｍ上昇するなど（同01）、建物の小型化と居住空間・生業構造の多様化が看取される。また、小型・大型建物の比率急増（同04・05）、建物の主軸方向の流動化などの現象も認められ、集落形態・社会体制転換の兆候がうかがわれる。

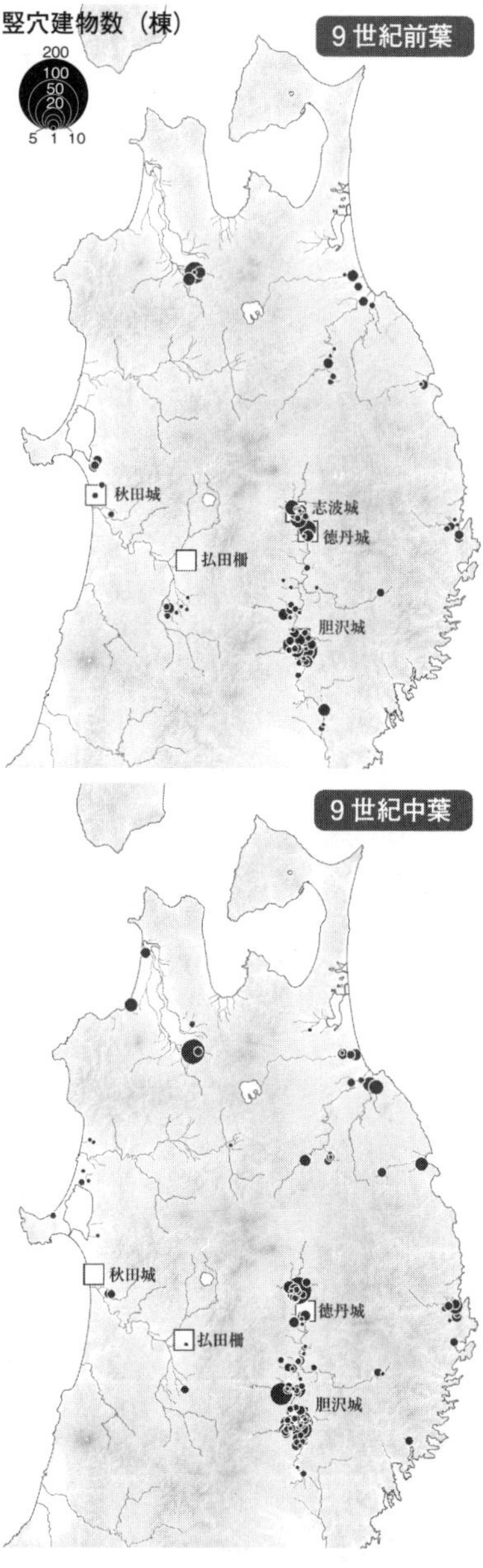

図4　古代北奥の集落分布／竪穴建物数03

九世紀後葉　北奥全域で集落・建物が急増し、ともに数倍以上となる（図7）。とくに一七〇棟が検出された台太郎遺跡（盛岡市）をはじめ、岩崎台地群遺跡（北上市）・島田Ⅱ遺跡（宮古市）・田向遺跡（八戸市）・中野平遺跡（おいらせ町）など五〇棟を超える巨大集落や中～大規模集落が太平洋側を中心に増加する。日本海側においても、雄勝・平鹿、南秋田で再び増加に転じ、従来閑散としていた浪岡・青森平野（東青森）では一気に集落・建物が展開する。集落の大規模化を反映して、一～二棟集落の比率が急減する一方、一〇棟以上の集落比率は倍増する（図8）。結果として、前代まで三～六棟台で推移した一集落当たりの平均建物数は、約八棟に跳ね上がる。北半域においては、集落立地の基準点平均比高は一気に一〇m上昇＋二六mとなり、高地への進出がいっそう進む（図9－01）。また、南半域において建物平均面積の急激な縮小（同03）、北奥全域で小型建物の比率急増（同04）などが認められることから、前代看取された胎動が奔流化し、小型主体の建物が、多様な居住環境・生業戦略を志向して凝集する時期ととらえたい。

十世紀前葉　前代に急増した岩手県域や三戸地域では横這いから微増、それ以外の地域では集落・建物の急増、分布拡大が認められ、いずれも前代の数倍以上に達する（図7）。とくに北半の米代川流域、津軽地域、上北地域では、一〇倍以上の伸び率であり、四七〇棟が検出された野木（1）遺跡（青森市）を筆頭に、野尻（4）遺跡・近野遺跡（青森市）など広大な空間に一〇〇棟以上の建物が点在する超巨大集落や五〇棟以上の巨大集落が林立する一方、山間・低地・海岸部などへの分布拡大も顕著に認められる。南半域の集落構成比率は前代とさほど変わらないが、集落の急激な巨大化が進行する北半域では、一〇棟以上の集落比率が三〇％（図8-10）、一集落当たりの平均建物数が一四棟に急伸する（同07）。建物平均面積、小型・大型建物比率は前代同様であるが（図9）、柱穴配置EFGHといった側柱構造の建物が急増し、以降日本海側において主流となる（同08）。当該期は前代の太平洋側に引き続き、日

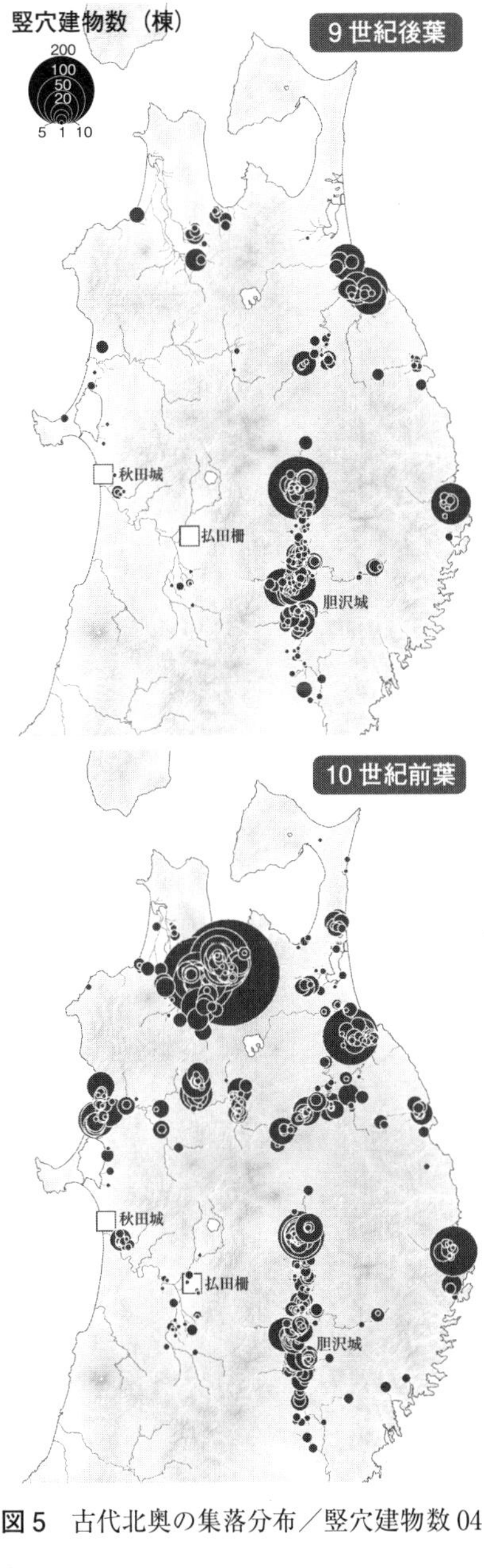

図5　古代北奥の集落分布／竪穴建物数04

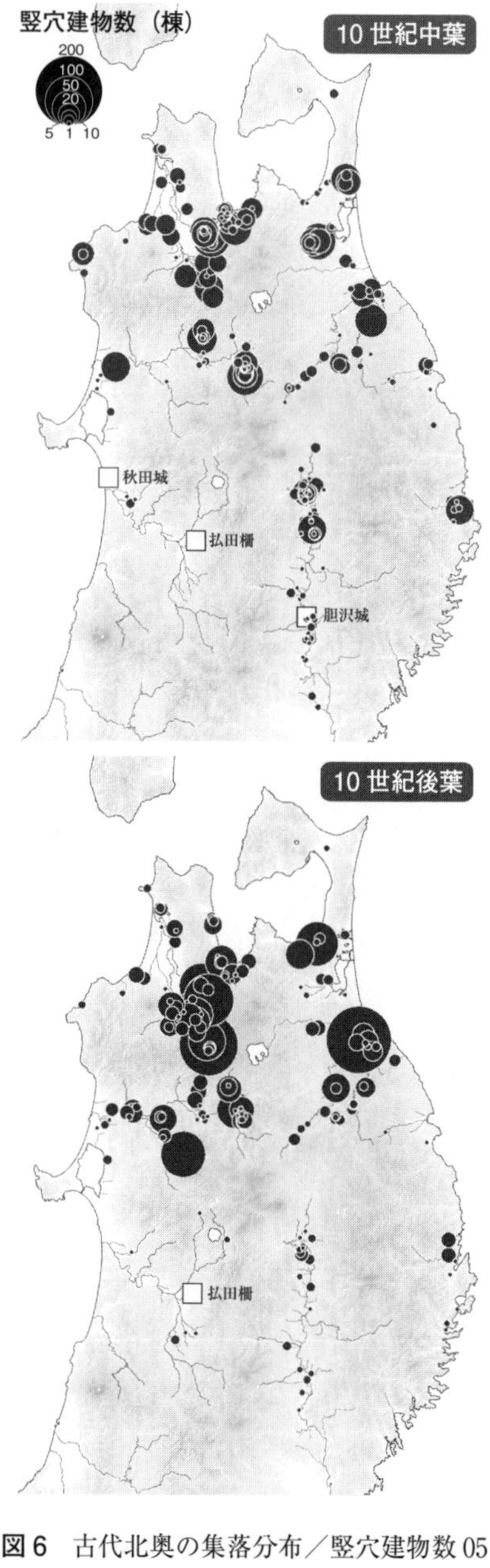

図6　古代北奥の集落分布／竪穴建物数05

本海側において竪穴建物の激増と分布拡大が認められ、小型建物の凝集化に伴う大規模~巨大新興集落が加速的に形成される。

十世紀中葉　北奥全体では、前代よりも集落数が半減、建物数は三分の一以下に落ち込む。建物については、とくに胆沢・稗貫、平鹿・仙北、南秋田など南半城柵周辺域の減少率が著しい（図7）。北半域においても、前代の七分の一~一〇分の一に縮減する野木（1）遺跡・野尻（4）遺跡（青森市）など、五〇棟以上で構成される巨大集落が急減する反面、砂子遺跡（八戸市）・歌内遺跡（鹿角市）・源常平遺跡（青森市）・大平遺跡（大鰐町）などの山間集落ほか、低地・海岸部集落が中・大規模化する傾向も認められる。基準点平均比高が古代を通じて最高位となる一方（図9-01）、基準点±一〇m内の集落比率は最小となる（同02）。集落構成比率は、北半域では変化がないものの、南半域では、一~二棟集落の比率が急上昇し、一〇棟以上の集落比率が一〇％以下に落ち込む（図8-09）。一集落当たりの平均建物数は、南半域・北半域ともに落ち込み（同07）、中・大規模〜巨大集落の解体と小型建物の減少（同04）が看取される反面、建物の大型化（同03・05）・側柱化の進行が顕著に認められる（同08）。

十世紀後葉　米代川流域、南津軽、三戸地域を除いて集落がさらに減少する。とくに南半域は閑散とした状況となり、ほとんどが一〜四棟で構成される小規模集落となる（図8－05）。一方北半域では、一八六棟が検出された林ノ前遺跡（八戸市）や一五五棟の古館遺跡（平川市）、高館（1）遺跡（黒石市）など、空壕や土塁で囲繞された限定空間に多数の建物が密集する「区画集落（いわゆる「防御性集落」）」が盛行することもあって、北奥全域の建物数は横這いで推移する（図7）。また一〜二棟集落、一〇棟以上の集落比率ともに三〇％（図8－10）となるほか、一集落当たりの平均建物数は最大となり（同07）、「区画集落」などへの集村化が看取される。建物平均面積は、南半域・北半域とも最大となり、建物の大型化がピークに達する（図9－03）。北半域では五〇㎡以上の大型建物比率は九％であり、一〇棟中一棟が大型建物ということになる（同05）。「区画集落」ほかの当該期集落は、台地・丘陵部ほか、新田（1）・（2）遺跡（青森市）のように沖積低地に立地するものもみられることから、基準点平均比高は前代よりも低下する（同01）。

二　古代集落・竪穴建物消長と背景

短期的あるいは小地域的な動向は、三分の一〜二分の一世紀という時間幅や、直径四〇㎞の空間域に埋もれてしまうことが予想されるものの、北奥においては大局的には七世紀後半もしくは八世紀前半をピークとする波と、九世紀後葉もしくは十世紀前葉をピークとする二波が観察され、後者がより高くうねりも大きい（図7）。多少の揺らぎはあるものの、こうした二峰性推移の在り方は各地域において共通してみられる。ただし、最初のピークは東西差（太平洋側・日本海側）（同08）、二つ目のピークについては南北差（南半域・北半域）（同06）が顕著であるが、太平洋

01 集落数推移

地域	7C前	7C後	8C前	8C後	9C前	9C中	9C後	10C前	10C中	10C後
東津軽・（浪岡）	0	0	0	2	0	1	15	51	38	18
西津軽・北津軽	0	0	1	3	0	2	1	18	16	12
南津軽・中津軽	0	1	3	7	4	2	3	18	13	26
鹿角	0	1	1	2	0	1	2	24	18	15
北秋田	0	0	1	0	0	0	0	22	14	15
山本	0	0	0	0	0	6	5	30	5	10
南秋田・河辺	0	1	1	3	6	4	8	15	3	1
雄勝・平鹿・仙北	0	7	6	15	7	2	6	22	1	5
上北・下北	0	2	4	9	0	1	2	30	21	13
三戸・（おいらせ）	4	26	36	22	5	8	15	29	10	9
二戸	9	14	11	2	5	6	20	39	12	10
九戸	2	2	5	0	2	2	7	17	12	7
紫波・岩手	13	22	23	8	14	16	38	56	41	12
和賀・稗貫・（遠野	8	13	9	3	13	27	68	58	6	2
胆沢・江刺・磐井	6	19	15	14	30	40	54	51	15	5
閉伊・気仙	0	8	12	5	6	11	12	18	7	8
計	42	116	128	95	92	129	256	498	232	168

02 集落数推移グラフ

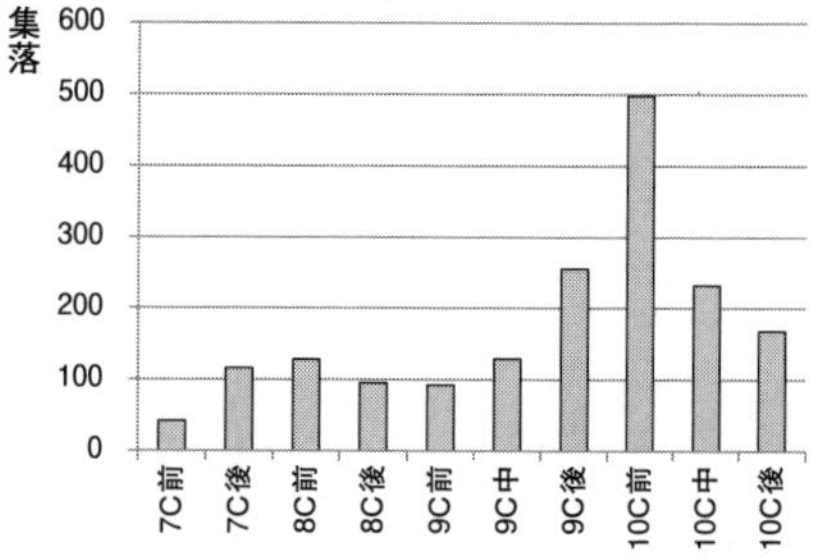

03 竪穴建物数推移

地域	7C前	7C後	8C前	8C後	9C前	9C中	9C後	10C前	10C中	10C後
東津軽・（浪岡）	0	0	0	2	0	1	95	1874	397	227
西津軽・北津軽	0	0	2	10	0	13	11	103	127	51
南津軽・中津軽	0	1	5	26	33	28	30	200	176	649
鹿角	0	2	1	5	0	1	3	120	192	175
北秋田	0	0	1	0	0	0	0	228	94	184
山本	0	0	0	0	0	7	14	318	44	60
南秋田・河辺	0	1	7	19	17	9	16	53	6	5
雄勝・平鹿・仙北	0	25	9	20	14	4	10	40	2	10
上北・下北	0	3	13	25	0	1	10	172	248	164
三戸・（おいらせ）	6	121	246	101	14	34	357	308	116	264
二戸	26	114	69	4	9	15	77	253	63	76
九戸	13	13	31	0	4	11	27	112	39	34
紫波・岩手	45	291	180	29	61	80	440	474	193	32
和賀・稗貫・（遠野	15	57	23	14	23	66	469	355	9	4
胆沢・江刺・磐井	66	73	76	56	155	158	255	323	23	7
閉伊・気仙	0	54	31	6	13	35	119	181	50	24
計	171	755	694	316	344	464	1933	5115	1777	1965

04 竪穴建物数推移グラフ

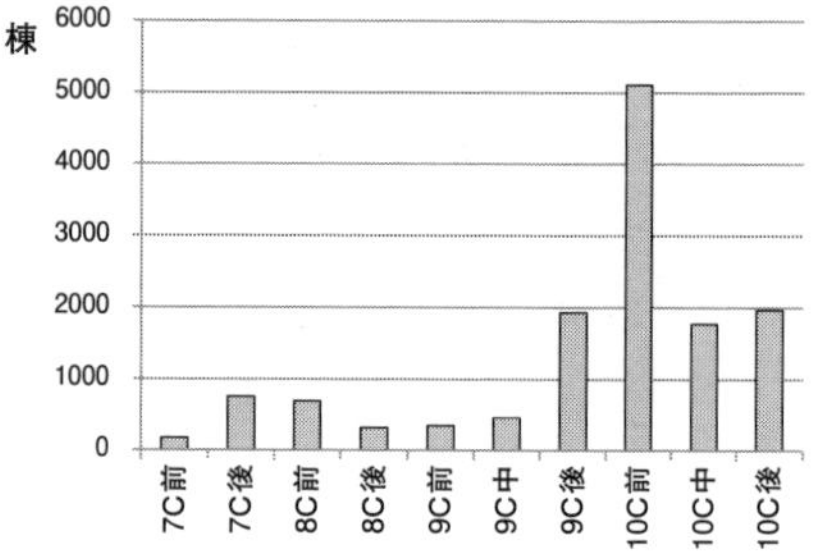

05 集落数推移グラフ（南北）

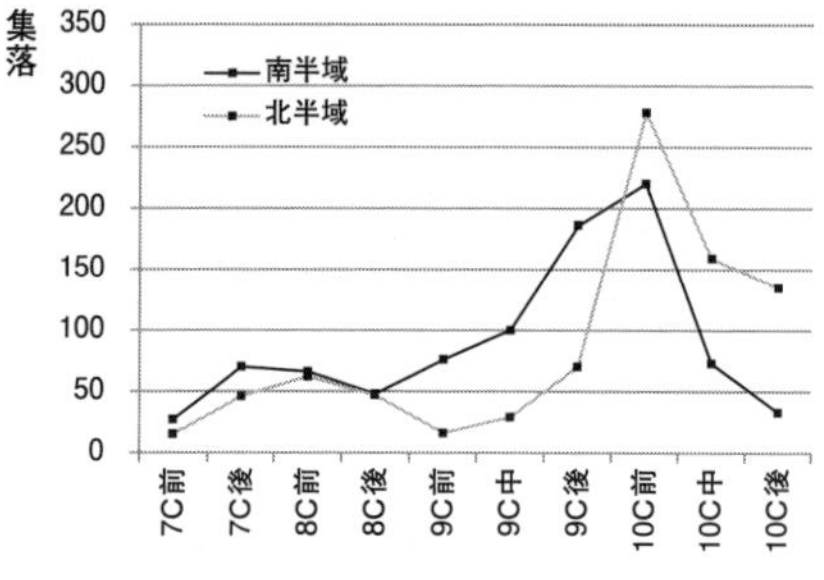

06 竪穴建物数推移グラフ（南北）

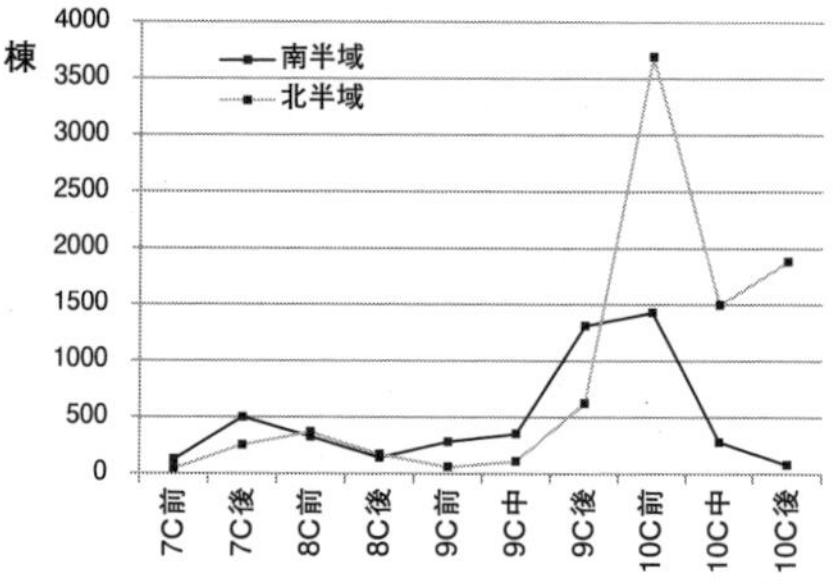

07 集落数推移グラフ（東西）

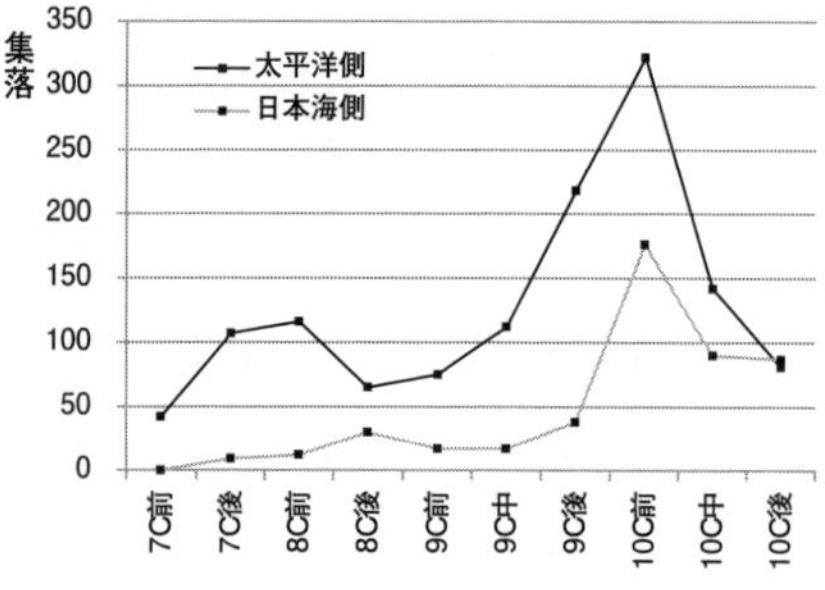

08 竪穴建物跡数推移グラフ（東西）

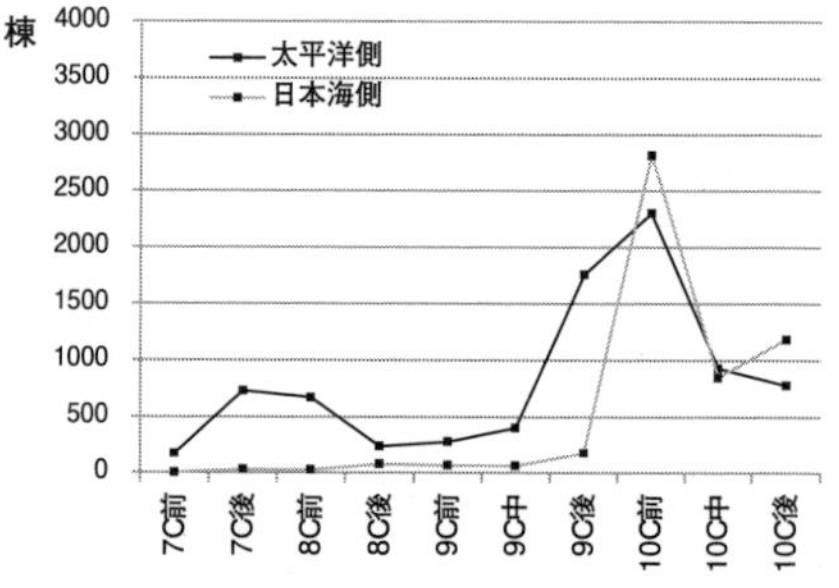

図７　古代北奥における集落・竪穴建物数推移 01

側あるいは南半域で集落・竪穴建物の増減や集落構成の変化が生じ、やや遅れて日本海側もしくは北半域に同様の変化が起きるようにも見える。このことは、自然・社会・政治・経済・技術などに関わる何らかの動因が前者の地域にもたらされて集落変動を惹起し、若干の時差をもって後者の地域に波及するという構図を予測させる。

それらの構図をより鮮明にするため、集落数・竪穴建物数ほか、一集落当たりの平均建物数（集落規模）・基準点平均比高（立地点）・建物平均面積（九世紀以降）各属性の推移を変量とする多変量解析を行った。項目間の相関分析では、集落数・竪穴建物数・集落規模間に高い正の相関が認められた（図10-01）。集落数・建物数・集落規模は同期することがうかがわれるが、南半域についてはこれらの動態と建物面積との間に高い負の相関、北半域については立地点との間に高い正の相関が認められた。したがって、何らかの原因による集落・建物数の増加が中・大規模集落の比率上昇をもたらし、それらの減少が小規模集落の比率上昇をもたらすのであろう。加えて南半域においては、増加期に竪穴建物の小型化、減少期に大型化が進行する傾向にある。また北半域については、集落・建物の増減と建物面積がさほどリンクしない一方、増加期に集落の高地化、減少期に低地化という立地点との相関が認められる。

地域間の集落動態クラスター分析では、近接地域が相似した動態を示すことによって、北半日本海側・南半日本海側・北半太平洋側・南半太平洋側の四グループに分類された（同02）。竪穴建物の動態については、北上川流域と津軽地域を対極として、それ以外の地域が一括りにまとめられた（同03）。地域間の集落動態主成分分析では、とくに第二主成分得点（負荷量）において明瞭な差が認められ、＋方向に南半域、－方向に北半域の各地域が集中し、しかも南から北へグラデーション状に分布する（図11-01）。±が逆転するものの、竪穴建物動態についても同様の傾向がみられる（同02）。第二主成分の解釈は困難であるが、先に予測した南からの要因の場合であっても、そのベクトルは北上するにしたがって減衰し、北緯四〇度ラインを変曲点として逆方向へ増幅する性質を帯びているらしい。あるいは、単方向ではなく北発信のベクトルを措定し、北緯四〇度ライン付近で南発信のベクトルと交錯するという双方向性の構図で理解すべきかもしれない。いずれにしても、以下では、こうした南北差の在り方や各属性の相関関係

01 一集落当たりの平均建物数推移【北奥】

時期	7C前	7C後	8C前	8C後	9C前	9C中	9C後	10C前	10C中	10C後
集落数	42	116	128	95	92	128	255	497	232	168
竪穴建物数	170.5	755.0	693.5	315.5	348.7	455.5	1922.3	5115.1	1777.5	1965.5
一集落当たり平均	4.1	6.5	5.4	3.3	3.8	3.6	7.5	10.3	7.7	11.7

02 一集落当たりの平均建物数推移【北奥南半】

時期	7C前	7C後	8C前	8C後	9C前	9C中	9C後	10C前	10C中	10C後
集落数	27	70	66	48	76	102	188	225	75	35
竪穴建物数	125.5	501.0	325.5	143.0	283.1	355.7	1312.8	1439.9	285.2	82.4
一集落当たり平均	4.6	7.2	4.9	3.0	3.7	3.5	7.0	6.4	3.8	2.4

03 一集落当たりの平均建物数推移【北奥北半】

時期	7C前	7C後	8C前	8C後	9C前	9C中	9C後	10C前	10C中	10C後
集落数	15	46	62	47	16	26	67	272	157	133
竪穴建物数	45.0	254.0	368.0	172.5	65.5	99.8	609.5	3675.2	1492.3	1883.1
一集落当たり平均	3.0	5.5	5.9	3.7	4.1	3.8	9.1	13.5	9.5	14.2

04 集落構成建物比率推移【北奥】

時期	7C前	7C後	8C前	8C後	9C前	9C中	9C後	10C前	10C中	10C後
1棟	50.0%	31.9%	32.0%	38.9%	25.0%	25.0%	23.9%	23.5%	23.3%	22.0%
2棟	19.0%	18.1%	19.5%	22.1%	32.6%	24.2%	17.6%	17.5%	21.1%	15.5%
3棟	4.8%	9.5%	10.2%	12.6%	7.6%	17.2%	11.8%	8.8%	8.6%	9.5%
4棟	0.0%	5.2%	6.3%	4.2%	6.5%	9.4%	5.9%	7.2%	6.5%	7.1%
5棟	0.0%	3.4%	4.7%	7.4%	3.3%	6.3%	6.7%	5.4%	7.3%	4.8%
6棟	2.4%	6.0%	3.1%	4.2%	8.7%	3.1%	5.1%	3.6%	2.2%	5.4%
7棟	2.4%	0.9%	1.6%	3.2%	3.3%	1.6%	3.5%	4.2%	3.0%	3.6%
8棟	4.8%	2.6%	2.3%	1.1%	2.2%	5.5%	3.5%	3.2%	3.4%	4.8%
9棟	2.4%	2.6%	1.6%	0.0%	1.1%	1.6%	2.7%	2.8%	1.3%	2.4%
10棟	4.8%	5.2%	2.3%	0.0%	2.2%	0.8%	1.2%	1.4%	0.9%	3.0%
11棟以上	9.5%	14.7%	16.4%	6.3%	7.6%	5.5%	18.0%	22.3%	22.4%	22.0%
1～2棟	69.0%	50.0%	51.5%	61.0%	57.6%	49.2%	41.5%	41.0%	44.4%	37.5%
10棟～	14.3%	19.9%	18.7%	6.3%	9.8%	6.3%	19.2%	23.7%	23.3%	25.0%

05 集落構成建物比率推移【北奥南半】

時期	7C前	7C後	8C前	8C後	9C前	9C中	9C後	10C前	10C中	10C後
1棟	55.6%	32.9%	39.4%	43.8%	23.7%	22.5%	25.0%	27.6%	36.0%	40.0%
2棟	11.1%	17.1%	15.2%	22.9%	35.5%	28.4%	18.1%	19.1%	29.3%	25.7%
3棟	3.7%	8.6%	10.6%	6.3%	7.9%	15.7%	13.8%	8.9%	10.7%	8.6%
4棟	0.0%	7.1%	6.1%	6.3%	5.3%	10.8%	5.9%	9.8%	4.0%	14.3%
5棟	0.0%	1.4%	4.5%	4.2%	2.6%	5.9%	5.3%	5.8%	5.3%	2.9%
6棟	0.0%	4.3%	3.0%	4.2%	7.9%	2.9%	5.3%	2.7%	1.3%	0.0%
7棟	3.7%	0.0%	3.0%	4.2%	2.6%	1.0%	2.7%	4.4%	1.3%	0.0%
8棟	3.7%	1.4%	0.0%	2.1%	2.6%	5.9%	3.2%	2.2%	2.7%	2.9%
9棟	3.7%	4.3%	0.0%	0.0%	1.3%	0.0%	2.1%	2.7%	0.0%	2.9%
10棟	7.4%	5.7%	4.5%	0.0%	2.6%	1.0%	1.6%	1.3%	0.0%	2.9%
11棟以上	11.1%	17.1%	13.6%	6.3%	7.9%	5.9%	17.0%	15.6%	9.3%	0.0%
1～2棟	66.7%	50.0%	54.5%	66.7%	59.2%	51.0%	43.1%	46.7%	65.3%	65.7%
10棟～	18.5%	22.9%	18.2%	6.3%	10.5%	6.9%	18.6%	16.9%	9.3%	2.9%

06 集落構成建物比率推移【北奥北半】

時期	7C前	7C後	8C前	8C後	9C前	9C中	9C後	10C前	10C中	10C後
1棟	40.0%	30.4%	24.2%	34.0%	31.3%	34.6%	20.9%	19.9%	17.2%	17.3%
2棟	33.3%	19.6%	24.2%	21.3%	18.8%	7.7%	16.4%	15.8%	17.2%	12.8%
3棟	6.7%	10.9%	9.7%	19.1%	6.3%	23.1%	6.0%	9.2%	7.6%	9.8%
4棟	0.0%	2.2%	4.8%	2.1%	12.5%	3.8%	6.0%	5.1%	7.6%	5.3%
5棟	0.0%	6.5%	4.8%	10.6%	6.3%	7.7%	10.4%	5.1%	8.3%	5.3%
6棟	6.7%	8.7%	3.2%	4.3%	6.3%	3.8%	4.5%	4.4%	2.5%	6.8%
7棟	0.0%	2.2%	1.6%	2.1%	6.3%	3.8%	6.0%	4.0%	3.8%	4.5%
8棟	6.7%	4.3%	4.8%	0.0%	0.0%	3.8%	4.5%	4.0%	3.8%	5.3%
9棟	0.0%	0.0%	3.2%	0.0%	0.0%	7.7%	4.5%	2.9%	1.9%	2.3%
10棟	0.0%	4.3%	0.0%	0.0%	0.0%	0.0%	0.0%	1.5%	1.3%	3.0%
11棟以上	6.7%	10.9%	19.4%	6.4%	12.5%	3.8%	20.9%	27.9%	28.7%	27.8%
1～2棟	73.3%	50.0%	48.4%	55.3%	50.0%	42.3%	37.3%	35.7%	34.4%	30.1%
10棟～	6.7%	15.2%	19.4%	6.4%	12.5%	3.8%	20.9%	29.4%	29.9%	30.8%

07 一集落当たりの平均建物数推移グラフ

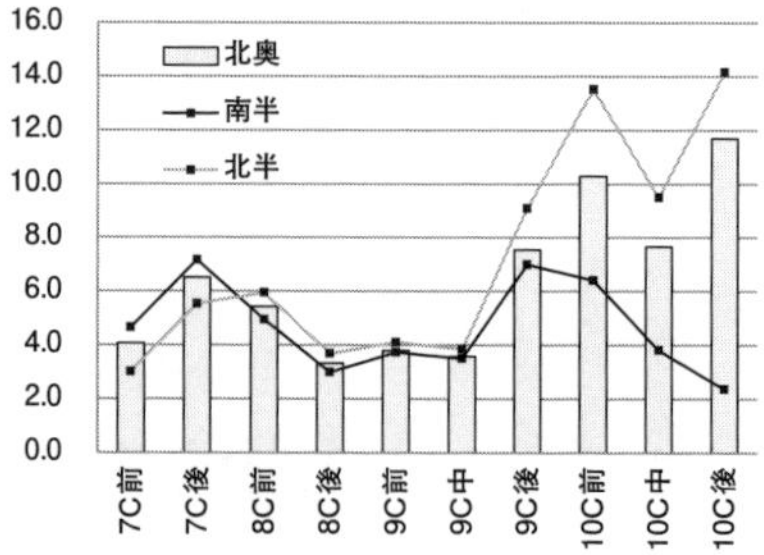

08 集落構成建物比率推移グラフ【北奥】

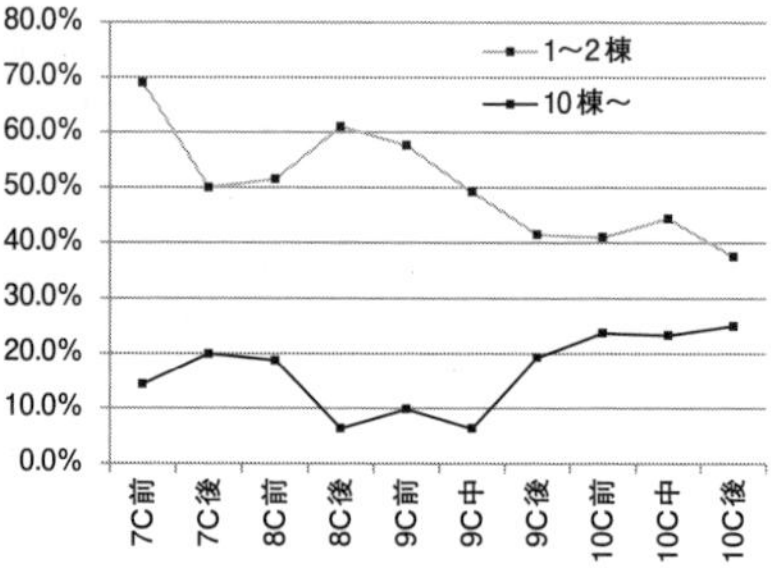

09 集落構成建物比率推移グラフ【北奥南半】

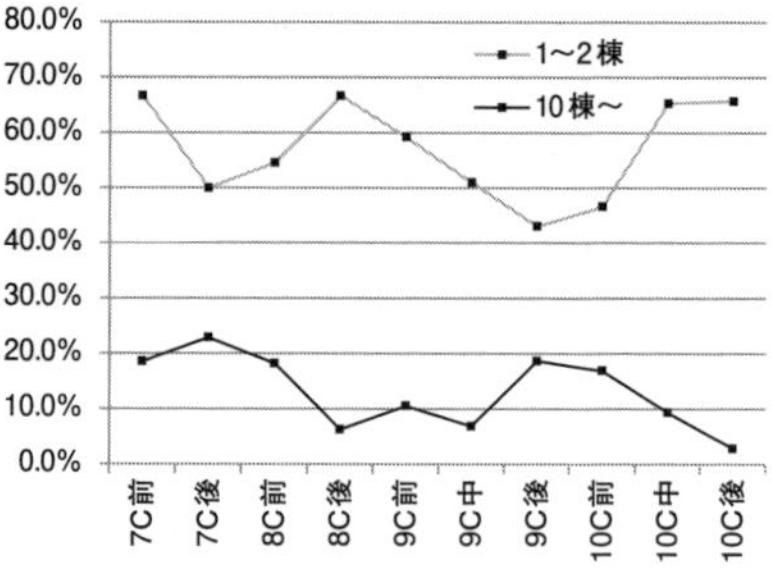

10 集落構成建物比率推移グラフ【北奥北半】

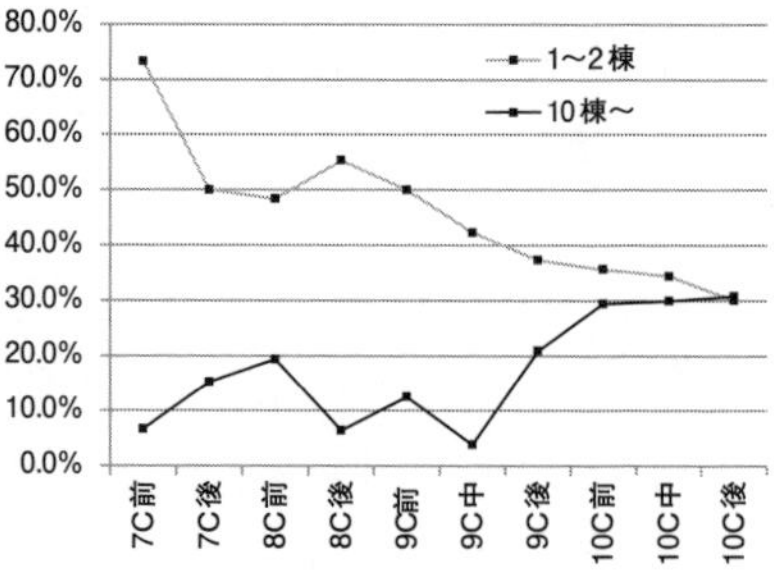

図8　古代北奥における集落・竪穴建物数推移02

01 基準点との平均比高推移グラフ

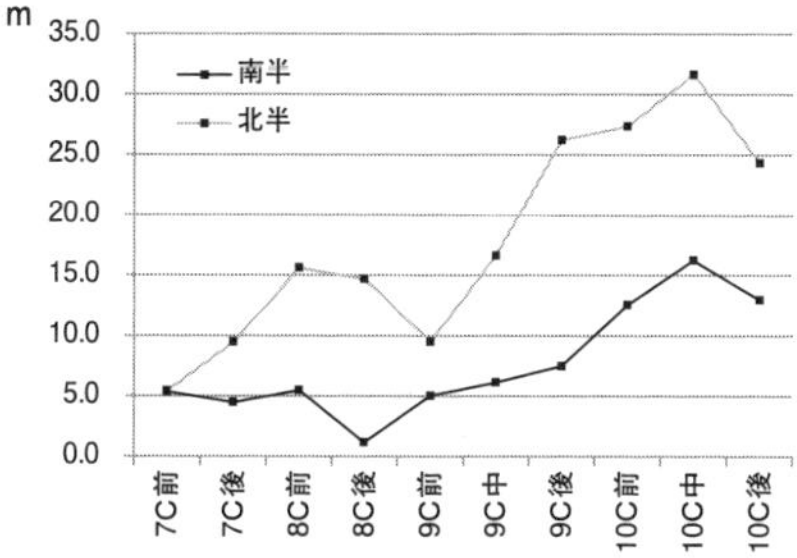

02 基準点±10m内立地集落比率推移グラフ

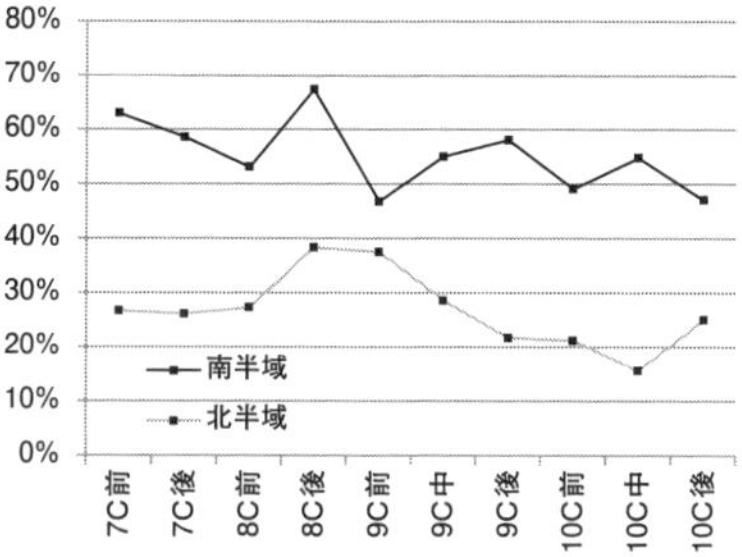

03 竪穴建物跡平均面積推移グラフ

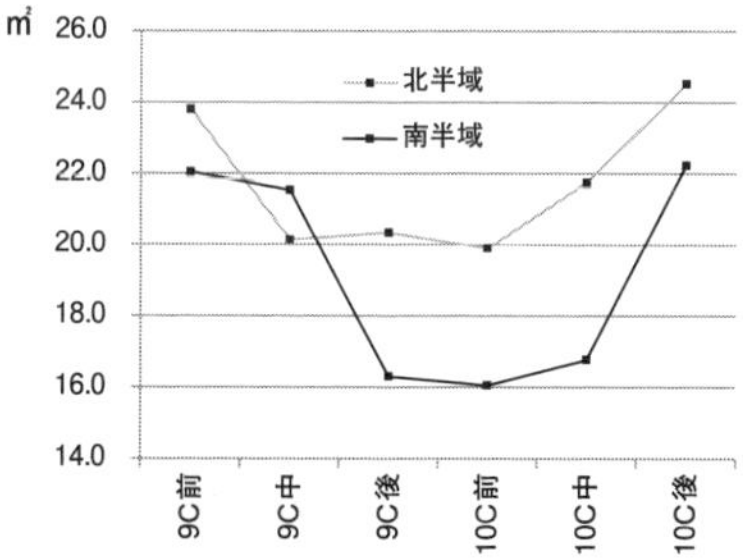

04 小型竪穴建物跡（<20㎡）比率推移グラフ

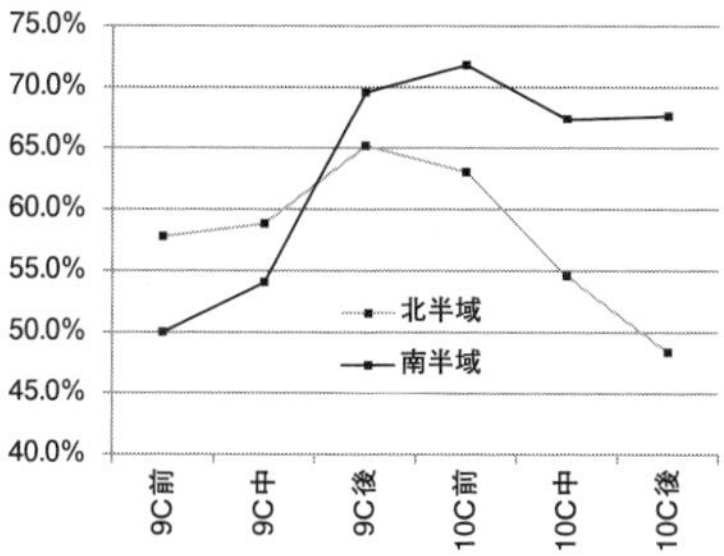

05 大型竪穴建物跡（50㎡<）比率推移グラフ

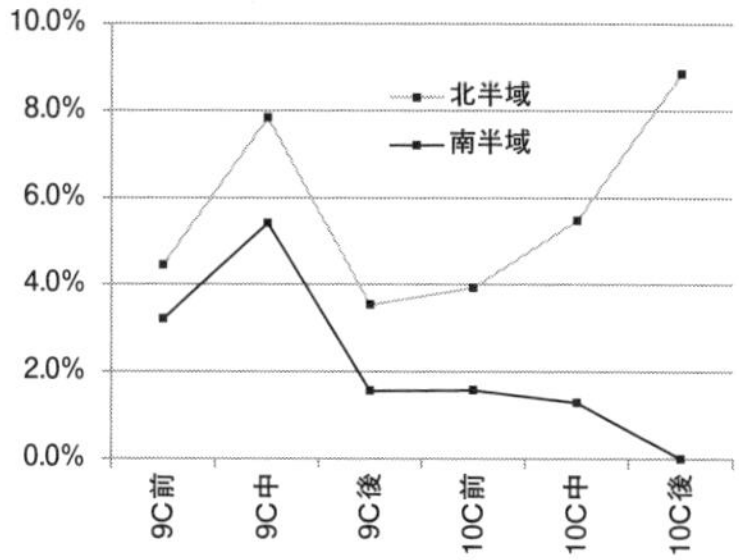

06 柱穴配置模式図（北東北古代集落遺跡研究会 2014を改変）

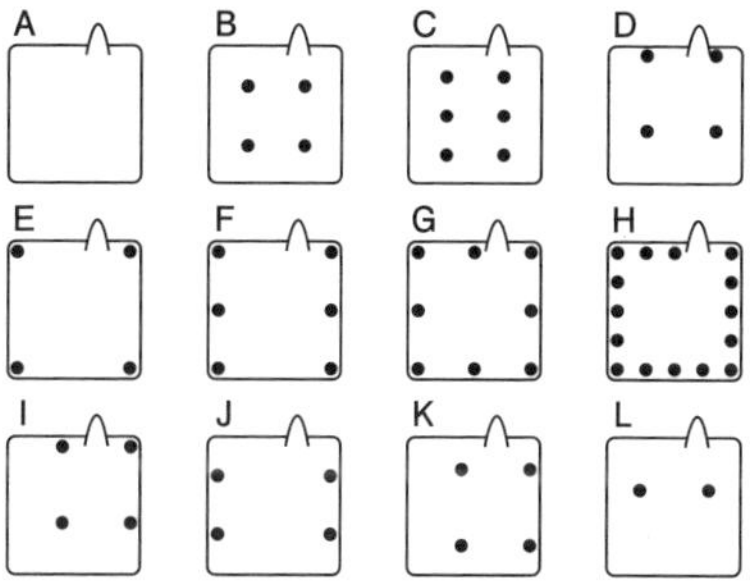

07 竪穴建物跡柱穴配置（A）比率推移グラフ

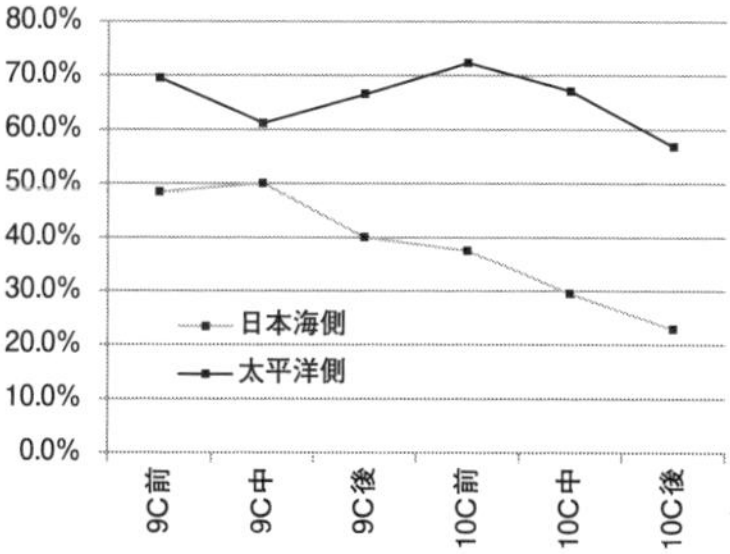

08 竪穴建物跡柱穴配置（E・F・G・H）比率推移グラフ

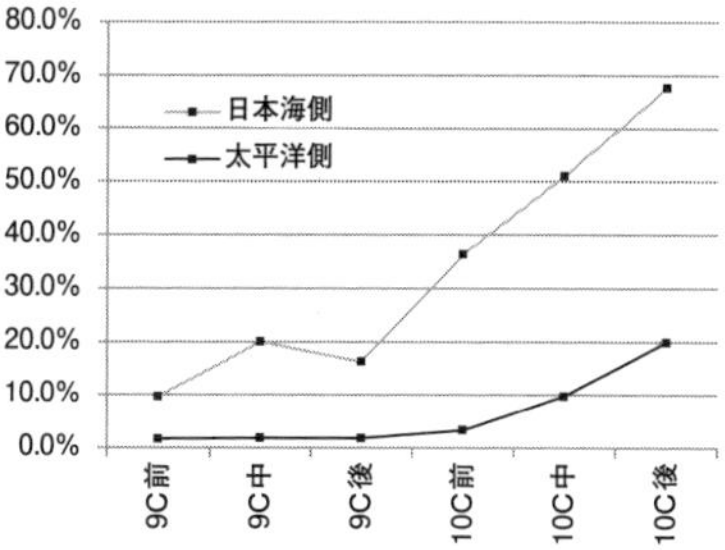

図9　古代北奥における集落・竪穴建物数推移03

01 分析項目相関　＊EXCEL 2010 データ分析－相関－ による

全域	集落数	竪穴建物数	集落平均建物数	基準点平均比高	建物平均面積
集落数	1.00				
竪穴建物数	0.98	1.00			
集落平均建物数	0.68	0.78	1.00		
基準点平均比高	0.66	0.69	0.80	1.00	
建物平均面積	-0.72	-0.55	-0.05	-0.17	1.00

南半域	集落数	竪穴建物数	集落平均建物数	基準点平均比高	建物平均面積
集落数	1.00				
竪穴建物数	0.97	1.00			
集落平均建物数	0.63	0.76	1.00		
基準点平均比高	0.27	0.23	-0.07	1.00	
建物平均面積	-0.75	-0.77	-0.81	-0.44	1.00

北半域	集落数	竪穴建物数	集落平均建物数	基準点平均比高	建物平均面積
集落数	1.00				
竪穴建物数	0.98	1.00			
集落平均建物数	0.86	0.88	1.00		
基準点平均比高	0.77	0.71	0.80	1.00	
建物平均面積	-0.25	-0.18	0.09	-0.33	1.00

全域	集落数	竪穴建物数	集落平均建物数	基準点平均比高	建物平均面積
集落数	1.00				
竪穴建物数	高い相関	1.00			
集落平均建物数	相関	高い相関	1.00		
基準点平均比高	相関	相関	高い相関	1.00	
建物平均面積	高い負の相関	負の相関			1.00

南半域	集落数	竪穴建物数	集落平均建物数	基準点平均比高	建物平均面積
集落数	1.00				
竪穴建物数	高い相関	1.00			
集落平均建物数	相関	高い相関	1.00		
基準点平均比高				1.00	
建物平均面積	高い負の相関	高い負の相関	高い負の相関	負の相関	1.00

北半域	集落数	竪穴建物数	集落平均建物数	基準点平均比高	建物平均面積
集落数	1.00				
竪穴建物数	高い相関	1.00			
集落平均建物数	高い相関	高い相関	1.00		
基準点平均比高	高い相関	高い相関	高い相関	1.00	
建物平均面積					1.00

02 集落動態クラスター分析

北半日本海側	南半日本海側	北半太平洋側	南半太平洋側
サンプル名	サンプル名	サンプル名	サンプル名
東津軽・（浪岡）	山本	三戸・（おいらせ）	稗貫・和賀・（遠野）
西津軽・北津軽	南秋田・河辺	二戸	胆沢・江刺・磐井
南津軽・中津軽	仙北・平鹿・雄勝	岩手・紫波	
鹿角	九戸		
北秋田	閉伊・気仙		
上北・下北			

＊EXCEL 多変量解析Ver7.0　による
サンプル間の距離計算：基準値のユークリッド距離
クラスター間の距離計算：ウォード法

03 竪穴建物動態クラスター分析

その他	北上川流域	津軽地域
サンプル名	サンプル名	サンプル名
西津軽・北津軽	三戸・（おいらせ）	東津軽・（浪岡）
鹿角	岩手・紫波	南津軽・中津軽
北秋田	稗貫・和賀・（遠野）	
山本	胆沢・江刺・磐井	
南秋田・河辺		
仙北・平鹿・雄勝		
上北・下北		
二戸		
九戸		
閉伊・気仙		

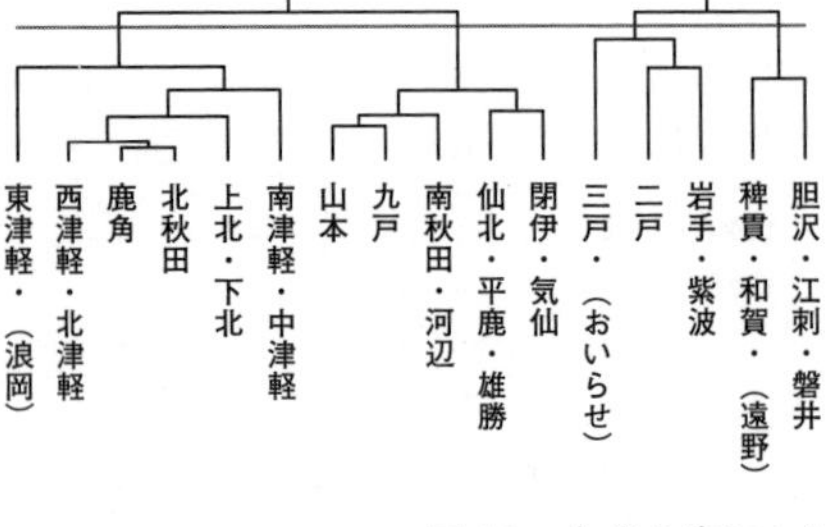

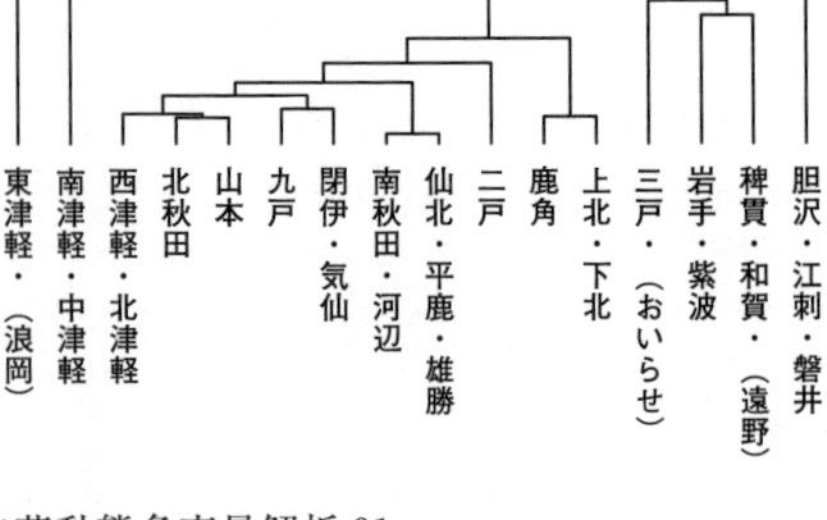

図 10　古代北奥における集落動態多変量解析 01

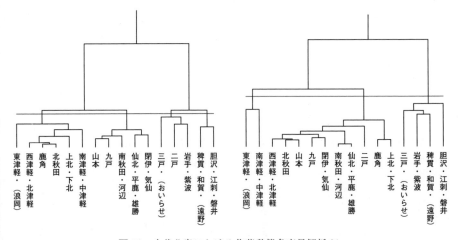

01 集落動態主成分分析　＊EXCEL 多変量解析 Ver7.0 による

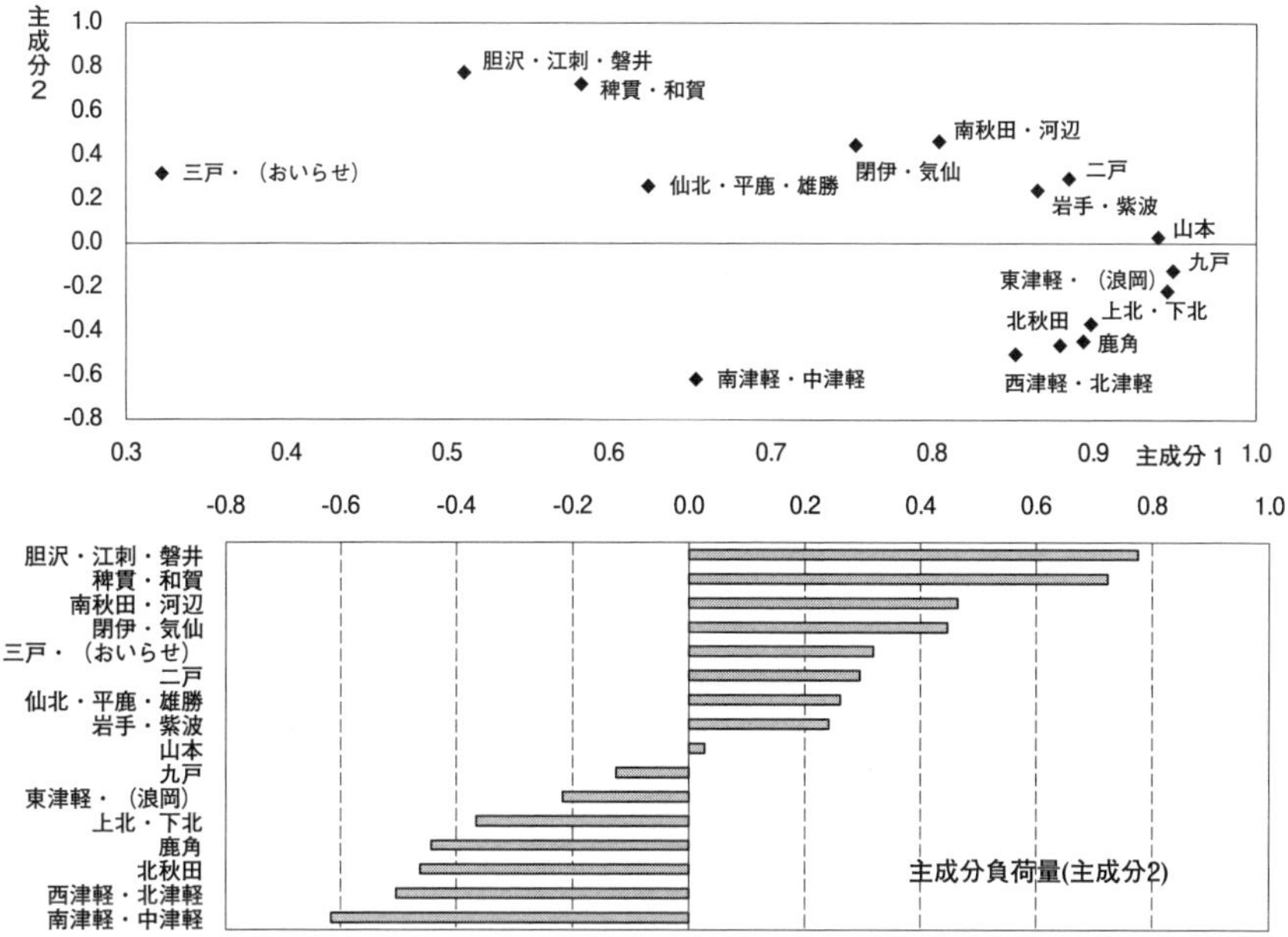

02 竪穴建物動態主成分分析　＊EXCEL 多変量解析 Ver7.0 による

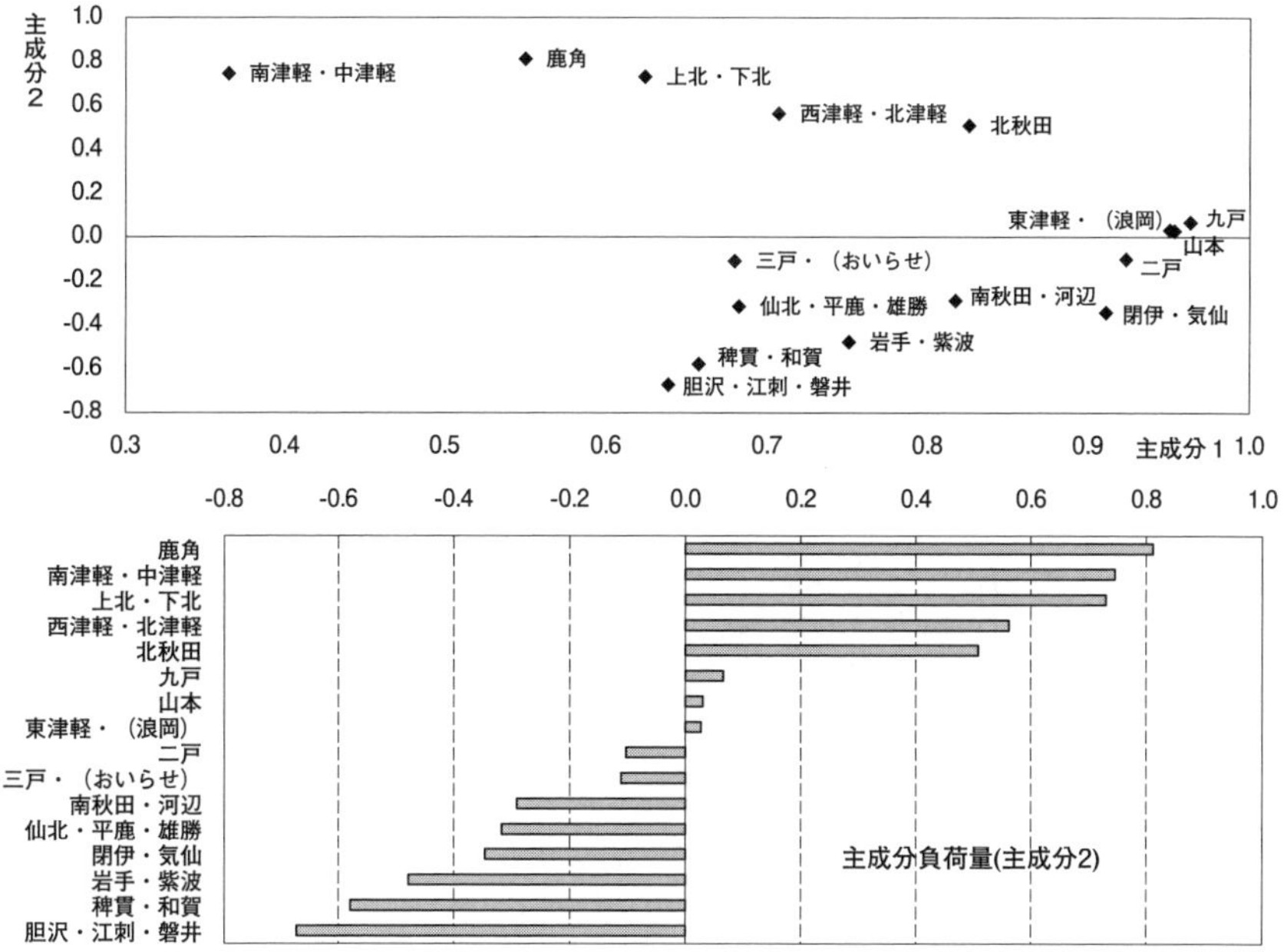

図 11　古代北奥における集落動態多変量解析 02

を前提に、古代集落ならびに竪穴建物の消長と背景について検討することにしたい。

七世紀前半太平洋側でいち早く確立した古代集落は、同後半には岩手県域、八世紀前半には三戸・九戸周辺、同後半には日本海側で最初のピークを迎える。胆沢、紫波、二戸、三戸といった拠点地域に中～大規模集落がみられるものの、大半は一～二棟で構成される小規模集落である。比較的大型の建物を主体とするこれらの集落は低地に近接して立地するものが卓越し、中核集落や近隣集落と協業しながらも、水田稲作を主体とする生業を個別的に営んでいたと想定される。七世紀後半～八世紀前半の増加期には中～大規模集落の増加とともに、南半域を中心に建物の小型化、北半域では立地点の上昇が見られ、居住空間の拡大に伴って、複数の小家族から構成される複合生業集落が拡大していく様子が看取される。

八世紀後半における太平洋側の急減は、従来の拠点地域における中～大規模集落の解体・拡散を伴っており、律令国家と北上川中流域の蝦夷の抗争「三十八年戦争」、ならびに戦中戦後の帰降蝦夷の内地移住政策「諸国移配」の影響も考えられるが、当該域での減少は八世紀前半から一部の地域ですでに始まっている。また、抗争の主舞台となった胆沢・江刺地域では微減の一方、むしろ以北の紫波・岩手、二戸、九戸、三戸の減少幅が大きい点に留意する必要がある。一方、当該期の日本海側では、集落・建物ともに倍増するとともに、沿岸部に小規模集落を主体とする新たな集落が成立する。その背景としては、雄勝郡・平鹿郡の設置、出羽柵から秋田城への改称に見られるような秋田城体制の確立や、秋田産須恵器の普及などにうかがわれる秋田城交易の強化が想定される。

九世紀前葉には、北上川流域に胆沢城・志波城などの城柵が造営され、郡制が施行される。これらの地域では新規集落が急増し、集落・建物ともに一斉に増加に転じる。一方、令制外地域である三戸ほかの青森県域においては急減し、とくに高所に立地する集落は激減する。九世紀前葉以降の建物の主軸方位（図12）については、おおまかにE志向の北上川流域、NW志向の馬渕川流域、ES志向の岩木川流域（ただし、中・南津軽は当初のWNから十世紀前葉ESに転換）、時期・小地域ごとに変移する米代川流域に分類され、こうした地域性は基本的には十世紀後葉に至るまで変わらないが、九世紀中葉～後葉にかけては北奥全域で主軸の流動化や転位が認められる。集落立地・建物面積の変化も著しく、次代における大変革の萌芽期ととらえられる。

続く九世紀後葉～十世紀前葉には、爆発的とも形容される新規集落・建物数の急増と集落規模・立地点（水平・垂直方向）の拡大、建物の小型化・側柱建物の出現などが認められる。これらの現象については、「元慶の乱（八七八）」や「十和田ａ火山灰降下（九一五ヵ）」などに伴う人口移動の結果と解釈されることが多いが、当該期の増加現象は北奥一円で生じており、九世紀後葉に太平洋側の和賀・稗貫、三戸地域、十世紀前葉にそれ以外の地域で第二のピークを迎える。局地的な動向が、連鎖的に北奥全域に拡大することも想定しうるが、少なくとも土器分析上からは、各属性が東西あるいは南北に整然と推移しており、[7] 先にみた集落・建物の動態主成分分析結果と調和的である。そこからは、東（西）から西（東）へ、あるいは南（北）から北（南）へといった大規模な人口移動や混乱の姿は見えてこない。

当該期の急増現象を主導する東津軽・（浪岡）では、五〇〇棟弱の野木（1）遺跡、二五〇棟余りの野尻（4）遺跡ほか、集落が極大化する時期である。それまでさほど利用されてこなかった地点に大挙して建物が現れ、「白頭山－苫小牧火山灰降下」前後の十世紀中葉にはほぼ終焉を迎える。その後現代に至るまで居住域として利用されてこなかったことからも明らかなように、もともと水田稲作に適さない立地の集落が多い。生業の大部分は集落周囲の広大な台地・丘陵を利用した畑（焼畑）・狩猟・採集、あるいは山林資源を活用した鉄・木工・土器生産、あるいはそれらの生産物の交易に依存していたであろう。大量の建物建設に代表される衣食住生活や各種の生産活動に伴う消費は膨大であり、資源の枯渇とともに移動・建替えというパターンの累積が建物数を肥大化させた可能性も想定され、建物・土器の在地性や存続期間の短時性を踏まえれば、遠方からの大量移動というよりも、近～中距離の顕在あるいは潜在小規模集

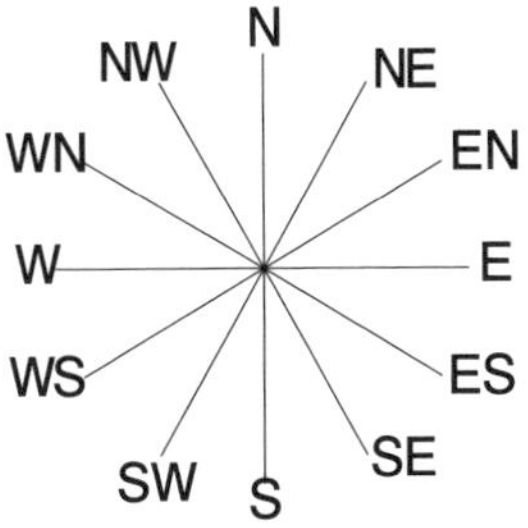

図12　方位記号

落群の一時的な凝集ととらえたほうが当該期の変異を解釈しやすいように思われる。

一方、十世紀中葉～後葉の急減は、このころ城柵の機能が停止する南半域が主導する。西日本では九世紀前半、東日本では九世紀後半～十世紀前半に古代集落が一斉に衰退することを勘案すれば[8]、やや遅れるものの南半域の減少も、そうした律令内の汎的な在り方に連なるものであろう。北半域においても、巨大集落の解体と同時に、集落・建物数の急減、居住域の拡散・建物の大型化などの現象が認められ、十世紀後葉には溝・壕などの区画施設を有する「区画集落」が盛行する。凝集的集落の再来ともとらえられるが、それらの多くは水田稲作に適した沖積地に近接し、前代とは質的に異なる。区画集落は、単なる個別経営体の集合ではなく、共同経営体ととらえられ、しかも小河川ごとの集落共同さえも看取される[9]。個別分散的な経営の在り方から、灌漑・水田の複雑化、大規模化に伴う協業・集約的な農耕生産段階へ到達したことを予想させるものであり、区画集落の成立を考えるにあたっては、そうした農耕社会の深化と体制の変化をも留意する必要がある。これらの集落は、中世城館や近世村落に展開する場合も往々にして見られることから、むしろその後の動態の起点と理解すべきである。古代集落は、おおむね十一世紀代の裡に終焉を迎え、以後の動向については集落・建物・土器ともに不詳となり、考古学的古代文化の終焉、もしくは中世社会の始まりに位置づけられる。

本稿では、北奥における七～十世紀間の集落・竪穴建物の推移を示し、その動態について、集落・建物属性なども交えて種々の視点を提示した。古墳文化圏たる南奥と対置される北奥地域であるが、その内実は決して等質な社会ではなく、集落・建物の動態からは、北緯四〇度付近を境界とする南北差、奥羽山脈を境界とする東西差があらためて確認された。しかしながら、それらの動態をもたらした要因や動機の追究については、不十分であることは自明である。より精細な考古学的属性をベースに、文献史学の成果や自然・社会現象などに関わるパラメータを加味した方法論を模索し、仮説モデルを構築しながら総合的に検討してみる必要があろう。

註

（1）北東北古代集落遺跡研究会『九～十一世紀の土器編年構築と集落遺跡の特質からみた、北東北世界の実態的研究』（北東北古代集落遺跡研究会、二〇一四年）。

（2）本稿では、陸奥国・出羽国北部（青森・岩手・秋田三県）の意味で用いる。また、おおむね北緯四〇度以南の令制内地域を南半域、以北の令制外地域を北半域とも称する。「閉伊・気仙」については、歴史的経緯からすれば北半域に含めるべきであるが、本稿では緯度にもとづき南半域に含めた。

（3）九世紀以降については、前掲註（1）書付属データにもとづき、竪穴建物跡の形態・属性などの動態についても述べることにする。

（4）円面積は、竪穴建物数（整数）に正比例する。なお、按分などに伴う小数点以下は切り上げて、整数値とした。

（5）本稿で述べる集落規模は、各時期三分の一～二分の一世紀間に存在する竪穴建物数にもとづいており、必ずしも同時存在を意味するわけではない。あくまでも見かけ上の集落規模ということになる。

（6）古代集落ならびに旧市町村役場の標高については、国土地理院が提供する「数値標高モデル一〇ｍメッシュ」より取得したため、実際の標高と一致しない場合がある。また、急傾斜地ほど誤差が大きくなることが予想される。

（7）齋藤淳「土器からみた地域間交流―秋田・津軽・北海道―」（小口雅史編『北方世界と秋田城』六一書房、二〇一六年）。

（8）坂井秀弥『古代地域社会の考古学』（同成社、二〇〇八年）。

（9）齋藤淳「北奥における生業活動の地域性について」（天野哲也・小野裕子編『古代蝦夷からアイヌへ』吉川弘文館、二〇〇七年）。

三重の壕をもつ北奥の古代集落
──青森県外ヶ浜町山本遺跡──

関根達人

古くは「蝦夷館」と呼ばれた北奥の遺跡が、工藤雅樹氏・三浦圭介氏・本堂寿一氏をはじめとする研究者によって、北緯四〇度以北から北海道渡島半島までを分布域とする古代集落であることが確定してから、すでに二〇年以上になる。[1]一九九〇年代には立地や区画施設などの観点から類型化が図られ、地域性が論じられる[2]一方、防御性の評価に関してさまざまな議論が行われた。防御性の評価については現在に至るまでコンセンサスが得られていないため、呼称に関しても防御性集落や括弧づきの「防御性集落」のほか、環濠（壕）集落[3]・囲郭集落[4]・区画集落[5]・要害集落[6]と統一が図られていない。[7]今日では防御性を認める立場の研究者が多いものの、誰からの武力攻撃に対する防御なのかについては、蝦夷説[8]、国家の出先機関説[9]、安倍・清原などの地方豪族説[10]、それらが複合した「四つどもえ、五つどもえ」説[11]と定説を見ない。[12]議論は膠着したまま推移し、ここ一〇年ほどは議論そのものが低調気味になっている。[13]一方で、近年では出羽国北半の「囲郭集落」が秋田城・払田柵をモデルとして成立したとみる新たな見方[14]まで出され、収拾の目途は立っていない。

阪神淡路大震災以降、歴史学では自然災害と社会変化との関係性が注目されているが、北方地域に分布する「要害遺跡」の成因の背景についても気候変動を重視する意見がある。[15]北奥地域を襲った九一五年の十和田火山の噴火やそれに続く白頭山の噴火と「防御性集落」の成立との関係性についても検討を要する[16]。

二〇一六年、日本考古学協会弘前大会を開催するにあたり、テーマの一つに古代北方史上避けて通れないこの問題を取り上げることを関係者に相談したところ、「防御性集落」を論じるためには、その前史として、北奥で集落が急増し、須恵器生産や鉄生産が開始される九・十世紀の状況を把握することが必要との意見が出された。その結果、弘前大会では北奥の九・十世紀社会の再編や統合の状況について、北の擦文社会や南の律令社会との関わりを視野に入れた実り多き議論が行われたものの、「防御性集落」の問題は先送りとなってしまった。

「防御性集落論」が行き詰まってしまった主な原因は、土器編年の揺らぎに起因する時期決定の困難さと、精度の高い測量図面の欠如にあると考える。前者の問題については近年、土師器坏の法量分析にもとづく編年[17]、火山灰の堆積状況にもとづく編年[18]、AMS年代測定値を用いた土器編年の検証[19]などさまざまな試みが行われ、多角的な視点から新たな編年の整備が進められている。一方、後者の問題は「防御性」そのものの議論に深くかかわるにもかかわらず解決の目途が立っていない。「防御性集落」は古墳などと違い規模が大きいため正確な測量図を作成することは容易ではない。したがってこれまで開発に伴う発掘調査が行われない限り、組織的に「防御性集落」の測量図が作成されることはほとんどなかった。発掘調査が行われた遺跡でも精度の高い測量は調査区内に限られ、遺跡全域をカバーした上で、埋まりきらない壕や竪穴の窪みまで図示した測量図が新たに作成されることはなかった。「防御性集落」を論じようにも、現状では前提となる材料が圧倒的に不足しているため、いつまでたっても水掛け論に終始してしまうのである。確かに規模の大きい「防御性集落」の測量図を作成するには人や予算が必要で、簡単ではない。

筆者が斉藤利男氏の案内で初めて青森県外ヶ浜町（当時は蟹田町）の山本遺跡を訪れたのは、弘前大学に赴任して間もない二〇〇一年頃であった。あいにく時折激しくなる雨に打たれながら杉林や笹藪を進むと、深い三重の壕や多くの竪穴の窪みが目の前に現れた。今まで見たことのないような迫力ある遺構に感動する一方、規模が大きいためすぐには全体像を思い描くことができないもどかしさを感じた。そのとき、斉藤利男氏が近々測量する予定だと述べられ期待していたが、その後、実行されることなく斉藤氏は弘前大学を定年退職された。山本遺跡は大規模な環壕集落であり、遺構の保存状態も非常に良好で、北奥の「防御性集落」を代表する遺跡と考えられることから、弘前大学人文社会科学部北日本考古学研究センターは、外ヶ浜町教育委員会の協力を得て、二〇一六年三月に測量調査を行った。

一　山本遺跡の立地とこれまでの調査

青森県外ヶ浜町蟹田山本に位置する山本遺跡は、蓬田大館遺跡をはじめとする大規模な「防御性集落」が集中する陸奥湾沿岸に位置し、陸奥湾から直線距離で内陸へ約九㎞入った蟹田川右岸の河岸段丘（舘ノ沢段丘）上に立地する（図1）。遺跡の北側を流れる蟹田川に沿った県道一二号線（通称「やまなみライン」）のルートは、津軽中山山地を越えて陸奥湾と十三湖を結ぶ東西の交通路として古くから利用されていたと推測される。遺跡周辺の蟹田川は良質な頁岩の産地であり、蟹田川の対岸には日本最古の土器が出土したことで知られる史跡大平山元遺跡がある。

山本遺跡は、北側を蟹田川に面する段丘崖、東・西・南を谷で囲まれた南北約一七〇m、東西約一〇〇mの平坦面にある（図2）。標高は約三九mで、段丘下との比高差は約二二mである。遺跡は三重の壕が巡ることで知られ、古くは「蝦夷館」を改造した中世城館跡と考えられており、小国館とも呼ばれていた[20]。

遺跡の東側に北海道新幹線の路線が計画され、それに伴い遺跡の一部で発掘調査が行われた（図2）。外ヶ浜町教育委員会が遺跡の北東隅で行った調査[21]では、斜面に平行する土塁を伴う二条の壕が検出された（図3）。壕は白頭山‐苫小牧火山灰降下後に掘られており、二条とも外側に掘り上げ土による土塁を伴っている。外壕は断面V字形で、内側の土塁頂部と外壕の底面との比高差は約三・四mである。狭い調査面積にもかかわらず、土師器・擦文土器・五所川原産須恵器・羽口・凝灰岩製勾玉など比較的多くの遺物が出土しており、その一部を図示した（図4）。出土遺物の中には九世紀末～十世紀前半代とみられる土師器甕（1）や五所川原産須恵器坏（30・31）・同長頸

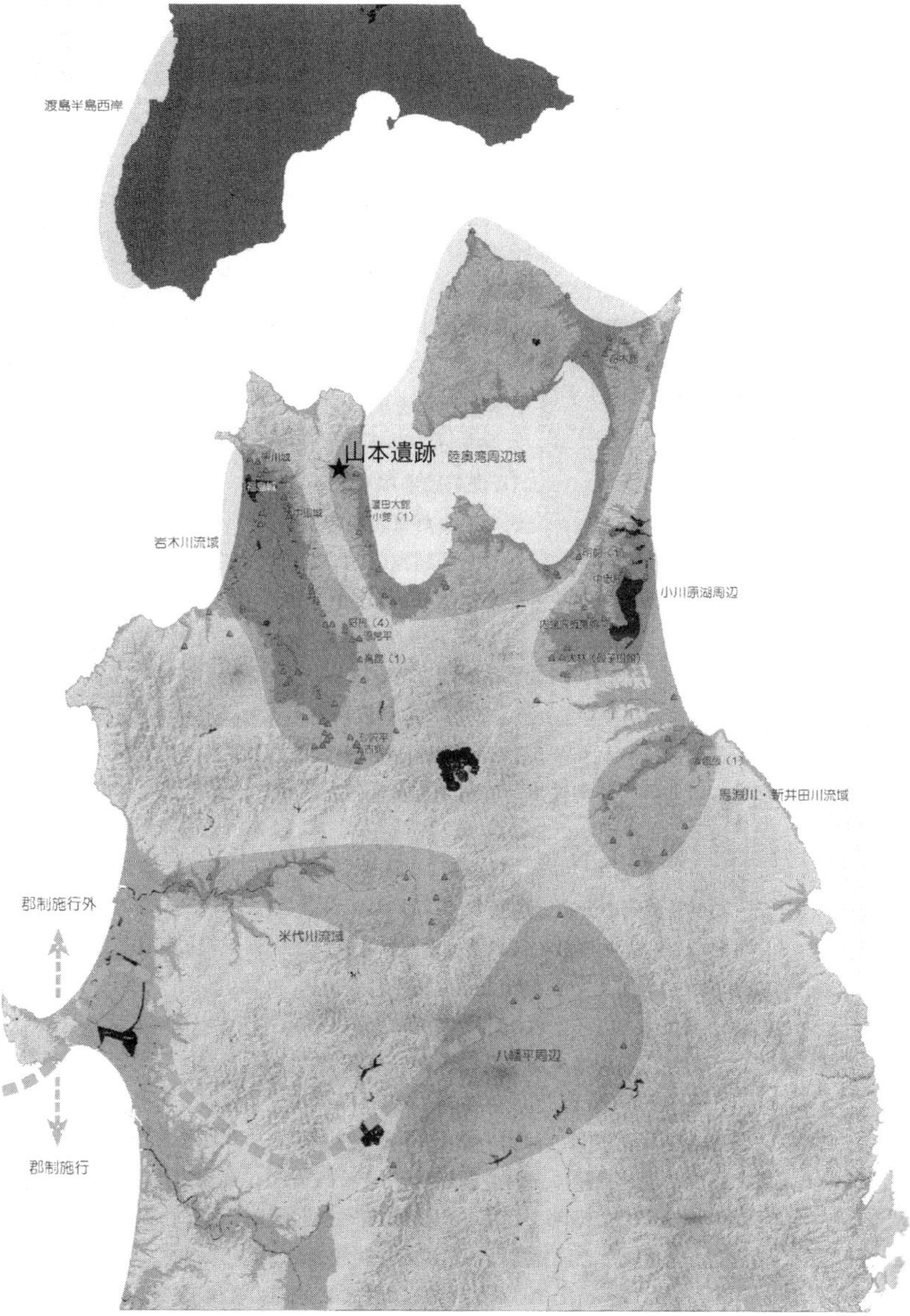

ベースマップに『青森県史資料編考古 3』（青森県 2005）の図Ⅲ-2-2-2-5 を使用

図 1　北奥の古代防御性集落の分布

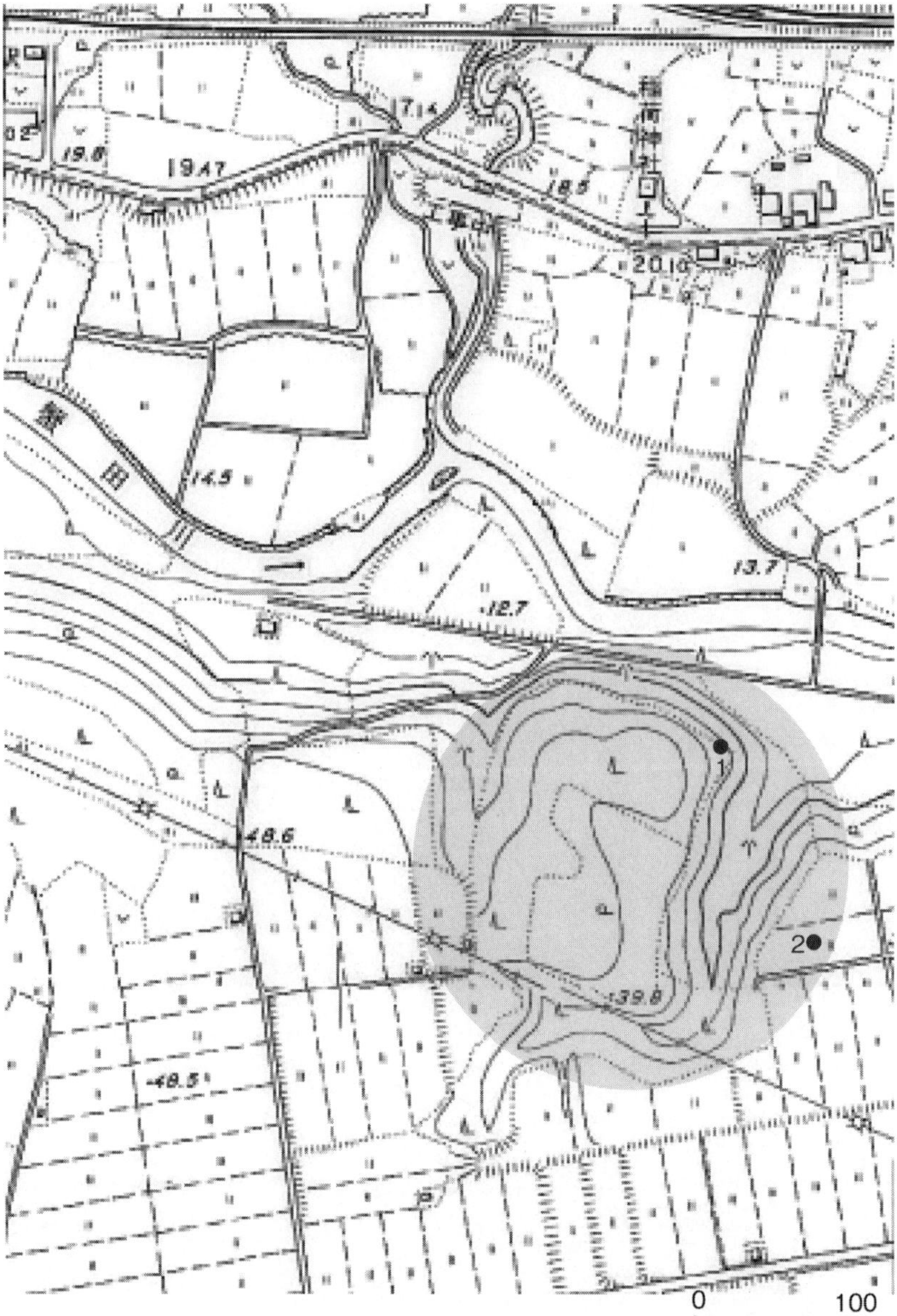

1:2010 年外ヶ浜町教育委員会調査地点　2:2007 年青森県教育委員会調査地点

図 2　山本遺跡の位置とこれまでの発掘調査地点

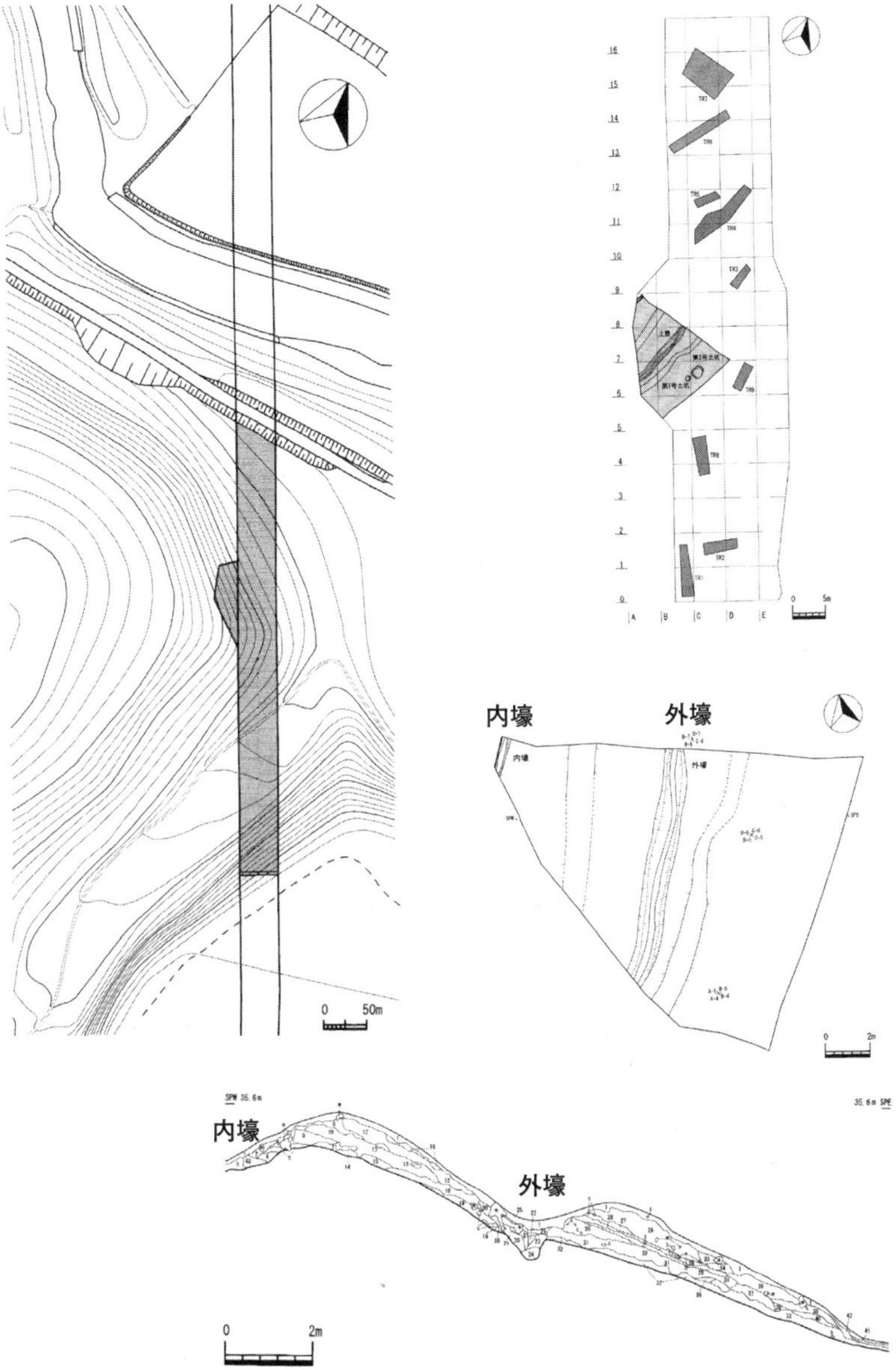

(原図出典：外ヶ浜町教育委員会 2012)

図３　北海道新幹線建設に伴う発掘調査で検出された壕と土塁

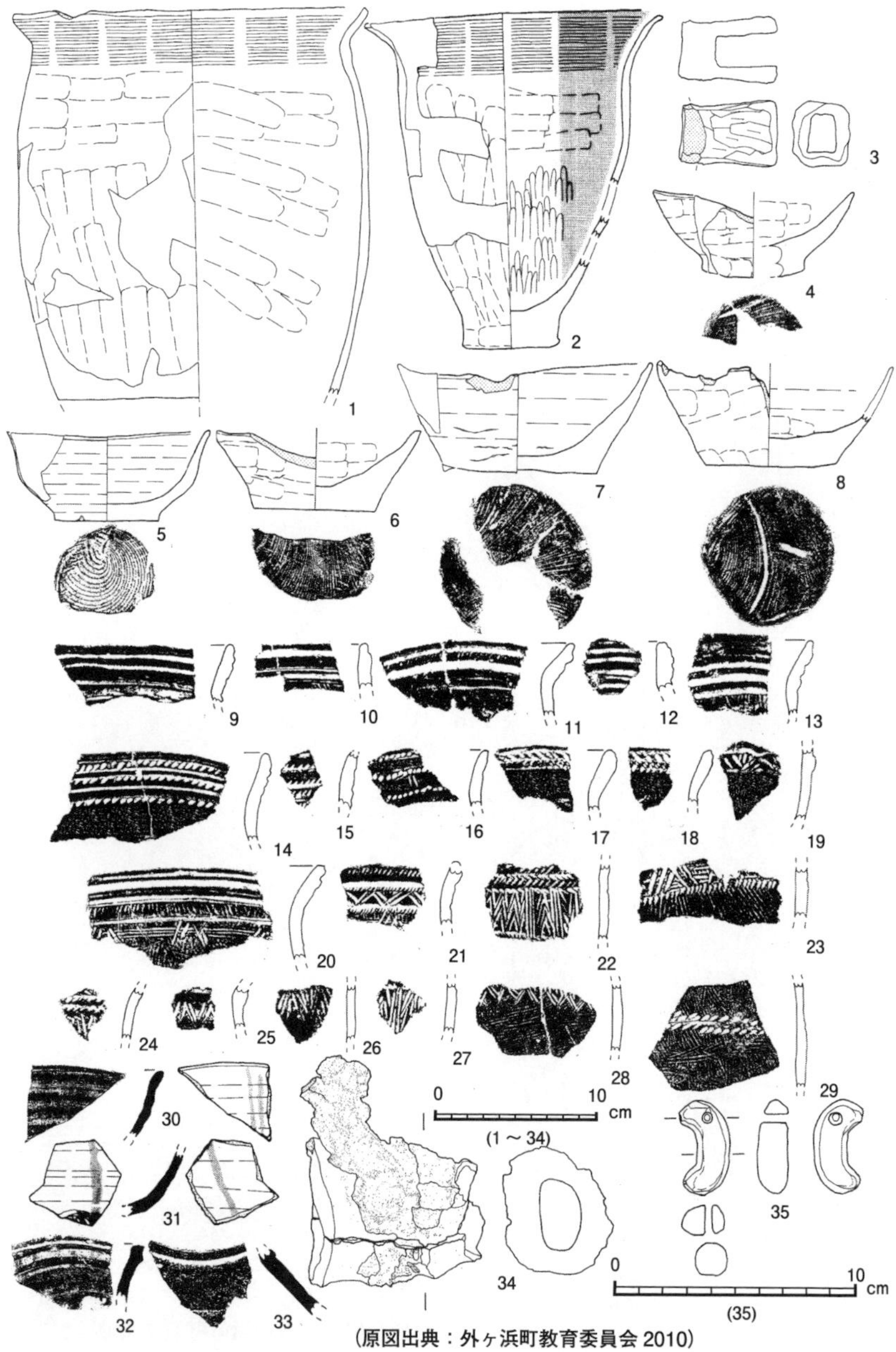

（原図出典：外ヶ浜町教育委員会 2010）

図 4　山本遺跡北東隅の壕・土塁周辺から出土した遺物

瓶（32・33）が少量みられるものの、十世紀後半を主体とする。把手付土器（3）もみられ、十一世紀前半まで遺跡は機能していたとみられるが、中世以降の遺物は皆無である。比較的多く出土した擦文土器（9～29）も十世紀後半から十一世紀前半に位置づけられる。こうした遺物の年代観は、白頭山‐苫小牧火山灰後に構築された壕・土塁の時期と一致する。

青森県教育委員会の調査[22]では、遺跡主体部の東側の谷の対岸で、北西隅に竈を設けた貼床のある竪穴住居跡が一軒検出されており、竈付近から土師器の甕の底部と羽口が出土している（図5）。遺跡主体部と谷を隔てた隣接地は開田されているため、地表面からは竪穴住居跡の窪みなどの遺構は観察できない。しかし、青森県教育委員会の調査成果からみて、遺跡主体部を囲む谷の外側にも古代の集落が広がっていたといえよう。

二　山本遺跡の測量調査でわかったこと

測量の結果、平坦面の北東部にあたる南北約七〇m、東西約五〇mの範囲を長方形に囲む環壕を確認した（図6）。西側と南側は三重の壕がL字状に巡り、一部崩落するものの急斜面の北斜面と東斜面でも壕が確認された。東側の壕は外ヶ浜町教育委員会の調査で検出された二条の壕のうち内壕に相当する。三重の壕は、中壕が小さく、西は内壕（A—A′・B—B′）、南は外壕（C—C′）が大きい。壕は現状で、最大幅七m、深さ二・五mほどの断面V字形である。西は外壕の外側、南は内壕の内側と外壕の外側に土塁がある。南側は中壕と外壕の間に平場がある。さらに南西隅には外壕の外側に二条の溝と土塁が設けられている（E—E′）。溝と土塁の東端は、外壕の屈曲部で途切れていることから、この部分が出入口と想定される。さらに三重の壕の南側の平坦面には、東西の谷を繋ぐ形で幅五m、深さ一・二mの東西溝があり、東半分は壕の内側に、西半分は外側に土塁を伴う。

三重の壕の内外を問わず、段丘崖と三方の谷で囲まれた平坦面全域に遺構とみられる窪地が多数残る。このうち規

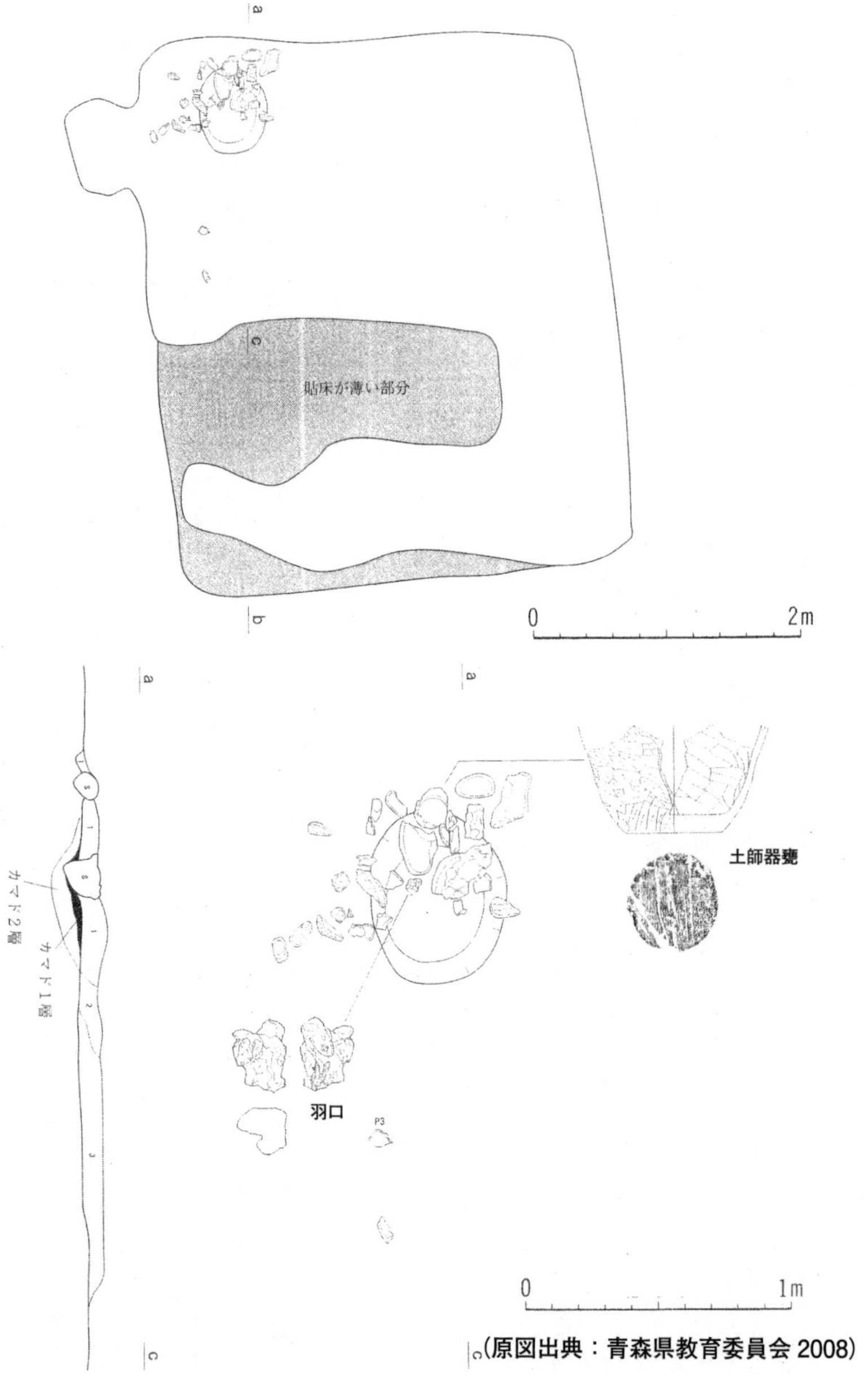

(原図出典：青森県教育委員会 2008)

図5　北海道新幹線建設に伴う発掘調査で検出された竪穴住居跡

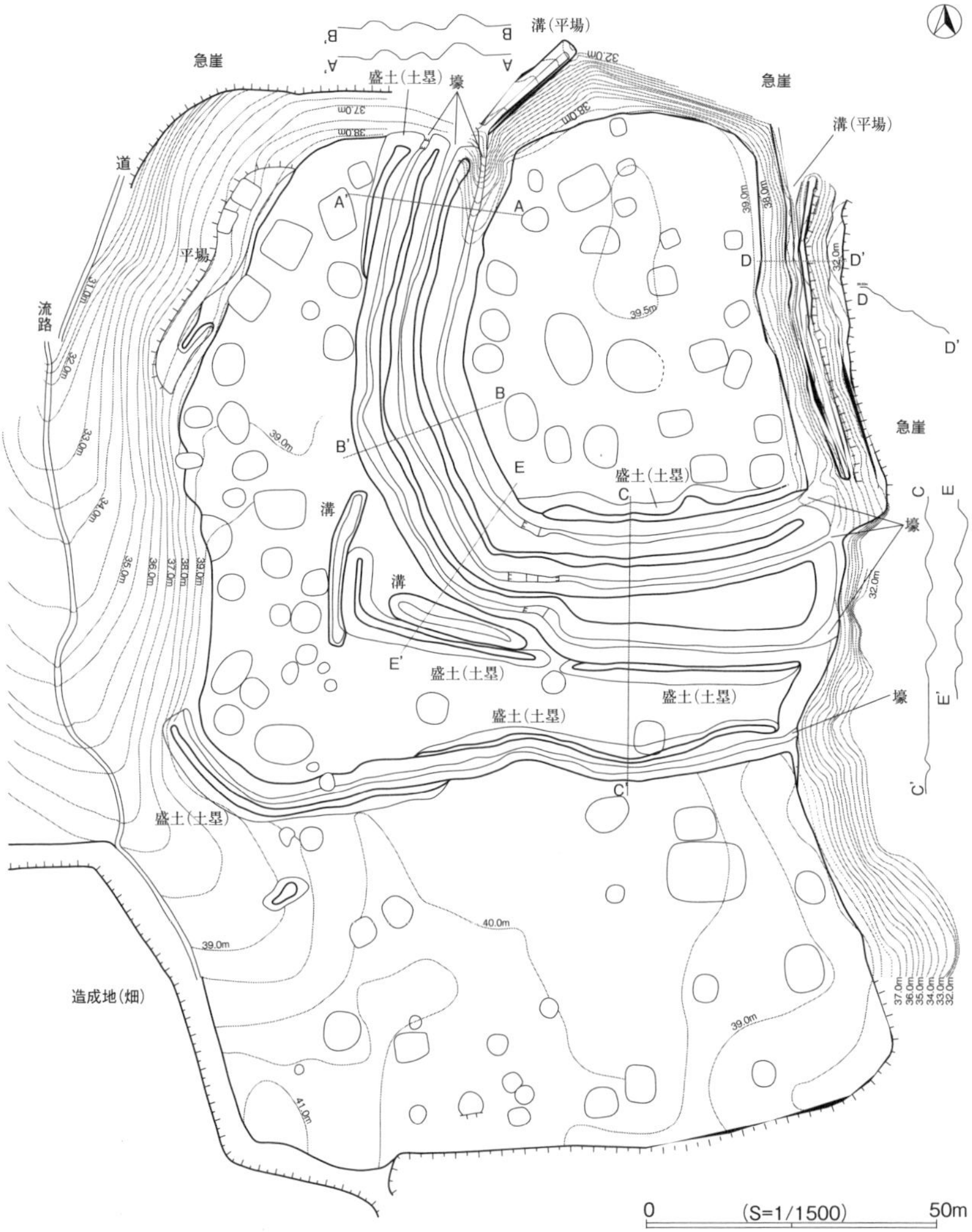

図６　青森県外ヶ浜町山本遺跡測量図

模から竪穴住居跡と推定されるものが約八〇カ所、土坑もしくは井戸跡とみられるものが八カ所確認できた。三重の壕で囲まれた範囲内では中央に長径一〇mを超す大型住居跡と思われる二カ所の窪みがあり、その周りを小型の住居跡と思われる窪みが取り囲んでいる。地表面での観察では、これらの遺構には重複がほとんど見られない。

地表面から観察する限り三重の壕は平行しており、切りあいは認められない。発掘調査を行っていないため、三本の壕の掘削が同時に行われたか否かは不明だが、少なくとも最終的には同時に機能していたとみてよいであろう。

山本遺跡は天然の要害に立地し、中心部を三重の壕で囲み、壕の内側や外側には部分的ではあるが土塁を伴うことが判明した。蟹田川に面する北側の急崖にも壕を掘り、急斜面である東側は外側に土塁を伴う壕を二条も構えるなど、その防御性はきわめて高い。北奥の「防御性集落」の立地・構造は多岐にわたるが、多重の環壕が検出された遺跡は、岩手県二戸市駒焼場遺跡[23]、青森県野辺地町二十平（1）遺跡[24]、青森県蓬田村蓬田大館遺跡[25]など少数である（図7）。また、山本遺跡の壕は北奥の「防御性集落」のなかでも大規模であり、内濠の掘削土量は、青森市の史跡高屋敷館遺跡[26]の大規模環壕に比肩すると考えられる。

平坦面を環壕と東西溝で大きく三つの郭に分ける構造、出入口と想定される部分の複雑な構造は、現状では当該古代集落のなかに明確な類例がない。後者に関連する遺構群の軸線が内壕や中壕、東西溝の軸とずれることも注意され、遺構の時期差や中世に改変されている可能性がないか、検討を要する。山本遺跡では、三重の壕の内側、三重の壕の外側（南側）で自然の沢の内側、自然の沢の外側のいずれの場所にも竪穴住居跡が存在する。住居の位置の違いが何を意味するのかについても検討する必要がある。

山本遺跡が高い防御性を有することは明らかであり、古代末期環壕集落の実態を解明しうる貴重な遺跡であることはまちがいない。遺跡の詳細について今後、発掘調査で明らかにする必要があるが、この貴重な遺跡の価値を減ずることのないよう発掘調査は必要最低限にとどめ、史跡指定などを視野に適切な保存措置を図っていくべきと考える。

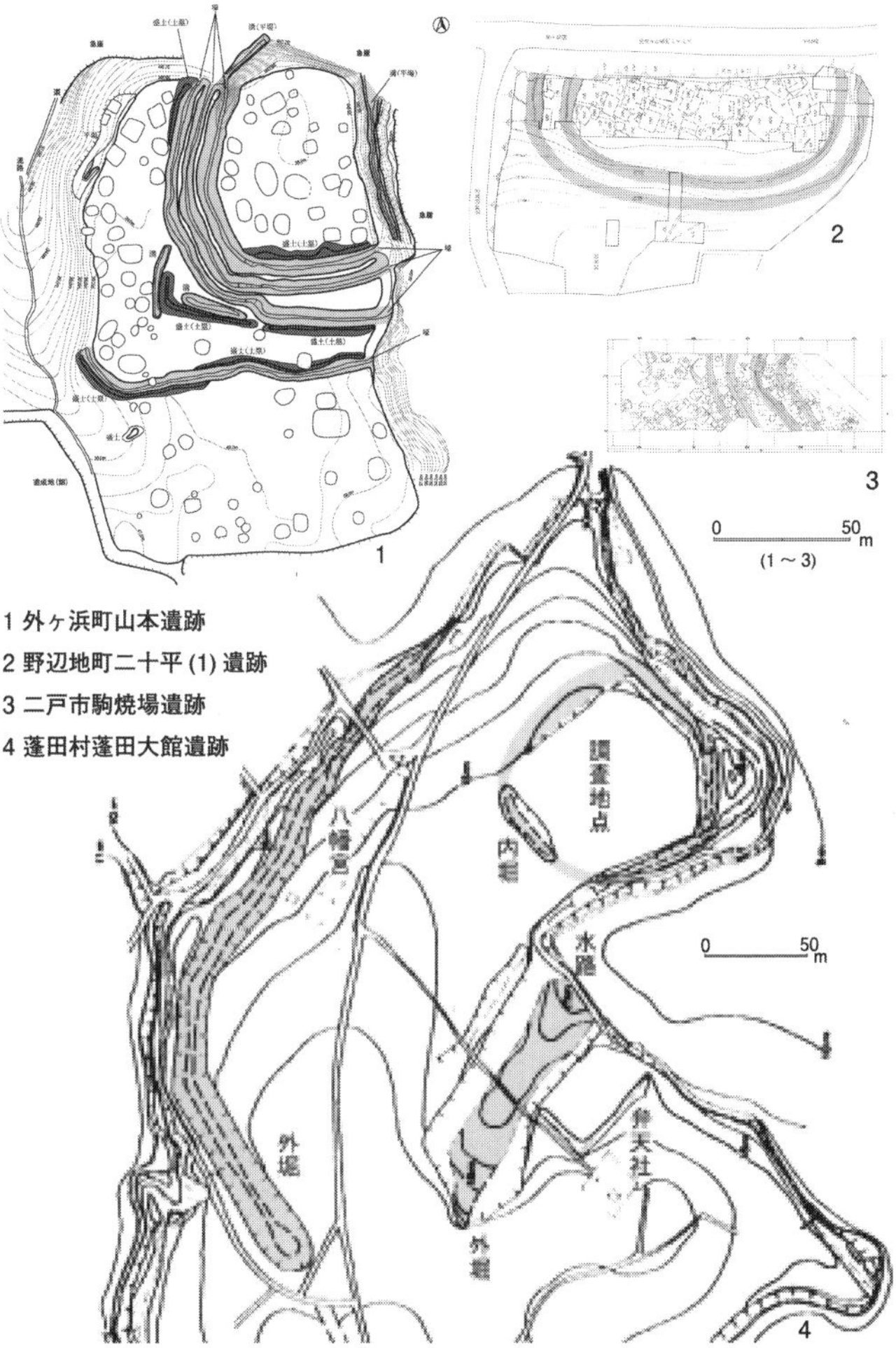

図７　多重に壕が巡る北奥の古代集落

註

（1）工藤雅樹「北日本の平安時代環濠集落・高地性集落」（『考古学ジャーナル』三八七、一九九五年）二－三頁。三浦圭介「青森県における古代末期の防御性集落」（『考古学ジャーナル』三八七、一九九五年）二〇－二六頁。三浦圭介「北奥・北海道地域における古代防御性集落の発生と展開」（『国立歴史民俗博物館研究報告』六四、一九九五年）一九七－二二二頁。本堂寿一「所謂蝦夷館から柳之御所まで」（『歴史評論』五三五、一九九四年）四七－六八頁。本堂寿一「北日本古代防御性集落の調査成果と課題―いわゆる蝦夷館の実態とその系譜について―」（『北上市立博物館研究報告』一一、一九九七年）九一－一三六頁。

（2）三浦圭介「古代における東北地方北部の生業」（『北からの視点』日本考古学協会宮城・仙台大会シンポジウム資料集、一九九一年）一四三－一五三頁。

（3）工藤清泰「環濠集落とは何か」（『平泉の世界』奥羽史研究叢書三、高志書院、二〇〇二年）一二七－一五一頁。

（4）八木光則「安倍・清原期の出羽と陸奥」（『日本海域歴史大系』一、清文堂、二〇〇五年）三八一－四一四頁。

（5）齋藤淳「古代の区画施設を有する集落―古代環濠集落の景観―」（『遺跡と景観』高志書院、二〇〇二年）六九－九六頁。

（6）右代啓視「北方における要害遺跡―気候変動との対応―」（『北方世界の考古学』すいれん舎、二〇一〇年）二三九－二五三頁。

（7）いわゆる「防御性集落」に関する研究史については、齋藤淳氏の論考（「いわゆる「防御性集落」について」『北奥文化』二九、二〇〇八年」七〇－八四頁）に詳しい。

（8）前掲註（1）の工藤論文。

（9）小口雅史「エミシからエゾへ―北の防御性集落の時代再論―」（『青森県史研究』五、青森県、二〇〇〇年）一－二三頁。

（10）斉藤利男「蝦夷社会の交流と「蝦夷」世界の変容」（『古代蝦夷の世界と交流』名著出版、一九九六年）四三九－四七九頁。斉藤利男「北の古代防御性集落とその時代―「山城型の防御性集落」に関する一試論」（『弘前大学國史研究』一〇二、一九九七年）一九－四一頁。三浦圭介「平安後期の北奥世界―林ノ前遺跡・新田（1）遺跡の意義―」（『東アジアの古代文化』一二五、大和書房、二〇〇五年）七六－九九頁。

（11）三浦圭介「北奥の巨大防御性集落と交易・官衙類似遺跡」（『歴史評論』六七八、二〇〇六年）七〇－八四頁。

（12）いわゆる「防御性集落」の性格に関する議論については、船木義勝氏の論考（「「堀と土塁」結界表現の諸相―青森市高屋敷遺跡の基本的考察―」（『秋田考古学』五三、二〇〇九年）一三―四八頁）に詳しい。

(13)　二〇〇五年に行われた蝦夷研究会青森大会シンポジウム（『北日本古代防御性集落をめぐって』予稿集、蝦夷研究会・青森県埋蔵文化財調査センター・北方島文化研究会編、二〇〇五年）以降、「防御性集落」に関する議論は下火になった。

(14)　高橋学「囲郭集落の系譜―出羽国城柵が北方の地域社会に及ぼしたもの―」（『北方世界の考古学』、すいれん舎、二〇一〇年）三〇九―三三二頁。

(15)　前掲註（6）の右代論文。

(16)　辻誠一郎「古代東北の環境変動と十和田火山の巨大噴火」（『東北古代の変動―火山灰と鉄―』東北芸術工科大学東北文化研究センター、二〇一〇年）一―九頁。小口雅史「火山灰と古代東北史」（『東北古代の変動―火山灰と鉄―』東北芸術工科大学東北文化研究センター、二〇一〇年）一〇―一八頁。船木義勝「十世紀の巨大火山噴火と気候変動」（『九～十一世紀の土器編年構築と集落遺跡の特質からみた、北東北世界の実態的研究』北東北古代集落遺跡研究会、二〇一四年）三〇二―三一五頁。

(17)　岩井浩人「津軽地域における古代土器食膳具の変遷―九世紀～十一世紀を中心に―」（『青山考古』二四、二〇〇八年）一七―四三頁。岩井浩人「津軽南域における古代の土器様相」（『扶桑』田村晃一先生喜寿記念論文集［『青山考古』第二五・二六号合併号］二〇〇九年）一七―四三頁。齋藤淳「野尻遺跡群の土器編年について」（『研究紀要』一五、青森県埋蔵文化財調査センター、二〇一〇年）六九―九六頁。

(18)　丸山浩治「テフラを指標とした古代土器編年とその地域性―青森県域における九世紀後半～十世紀の土師器―」（『岩手県埋蔵文化財センター紀要』ＸＸＸⅠ、二〇一二年）二五―四八頁。

(19)　木村高「津軽地方における平安時代の土器編年―年代観の再考と新たな課題の抽出―」（『研究紀要』二一、青森県埋蔵文化財調査センター、二〇一六年）一五―三〇頁。

(20)　沼舘愛三『津軽諸城の研究』（伊吉書院、一九八一年）。青森県教育委員会『青森県の中世城館』（一九八三年）。

(21)　外ヶ浜町教育委員会『山本遺跡』（二〇一二年）。

(22)　青森県教育委員会『山本遺跡』（青森県埋蔵文化財調査報告書四六一、二〇〇八年）。

(23)　岩手県埋蔵文化財センター『駒焼場遺跡発掘調査報告書』（岩手県埋蔵文化財センター文調報一三三、一九八九年）。

(24)　野辺地町教育委員会『二十平（1）遺跡』（野辺地町文化財調査報告書一五、二〇〇七年）。

(25)　早稲田大学文学部考古学研究室『蓬田大館遺跡―青森県蓬田村蓬田大館遺跡発掘調査』(六興出版、一九八七年)。
(26)　青森県教育委員会『高屋敷館遺跡』(青森県埋蔵文化財調査報告書二四三、一九九八年)。

〔付記〕脱稿後、『青山考古』三三号(二〇一七年五月三十一日刊行)に岩井浩人氏による「東北北部における古代末期環壕集落の構造と規模」が発表された。このなかで岩井氏は環壕集落の形態・環壕内面積・壕掘削土量の検討を行っている。

古代閇村に関する二、三の問題

伊藤博幸

古代蝦夷社会の研究のうち、太平洋沿岸部のエミシ研究については、内陸部のそれに比較してそれほど深化してはこなかった。それは分析の対象となるべき考古資料の発見がこれまでは少なかったからでもある。しかしながら、近年の沿岸部における発掘調査件数の増加は、新たな考古資料の発見とともに、これに伴って従来の文献史料の見直しも可能とするほど、大きな成果を挙げてきている。

本稿では、このような成果を受けて、沿岸部の蝦夷社会の一端を歴史考古学的に検討する。前半では、史上有名な閇村における須賀君古麻比留の昆布貢献と郡家造営問題の条を検討し、後半では当地域における同時代の考古学的資料の分析を行う。最後にこれらを通して、沿岸部における蝦夷社会の実態を再検討してみたい。

一　『続日本紀』霊亀元年（七一五）十月丁丑（廿九日）条の検討

『続日本紀』霊亀元年（七一五）十月丁丑（廿九日）条は、次の二点に分けて見ることができる（丸数字は便宜的に筆者付す）。

①陸奥の蝦夷第三等邑良志別君宇蘇弥奈ら言さく。「親族死亡して子孫数人、常に狄徒に抄略せられむことを恐れる。請はくは、香河村に郡家を造建して、編戸の民として、永く安堵を保たむことを」とまうす。

②又、蝦夷の須賀君古麻比留ら言さく。「先祖以来、昆布を貢献れり。常に此の地に採りて、年時闕かず。今、国府郭下、相去ること道遠くし、往還旬を累ねて、甚だ辛苦多し。請はくは、閇村に便りに郡家を建て、百姓に同じくして、共に親族を率ゐて、永く貢を闕かざらむことを」とまうす。並びに之を許す。

①②ともに蝦夷の在地首長からの申請にもとづいて「香河村」と「閇村」に郡家を建て、おそらく申請者の首長が郡司に任命されたと考えられる史料である。この郡の内容についてはこれまで令制郡の体をなさない「蝦夷郡」とされてきた(1)。蝦夷郡であればその郡領は「蝦夷郡司」とでもいえようか。

ところで、この史料では①は邑良志別村の在地首長宇蘇弥奈らが香河村に郡家の造営の申請を行い、②では、須賀村の在地首長古麻比留らが閇村に便宜的に郡家を建てる申請を行ったものと一般的には理解されている。さらに近年では、②の須賀君氏や閇村の所在地、昆布貢献問題を中心にして、地理的動向のなかで個々に言及される例が多く、全体として、本条の意味について取り上げられることはあまりなかった。このため、①の香河村郡家の条は等閑に付される傾向にあった。元来本条は、切り離さず同時に検討されるべきものである(2)。

はじめに、本条を蝦夷の側からの問題として検討してみる。次の二点が注目されよう。

（1）隆盛する蝦夷、没落する蝦夷

あらためて①の郡家造営申請理由をみると、「親族死亡して子孫数人、常に狄徒に抄略せられむことを恐れる。請はくは、香河村に郡家を造建して、編戸の民として、永く安堵を保たむことを」とまうす、である。親族（この場合はもっと広く一族に近いか）が死亡してしまい、残された子孫は数人を数えるだけである。このままでは、他の有力蝦夷集団に併合されてしまい、蝦夷爵第三等(3)で君姓をもつ自分（蝦夷首長）が率いる集団の立場が危うい。ついて

は、われわれのような小規模集団が保護されるように、郡家を立てて、編戸の民として安堵してほしい、が大意であろう。この場合、郡家造営理由は蝦夷集団の保護にある。ここには、国家が造営を認めた郡家には、他の蝦夷集団が実力介入できない不文律のようなルールがあったと解される。それが前提になければ、この条文は理解できないであろう。

一方②の理由は、「先祖以来、昆布を貢献れり。常に此の地に採りて、年時闕かず。今、国府郭下、相去ること道遠くし、往還旬を塁ねて、甚だ辛苦多し。請はくは、閇村に便りに郡家を建て、百姓に同じくして、共に親族を率ゐて、永く貢を闕かざらむことを」とまうす、である。大意は、自分（須賀君氏）たちは先祖以来――すなわち須賀君氏は伝統的豪族層であることがここで明らかとなる――この地で昆布を採集し、毎年続けて国府にそれを貢進してきたが、往復に数一〇日を要し難儀もしてきた。ついては、便利な場所である閇村に郡家を立てて、百姓と同様にしてもらえれば、親族を統率して永く貢納を続ける（用意がある）、であろう。この段階の陸奥国府の所在地は、多賀城はまだ存在せず、名取川と広瀬川の合流点にほど近い仙台市郡山遺跡Ⅱ期官衙である[4]。古麻比留は、蝦夷爵の有無は不明だが君姓をもつ蝦夷首長の一人と解される。この場合、郡家造営の表向きの理由は昆布貢献を続けるための貢納システムの集約化にある。また古麻比留集団は、いくつかの蝦夷集団を率いる上位の集団とみられる。

このように本条においては第一義的には、①から没落過程にある蝦夷集団を、②からはさらに隆盛をきわめる蝦夷集団の動向を読み取るべきであろう。血縁や姻戚関係で結合した蝦夷集団において、この段階（後述のようにとくに七世紀末から八世紀初頭中心）、集団間に二つの流れがあることをこの史料は語っているといえよう[5]。

（2）蝦夷郡と蝦夷郡司――その立郡の条件――

次に、国家の側からの視点で検討を行ってみる。

第一に確認すべきことは、蝦夷郡の郡司も伝統的な豪族層が任命されると判断されることである。実際には彼らが任命されたという記述はないが、郡家造営申請者が彼らであり、それはそのまま許可されているからである。その場所は便利でかつ都合のよい閇村であった。つまりここには須賀君氏らによるなんらかの政治的意図がはたらいているとみるべきであろう。須賀君氏にとっては政治的な拠点の一つが成立することになる。一方、国家からすれば閉伊地方の支配拠点を閇村の郡家に置くという考えがあったのではないだろうか。

申請によれば、もともと閇村の地の蝦夷は、いつの頃からか初期律令国家に対して、特産の昆布を貢ぎ物とする──贄貢納のような──奉仕関係をもっていた。国家はこの段階にいたって、新しいかたちで組織し直し、国家に対する収取体系に組み込んだ貢納制度にしたのが、郡家造営に関しての歴史的背景と考えられる。この昆布貢納の経済体制は、降って平安時代の『延喜式』交易雑物ほかに陸奥国「昆布」として名残をとどめていくと解される。

七世紀末頃から出現する郡衙は、一般的に郡庁を中心に正倉・館・厨家などから構成されるが(6)、初期郡制による郡家遺跡あるいは評制による評家遺跡では、独立した官舎としてではなく、居宅が郡・評衙としての機能を担ったとされる。遺跡においても、ことに東国社会では後期古墳時代以降の拠点的集落を基盤に郡家が造営されている事例が多い。そこが在地首長層の居宅でもあるからである。これを踏まえれば、閇村においても拠点的集落遺跡のある地域が第一に候補に挙げられねばならない。また、閇村に郡家の拠点的施設が置かれたとしても、郡家とは別に収納施設が他の地域にも設置されたと考えられる。その理由は、百姓と同じように蝦夷の貢納の労を考慮して、分散して収納施設（この場合昆布を収める倉庫）を配置したと推測されるからである。こういったシステムの下に昆布の貢納の集約化が図られたのであろう。さらに郡衙に関わって別置された正倉には、郡内の分割統治としての機能があったこともわかってきている(7)。支所にどの程度の政務空間があったかは不明だが、これは国家と蝦夷首長層にとってメリットのある措置であった。

香河村郡家造営問題についても、基本的には右の文脈の中で捉えられると考える。すなわち、この段階の香河村や閇村の郡家は居宅と未分化な施設として始まったと考えてよいであろう。

蝦夷郡における郡家がどのような体裁をとっていたのか、その造営に際して国から指導に当たる技術者が派遣されたのかなど未だ不明な部分が多い。しかしこのような部分に検討を加えることで、国家はどのような原則のもとに蝦夷郡家を認めていたかが明らかになるであろう。

二　考古学からみた七、八世紀のエミシ社会――沿岸部の場合――

一九八八年と一九九六年に、岩手県沿岸部の宮古市と山田町から一大群集墳が発見されたことは、この地域の古代史研究に大きなインパクトを与えた。それまで存在さえ予想できなかった宮古市長根古墳群[8]と山田町房の沢古墳群[9]である。二つの古墳群は南北に約二〇㎞離れて存在する[10](図1)。

(1) 宮古市長根古墳群（図2）

遺跡名称は長根Ⅰ遺跡。一九八八年に発掘調査された。古墳群は宮古湾に東流して注ぐ閉伊川の河口付近から西に約一・五㎞さかのぼった左岸丘陵上の突端部に立地する。標高は細長い尾根の二七m〜尾根頂部の四四m付近にまで及ぶ。古墳は、頂部およびそこから南東方向に延びる尾根上や低い南斜面に分布している。

遺構は古墳が二八基あり、うち周溝と主体部をもつ例が一七基、周溝のみが一〇基、周溝を伴わず土壙のみが一基で、墳丘を確認できた例はない。円弧状になる周溝はほとんどが斜面上方に巡らされ、半分の下方には認められない。周溝の規模は、溝幅が一m前後のものが多く、内径で三〜五mを測る例が多い。これは内陸部のそれと比較して小型である。主体部はすべて土壙で、規模は、長さ二・五〜三m未満×幅〇・七〜一m前後である。主体部土壙の短軸の両壁際に長軸と直交する細長い溝を伴う八基は、組合せ式の木棺が用いられた痕跡を示している。土壙の長軸方向はほぼ等高線に平行している。古墳にはいくつか重複する例があり、時間差をもって造営されていることがわかる。

図１　長根古墳群と房の沢古墳群位置図

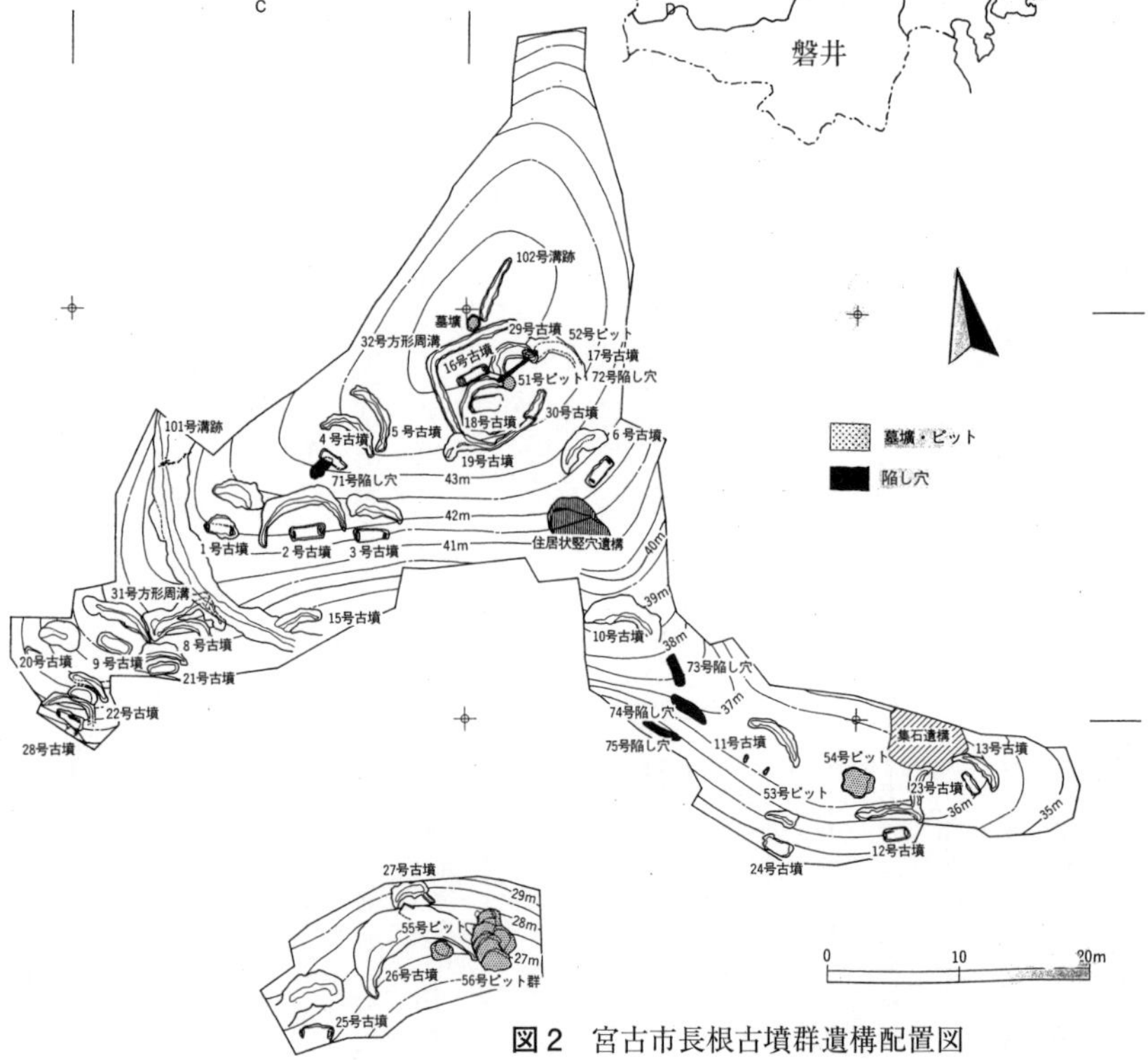

図２　宮古市長根古墳群遺構配置図

遺物は、ガラス玉や刀類・錫釧・和同開珎・錫杖頭状鉄製品などが主体部から、土器と鉄鏃一点が周溝から出土している。ガラス玉は二基にみられ、うち一基からは石製二点を除いた一九一点が出土し、他の古墳群と比較して点数が多い。錫釧は二点ある。和同開珎と錫杖頭状鉄製品は同一古墳からの共伴品。刀類は良好に遺存しており、蕨手刀と直刀・太刀・立鼓刀が各一振、小刀が二振、土壙一基が刀一振を伴う。ほかに刃先三点が二基の古墳から出土している。土器には土師器と須恵器がある。

刀類や和同開珎から年代は八世紀で、一部八世紀前半代にさかのぼる遺物もあるが、七世紀に入る遺物は確認されていない。

(2) 山田町房の沢古墳群（図3・4）

遺跡名称は房の沢Ⅳ遺跡。一九九六年に四振の蕨手刀が、古墳群でないところから出土したことが発掘調査の契機となった。古墳群は山田湾に東流して注ぐ関口川の河口付近左岸の平野部に向かって突き出す細長い丘陵尾根上に、山田湾を望む形で立地する。標高は幅の狭い尾根の三五m～尾根頂部の六〇mにまで及ぶ。古墳は、大きくは高い尾根上部付近と下方尾根部分とに二分されるかたちで集中して分布し、遺構の密集度は高い。

遺構は古墳三二基、墓と推定される石組遺構二基、土壙墓七基、馬墓四基がある。古墳は長根古墳群と違い、墳丘を確認できる例が多いのが特徴である。これによれば、はじめに主体部を掘削して被葬者を埋葬し、次に周溝を掘ってその土で墳丘として盛土するという手順が考えられている。古墳が重複する場合は、新造の古墳は古い古墳の主体部を避けて造営されている。周溝は長根古墳群と同様、斜面部上方に巡らされ、一周する例はなく、馬蹄形ないし半周する形である。規模は、直径が四～五mで、墳丘高は〇・二～〇・五m前後である。主体部はすべて土壙で、底面に木棺を組み合せた溝をもつ点も長根古墳と同様である。規模は長さ二・五～三・三m×幅〇・六～一m前後である。主体部の長軸方向は斜面では等高線に沿い、平坦部では等高線に直交する方位をとる。副葬品の刀類の柄がすべて東を

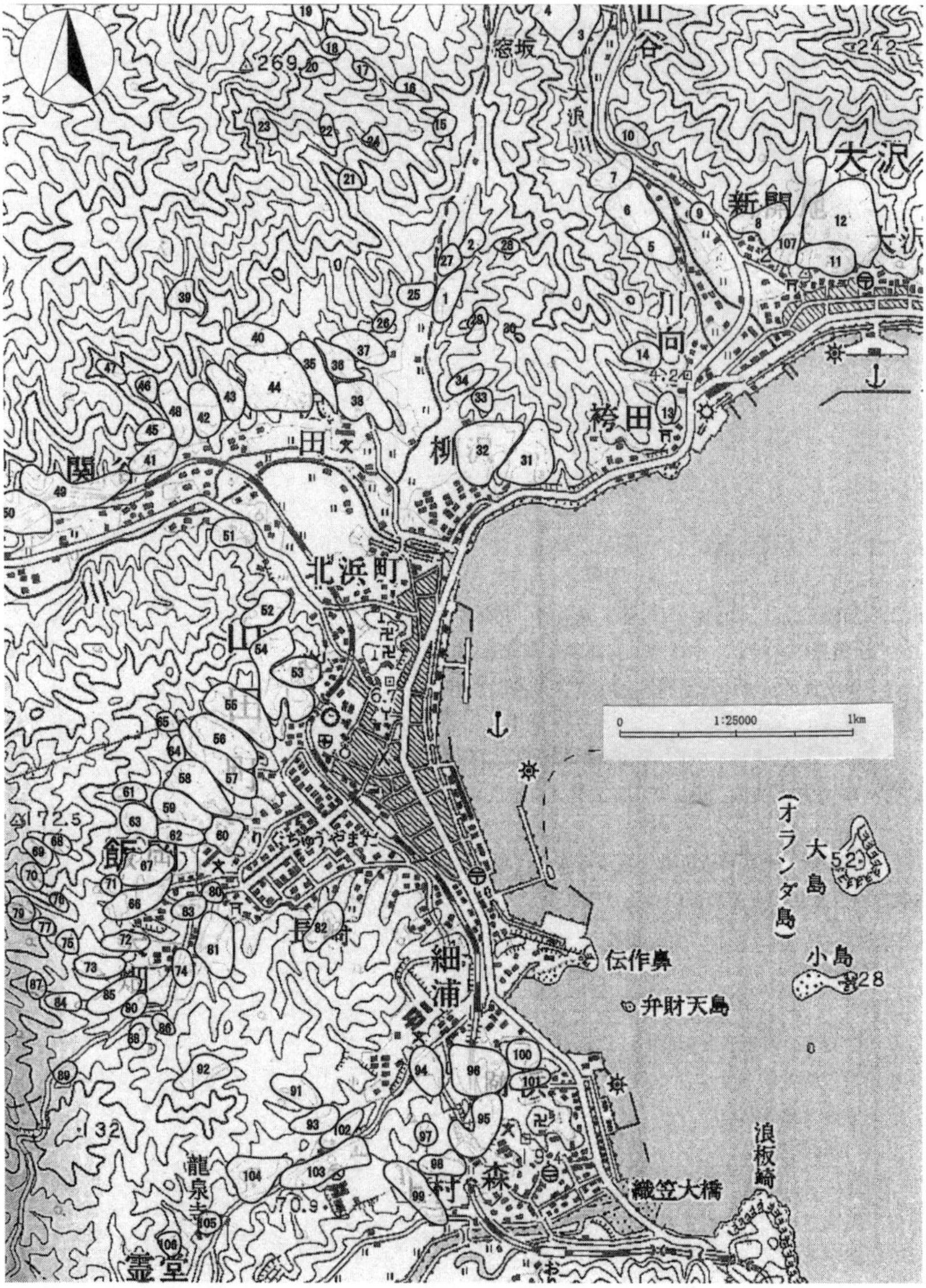

図3　山田湾周辺遺跡分布図（1：間木戸Ⅱ、2：間木戸Ⅴ、35：沢田Ⅰ、44：房の沢Ⅳ）

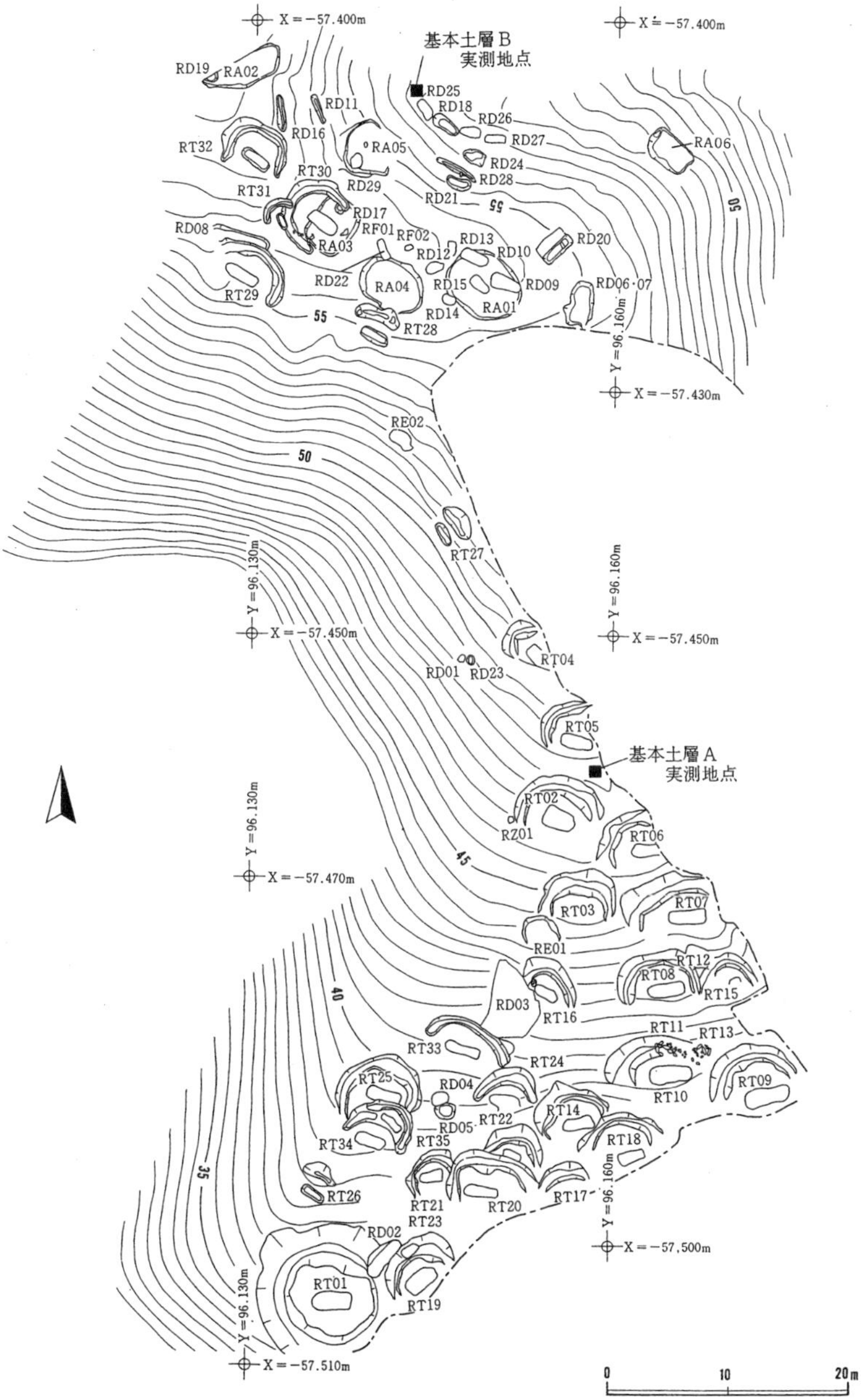

図４　山田町房の沢古墳群遺構配置図

向き、土器もまた東側から出土することから、頭位は東にあることがわかる。馬墓四基は、北側の尾根上部寄りの古墳群の東側から長軸方向を同じくして直線状に並んで検出され、墓壙内には馬の下顎骨が遺存していた。

遺物は豊富で、とくに刀類と刀子・鉄鏃・馬具といった鉄製品が多い。ほかに環状錫製品が古墳七基と土壙墓一基から出土している。刀類は古墳八基、石組遺構二基、土壙墓一基から出土し、直刀と方頭大刀が多いほか、蕨手刀や覆輪式方頭大刀、同横刀がある。また刀ではなく、刀子を副葬する古墳も多数ある。鉄鏃は七基の古墳に伴い、馬具は轡や引手だけのものなどが四基の古墳から出土している。土器は土師器の杯や壺・甕が主体で、ほかに若干の須恵器杯がある。主体部に伴う例は一三基で、他は周溝からの出土である。ことに土師器には鋸歯文や格子目状の沈線文を頸部にもつ甕や、赤色塗彩された小型壺・高坏が目立つ。これらは七世紀後半から八世紀前半代の北奥系の土師器の特徴をよくとどめており、古墳造営期の主体がこの頃にあることを示す。

(3) 二つの古墳群をめぐって

宮古市長根古墳群と山田町房の沢古墳群を見てきた。古墳群の被葬者は、当時この地方を治めた蝦夷の首長クラスおよびその有力家族の人びとであったと考えられる。古墳の立地は共通して尾根上にあり、傾斜角が二〇度を超えるような急斜面にも造営されている。これは内陸部の古墳群とは大きく異なるものである。古墳の形態は、地形の制約から周溝は一周せず、馬蹄形あるいは半周形などを呈すること、主体部が土壙であり、かつ組合せ式木棺直葬の痕跡である底面に溝をもつものがある点も二つの古墳群の共通点である。

古墳の造営年代は、房の沢古墳群が七世紀後半代から八世紀後葉に時期の主体がある。長根古墳群は八世紀前半代から後半にかけてが主体となっており、七世紀にさかのぼる遺物は見られない。遺物では、両者に刀類が多い点は共通するが、種類・数量では房の沢古墳が長根古墳をはるかに上回る。ただし、長根古墳群からは和同開珎が伴出して

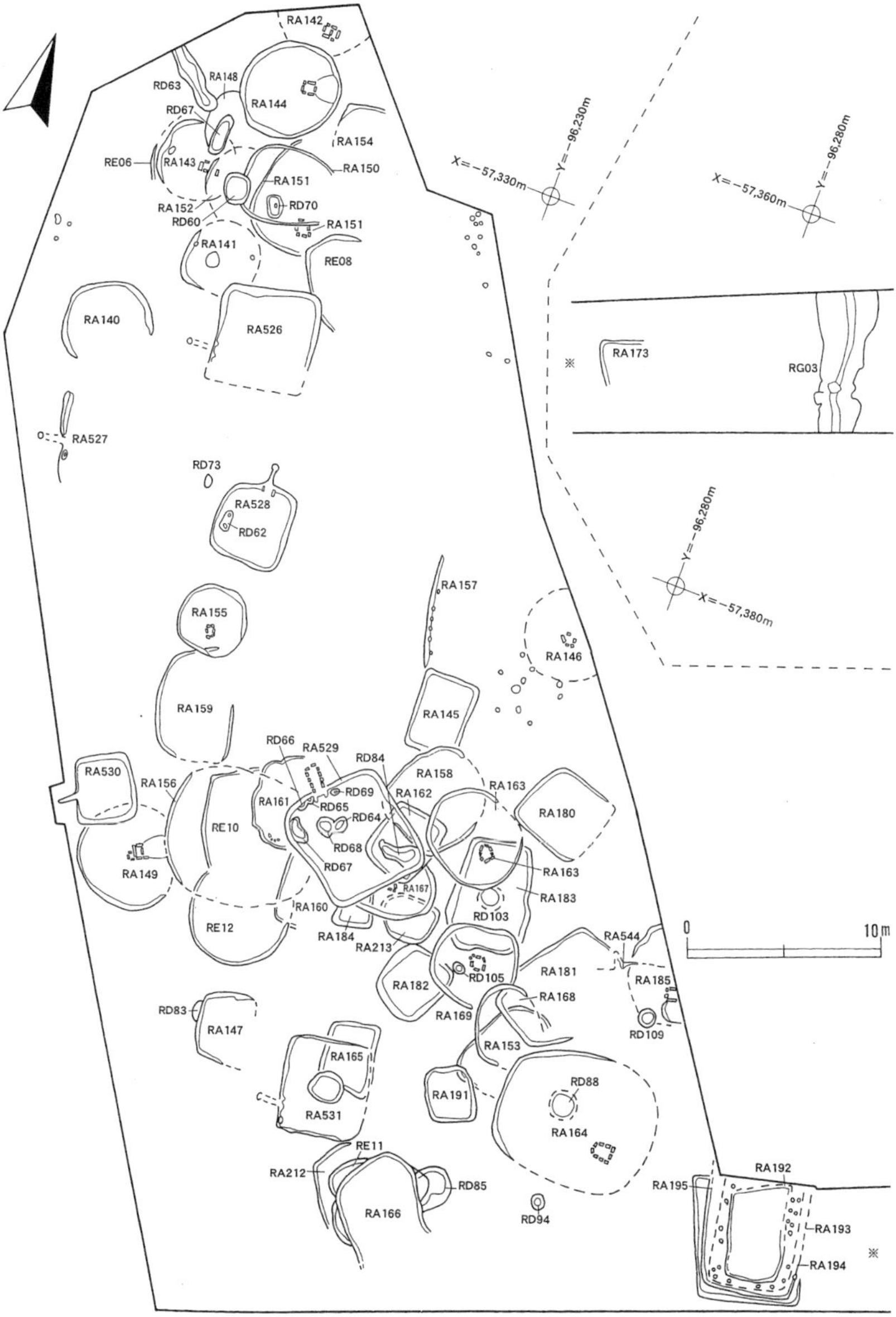

図５　山田町沢田Ｉ遺跡（北区）遺構配置図

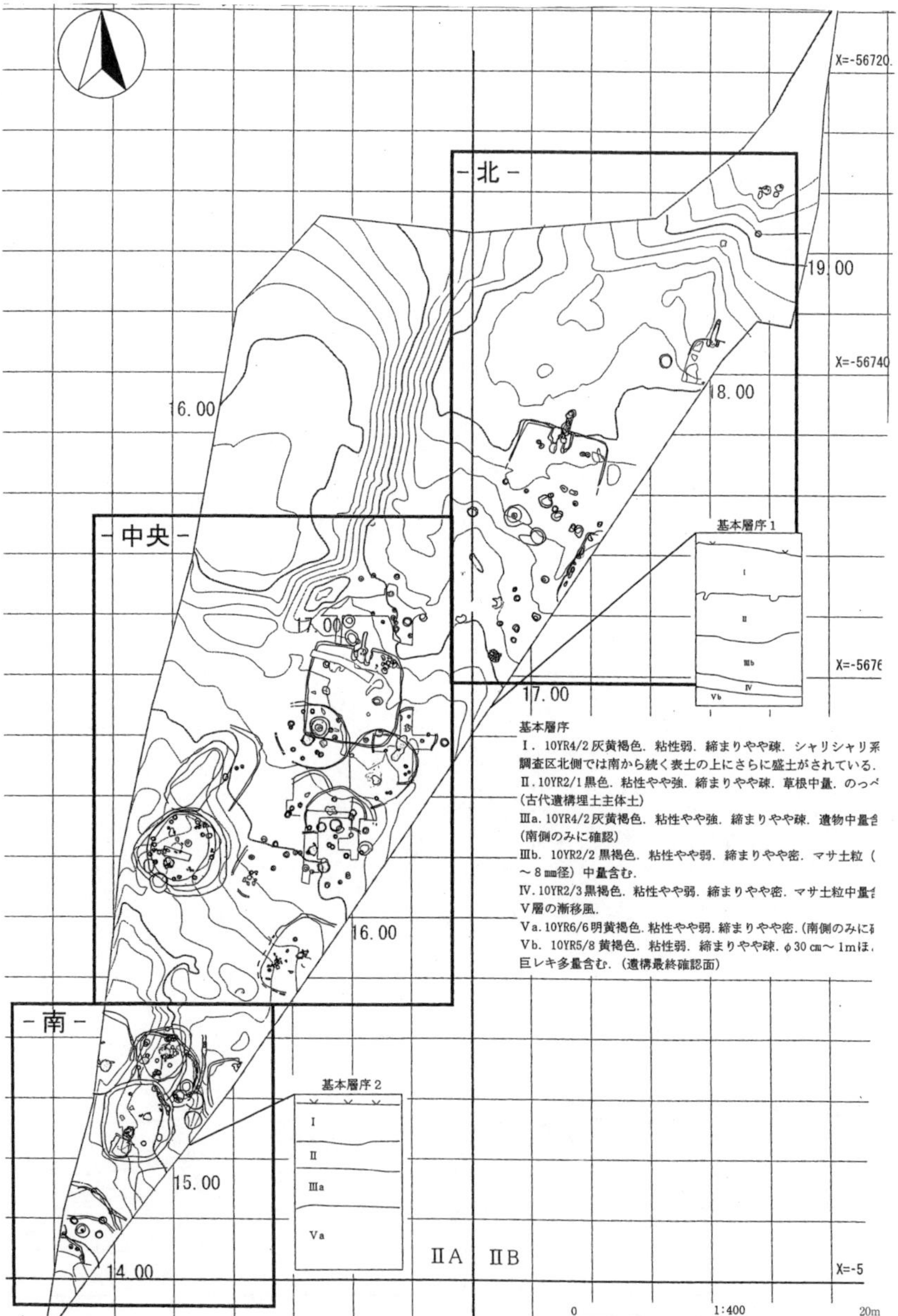

図6　山田町間木戸Ⅱ遺跡調査区全体図

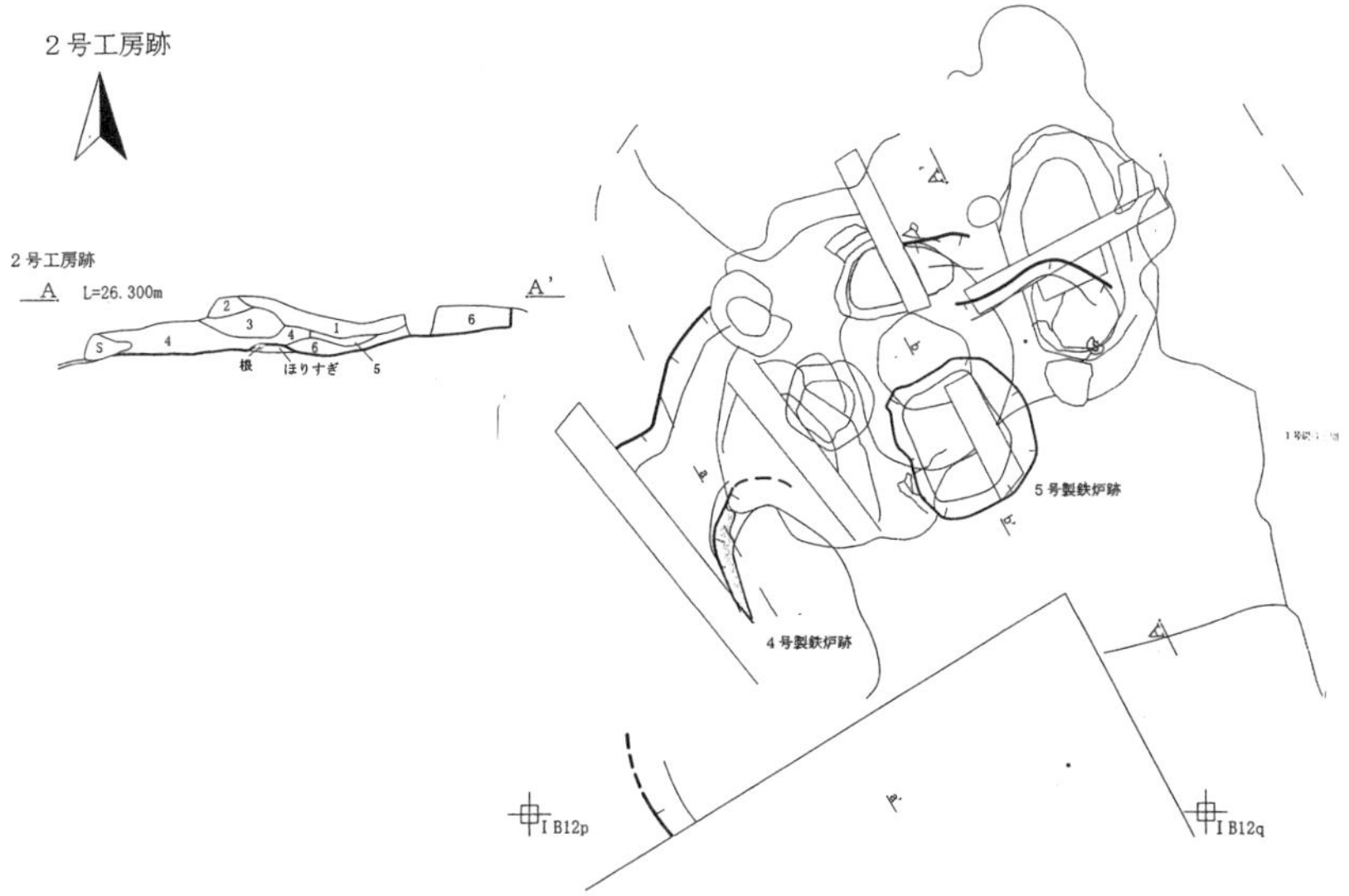

図７　山田町間木戸Ⅴ遺跡２号工房跡遺構図

おり注目できる。また、両者からは内陸部における八世紀代の特徴的遺物の一つである銙帯金具が検出されていない。生業をある程度推定できるのが房の沢古墳群でもある。ことに轡や引手など馬具が四基の古墳から出土していること、馬墓四基がまとまって造られていること、ほかに大量の鉄製品の副葬は、周辺に八世紀代の製鉄遺跡である沢田Ⅰ遺跡[11]（図５）・間木戸Ⅱ遺跡（図６）・同Ⅴ遺跡[12]（図７）があるように、鉄生産を背景にし、かつ馬匹生産をも行っていた集団が造営した古墳群と推定できる。また、造墓集団はその初期には、北奥系の蝦夷集団と祭祀的イデオロギーを共有していた可能性も指摘できる。一方、長根古墳群は閉伊川を扼する地点に立地しており、内陸部に通じる交通と交易を掌握していたと推測される。

　以上より両古墳群は、はじめに房の沢古墳群が造営を開始し、八世紀に入って長根古墳群が造営を始めたことがわかる。ただし、立地や古墳群の形態・規模などは、主体部を含めて構造的に同じであり、造墓に関わる葬法のイデオロギーは基本的に共有していたと解される。両者の差は、おそらく生業と時代性の違い、すなわち副葬品の種類や多寡に現れていると理解できる。

三　古代閇村の実態をめぐって

古代閇村をめぐっては、現在の陸中海岸のうち宮古市一帯を比定する説が有力である。[13] ことに宮古湾岸に閉伊の遺称地名がいくつか見られ、また同湾に閉伊川が注ぐことも閇村のコアがこの一帯であったことを示唆する。そもそも岩手県内の古代郡名とそこを貫く河川名は基本的に一致する。磐井郡と磐井川、胆沢郡と胆沢川、和我郡と和賀川などである。この事例も考証を助けてくれる。すなわち、霊亀元年条の閇村の場所は、閉伊川を包摂した宮古湾岸一帯であることを再確認できる。郡家はこの周辺に造営されたといえる。

次に須賀村の場所の問題がある。これは蝦夷のウジ名は地名によるという原則から、須賀君氏のスカも居住地の地名とするものである。一般的に須賀（スカ）は「川や海の水などで堆積した砂地。河海にのぞむ砂地や砂丘」（『日本国語大辞典』小学館、一九七四年）を意味する。これは「水際」（『和名類聚抄』）を意味する「濱（ハマ）」とは異なるものである（横浜と横須賀を想起されたい）が、須賀も浜も地名としては特定性に欠ける点では共通する。ちなみに陸中海岸における須賀地名は、宮古市から大槌町、釜石市にかけてかなり存在しており、日常的にも海岸で作業する場所を「スカ」と呼んでいる。このような状況では、須賀君氏の居住地の候補を特定するのは困難である。地名は本来的に地域や場所を特定するという性格をもつ。須賀地名に限っては、明らかに一般地名とみるべきであろう。

ではなぜに須賀君氏を名乗ったかという問題が生ずる。これは海岸地形に共通する「スカ」地名を負うというところにポイントがある。つまり閇村をも含む海岸線全域（北限・南限は不明だが）を統率下に置いたからこそ名乗ったウジ名と解される。須賀君氏が希望した郡家の造営される閇村とはそのような関係性を考えるべきであろう。須賀君氏は交通上の要衝であった閇村に郡家を造営することで、閉伊北部を掌握するという政治的意図を実現しようとしたと考えられる。

すでに見たように、古代の当地方には二大拠点地域が形成されていた。宮古市の長根古墳群と房の沢古墳群の造営集団である。房の沢古墳群では、七世紀の後半代にはその造営を開始し、遅れて長根古墳群が造営されている。ただし、造墓における構造や規模に差はなく、両集団は葬法を共有する関係にあるといえる。八世紀の後半代には、房の沢周辺では鉄生産と馬匹生産を始めている。考古学的に昆布採集を跡付けることは困難であるが、大量の昆布を広げ、乾燥させる「スカ」が必要であることは確かである。郡家造営が昆布貢献の集約化に関わっていることを考慮すると、長根古墳群造墓集団が昆布採集に主体的に関与していた可能性がある。国府に昆布貢献を約束した八世紀の初めから約五〇年後、閉伊の蝦夷は昆布のほかに、内陸部の蝦夷集団とは生業を大きく違えた、鉄と馬匹生産をも行う社会に成長していたのである。これは史料に現れない部分である。

四　古代香河村について

古代の香河村をめぐっては、わずかに二、三の研究を挙げるにすぎない。一つは旧胆沢町若柳の香河説（あるいは旧水沢市香原河）[14]。もう一つは、香河村＝気仙説[15]である。香河村については筆者には成案がないので、ここでは後者の説を紹介しておく。

香河村は「香川」に通じ、読みは「ケカワ」ないし「ケセン」。これと同様の読みの郡名が讃岐国にある。すなわち香川郡である。現在は「カガワ」だが、和名抄の読みは「ケカハ」。

かつての『続日本紀』の表記は、香川（ケセン）村か。それが編纂過程で香河村となったか。のち音のケセンに気仙の字を当てたとする。この二文字の表記は嘉字とする。

意を尽くせなかったが、趣意は以上である。香河村についての考究はこれからである。

すでに考古学が明らかにしたように、七世紀末から八世紀初めの蝦夷社会は大きな画期を迎える[16]。終末期古墳の造営、大規模集落遺跡の増加とともに分村の増加も見られる。出土文物も須恵器の増加など豊富になる。また、分村した村は比較的短期で母村に吸収されるようでもある。

本稿の冒頭で検討したように、史料からは急成長する蝦夷集団と衰退していく蝦夷集団の二つの存在を摘出できた。考古学的成果も集団の浮沈関係を示唆するものがある。その中にあって、この段階に閉伊地方において二つの拠点的集団が形成されているのは注目できよう。おそらくこの二集団を統率でき、その上位に位置できたのが須賀君氏やその一族であったと考えられる。距離的に見て、長根古墳群より房の沢古墳群ないしその南側が国府へ近いのにもかかわらず、北側の閇村に郡家を造営した理由は、まさに須賀君氏による交通上の要衝であった、閉伊北部を掌握するという政治的意図を実現しようとしたからにほかならない。郡家造営に際して、収納施設の分割化もその延長上で理解できよう。

本稿は古代閇村を中心に、その実態の一端を明らかにすることを目的に、歴史考古学的に検討を加えたものである。従来の説のように、蝦夷郡を単に令制郡の体をなさないものと一蹴してしまうことの危険性を指摘できたと思う。今後さらに蝦夷郡における郡家造営の原理を文献、考古の両面から追及していきたい。

註

(1) 高橋富雄『蝦夷』(吉川弘文館、一九六三年)。
(2) こういう姿勢で本条を検討したものに、高橋富雄「第二編古代　第一章　二戸の歴史を始めた人たち」(『二戸市史　第一巻　先史・古代・中世』二戸市、二〇〇〇年)がある。
(3) 正式名称は不明、仮に呼ぶ。高橋崇『蝦夷―古代東北人の歴史』(中央公論社、一九八六年)による。
(4) 長島榮一「郡山遺跡の概要」(『第二九回古代城柵官衙遺跡検討会資料集』古代城柵官衙遺跡検討会、二〇〇三年)。
(5) 伊藤博幸「奈良・平安時代の金ヶ崎地方―蝦夷の豪族とその支配」(『金ヶ崎町史1　原始・古代・中世』岩手県金ヶ崎町、

二〇〇六年）。

（6）大橋泰夫「総論　最新の郡衙研究」（『月刊考古学ジャーナル』第六九二号、二〇一六年）。

（7）前掲註（6）論文。

（8）光井文行・玉川英喜他『長根Ⅰ遺跡発掘調査報告書—宅地造成工事関連遺跡発掘調査』〔財〕岩手県文化振興事業団埋蔵文化財センター、一九九〇年）。

（9）大道篤史・佐藤良和他『房の沢Ⅳ遺跡発掘調査報告書—三陸縦貫自動車道（山田道路）関連遺跡発掘調査』〔財〕岩手県文化振興事業団埋蔵文化財センター、一九九八年）。五十嵐聡江「房の沢古墳群の編年から古墳群の展開を探る」（『山田湾まるごとスクールのしおり』新潟大学、二〇一四年）。

（10）本章の記述に際しては、前掲註（8）（9）大道・佐藤他書とともに二つの古墳群を要約した岩手県文化振興事業団編『岩手を掘る—いわて発掘30年』（二〇〇八年）七一—七七頁を参考にした。

（11）佐々木清文・千葉正彦他『沢田Ⅰ遺跡発掘調査報告書—三陸縦貫自動車道（山田道路）関連遺跡発掘調査』〔財〕岩手県文化振興事業団埋蔵文化財センター、二〇〇〇年）。

（12）佐藤あゆみ・佐藤剛他『間木戸Ⅱ遺跡・間木戸Ⅴ遺跡発掘調査報告書—三陸沿岸道路建設事業関連遺跡発掘調査』〔公財〕岩手県文化振興事業団埋蔵文化財センター、二〇一五年）。米田寛・佐藤剛「岩手県域の太平洋沿岸中部地域における六世紀から八世紀の土器様相について」（『紀要』第35号、〔公財〕岩手県文化振興事業団埋蔵文化財センター、二〇一六年）。

（13）古代閇村をめぐっては、近年だけでも次の文献がある。樋口知志『阿弖流為』（ミネルヴァ書房、二〇一三年）、相澤秀太郎「古代蝦夷の鉄生産と蝦夷社会—閉伊における鉄生産の歴史的意義」（『第2回閉伊地方の蝦夷　古代三陸の鉄シンポジウム』発表要旨、蝦夷研究会、二〇一三年）。樋口知志「律令国家と閉伊・気仙」（『第3回閉伊地方の蝦夷　海に生きた古代三陸の蝦夷シンポジウム』発表要旨、蝦夷研究会、二〇一四年）。今泉隆雄「補論　閇村の蝦夷—昆布の道」（『古代国家の東北辺境支配』吉川弘文館、二〇一五年）。平川南「躍動する古代の気仙地域」（『歴史・考古・民俗学から気仙地域の魅力を語る』発表要旨、明治大学、二〇一五年）。樋口知志「古代閉伊地方の実像」（『第4回閉伊地方の蝦夷　古代三陸の昆布　一三〇〇年記念シンポジウム』発表要旨、蝦夷研究会、二〇一五年）。八木光則「閉伊地方の地域的特質—考古学的な視点から—」『第4回閉伊地方の蝦夷　古代三陸の昆布　一三〇〇年記念シンポジウム』発表要旨、蝦夷研究会、二〇一五年）。蓑島栄紀「海の道と閉伊—北方への広がりのなかの三陸沿岸—」（『第4回閉伊地方の蝦夷　古代三陸の昆布　一三〇〇年記念シンポジウ

ム』発表要旨、蝦夷研究会、二〇一五年)。蓑島栄紀「『日本書紀』の「問菟の蝦夷」と太平洋沿岸交流」(『日本歴史』第八二七号、二〇一七年)。
(14) 司東真雄「七・八世紀頃の通路考―岩手県の場合―」(『日本歴史』第二二四号、一九六七年)。
(15) 平川南「再発見!古代の気仙」(『気仙登場一二〇〇年』(陸前高田市教育委員会、二〇一〇年)。
(16) 伊藤博幸「七・八世紀エミシ社会の基礎構造」(『岩手史学研究』第七〇号、一九八七年)。

アイヌ語系地名と蝦夷《えみし》

八木光則

アイヌ語系地名が東北北部にも色濃く残されていることが、金田一京助氏や山田秀三氏らによって指摘されてから久しい[1]。蝦夷の民族についての論争が盛んに行われた際には蝦夷＝アイヌ説の有力な根拠ともなった。その後も古代蝦夷がアイヌ語もしくはそれに近い言語を使用していた可能性を指摘する意見は根強く、定説的な位置を占めているといってよい[2]。

これに対し、蝦夷移住説を唱える松本建速氏は続縄文時代後半期までにアイヌ語系地名が東北地方で形成されたとする。瀬川拓郎氏もほぼ続縄文時代後半期に限ってアイヌ語系地名が残されたとする[3]。

アイヌ語系地名について、山田秀三氏は現地の地理や地形を根拠にアイヌ語系地名の研究を進めた。氏の研究方針はアイヌ語地名の研究に大きな影響を与え、高く評価されている。その後アイヌ語系地名の意味の解釈を施す諸書が北海道や東北地方などで何冊も刊行されている。ただアイヌ語系地名の多くで漢字化が進み、とくに本州側では例外なくといってよいほど漢字化されており、原形から変化または省略されているものが相当数存在する。このことは、北海道でのカタカナ表記と漢字表記地名の対比から明らかである。変形されたアイヌ語系地名に恣意的な解釈が加えられる可能性も高く、「素人的発想による、誤った解釈」という指摘も出されている[4]。地名の解釈の多くが、アイヌ語系地名の原形を復元する方法論が確立されているとは言い難い中で行われているのではないだろうか。

　本稿では、アイヌ語系といわれる個々の地名の検証に方法論的な見通しをもっていないこと、またきわめて煩雑になることから、すべてのアイヌ語系地名を対象にするのではなく、より客観的にみられるナィ・ペッ・ポロ・ウシといった代表的な地名に限ってとりあげることとした。また地名の解釈ではなく、数量的な分析と地名の分布を通してアイヌ語系地名の系譜や形成時期、変容、そして古代蝦夷の使用した言語について考えるものである。

　なおアイヌ語地名は、北海道においては近世のアイヌに継承されて使用されていた地名であるが、それらの地名が中世のアイヌ成立以前に形成されたと考えられることから、本稿では統一的にアイヌ語系地名と呼ぶこととする。

一　アイヌ語系地名の分布

(1) 対象としたアイヌ語系地名

　東北地方のアイヌ語系地名の分布図として、今泉隆雄氏の論文に吉田歓氏作成として掲載されている図が引用されることが多い(5)。吉田氏によれば、山田秀三氏の集成を元に作図したものという。山田氏が第二次世界大戦後から昭和末年にわたって収集した地名であり、きわめて価値の高いものである。

　本稿ではその成果を参考にしながら、新たな分布図を作成した。全国の二万五千分の一地形図に掲載の地名を索引化した『新日本地名索引』(アボック社出版局、一九九三年、以下『地名索引』)から、アイヌ語系地名に特有な漢字と、川や沢などの漢字が付くカタカナ地名を抜き出し、分布図を作成したものである。地形図への地名の収載は、字名や大きな橋など、地域ごとの精粗があまりなく一定程度均一的に行われていること、また全国を通覧できることから、地域間の客観的な比較に有効と考え、『地名索引』を利用することとしたものである。地形図に記載されていない小字名や古地名は集計されないこととなるが、今後の課題としたい。なお『地名索引』の出典となった二万五千分の一地形図の作成年代については記載されていないが、新しくとも一九七〇～一九八〇年代と推定される。

抽出した文字は、現在の北海道でアイヌ語地名として多く使われている漢字とそれと同じ読みをする漢字およびカタカナ四語である。「内」「ナイ」（ナィ nay）、「別《べつ》」「部《べ》」「辺《べ》」「戸《ぺ》」「米地《べち》」「ベツ」「べ」「ペ」（ペッ pet）、「幌」「袰《ほろ》」「母衣《ほろ》」（ポロ poro）、「牛」「丑」（ウシ usi）の四種の基礎語彙とした。このほかにも特徴的に使われる漢字はあるが、数が少なく、分布や密度を知る上で大きな意味を読み取ることができないことから除外した。

ナィとペッは、ともに川を意味する。「内」はウチの読みを除外し、「城内」「府内」「垣内」「川内」など日本語由来の地名も除外した。「内」は語の頭にくることはあまりなく、語の後ろに付くのが一般的である。

「別」は、「別当」「別所」「別名」「別宮」「別府」などを除外し、語の後ろに付くものを採録した。北海道では語の頭に付く例がいくつかあるが、東北地方ではその例はみられない。

「部」は、北海道のアイヌ語系地名では「～ッペ」「～べ」と読まれ、「～ブ」は「東部」や「南部」など日本語由来地名の読みとなっている。このため東北地方でも「ブ」以外の読みをアイヌ語系地名の可能性があるものとして採録した。ただし「べ」の読みが全国にもあることからアイヌ語系ではない地名が含まれている可能性を残している。僅少例ではあるが、「辺」「戸」も「べ」や「ペ」と発音するものに限り、「米地」はベチの読みだけを採用した。

ポロは、「大きい、多い」という意味があり、川の本流や「親の～」の意味もある。漢字表記は北海道では「幌」に限られる。全国的にも三例を除きすべて北海道に限定して用いられている。幌別のように幌が頭に付くものと、札幌のように幌が語の後ろに使われるものとがある。札幌の例は本来サッ・ポロ・ペッ（乾いた大きな川）で、漢字化に伴って一部が省略された例ともなっている。ポロの対義語はポンで、「小さい、少ない、子の～」の意味がある。「本」「奔」の漢字が当てられるが、「本」は日本語系地名にも数多く使われ、アイヌ語系との区別は東北以南ではむずかしい。

「袰」「母衣」は青森、岩手県に限り用いられている。『地名索引』ではすべて語の頭に付いているが、盛岡市赤袰など地形図に載っていない地名では語の後ろに付いている例もみられる。「保呂」もアイヌ語系地名として抽出されることもあるが、岩手県南部から近畿地方にかけてみられ、アイヌ語系とは異なることも考えられるため、本稿では除外した(6)。

「牛」「丑」は、「～が群生するところ、～することが習いの所」の意味をもつウシに由来する。「牛」「丑」は語の頭に付くものは全国に数多く分布するが、北海道の喜登牛《きとうし》などのように語の後ろに付くものは北海道と東北北部以外では数例のみで、アイヌ語系地名とみてほぼまちがいない。このほかにも「木伏《きっぷし》」「木節《きっぷし》」などのように「伏」「節」が使われるアイヌ語系地名といわれるものもある。これらの漢字は全国的にも数多く分布し、また「山伏」などアイヌ語系とは考えにくいものも含まれることから、この文字も除外した(7)。

なお、同一市町村で、上幌内・中幌内・北幌内・幌内南・幌内川・幌内橋など、上中下・東西南北・山川などが付いても語源が同じ地名は一件とした。また山や川が複数市町村にまたがる場合も一件として集計した。

(2) アイヌ語系地名の分布状況

北海道では集計した一五二三カ所のうち漢字表記とカタカナ表記はほぼ同数であり、原語に近い地名の半数が漢字化されていないことになる。漢字化が進行しているのは、今金町や八雲町を除く渡島半島、小樽市や札幌市周辺が顕著である。松前藩のあった江戸時代や北海道開拓使の置かれた明治初期に漢字化が進んだものとみられる。東北地方ではアイヌ語系のカタカナ地名は秋田県二カ所、岩手県四カ所のみで、漢字化がほぼ終了している。中世文書でもアイヌ語系地名がカナ表記される例は管見ではみられず、早い段階で漢字化が進められていたものであろう。

北海道～東北で最も多く使われている地名はナィである。九四八カ所の地名が確認され、北海道が五九九カ所と圧倒的に多い（表1）。ただし一万平方キロ当たりの地名数は秋田県が一一二・八カ所と、北海道の七一・七カ所よりも大きく上回る。青森県は七一・一カ所、岩手県六四・九カ所と、北海道並みの件数となっている。北海道では道北、日高地方、積丹半島付近に密集区が認められる。東北の密集区の南境は秋田と山形県境、岩手県胆沢・閉伊と磐井・気仙の郡境となっている（図1）。

　東北南部から新潟、関東にかけては「内」を付す地名が一定程度みられる。とくに福島県中通りと北関東の茨城県内陸部、栃木県鬼怒川流域に集中し、北関東の密度は宮城県をしのいでいる。東北の中では山形県内の地名数は六カ所、新潟県も一万平方キロ当たりの地名数が一〇カ所以下と少なく、能登半島も三カ所ほどである。西関東の埼玉・東京・神奈川はやや少ないが、さらに南西側の群馬・長野・山梨・静岡県は僅少となり、「内」地名はこの境が南限となろう。

　東北以南では、山内・平内・万内など東北北部に共通する地名もみられるが、日本語系らしき語が付くものも少なくなく、一定数の日本語系地名も含まれていると思われる。これらの地域は日本語系地名が圧倒的であり、アイヌ語系地名であったとしてもかなり変形していることが推測され

表1　アイヌ語系地名の地名数と密度

	北海道		青森		秋田		岩手		宮城		福島		山形		計
ナイ	599	71.7	64	71.1	129	112.8	98	64.9	12	16.5	29	31.1	6	4.4	948
ペッ	657	78.7	29	32.2	10	8.7	37	24.5	1	1.4	4	4.3	3	2.2	743
ポロ	158	18.9	7	7.8	1	0.9	9	6.0	0	0.0	0	0.0	0	0.0	175
ウシ	109	13.1	4	4.4	2	1.7	9	6.0	4	5.5	0	0.0	0	0.0	128
計	1523	182.4	104	115.5	142	124.2	153	101.4	17	23.3	33	35.4	9	6.5	1994
面積	83,519㎡		9,002㎡		11,434㎡		15,095㎡		7,292㎡		9,327㎡		13,784㎡		

	茨城		栃木		埼玉		千葉		東京		神奈川		新潟		計
ナイ	13	21.3	17	26.5	4	10.5	3	5.8	2	9.2	3	12.5	11	9.1	53
ペッ	0	0.0	0	0.0	0	0.0	0	0.0	0	0.0	0	0.0	0	0.0	0
ポロ	0	0.0	0	0.0	0	0.0	0	0.0	0	0.0	0	0.0	0	0.0	0
ウシ	0	0.0	0	0.0	0	0.0	0	0.0	0	0.0	0	0.0	0	0.0	0
計	13	21.3	17	26.5	4	10.5	3	5.8	2	9.2	3	12.5	11	9.1	53
面積	6,094㎡		6,414㎡		3,799㎡		5,150㎡		2,162㎡		2,402㎡		12,111㎡		

(1) 山や川が複数市町村にまたがる場合は1件とした。
(2) 各都道県の左側数字は地名数、右側数字は1万 km^2 当たりの地名数を示した。
(3) 基礎資料：『新日本地名索引』1993 アボック社出版局（1：2.5 万地形図掲載の地名）
ナィ－内、ベッ－別・部・辺・戸、ポロ－幌・袰・母衣、ウシ－牛・丑
(4) 都道県の面積は『全国市町村要覧』に拠った。

る。

ペッは北海道で六五七カ所とナィよりも多く、一万平方キロ当たりの地名数も東北各県よりも多い（図1）。道北と渡島半島でやや少ない傾向がある。東北北部三県のうち青森、岩手県がやや高い割合でみられ、岩手県の南限は花巻、遠野市あたりまで、秋田県では県北東部の米代川上〜中流域の北秋田市周辺となるも、それ以外の地域はかなり稀薄となり、東北南部はさらに僅少となる。なお渡島半島から東北地方にかけての漢字表記は「部」が多い。「別」が多い北海道央以東とは漢字化の時期が異なることを反映しているものと思われ、「部」は江戸時代もしくはそれ以前と考えられる。

「部」は、黒部・磯部・矢部・園部・阿部など全国広域的に分布するものや姓として多く使われている地名を除いても、東北北部以外では長野県から西日本にかけて多くみられる。このことから「部」は東北北部を除きアイヌ語系地名でない可能性が高いと考えられる。

なお山田秀三氏が『永田地名解』をもとにした集計によれば、全道でナィ一四二二、ペッ六三三となっている。(8)本稿の集計と比較すると、ナィは二・四倍、ペッは〇・九六倍の数となる。ナィの差は、明治と昭和の採録時期の違い、網羅的な地名採取と二万五千分の一地形図からの集計の違いが影響しているとみられる。ナィが沢や小さな川に用いられることが少なくないため、地形図に登載されていないナィ地名が数多くあり、また地名そのものが消失してしまったことを示唆している。それにしてもペッが今回の集計より少ないのはなぜであろうか。山田氏が集計で省いた「ペ」を本稿で六九件を採録したが、これを除いてもナィほどの開きにはならない。課題としておきたい。

ポロとウシは北海道に集中し、東北地方は少ない。北海道でも地域差が認められ、ウシは石狩低地帯にはほとんど分布せず、その東側にやや濃密に分布する（図2）。石狩低地帯の空白地域をはさんで渡島半島や東北北部東半にやや稀薄ながらも分布しており、東北北部の西半にはまったく確認できない。ポロもほぼ同じような分布を示し、黒松内低地帯〜東北北部東側で低い密度となる。

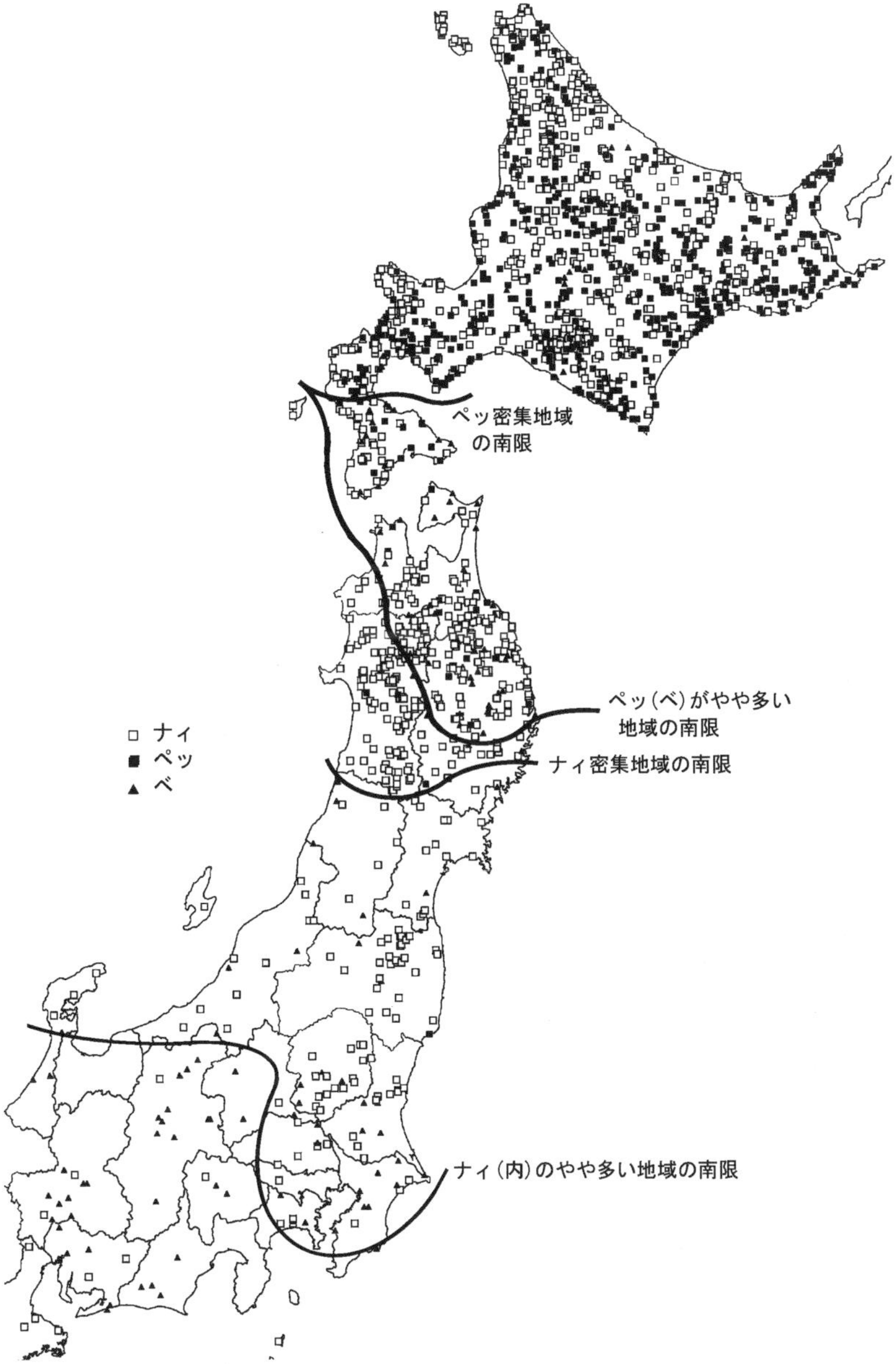

図１　アイヌ語系地名の分布〈ナィ・ペッ〉

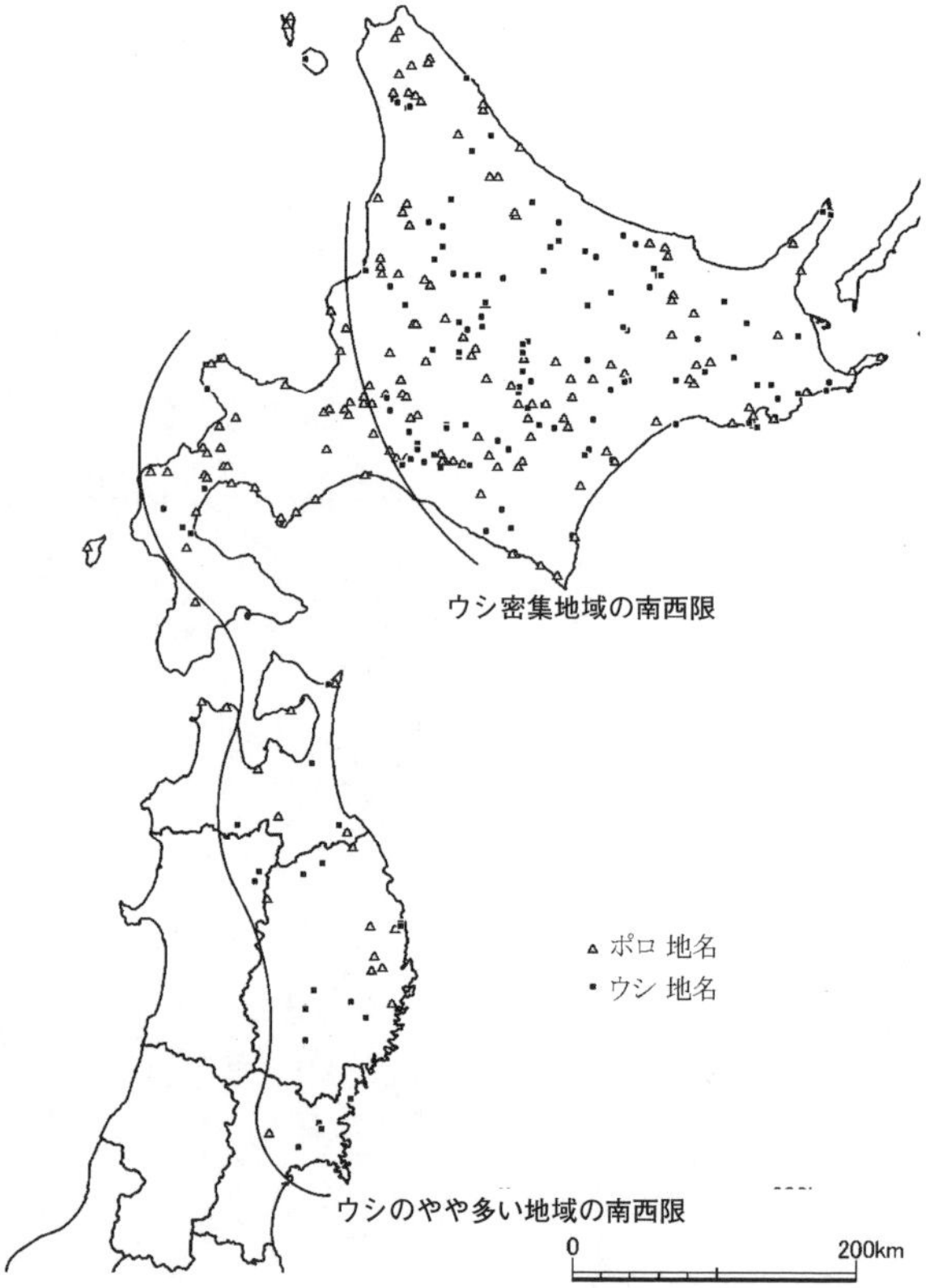

図2　アイヌ語系地名の分布〈ポロ・ウシ〉

ポロやウシの分布は、一部宮城県まで確認されるが、ペッの分布範囲とほぼ重複している。ナィとの関連性はほとんど認められない。

このように、四語だけの分布比較であるが、アイヌ語系地名の基礎語彙となる地名のうち、ナィとペッ・ポロ・ウシとは分布のあり方が異なることが判明した。

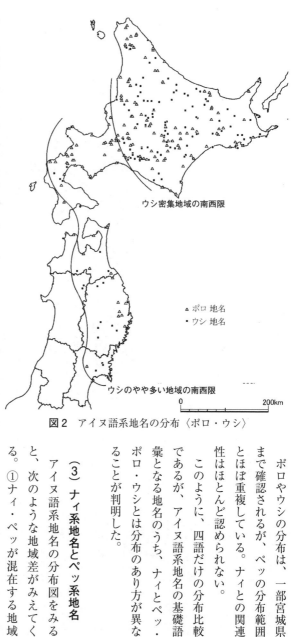

(3) ナィ系地名とペッ系地名

アイヌ語系地名の分布図をみると、次のような地域差がみえてくる。①ナィ・ペッが混在する地域（図1で渡島半島南部を除く北海道）、②ナィがペッより優勢となる地域（東北北部東側）、③ほぼ単独でナィが分布する地域（米代川上〜中流域を除く秋田県以南）、④数は少ないがナィのみ分布する地域（東北南部〜新潟、関東地方）となっている。

ナィとペッの違いについては古くから指摘されており、ナィは沢、ペッは川と、はっきり区別して解するアイヌ語辞典もある。一方、道南では両者が区別されているが、樺太ではナィ、千島ではペッが圧倒的に多く、東北でもナィが多いという地域差も指摘されている。[9] 北海道では「〜川」に付くナィの割合が四四%、ペッにつく割合は五六%、

「～沢」に付くナィの割合は六五％、ペッの割合は三五％となっている。ナィが小さな川という意味があり「～沢」に付くナィも明らかに多いことから、川の大小による使い分けがある程度あったことは認められる。東北北部では全体にナィが多いこともあって、秋田県桧木内《ひのきない》川や岩手県瀬月内《せっきない》川など比較的大きな川でもナィが付けられている。

東北地方でナィとペッの分布範囲が異なる点については、松本氏が異なる分布範囲を初めて図示した。また瀬川氏はナイ地名の南限は四世紀代、ペッの南限は五世紀代にアイヌが東北地方に南下した痕跡ととらえている。それぞれ後北C_2・D式と北大I式土器の南限から導き出されたもので、六世紀には北海道へ撤退するという[10]。ナィとペッの分布の違いを時期差とした点は評価されるが、両地名が対峙するかのように分布をとらえていることは疑問である。

前述のとおり、ナィの分布が優勢な地域があり、一方でペッ・ポロ・ウシとも共存する地域もあることから、ナィとペッが対峙的に分布していたわけではなく、地名の形成過程に違いがあったことが読み取れる。それぞれ系譜を異にし、時間差をもって定着したと考えることができるのである。

両者の新旧関係は、ナィ優勢地域に比べ、ナィ・ペッ混在地域はポロやウシなどアイヌ語系地名の基礎語彙が複数であるので、より新しい様相と解することができる。また近世アイヌの生活根拠地である北海道が混在地域であることからも、ナィ優勢地域より新しいことが明らかである。すなわち、まずナィがはじめに広く普及定着し、後にペッを中心にポロ・ウシなどが範囲を狭めて重層的に普及していったものと考えられるのである。本稿ではそれぞれをナィ系地名とペッ系地名と呼び分けることとする。

知里真志保氏は、ペッが本来のアイヌ語で、ナィは外来らしいとの見通しを述べている[11]。外来としたのは沖縄地方では川をナイと読み、古朝鮮語が川をナリと発音していることを念

表2　ナィ・ペッ地名数と川・沢との関係

	北海道		青森		秋田		岩手		計	
	ナィ	ペッ	ナィ	ペッ	ナィ	ペッ	ナィ	ペッ	ナィ	ペッ
川	401	505	15	13	21	2	19	7	456	527
川・沢	13	20	0	0	7	1	2	0	22	21
沢	83	38	8	2	48	6	26	11	165	57
計	497	563	23	15	76	9	47	18	643	605

頭に置いたものであるが、細かな説明はない。ペッが本来語でナィが外来語かどうかはともかく、系譜が異なるという見方は本稿と同じである。

東北南部〜北関東でもナィ系地名が一定数確認できることは、アイヌ語系地名が少なくともこの地域まで広く分布していたことを物語っている。北関東だけでなく関東地方の大半や新潟県もナィ系地名の地域であった可能性が高いと考えられる。

二　アイヌ語系地名の形成

(1) 川を中心とする地理観

アイヌ語系地名で最も多く、広い地域に分布するのが、ナィとペッであり、ともに川を意味する。知里真志保氏によれば、古い時代のアイヌは川を人間同様の生物と考え、人体の部位を川にも当てはめており、また河口が出発点で、水源地が帰着点という考え方だったという。[12] 山も風も生き物ととらえられていたというが、アイヌ語系地名で最も多いのがナィとペッであり、山を意味するヌプリ地名はさほど多くない。

ヌプリは、東北地方では「〜のもり」に埋没したと考える研究者もいる。青森県乱岩の森、岩手県鳥古の森、秋田県孤の森、宮城県沼の森、福島県白猪の森など、東北地方に特徴的にみられるという。ただし北海道には「〜のもり」の地名はなかったという。[13]

いずれにしても、アイヌ語系地名を残した人びとは、川の地形を熟知し、川を遡上して、サケやマス、クマやシカを獲る生活から川を中心とする地理観を育んできたと考えられる。内陸交通路としても川を利用し、尾根道も川と川にはさまれた関係で認識されていたとみられる。山の名にナィやペッを付したものも多く、山も川の行き着く先と考えられていたようである。川を中心とした地理観が形成され、頭の中に川が細かに描かれた地図が入っていたと思えるほどである。

このような地理観は、当然農耕社会の中では生まれてこない。採集経済段階にあった時期に形成されたこと、そしてアイヌ語系言語の成立と深く関わっていることは容易に推定できる。問題はその形成時期がいつなのかが明らかになっていないことである。明治末年生まれの知里真志保氏も「古い時代のアイヌ」としか述べていない。

（2）東北におけるアイヌ語系地名の形成時期

松本建速氏は、東北におけるアイヌ語系地名の命名時期を縄文時代から続縄文後半期（古墳時代併行期）の後北C_2・D式〜北大Ⅰ式期に求めている。[14] 縄文時代とした根拠は、福島県いわき市にペッ地名が飛び地的にあることから、縄文時代晩期の亀ヶ岡文化の広がりによって地名が残存したと考えたことにある。多くは続縄文土器の分布とアイヌ語地名の分布との類似に着目し、続縄文土器の使用者を地名の命名者に含めた。東北北部は七世紀以降に土師器を使用する文化に変わり、それに伴って言語も「やまとことば」に変化したとする。「続縄文土器はアイヌ語系、土師器は日本語系の文化を象徴する」というのである。[15] そして東北北部の古代蝦夷は関東や中部地方からの移民であるという自説につなげている。

たしかに、文化の重要な構成要素の一つに言語があることは、世界的にみてもまちがいないことである。しかし松本氏が前提としている一文化＝一言語の図式が成り立つかどうかはそれぞれの検証が必要であろう。同一言語を話す地域が複数の文化の分かれていたとしても、何ら文化の構成要素を阻害するものではない。また土器が文化全般を指し示すものでなく、あくまでも文化要素の一つにすぎないということも忘れてはならない。

形成時期が古いとみられるナィ系地名が現在確認されるのは北関東であり、その痕跡を広げると南関東や新潟県、能登半島あたりまで広がる。ただ後述のようにナィ系地名の現在確認できる範囲は、日本語系地名の影響を受け、本来の範囲を示しているとは限らない。したがって現在の範囲からナィ系地名の形成時期を特定することには慎重であるべきと考える。

　一方、ペッ系地名はナィ系地名が濃密な範囲の内側にあり、日本語系地名の影響を受けているとしても、本来の範囲とあまり変わらないものと判断され、考古学的な資料にその範囲が投影されている可能性が高い。採集経済段階で、ペッ系地名の範囲と類似するものに、長期にわたって継続した縄文時代前～中期の円筒式土器と道東の北筒式土器、後期の十腰内Ⅰ式期以降を中心に造られた環状列石、「続縄文」後半期の後北C_2・D式土器と墓の分布範囲が候補として挙げられる。

　これら三時期について検討してみると、まず円筒式土器文化の範囲のうち、秋田県米代川下流域がペッ系地名の範囲からはみ出し、盛岡以南は大木式土器の文化圏となり、ペッ語系地名との相関関係は薄い。

　次に、十腰内Ⅰ式期以降の環状列石の分布は、北海道西南部と東北北部に多く、オホーツク海沿岸までひろがっており、ペッ系地名の分布と重なる（図3）。環状列石は、石の下に墓がある例から共同墓地とする説と、必ずしも墓が備わっていないため祭祀場とする説とがある。環状列石は整った形が多く、造り始めたときに全体の形を設計していたとみられ、共同の祭祀場としての性格が強いものである。類似のものに配石遺構があるが、配石の下部には墓壙があるものが大半で、全体の形も不整となるものが多く、墓域としての性格が強い。

　近年、環状列石の周囲に六本柱建物が建てられている事例が多く見つかってきている。その原形は縄文時代中期中葉の岩手県西田遺跡に求められる。環状列石は集落とは異なり、居住のための住居はほとんどみられない。造られた年代は、径三〇ｍ以上の大形で整った形のものは縄文後期前葉の十腰内Ⅰ式期がほとんどで、それ以降は変形や小形化されて晩期まで造られ続ける。

　環状列石が数多く分布するのが前～中期の円筒式土器文化圏であった地域である。円筒式土器文化圏では住居配置が帯状を呈し、墓域も列状に並べられている。南の大木式土器文化圏は環状集落を形成し、六本柱建物を集落内に取り込むなど、明らかに異なる集落構造であった。西田遺跡も環状集落の典型的な遺跡として紹介されることが多い。中期後葉になると、円筒式土器文化圏では大木式土器文化圏の土器要素を取り入れて、榎林式が生まれ、帯状集落は継続するものの六本柱建物を受容するような変化を見せる。大木式土器文化圏でも中期末葉には環状集落の形状が崩れるようになる。

環状列石は、このような状況の中、後期に入ってややしばらくしてから各地で造られるようになる。その契機についてははっきりしたことがわかっていないが⑯、西田遺跡の中央の墓域とそれを取り囲む六本柱建物をベースに環状列石の成立させたことは、縄文時代のいくつかある画期の中に位置づけることができよう。また道央や道東に見られる周提墓も視野に入れる必要があると思われる。今後、環状列石を含む文化の諸要素をさらに明らかにしていくことで、この時期の画期性がより明らかになるであろう。

三番目の、後北C_2・D式の分布は図4に示したとおりで、東北北部には集中区域と準集中区域がある。最も密度が高い下北—盛岡は、遺跡数もさることながら墓も複数確認されていて、「続縄文」文化の濃密な地域である。津軽—鹿角は遺跡数が多いが、墳墓はまだ確認されてい

図3　主な環状列石とアイヌ語系地名（ペッ）の分布

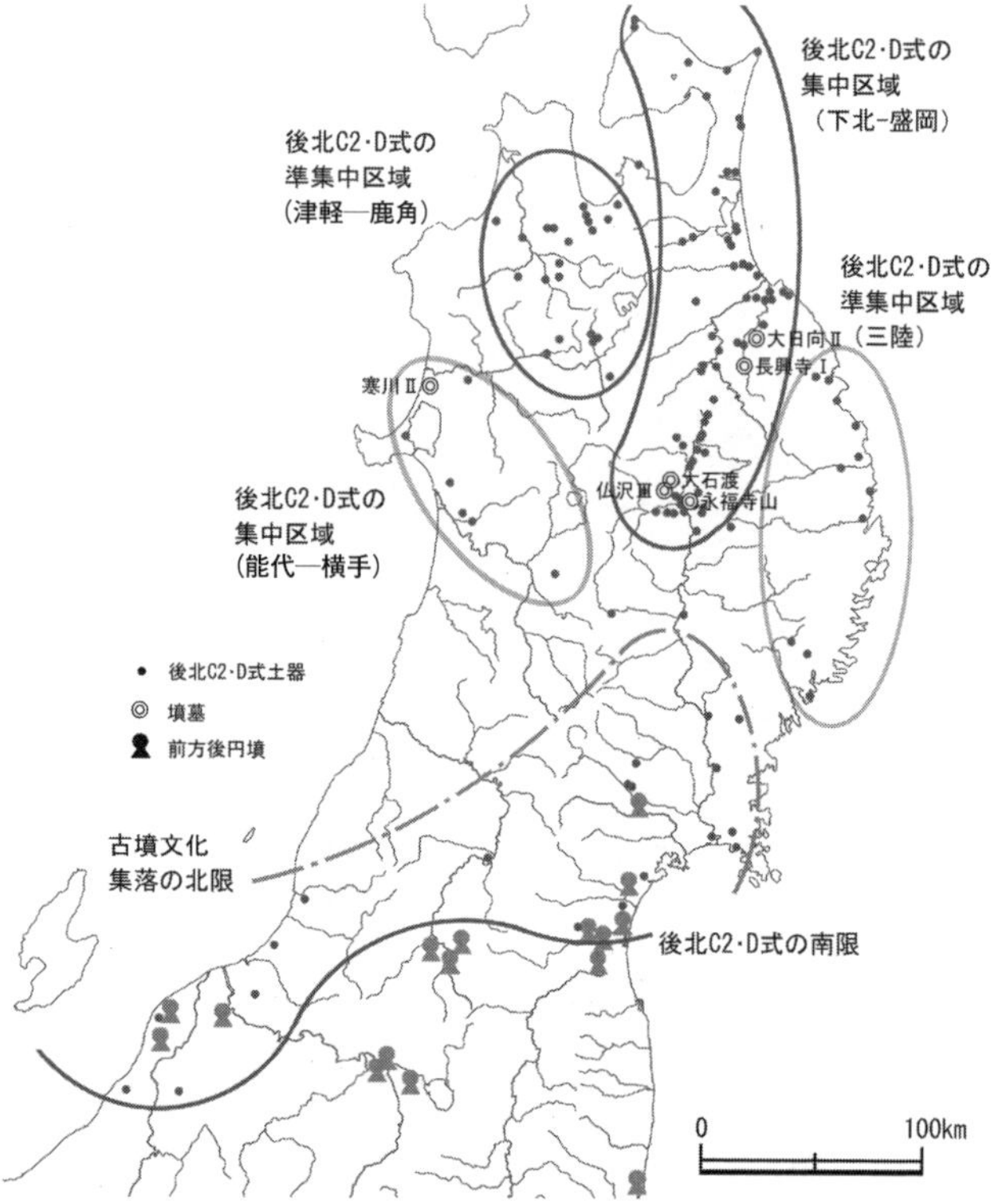

図4　後北 C_2・D 式土器の分布

ない。能代―横手では墳墓が一遺跡で確認され、遺跡分布はまばらで、各遺跡の出土点数も少ない。三陸もややまばらである。このほかにも北上川下流域や新潟県で散発的な分布が認められる(17)。

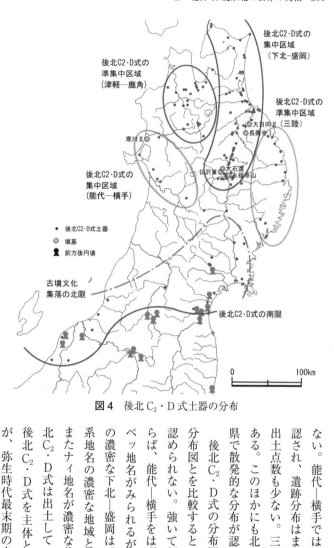

後北 C_2・D式の分布図とペッ系地名の分布図とを比較すると、強い相関関係は認められない。強いて類似点を挙げるならば、能代―横手をはずした集中区域にペッ地名がみられるが、「続縄文」文化の濃密な下北―盛岡は、とくにアイヌ語系地名の濃密な地域とはなっていない。またナィ地名が濃密な秋田県南部では後北 C_2・D式は出土していない。何よりも後北 C_2・D式を主体とする遺跡もあるが、弥生時代最末期の赤穴式や土師器の最古となる塩釜式を主体または混在する遺跡も多い。さらに地名の形成が土器型式一型式程度の時間で普及、定着するとは考えにくく、また新しく名付けられた地名が継承される地域の継続も必要である。後北 C_2・D式期以後、六世紀末までこの地域の遺跡数はきわめて限られている。

このように、ペッ系地名の形成時期については、縄文時代後期十腰内Ⅰ式期以降の環状列石を造り上げた地域との関係が最も整合的と考えられる。しかし、文書行政が進行する近代以降とは違い、人伝えに地名が定着する時代には短期間に広域の地名が形成されたとは考えにくく、長期間を要したはずである。十腰内I式期の契機をもとに、その後の晩期の亀ヶ岡式土器文化の拡大、弥生時代中期の地域分化を経て、後期の天王山市式土器への東北での斉一化、「続縄文」後半期の後北C_2・D式土器の広域分布の時期まで、アイヌ語系地名は温存され、また新たに付け加えられながら、長い年月の間に定着していったものと考えられる。

ナィ系地名については、ペッ系地名より古いと考えられることから、縄文時代後期以前に形成されていたことになる。北海道や東北北部東側では縄文時代後期以降、両者が融合する過程でナィとペッの使い分けが行われるようになっていったものとみられる。

(3) アイヌ語系地名の変容

北海道にアイヌ語地名が多く残されているのは、中近世において積極的な改称が基本的に行われなかったことによる。江戸時代には松前藩や倭人による経済的搾取がアイヌに対して行われ、アイヌ支配が強化された中で、文化的支配を一律に強制されることがあまりなかったためであろう。明治政府や北海道開拓使はアイヌ語地名をすべて書き換える意図あるいは行政的余裕がなかったと思われる。

とはいえ、福山などのように、松前藩の城下ではアイヌ語地名の一部が日本語地名に置き換えられており、また明治以後の道内各地への入植者たちも出身地の地名や縁起のよい佳名を新たに付していった。広大な平野部に方格地割を作り、条や丁目の数字を与えることも行われた。当然それ以前のアイヌ語地名は消滅することとなる。大正年間の地図を分析した結果によれば、渡島半島の南部、札幌や小樽周辺では日本語地名が優勢となり、アイヌ語地名がかなり消滅したことが明らかになっている。また五万分の一地形図（戦後以降の昭和後半代のものと思われる）の全道の地名では、日本語系七に対し、アイヌ語系地名が五と、日本語系が多くなっているという。北海道「開拓」一世紀

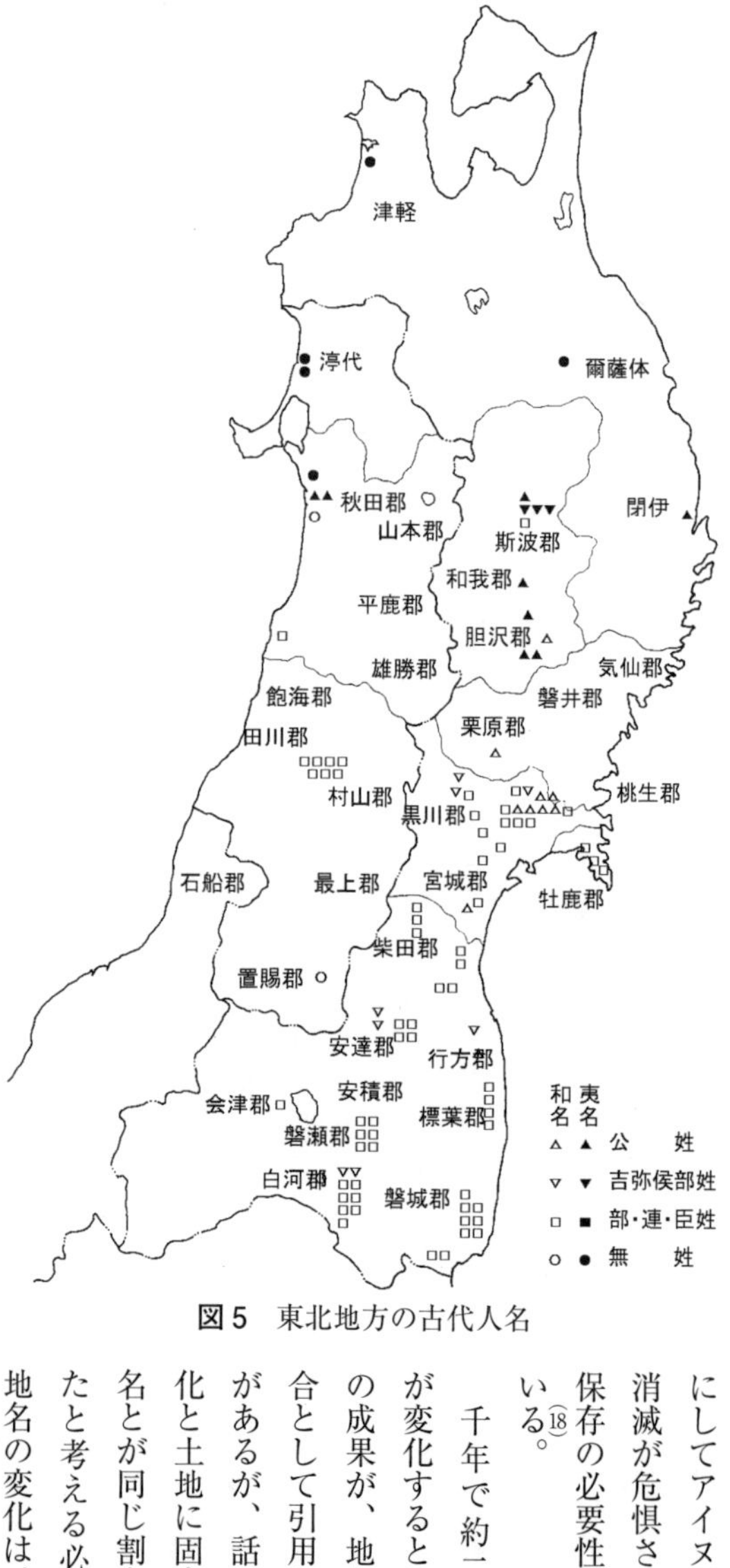

図5　東北地方の古代人名

にしてアイヌ語系地名の消滅が危惧され、地名の保存の必要性も説かれている⑱。

　千年で約二割の語彙が変化するとした言語学の成果が、地名変化の割合として引用されることがあるが、話し言葉の変化と土地に固定された地名とが同じ割合で変化したと考える必要はない。地名の変化は、支配者の交替、時代ごとの政策、人びとの移住などを契機にして大きく変化する。昭和になっても一九六二年の住居表示法施行に伴い、多くの旧地名が消滅したことは記憶に新しい。アイヌ語系地名の分布は本来の分布域を示すものではなく、日本語系地名に置換されずに残された割合を示していると考えるべきであろう。

　東北南部以南のアイヌ語系地名（ナィ系地名）が東北北部より少ないのは、早い段階で日本語系地名に置き換わったためと考えられる。アイヌ語系地名が採集社会の段階に命名されたとすると、農耕社会となった弥生時代以降、とくに前方後円墳のネットワークができる古墳時代各期が置換の時期と想定される。古代前半の七〜八世紀においては東北南部までが日本語化されていたと考えられるからである。

（4）東北地方の古代人名

東北地方出身者の古代人名をみていくと、宮城県北部の栗原郡までは七〜八世紀にすでに和名の人名で占められている。和名とは〜麻呂、〜人、〜足のように日本語系の人名をいう。これに対し東北北部のナィ2の地域では、夷名で呼ばれている人物が何人も登場する。夷名は阿弖流為《あてるい》や宇屈波宇《うくつはう》などのように表音文字として一字一音で表現され、文字自体に意味をもっていない蝦夷の名である。磐井郡や気仙郡の人名は六国史などには登場しないので和名であったか不明であるが、弘仁三（八一二）年記事に、遠田郡人勲七等竹城公金弓ら男女一二二人が陸奥磐井臣姓を与えられていることから、遠田郡などとの関連性がうかがわれ、和名化していた地域ととらえられる。ナィ地名がやや稀薄となる地域とも一致する。

蝦夷の言語は「夷語」と呼ばれ、日本語とは異なるものとの認識があった。

延暦一八（七九九）年　流陸奥国新田郡百姓弓削部虎麻呂・妻丈部小広刀自女等於日向国。久住賊地、能習夷語、屡以謾語騒動夷俘心也。

九世紀以降の東北北部の人名は限られるが、その中で斯波郡を本拠とする斯波連について、次のように変遷が確認される。

承和二（八三五）年　俘囚勲五等吉弥侯宇加奴・勲五等吉弥侯志波宇志・勲五等吉弥侯億可太等、賜姓物部斯波連。

承和七（八四〇）年　俘夷物部斯波連宇賀奴、不従逆類、久効功勲。因授外従五位下。

元慶五（八八一）年　授陸奥蝦夷訳語外従八位下物部斯波連永野外従五位下。

九世紀前半までは「宇加（賀）奴」「志波宇志」「億可太」という夷名であったが、後半になると「永野」という和名とおぼしき人名に変わる。永野は訳語＝通訳として、夷和双方の言葉に通じ、陸奥国府あるいは鎮守府の官人となっている。和名化が官人クラスで進行していたことがうかがわれる。

蝦夷は文書を残さず、彼らの言語を直接知ることはできないが、東北北部の特徴ある夷名がアイヌ語系地名の濃密な分布とも対応することは、言語そのものがアイヌ語系言語に近い夷語であった可能性が高い。人名が和名化するようになると言語もしだいに日本語系に主体を移すようになるものと思われる。ペッ系地名が東北北部で薄れていくのも、九~十世紀以降に徐々に進行していったものであろう。[19]

本稿では、アイヌ語系地名の分布図を新たに作成し、広い地域の検討を行った結果、アイヌ語系地名にナィ系地名とペッ系地名があることが明らかなった。ナィ系地名は北海道全域から東北北部にかけて広い範囲におよび、とくに秋田県内陸部や岩手県北部~青森県北部に濃密な地域が形成されていることが再確認され、北関東にもナィ系地名の分布があり、さらに新潟や南関東にもアイヌ語系地名が広がっていた可能性も指摘できた。ペッ系地名では北海道全域から東北北部三県の東側に広がる。ペッは道央から道東、道北にかけての濃密な分布や、北海道渡島半島から東北北部東側にやや多い分布も確認された。

またペッ系地名が、縄文時代後期の十腰内Ⅰ式期を中心とする環状列石築造の時期に形成され始めたという仮説を立て、ナィ系地名はそれより古く形成された見通しも述べることができた。そして東北北部の古代蝦夷の言語がアイヌ語系に近いものであり、九~十世紀に日本語化することを指摘した。

本稿は、限られた紙数ではあったが、アイヌ語系地名についての筆者の考え方の枠組みを呈示することができた。一方、本稿の基礎となった地名の集計について課題も残されている。地形図に表れない小字名の採録、幕末~明治期に記録された古地名との対比、『永田地名解』とのナィ・ペッの地名数の齟齬の解消などである。またペッ系地名形成の契機と考えた十腰内Ⅰ式期以降の文化要素をさらに明らかにしていくこと、北海道における環状列石と周提墓との関係なども課題として残されているが、後考を期すこととしたい。

註

（1）金田一京助「東北の地名とアイヌ語」（『金田一京助全集』六、三省堂、一九九三年。初出は『土俗と伝説』第一巻四号、一九一九年）、山田秀三『東北と北海道のアイヌ語系地名考』（楡書房、一九五七年）など。

（2）工藤雅樹「考古学から見た古代蝦夷」（『日本考古学』第一号、一九九四年）。熊谷公男「古代蝦夷論の再構築に向けて」（『東北学院大学論集　歴史と文化』第五〇号、二〇一三年）一〇－一二頁、同「古代国家北縁の二つの境界」（『日中韓周縁域の宗教分化』Ⅱ、二〇一六年）四三－五一頁ほか。

（3）松本建速「本州東北部にアイヌ語系地名を残したのは誰か」（『考古学研究』第六十巻一号、二〇一三年）五五－七四頁、同「考古学からみた古代の東北北部域の言語」（『岩手史学研究』九六、二〇一五年）七六－八二頁。瀬川拓郎『アイヌ学入門』（講談社、二〇一五年）六八－七九頁。

（4）板橋義三『アイヌ語・日本語の形成過程の解明に向けての研究』（現代図書、二〇一四年）二五五頁。

（5）今泉隆雄「律令国家と蝦夷」（今泉隆雄・須藤隆編『新版古代の日本　⑨東北・北海道』角川書店、一九九二年）一六八頁（吉田歓氏作成）。

（6）前掲註（1）山田書、七四－八一頁。

（7）『地名索引』では、川や沢などの漢字がまったく付かず、カタカナのみの地名が収録されていない。そのため地形図原本にあたる必要があるが、本稿の集計にはカタカナのみの地名は含めていない。カタカナのみの地名は北海道にほぼ限られ、北海道全体の五％以下と推定される。

（8）山田秀三『アイヌ語地名の研究』（第一巻、草風館、一九八二年）二三八－二四〇頁。山田氏は、永田方正『北海道蝦夷語地名解』（一八九一年）に採録された六千余の地名を郡ごとに集計した。

（9）萱野茂『萱野茂のアイヌ語辞典』（三省堂、一九九六年）三三九－三九八頁、知里真志保『地名アイヌ語小辞典』（北海道出版企画センター、一九五六年b、一九八四年復刊）六三頁、前掲註（1）山田書、六頁。

（10）松本建速『蝦夷の考古学』（同成社、二〇〇六年）一八九頁。前掲註（3）瀬川書、七一－七九頁。

（11）前掲註（9）知里書、六四頁。

（12）知里真志保『アイヌ語入門』（北海道出版企画センター、一九五六年a、一九八五年復刊）四〇－四六頁。

（13）鏡味明克「アイヌ語地名研究の俗説・定説・補説」（『日本語学』三三－六、二〇一三年）七七頁。

（14）前掲註（3）松本書（二〇一三年）五五－七四頁、前掲註（3）松本書（二〇一五年）七六－八二頁。

（15）前掲註（3）松本書（二〇一五年）八一頁。

（16）環状列石が造られる時期に近い四三〇〇年前にボンドサイクルと呼ばれる気候変動が起きている。地球規模でゆるやかな寒冷化と急激な温暖化が、約一五〇〇年周期で起きるもので、その原因として北半球の氷山の拡大と縮小、太陽黒点の変化などが考えられている。一〇度近い海水温の変化が想定されるという。急激な環境の変化と時期限定の環状列石との関係ははっきりしていないが、自然環境の激変が生み出した祭祀遺構の可能性も考えられる。

（17）八木光則「『入の沢遺跡』の頃の東北北部社会」（『季刊考古学』別冊二四、二〇一七年）七三－八六頁。

（18）柴田武『柴田武にほんごエッセイ』（一、大修館書店、一九八七年）二七〇－二七一頁。

（19）九世紀前葉の成立といわれる『東大寺諷誦文稿《ふじゅもん》』に、「此当国方言、毛人方言、飛騨方言、東国方言」と記載されている。毛人は蝦夷を意味し、『令集解』賦役令辺遠国条で古記を引用する形で肥人・阿麻弥人と並ぶ「夷人雑類」として表記される。九世紀時点では六国史に人名以外で毛人と記されることはなくなっている。毛人の地域もはっきりしておらず、かなり概念的な表現と考えられる。また飛騨や東国と同じく方言であったとの文言から、日本語の中の方言程度の違いという印象を受けるが、蝦夷が多様な地域性をもっており、言語も多様であった可能性を考えるべきであろう。

北奥地域における出土文字資料と蝦夷

――青森県域の文字資料を中心として――

武井紀子

北日本の各遺跡から出土する漆紙文書や木簡、墨書土器などの出土文字資料は、古代北方地域の歴史を考える上で不可欠の資料となっている。これらの資料については、各県ごと、あるいは各遺跡ごとの集成が進み、また、『青森県史 古代2 出土文字資料編』(二〇〇八年)の刊行によって網羅的な集成が一書になされた。その後も、発掘調査によって各地の遺跡から文字資料の出土が報告されている[1]。

これら東北地方の文字資料については、城柵が設置され、官衙が置かれて郡制が敷かれた地域と、おおよそ北緯四〇度を境とする以北の地域とでは様相が異なることがすでに指摘されている[2]。すなわち、律令国家の東北経営の拠点を担った多賀城・秋田城・胆沢城などの城柵施設では、宮都や東北以南地域の官衙遺跡に引けを取らないような文字資料が数多く出土するとともに、城柵およびその周辺の遺跡からは、蝦夷社会における文字の普及を示すような資料も出土している[3]。一方で、秋田県と岩手県の北部から青森県、北海道にかけての、いわゆる北奥地域では、木簡は非常に少なく、漆紙文書も出土していない。出土文字資料のほとんどは集落遺跡から出土したヘラ書き・墨書土器で[4]、しかも一文字もしくは記号が書かれたものが多い。これらの地域は、東北地方の中でも「奥地」として古代国家に認識されていた地であり[5]、同じ蝦夷の地でも、城柵支配の及ぶ地域とは文字資料のあり方に少なからぬ違いがみられるのである。

本稿では、この点をふまえ、蝦夷社会における文字の伝播と普及という観点から、墨書土器・刻書土器を中心に、北奥、とくに青森県域における文字資料の特徴について考えてみたい。

一　「夫」字をめぐる問題

北海道・東北地方北部の遺跡からは、「夫」と記した土器が出土している。一九八二年（昭和五十七）に北海道大学構内のサクシュコトニ川遺跡で「夫」と刻書した土器が出土し、佐伯有清氏によって蝦夷を指す「夷」の異体字であるとの見解が発表されて以降[6]、その釈読と意義をめぐり大きな議論となっている。「夫」字をめぐる議論には東北地方北部の文字資料の特徴を考える上で重要な論点が含まれていると思われる。そこで、先行研究に屋上屋を架すことになってしまうが、本稿でも、まずはこの議論を整理し、問題点を筆者なりに指摘するところからはじめてみたい。

「夫」字資料についての議論は非常に複雑であるが、その釈読と解釈によって三つの説に分かれているといえる。

第一は、「夷」と読んでエミシを指すとする説である。佐伯氏は、隋唐時代の李靖の書蹟に「夷」という似た字形があること、隋の首山舎利容塔銘に「夷」のように屈曲部のない文字がみられること、四画目・五画目にあたる「人」部分の刻書にかなり苦心した跡がみえ、屈曲部分が省略された可能性が大きいこと、サクシュコトニ川遺跡と同時期のヘラ書き土器で、「佛」の旁の屈曲部分を省略した字形がみられることの四点を論拠として挙げて、「夫」を「夷」と解した。そして、「夫」字資料が北海道・東北地方および宮都でみつかっていることから、これを宮都における朝賀や国府・城柵での朝貢儀礼に伴う饗宴の場で用いられ、エミシがそれぞれの本郷に持ち帰ったものと考えたのである[7]。この佐伯氏の見解を受けて、饗宴の場で蝦夷が「夷」と書かれた土器を用いることは、東北辺境の人びとに対する被差別的なアイデンティティの強制の実例ともとられている[8]。

「夫」＝「夷」とする点に対しては、荒木陽一郎氏によって字形の面から疑義が呈されているが[9]、岩崎本・北野本『日本書紀』で「夷」の書体が「夫」に近似していることが指摘されるなど[10]、「夷」が「夫」に近い書体をもっていたことは否めない。一方で、解釈の面、すなわち「夫」を蝦夷を示す文字と解して服属儀礼などに結びつける考え方は、その後、ヘラ書き瓦などの類例資料が増え、佐伯氏が当初指摘していたように必ずしも饗宴に限るものとはいえなくなっている。佐伯氏自身も、その後に出土した資料について再検討を行い、ヘラ書き瓦の「夫」字については、夷俘や俘囚が造瓦経費を負担した場合などに刻まれたことを想定している[11]。

第二に、これを記号とみる説である。渡辺晃宏氏は、奈良市歌姫西瓦窯跡・音如ヶ谷窯跡・平城京左京三条二坊六坪出土の「夫」字ヘラ書き瓦について、同遺跡にみられる「大」「夫」「秦」のヘラ書き瓦との関連を検討し、これらが「秦」→「夫」→「夫」→「大」と省画されていったもので、ある種の記号化された文字として用いられたとした[12]。渡辺氏はこれらの資料を北海道や東北地方の「夫」字資料とは別個に考えるべきであるとしているが、本来の文字が省画されて半ば記号化されて用いられるという視点は山本哲也氏や戸根貴之氏に継承され、北海道・東北地方出土の「夫」字についても、「夷」だけではなく「奉」「秦」などの文字が省画されたものである可能性が指摘された[13]。

第三は、「奉」の変形した字体とする説である。平川南氏は、青森市野木（1）遺跡から「夫」字の墨書土器が数点出土していることに注目し、それらを考える際の視点として、

①土器に文字を記す行為の本来的意義を考慮すべきこと。
②日本列島全体の墨書・刻書土器の流れの中で捉えるべきこと。
③土器と瓦に記された文字は同一に論じられないこと。
④墨書と刻書では区別して考えること。

の四点を挙げた。そして、野木（1）遺跡の墨書土器の文字が倒位方向に書かれていること、「井」「丈」など他の地

表1 「夫」字墨書・刻書土器

	所在地	遺跡名	出土遺構	器種	文字	文字位置	年代	備考
1	北海道札幌市	サクシュコトニ川遺跡	遺構外	内黒土師器	刻書（ヘラ書き）	体部外面・正位	9世紀中葉	東北北部からの搬入
2	北海道余市町	大川遺跡	竪穴住居跡か	内黒土師器	刻書（ヘラ書き）	体部外面・正位	9世紀末～10世紀	東北北部からの搬入。ほか1点。
3	青森県青森市	朝日山（1）遺跡	30号溝跡	須恵器長頸壺	刻書（ヘラ書き）	正位	10世紀	五所川原産
4	青森県青森市	大沼遺跡	SD11溝覆土	土師器坏（皿形）	刻書（ヘラ書き）	体部外面・正位	10世紀後半	
5	青森県青森市	野木（1）遺跡	水場遺構	土師器坏	墨書		10世紀前半	
6	青森県青森市	野木（1）遺跡	SI165竪穴覆土	土師器坏	墨書	体部外面・倒位	10世紀前半	
7	青森県青森市	野木（1）遺跡	SI170竪穴カマド煙道部	土師器坏	墨書	体部外面・倒位	10世紀前半	
8	青森県青森市	野木（1）遺跡	SI180竪穴覆土	土師器坏	墨書	体部外面・正位	10世紀前半	
9	青森県青森市	野尻（2）遺跡		土師器	墨書		10～11世紀	
10	青森県青森市	近野遺跡	第45号住居跡床面	土師器坏	墨書	底部外面	9世紀末～10世紀前半	
11	青森県青森市	上野遺跡	11号土坑	須恵器壺	刻書（ヘラ書き）	体部外面	10世紀中頃	五所川原産
12	青森県平川市	鳥海山遺跡	第5号住居跡	須恵器甕	刻書（ヘラ書き）	体部外面・正位	10世紀	口縁部
13	青森県平川市	五輪野遺跡	遺物包含層	土師器坏	墨書	体部外面・倒位	10世紀	
14	青森県八戸市	根城跡東構地区	S175竪穴住居跡床面	土師器坏	墨書	体部外面・倒位	9世紀後半	報告書等では「夫＋乙」
15	岩手県二戸町	上外野（銭瓶平）遺跡	—	須恵器甕	刻書（ヘラ書き）	底部外面	9世紀頃	
16	岩手県二戸町	上外野（銭瓶平）遺跡	—	須恵器片	墨書		9世紀頃	
17	岩手県奥州市	胆沢城跡	—	平瓦破片	刻書（ヘラ書き）	—	奈良平安初期	
18	秋田県秋田市	湯ノ沢F遺跡	第3号土壙墓	須恵器坏	刻書（ヘラ書き）	底部外面	9世紀後半	「秦」「奉」などの可能性

19	秋田県大仙市	払田柵跡	SD1145溝	須恵器・台付坏	墨書	底部外面	9世紀後半	
20	宮城県多賀城市	市川橋遺跡	SX2365河川・5層	土師器坏	墨書	体部外面・正位	8世紀後半〜10世紀	
21	宮城県多賀城市	市川橋遺跡	SX2365河川・4層	須恵器坏	墨書・刻書	体部外面正位・底部外面	8世紀後半〜10世紀	「夫夫／□夫／夫夫／大大大／□大」（墨書）、「十」（ヘラ書き）、「□（王カ）」（墨書）」
22	山形県遊佐町	北目長田遺跡	SD189溝	高台付須恵器坏	墨書	底部外面	8世紀末	
23	新潟県佐渡市	佐渡国分寺跡	―	平瓦片	刻書（ヘラ書き）	―	8〜9世紀	計2点出土
24	栃木県小山市	八幡根東遺跡	SI11Bカマド	土師器坏	刻書（焼成後）	底部内面	8〜9世紀	
25	群馬県伊勢崎市	上植木廃寺跡	―	平瓦片	刻書（ヘラ書き）	―	8〜9世紀	
26	群馬県高崎市・前橋市	上野国分寺跡	―	軒丸瓦・丸瓦・平瓦片	刻書（ヘラ書き）	―	8〜9世紀	計11点出土
27	神奈川県海老名市	本郷中谷津遺跡		土師器坏	墨書	底部外面	9世紀	
28	山梨県一宮町	狐原遺跡		土師器	墨書	体部外面・正位？	9〜11世紀	
29	奈良県奈良市	右京八条一坊跡		須恵器壺	墨書	底部外面	8世紀	
30	奈良県奈良市	左京三条二坊長屋王邸跡		高台坏須恵器坏	墨書		8世紀	
31	奈良県奈良市	左京三条二坊庭園跡	―	平瓦片	刻書（ヘラ書き）	―	8世紀前半（養老5〜天平17）	
32	奈良県奈良市	歌姫西瓦窯跡	―	平瓦片	刻書（ヘラ書き）	―	8世紀前半（養老5〜天平17）	計4点出土
33	奈良県奈良市	平城宮跡	第2次内裏東外郭回廊東SD2700溝下層	須恵器坏片	墨書	体部外面・正位	8世紀（天平年間）	
34	京都府木津町	音如ヶ谷瓦窯跡	―	平瓦片	刻書（ヘラ書き）	―	8世紀	計2点出土

＊『青森県史』古代2出土文字資料編、註(1)木村ほか論文、註(11)佐伯b論文、註(13)戸根論文をもとに作成。

1　北海道札幌市サクシュコトニ川遺跡出土刻書土器

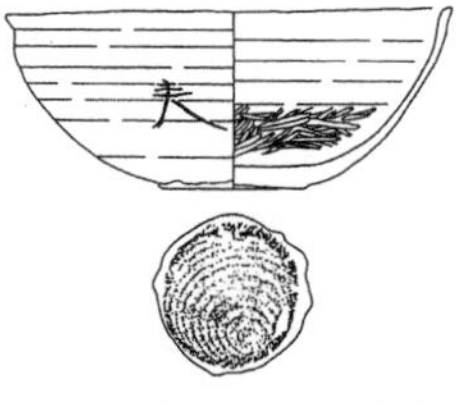

2　北海道余市郡大川遺跡出土刻書土器

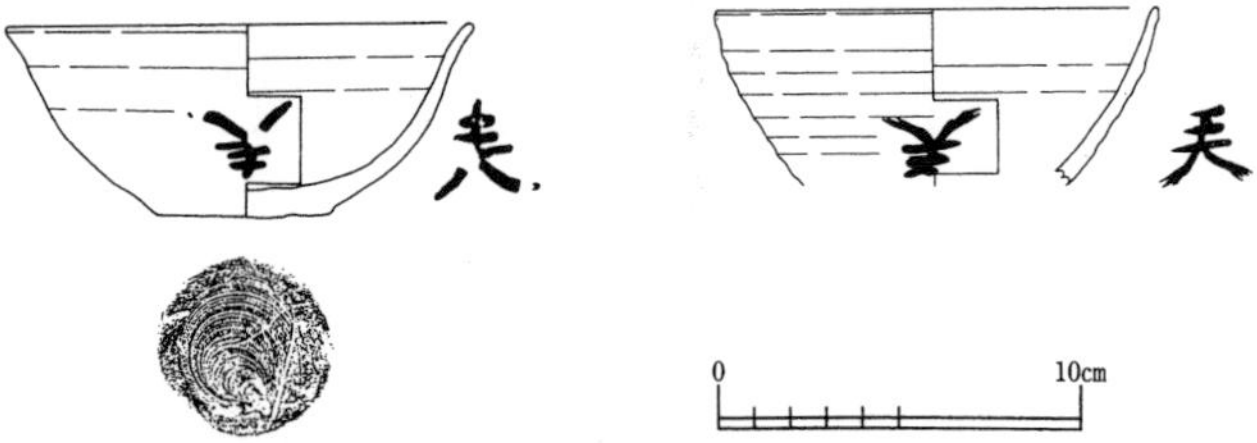

3　青森県青森市野木（1）遺跡出土墨書土器

図1　「夫」字刻書土器・墨書土器（一部。実測図は各報告書より。以下すべて同じ）

域でも見られるような墨書土器が共伴していることから、とくに①②の点、すなわち神仏への奉献に用いた土器に文字を記すことに墨書土器の本質があったことを重視し、東国の集落遺跡における「奉」の字形を参照しつつ、「夫」も「奉」字が変形したものとみるほうが妥当であろうと位置づけたのである。[14] 現在では「奉」説に依る論考が多く、[15] 鈴木靖民氏は、平川氏の説をさらに進め、「夫」をさらに省画したものとして「大」「夫」の出土事例も考慮しつつ、これらの資料の出土が北海道と東北地方における祭祀行為の広がりを示しているととらえている。[16]

　このように、「夫」字資料をめぐる議論は、文字の読みと解釈とが密接に結びついて展開している点が特徴である。そのため、たとえば「夷」説については、あくまでも「夫」を「夷」（＝蝦夷）と読むことを前提とした解釈がなされており、なぜ

「狄」ではなく「夷」と書かれたのかなどの疑問に対して説明するのがむずかしい⑰。

また、北海道のサクシュコトニ川遺跡や大川遺跡から出土した「夫」字土器は本州から搬入されたものとみられ、青森市野木遺跡では土師器生産に用いたロクロ回転盤が出土しており⑱、東北地方北部で出土した「夫」字資料は、蝦夷社会の中で用いられたものであると考えられる。とするならば、蝦夷たちが自ら「夷」と記すことにどのような意味があったのかなど⑲、改めて問われなければならない問題が残る。

これに対して「奉」説は、鈴木靖民氏が「要するに、この字をもつ土器などが北海道・北東北に多く分布するという偏差を重視するよりも、本州各地の墨書土器の事例と流れ全体から推して、「夫」は「奉」の略形と判断することができ、土器の文字は「国玉神」（千葉県芝山町庄作遺跡）の例のように神仏に食物などを奉って捧げ、祈願する儀礼、祭祀に使う象徴的な文字で、タテマツルを意味すると解する方が妥当であると考えられる」と述べるように、日本列島全体の文字文化の伝播過程の中で「夫」字資料を位置づけた点で、非常に説得力がある。平川氏の示した①〜④の視点も重要で、継承すべきであると考えられる。

しかし、「夫」字資料をタテマツルの意味と考えた場合にも、まったく問題がないわけではない。たとえば、山形県寒河江市三条遺跡出土墨書土器「奉」「奉」「夆」「奉」のように、一遺跡の中で省画の変遷が明確に追えるわけではなく、また秦忌寸や秦連などのウジ名を示す「秦」などの可能性も捨てきれないし、さまざまな解釈の余地がある⑳。

また、「夫」字資料の分布について、三上喜孝氏が「省画の仕方が遺跡や地域を越えて共有されているという事実をどう考えるのか」と疑問を提起している㉑。氏は、日本における則天文字の広がりが仏典に出てくる異形の文字として伝えられたとする東野治之氏の指摘をふまえ㉒、仏典における難読字を解説した『龍龕手鏡』雑事部に「夫」がみえることから、地域社会における仏典の広がりによって、日常で用いられない文字として何らかの契機で北東北から北海道にかけて広がった可能性を指摘しているのである。墨書土器には、加・万・得・富などの吉祥句や五芒星・九字など、全国的に共通する文字や記号がみられる一方で、書体や字形、省画の仕方などの面で、地域あるいは集団ごとの特徴的な様相もあらわれる。この三上氏の指摘をふまえるならば、日本列島内全体の中での墨書土器文化を考える際には、字形や省画方法などのあり方も含めた伝播の契機について考慮する必要があるだろう。やはり、タテマツルの意味でとるにしても、その字形が現在のところ東北地方に偏在していること、数は少ないものの北東北のなかで広範に分布していること、この双方の面から考えなければならないのではないだろうか。

加えて、刻書土器をいかに考えるかという問題がある。平川氏が指摘するように、刻書土器の場合、生産段階におけるヘラ書きと焼成後の刻書とでは大きく意味が異なる。青森県五所川原市五所川原須恵器窯跡にみられるヘラ書き記号のように、比較的規模の大きい須恵器生産における数量や識別を示す記号とも考えられるが、後述のように、五所川原窯須恵器の中には「神」「見」（五所川原市持子沢B遺跡）など文字として識別できるようなものも含まれており、他にも「有」（青森市蛍沢遺跡）・「春」（青森市浪岡城跡）・「奉」（青森市野尻（1）遺跡）などがある。さらに、「夫」字刻書土器には土師器坏へのヘラ書きもあり、在地での土師器生産の中で、単純な窯記号としてではなく墨書土器の「夫」と同じ文字と認識されて書かれた可能性も考えなければならない。

このように、「夫」字資料を考えるには、「夫」字資料の地域的偏在という問題も含めて、それが出土している遺跡や地域における同時代の遺物や文字資料の特徴もあわせて、東北地方北部への文字文化の伝播過程や文字の使用状況の中で考える必要があると思う。次章では、以上の点を念頭に置きつつ、青森県内の墨書土器の特徴の中から「夫」字資料について考えてみたい。

二　青森県内の出土文字資料と信仰

(1) 墨書土器・刻書土器の特徴

古代の青森県域は郡制施行地域のさらに北方に位置し、木簡や漆紙文書といった文書類・帳簿類の出土はほぼなく、おもに集落遺跡から、土器に墨やヘラ書き・刻書で一文字ないし数文字を書き付けた資料が出土している。文字の使用が広範にみられはじめるのは九世紀代に入ってからで、このような傾向は、東北地方南部や他地域に比べても遅い。

また、ひとつの遺跡から出土する文字資料の大半は、ヘラ書きの刻書土器で占められていることも特徴的である。これは、九世紀後葉における五所川原須恵器窯の操業により、ヘラ書きの施された須恵器が県内を中心に多く流通したことによる。五所川原産須恵器には大半のものにヘラ記号があり、各窯に共通する記号と各窯特有のものとが確認されている。これらは供給の拡大に伴って定着化したものと考えられるが、それぞれの記号の意味など、いまだ不明な点が多い(23)。このうち、先にも触れたように、持子沢B遺跡から出土した須恵器壺や甕の破片には「神」や「有」とヘラ書きされたものがあり、平川市鳥海山遺跡出土の「大佛」とヘラ書きされた須恵器皿も五所川原産とみられる(図2)。これらの文字が、工人が生産段階で記したものか、あるいは消費地からの要請をうけて記したのか定かではないが、文字を知る人びとが須恵器生産に携わっていたことがうかがえる。さらに、それが「神」「大佛」などの信仰に関わるものであったことは十分に注意されてよい(24)。

墨書土器については、やはり祭祀関連と想定されるものがほとんどである。青森県内の遺跡から出土した墨書土器に見える文字には、「田」「井」「大」「万」「十万」などの文字が多く、そのほか「上」「本」「丈」「王」「得」「真」「益」「芳」「丸」「幸」「父」「南」などが挙げられる。また「十万」などの書き方は、城柵施行地域や関東の集落遺跡でみられる合わせ文字の書体に共通している。

これらの墨書土器からは、蝦夷社会におけるさまざまな信仰のあり方をうかがうことができる。

まずは、カマドに対する信仰である。カマド信仰は、中国晋代の『抱朴子』にみられる、竈神が晦日の夜に竈を抜け出して家族の功罪を天帝に報告するというものである。古代日本でも、内裏の内膳司や貴族の邸宅で竈神が祀られていたことが知られ、東国の集落遺跡では、カマドを廃棄する際にカマド中央に坏を伏せて安置した事例や、「竈神」

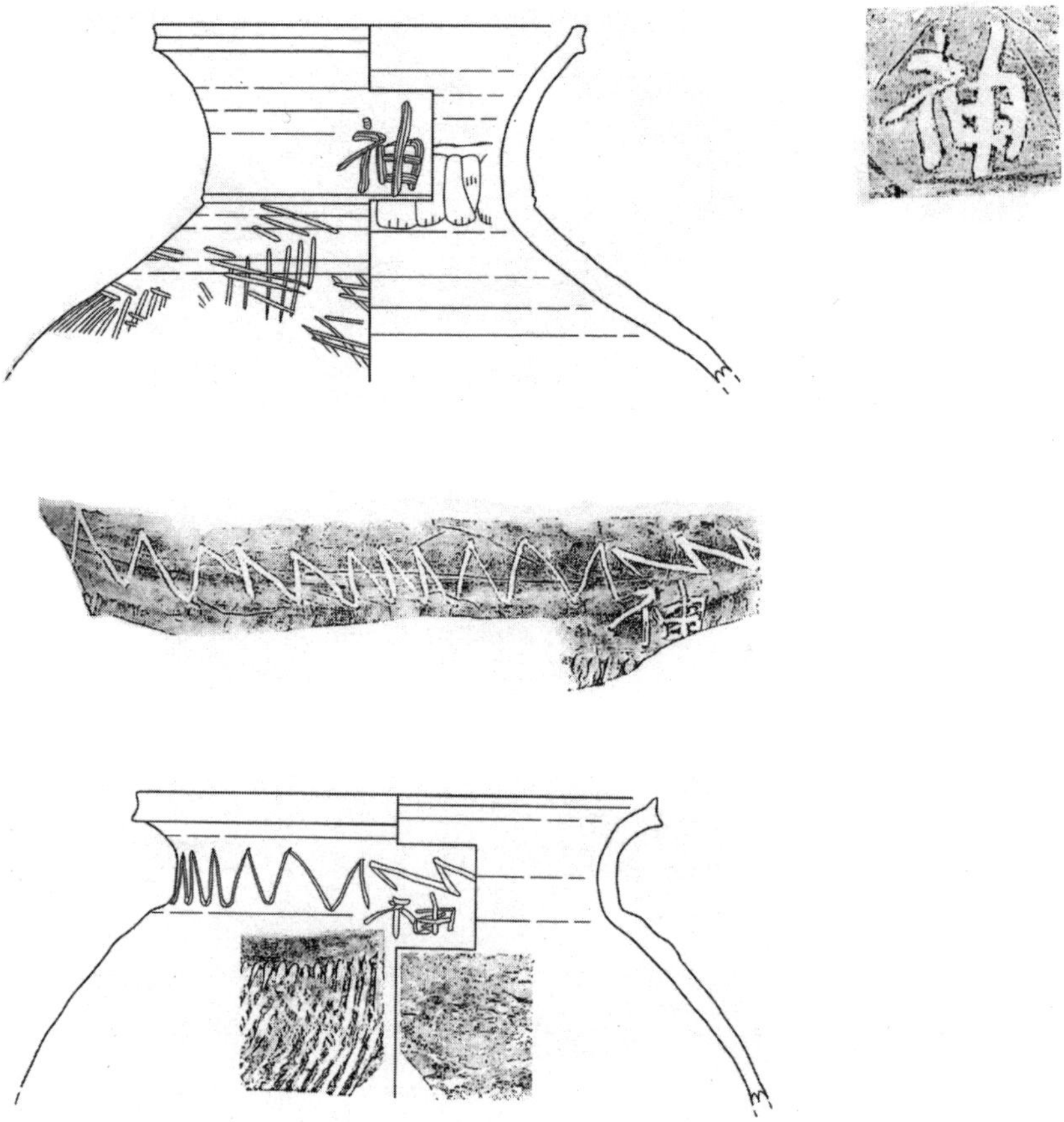

1　五所川原市持子沢Ｂ遺跡出土「神」刻書（ヘラ書き）土器

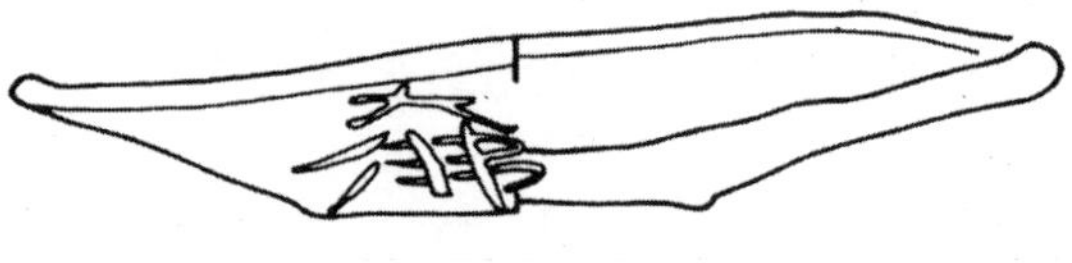

2　平川市鳥海山遺跡出土「大佛」刻書（ヘラ書き）土器

図２　「神」「大佛」刻書土器

（千葉県芝山町庄作遺跡出土）と書かれた墨書土器の出土例がある。青森県内でも、墨書土器・刻書土器がカマド跡から出土する事例が多くあり、これらに墨書を伴うものも多い。八戸市岩ノ沢平遺跡では「八八十」と墨書された土器がカマドから出土している。このほか、青森市野木（1）遺跡からは「万」「十万」「夫」といった墨書土器が、青森市新町野遺跡からは「□〔丈カ大カ〕」と書かれた墨書土器が、やはりそれぞれカマドやその周辺から出土している。

次に、水場遺構における祭祀に墨書土器が用いられた可能性が指摘できる。野木（1）遺跡では、「夫」字土器を含む墨書土器が集落内の水場遺構で集中的に出土している。この水場遺構は標高約七〇mの沢沿いに作られ、木枠により湧水を貯め置く施設が設けられ、水路を通して沢とつながっている。その水場あるいは沢の底面から一四点の墨書土器が出土している。律令祭祀では、湧水祭祀や祓などで墨書土器が水辺に多量に廃棄される事例が多くみられる。野木（1）遺跡からは、斎串や馬形などの木製祭祀遺物は出土していないが、出土した墨書土器には破片のものが多く、これらが何らかの祭祀に用いられた可能性も十分に考えられる（図3）。

このようなカマドや水場遺構から出土した墨書土器の文字は、律令制施行地域のものと類似している。このことをふまえれば、これらの日常生活に関わる祭祀行為が、律令制下の地域から、土器に墨書をするという行為とともに伝播してきたことを示しているといえるだろう。

また、津軽地域北部の集落遺跡では、掘立柱と竪穴建物が結合され、竪穴の周りを囲む外周溝をもつ住居が営まれるが、これらの中に、外周溝から墨書土器が出土している事例がある。たとえば、青森市野尻（2）遺跡からは「小」墨書土器が、野尻（3）遺跡では「井」墨書土器が、それぞれ竪穴建物の外周溝から出土している。これらの文字は、律令制下の地域でもみられるものであるが、青森県内では、外周溝をともなう竪穴建物あるいは外周溝そのものから出土する事例が多くみられる。このことから、外周溝のような特定の遺構と結びついて墨書土器を用いるような何らかの呪術的行為が行われたことも想定される。

このほか、特徴的な墨書土器がいくつか挙げられる。八戸市田面木遺跡からは「方人」（「方」は弓の異体字か）、

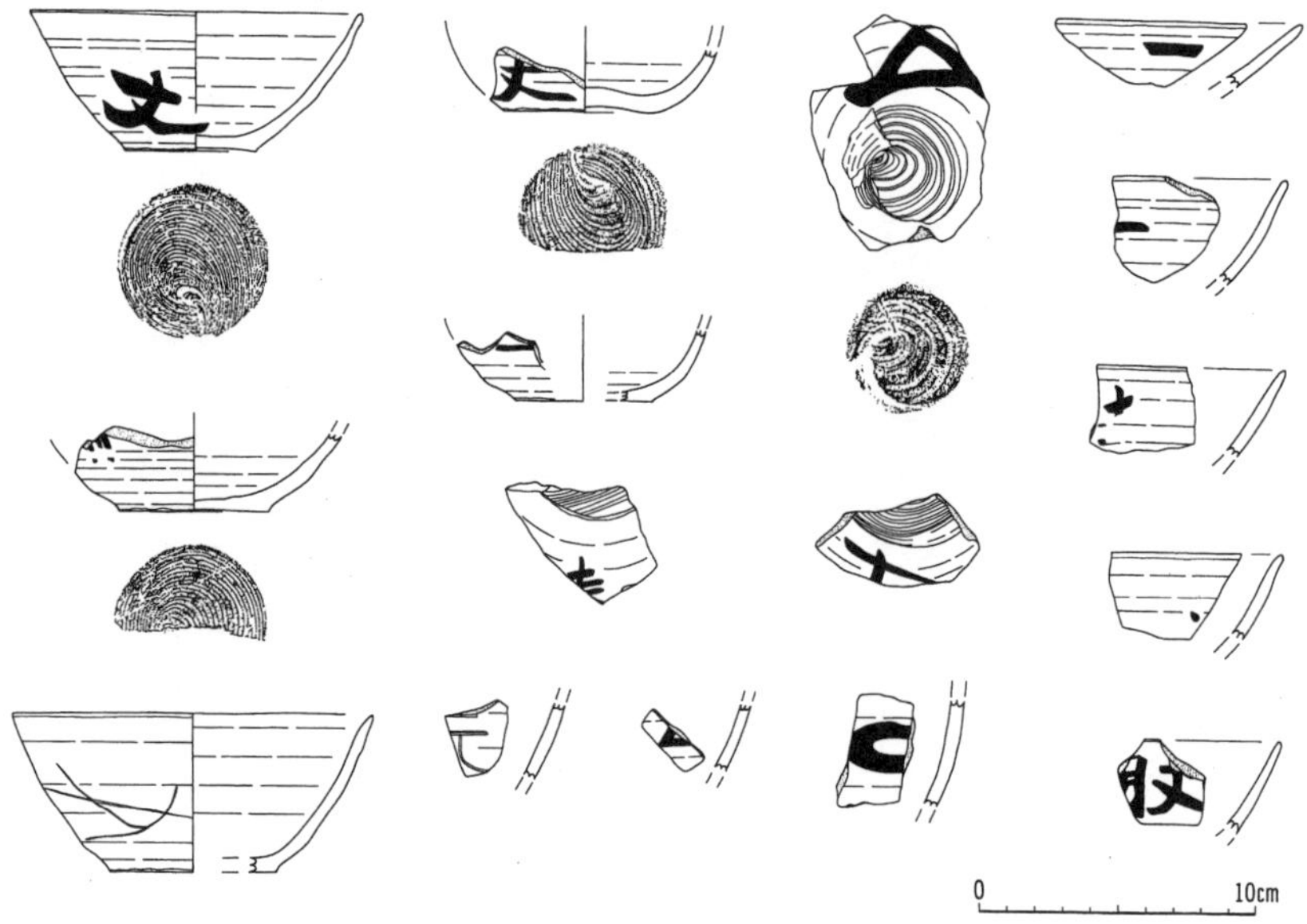

図3　野木（1）遺跡出土墨書土器（水場遺構出土のもの）

おいらせ町下谷地（1）遺跡では底部に「神人」と書かれた九世紀後半頃とみられる土師器が竪穴建物跡から出土している。「神人」墨書土器は、平城京や佐賀県、新潟県など全国で数点しか類例がないが、「何々人」という書き方は、「田人」や「山人」など、その特定の事柄に従事する人びとを指す表現と考えられ、何らかの神を祀る祭祀に関わる人びとの存在がうかがわれる。また、青森市朝日山（2）遺跡からは、文字は判読できないものの、しっかりと筆順を追えるような同一文字と考えられる墨書土器が数点出土している（図4）。下心の旁の部分がみえ、「恩」などの文字であろうかと思われる。同遺跡からは、宗教具と考えられる伯牙弾琴鏡なども出土しており、次節で触れるように仏教的要素との関連も想定できる。このように、一集落内で他にはみられない特定の文字や記号を書いた墨書土器が複数点出土している事例も存在する。こうした点も、土器に書かれた文字が特定の祭祀集団を示し他と識別するための標識として機能しているという、墨書土器の全国的な特徴に類似しているといえる。

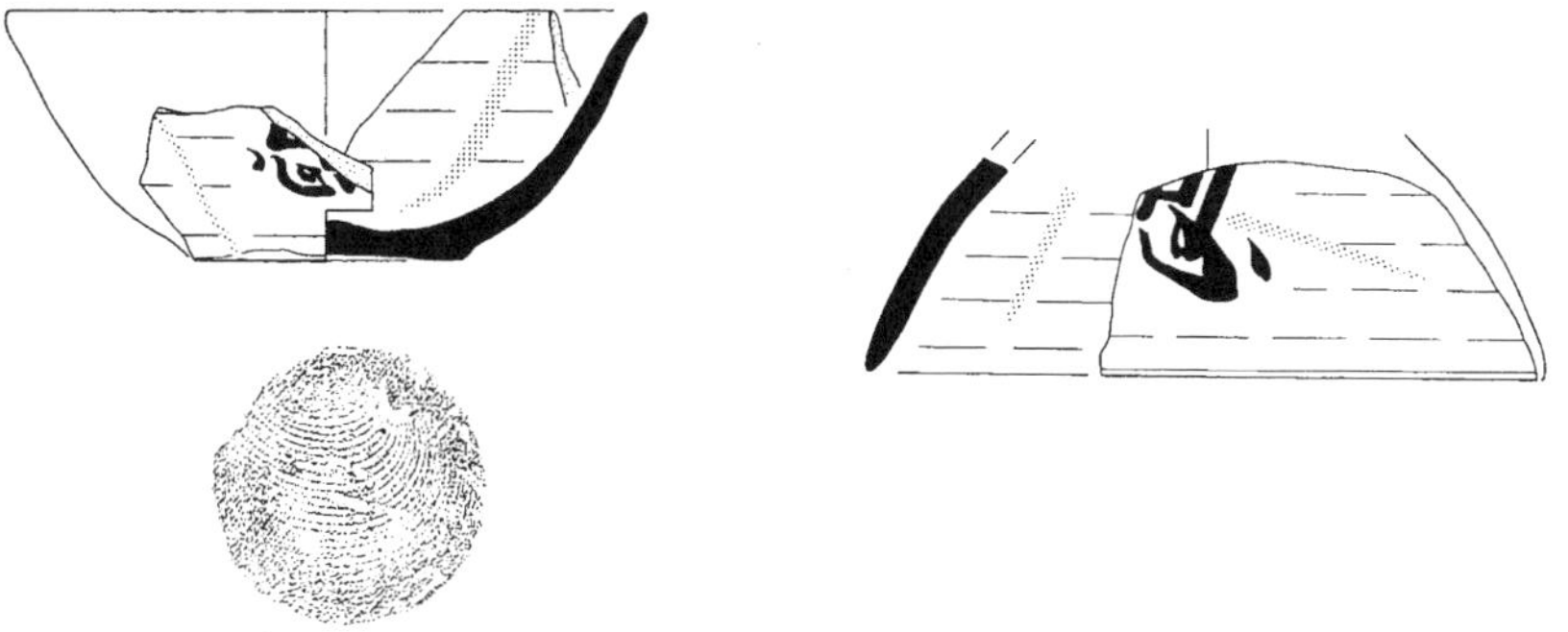

図4　朝日山（2）遺跡出土墨書土器

以上のように、青森県域の墨書土器からは、外周溝での廃棄など蝦夷社会に特徴的なものがみられる一方で、城柵施行地域のさらに外側にあっても、カマド祭祀や水辺祭祀など以南の地域で行われていたような祭祀信仰が行われたことを推測できる。土器に文字を墨書する行為もこれに伴うものと考えられ、平川氏が挙げていたような土器に文字を記すことの本質が祭祀行為にあるという点を確認することができるだろう。

（2）蝦夷社会における仏教的要素と文字

このほか、青森県内の遺跡から出土している文字資料の中で、複数の遺跡から出土しているものとして、「寺」墨書土器がある（表2）。

「寺」墨書土器は、秋田城などの城柵やその周辺地域で出土しているほか、北緯四〇度以北の地域でも米代川流域から津軽、南部地方と広範囲の遺跡から出土している。青森県内では、青森市細越遺跡、朝日山（1）遺跡、つがる市石上神社遺跡、弘前市小栗山館遺跡、八戸市岩ノ沢平遺跡から出土している。これらの「寺」墨書土器については、錫杖状鉄製品や三鈷鐃のように密教系の仏教遺物の出土とともに、蝦夷社会と仏教との関連をうかがわせる資料として位置づけられている[25]。

東北地方北部の蝦夷と仏教との関係については、九世紀に秋田城に四天王寺が、九世紀中頃には鎮守府胆沢城から少し離れたところに国見山廃寺、黒石寺が建立されるなど、当初は城柵を中心に蝦夷社会へ浸透してい

表2　北東北における「寺」墨書土器

	所在地	遺跡名	出土遺構	釈文	器質	器種	墨書部位	方向	時期	
1	青森県青森市	細越遺跡	2号土壙	寺	土師器	坏	体部外面	倒位	平安時代	
2	青森県青森市	朝日山(1)遺跡	表採	寺	土師器	坏	体部外面	倒位	平安時代	
3	青森県青森市	合子沢松森(2)遺跡	遺構外	寺	土師器	坏	体部外面	正位	—	
4	青森県つがる市	石上神社遺跡	104号溝	寺	土師器	坏	体部外面	正位	10世紀後半	
5	青森県弘前市	小栗山館遺跡	遺構外	寺?	土師器	坏	体部外面	正位	平安時代	
6	青森県八戸市	岩ノ沢平遺跡	A区SI102竪穴住居跡	寺	土師器	坏	体部外面	正位	9世紀後葉から10世紀前葉	
7	秋田県鹿角市	小平遺跡	第4号竪穴住居跡（カマド）	寺	土師器	坏	体部外面	正位	9世紀後	
8	秋田県鹿角市	一本杉遺跡	SI103竪穴住居跡	寺	土師器	坏	体部外面	正位	10世紀	
9	秋田県北秋田市	胡桃館遺跡	Bトレンチ	□〔寺カ〕	須恵器	坏	体部外面	正位	9世紀後半	
10	秋田県北秋田市	胡桃館遺跡	B2建物	□〔寺カ〕	須恵器	坏	体部外面	正位	9世紀後半	
11	秋田県秋田市	秋田城跡	整地層	寺	須恵器	坏	底部外面	—	9世紀中	26次
12	秋田県秋田市	秋田城跡	整地層	□〔寺カ〕	須恵器	坏	体部外面	横位	9世紀中	26次
13	秋田県秋田市	秋田城跡	整地層	玉／寺／□	赤焼き土器	坏	体部外面／体部外面／底部	正位／倒位	9世紀後半	26次
14	秋田県秋田市	秋田城跡	整地層	寺	赤焼き土器	坏	底部外面	—	9世紀後半	26次
15	秋田県秋田市	秋田城跡	整地層	寺	赤焼き土器	坏	体部外面	正位	9世紀	26次
16	秋田県秋田市	秋田城跡	SG1031池沼	寺	須恵器	坏	底部外面	—	8世紀中	54次
17	秋田県秋田市	秋田城跡	SI1162竪穴	寺	須恵器	坏	底部外面	—	8世紀末〜9世紀前	58次
18	秋田県秋田市	秋田城跡	SI1162竪穴	寺	須恵器	坏	底部外面	—	8世紀末〜9世紀前	58次
19	秋田県秋田市	秋田城跡	SI1163竪穴	ト／寺	須恵器	坏	底部外面	—	9世紀中〜後	58次
20	秋田県秋田市	秋田城跡	SE1176井戸	寺	須恵器	坏	底部外面	—	8世紀後半	58次

21	秋田県秋田市	秋田城跡	SG1206池沼	寺	須恵器	坏	底部外面	―	9世紀中	58次
22	秋田県秋田市	秋田城跡	SG1206池沼	寺	須恵器	坏	底部外面	―	9世紀中	58次
23	秋田県秋田市	秋田城跡	遺物包含層	寺	赤焼き土器	坏	体部外面	正位	奈良～平安	60次
24	秋田県秋田市	秋田城跡	遺物包含層	寺	赤焼き土器	坏	底部外面	―	9世紀後半	62次
25	秋田県秋田市	秋田城跡	遺物包含層	寺	須恵器	坏	底部外面	―	9世紀前半	63次
26	秋田県秋田市	秋田城跡	遺物包含層	寺	赤焼き土器	鉢	体部外面	正位	9世紀	81次
27	秋田県横手市	十二牲B遺跡	遺物包含層	寺	須恵器	坏	底部外面	―	9世紀後半	
28	秋田県由利本荘市	上谷地遺跡	ST02	寺	土師器	坏	体部外面	正位	9世紀後半	
29	秋田県由利本荘市	新谷地遺跡	SL23河川	寺	土師器	坏	体部外面	正位	9世紀後半	
30	秋田県美郷町	厨川谷地遺跡	SK157土坑（埋土）	□〔寺カ〕	土師器	坏	体部外面	倒位	9世紀後半～10世紀前半	
31	秋田県美郷町	厨川谷地遺跡	遺物包含層	寺	土師器	坏	体部外面	正位	9世紀後半～10世紀前半	
32	岩手県二戸市	五庵Ⅰ遺跡	ⅦF区23竪穴住居跡	□〔寺カ〕	土師器	坏	体部外面	正位	9世紀後半～10世紀前半	
33	岩手県盛岡市	林崎遺跡	RA01竪穴住居跡	寺	土師器	坏	体部外面	正位	9世紀後半かその前後	
34	岩手県盛岡市	林崎遺跡	RA03竪穴住居跡	寺	土師器	坏	体部外面	正位	9世紀後半かその前後	
35	岩手県矢巾町	徳丹城跡		寺	土師器	坏	底部外面	―	9世紀中頃	
36	岩手県北上市	本宿羽場遺跡	SI026竪穴住居跡	寺	土師器	坏	体部外面	正位	9～10世紀	
37	岩手県北上市	本宿羽場遺跡	SX054土器溜り	寺	赤焼き土器	坏	体部外面	正位	9世紀後半～10世紀前半	
38	岩手県北上市	六軒遺跡	ⅧA4土壙	寺	土師器	坏	体部外面	正位	9世紀後半～10世紀前半	
39	岩手県奥州市	胆沢城跡	SD040溝	寺	土師器	坏	体部外面	正位	9世紀後半	20次
40	岩手県奥州市	中半入遺跡	SI05竪穴（埋土）	寺	須恵器	坏	体部外面	―	9世紀	
41	岩手県奥州市	横枕Ⅱ遺跡	表採	寺	土師器	坏	体部外面	正位	9世紀前半	

＊『青森県史』古代2出土文字資料編（二〇〇八）をもとに作成

ったと考えられる。また、貞観元年（八五九）には秋田郡俘囚道君宇夜古と宇奈岐が得度を許されるなど、仏教文化が秋田平野や北上盆地に進展し、蝦夷社会の内部にまで浸透していたことが知られる。

秋田県北秋田市胡桃館遺跡は、延喜十五年（九一五）の十和田火山噴火の火山泥流で埋没した十世紀の遺跡である。胡桃館遺跡の地は城柵の北側地域であるが、元慶の乱のときには「秋田城下賊地」とあるように、出羽国秋田城の管理下にあったとされる。ここからは「寺」墨書土器とともに、建物の扉に経典の読み上げ回数を記した木簡や灯明皿が出土している[26]。

　　一□□《(奉カ)》
　七月十六日自誦奉□《(経カ)》
　同日卅巻十七日□《(卅カ)》巻
　十八日卅巻」　　（一〇一五）×五〇四×四三　〇六一

胡桃館遺跡の木簡や「寺」墨書土器からは、十世紀までには仏教文化が米代川流域にまで及び、このような境界領域の地で、経典を読むなどの仏教的行事が営まれていたことがうかがえる。この遺跡では、撞竿支柱の跡と考えられる柱穴や大型建物跡も検出され、仏教施設の可能性も指摘されており、蝦夷社会の基盤的な施設で仏教的儀礼が行われていたと考えられるのである。

これに対して、青森県内で「寺」墨書土器が出土した遺跡は九世紀後半から十世紀にかけての一般の集落遺跡であり、胡桃館遺跡のように寺院や仏教施設の存在とは必ずしも直結しない。加えて、岩ノ沢平遺跡の「寺」墨書土器が竪穴住居のカマド付近から出土しているように、「寺」墨書土器は、ほかの墨書土器のように日常生活の中で何らかの呪術的な行為にともなって用いられたと思われる。おそらく城柵に把握されている地域のさらに北側に広がる蝦夷社会では、仏教的要素は伝わってきているものの、呪術的祭祀やまじない行為と一体となって受容されていた可能性が高いといえよう[27]。

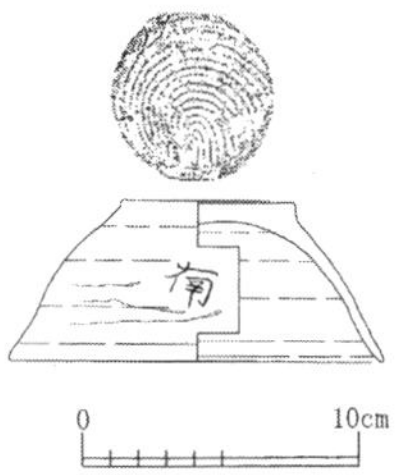

1　新田（1）遺跡出土「南」「无（元）」墨書土器

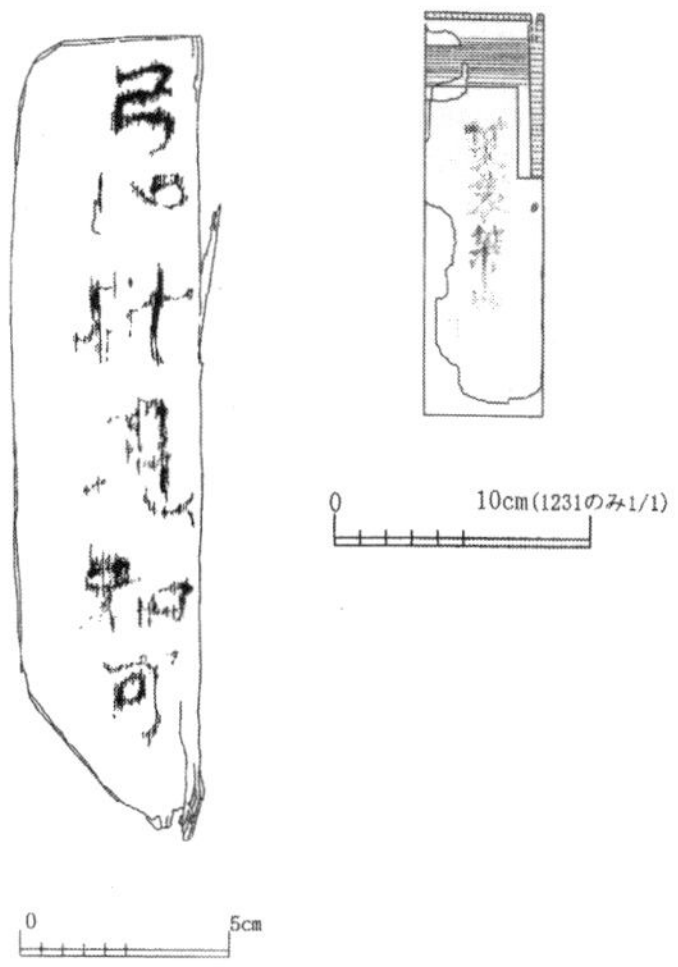

2　新田（1）遺跡出土木簡

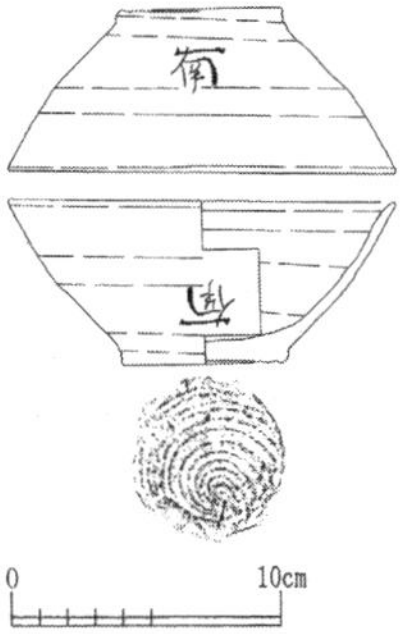

3　高間（1）遺跡出土「南」墨書土器

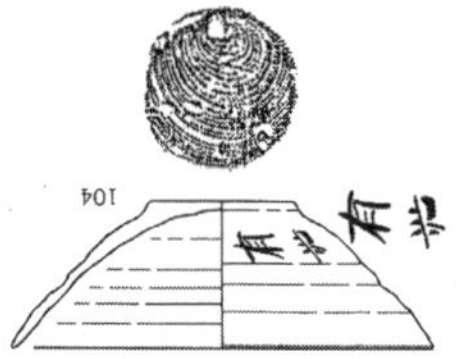

4　十三盛遺跡出土「有□」「大日安」墨書土器

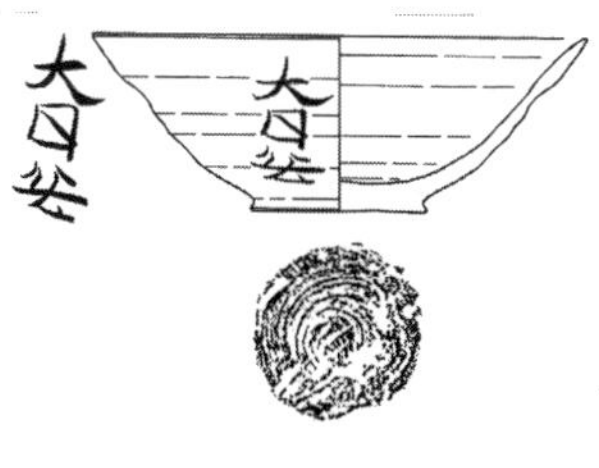

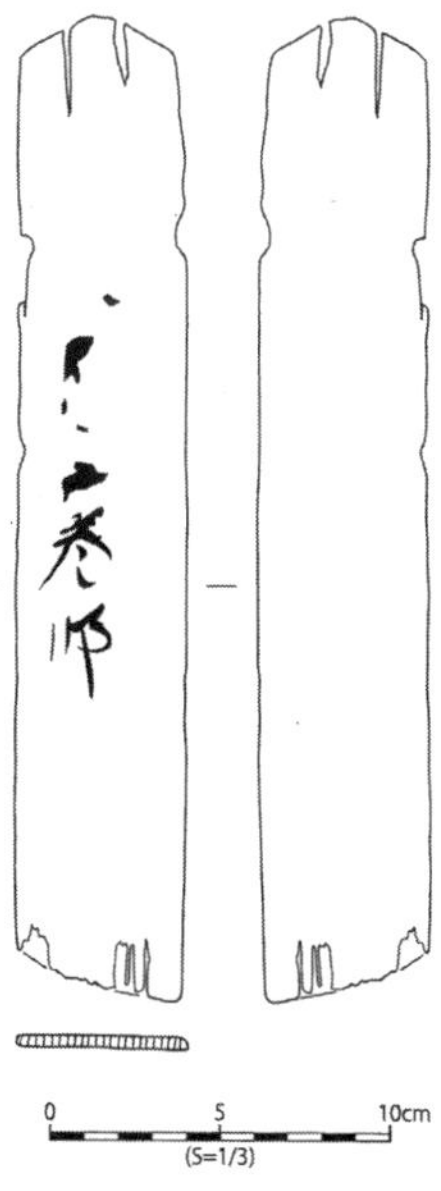

5　十三盛遺跡出土木簡

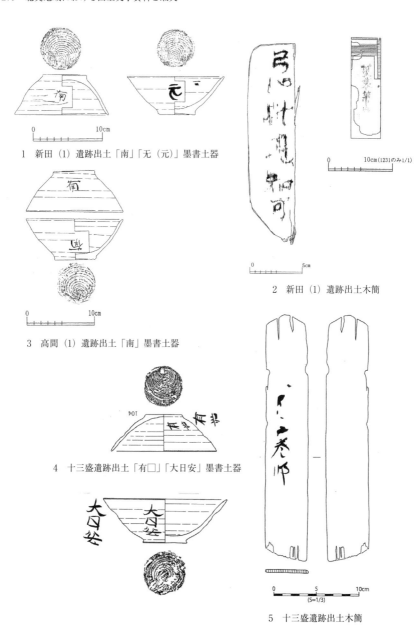

図5　新田（1）遺跡・十三盛遺跡出土文字資料

ところで、このような古代の青森県域における信仰のあり方と文字資料の展開をふまえたとき、やや特異に感じるのが、青森市石江遺跡群と五所川原市の十三盛遺跡から出土している文字資料である[28]（図5）。

新田（1）（2）遺跡を中心とする石江遺跡群は、青森平野西部、新田川の沖積地および丘陵上に立地する、九世紀後半から中世まで続く遺跡である。とくに、十世紀後半〜十一世紀前半には、新田（1）遺跡の溝に檜扇・木製祭祀具（斎串・馬形・鳥形など）・仏教関連遺物（供養具・火焔光背）・男性神像・独楽・荷札状木製品・下駄・菰槌・農具などの木製品が大量に廃棄されていた。また、十一世紀前半に廃棄されたと考えられる井戸からは、挽物椀の粗形や水瓶・木簡などが出土した。これらの木製品の樹種はヤナギやアスナロ・カツラなどで、他所から持ち込まれたのではなく、在地で作成され、現地で使用されたものと考えられる。

これらの木製品の中に、墨書のあるものが数点みられる[29]。

①「忌札見知可」　（一九〇）×（四七）×六　〇五一

②「笠簑竿□」

①は、溝跡から出土したもので、物忌の際に家屋の入口に立てかけるなどして用いられたいわゆる物忌札である。これにより陰陽道など都の文化が地方社会、さらに蝦夷社会まで浸透していたことがうかがえるが、文言からみると、律令制施行地域ではこれに類似する物忌札はみられない。②は井戸から出土した曲げ物の側板に墨書されたもので、竹冠の文字を習書したものであろうか。

また、石江遺跡群から出土した土器は、土師器坏を主体としており、甕・須恵器甕・壺・擦文土器も出土しているが、とくにSka01土器だまりから「南」「元」の墨書をもつ土師が出土している。とくに倒位方向に「南」と書いた墨書土器は、高間（1）遺跡からも器種や字形の非常に類似したものが出土している。高間（1）遺跡の土器の出土した東南方向には、集落と離れ外周溝をともなない数度の建て替えがみられる掘立柱建物跡があり、仏堂の可能性も示唆される[30]。

次に、五所川原市十三盛遺跡は、旧十川と岩木川に挟まれた自然堤防後背の低地堆積層に立地する十世紀中葉以降の集落遺跡である。土器類や木製農具・紡織具などのほかに、石江遺跡群と同様に、斎串・馬形などの木製祭祀具、神像が出土している。また「有□〔器カ〕」「大日安」と墨書された土師器坏が出土しているほか、「□□巻師」と読める木簡が一点、遺構外から出土している。さらに、十三盛遺跡とほぼ同時期のつがる市石上神社遺跡でも、斎串や馬方などの木製祭祀具のほか「寺」「幸」墨書土器が出土している。

これら二つの遺跡では、出土遺物に共通する二つの側面がみられる。一つは、斎串や馬形などの木製祭祀具を用いた祭祀を行っていることである。これらは、通常、国府や郡家、城柵などにおける律令祭祀で用いられるものであり、新田（1）遺跡や十三盛遺跡にみえる斎串などが律令祭祀の影響を受けていることは明らかである。斎串などの資料は、東北地方北部では太平洋側にみられず、米代川から津軽平野にかけての日本海側にみられるという[31]。一方で、これらの遺跡では律令祭祀で必ず用いられるような人形や人面墨書土器の類がないこと、新田（2）遺跡出土の付札型の斎串は上部から途中まで切り込みを入れてあるなど、祭祀具の種類や形状に律令祭祀とは異なる特徴的な面がみられる[32]。上記の事実は、東北地方北部の祭祀信仰が、律令祭祀や城柵施行地域以南の信仰の影響をうけつつも、在地性を保ちつつ律令的要素を取り入れる形で独自の様相をみせるに至ったことを推測させる[33]。

そして、もう一つが、両遺跡の文字資料のなかに仏教的要素が明確に表れていることである。新田（1）遺跡でも十三盛遺跡でも神像が出土しており、神・仏の区別がないさまざまな信仰が渾然一体となった形で展開していたことは疑いない。そのような中で、新田（1）遺跡からは仏手、火焔光背の遺物や「南」墨書土器が、また十三盛遺跡からは、胡桃館遺跡の木簡のように経典の読誦に関するような文言をもつ木簡や「大日安」など仏教的な名前ともとれる墨書土器が出土している点は注意される。これらの遺跡にみられる文字資料は、青森県内の他の集落遺跡に多くみられる一～二文字の墨書とは明確に異なる。

出土資料からうかがえる古代東北地方北部における仏教は、明確な仏堂や寺院などの遺構がみつかっていないことから、何らかの仏教教団のような存在はうかがえず、教義通りの信仰を実践するような類のものではなかったと推測される。しかし、日本列島における文字文化の伝播と定着を考える上で、仏教が大きな影響を果たしたことが指摘されているように[34]、蝦夷社会への文字の伝播を考えるときにも、仏教的信仰の影響あるいはそれを取り入れた在地祭祀者による文字の使用を想定する必要があるだろう。鳥海山遺跡出土の「大佛」ヘラ書き土器も、硯に転用された痕が認められ、仏教的要素と墨書行為とが一体化した関係にあったことを推測させる。

ここで、東北地方北部における「夫」字資料を再考すると、三上氏が仏書にみえる難読文字と結びつけて解釈する可能性を提示していたことが想起される。青森県内で「夫」墨書土器を出土している遺跡のうち、青森市の野尻遺跡・近野遺跡や平川市五輪野遺跡では錫杖鉄製品や三鈷鐃が出土している[35]。これらのことを考え合わせると、則天文字や「寺」墨書土器と同じように、この文字（あるいはその字形）が蝦夷社会の信仰・祭祀儀礼の中に取りこまれていった仏教的要素を媒介にして広まった可能性も十分に考えられるのではないだろうか。

三　北奥蝦夷社会への文字の伝播過程

さて、以上のような古代青森県域の文字資料の特徴をふまえ、最後にこれらの地域への文字文化の伝播ルートについて考えてみたい。

そもそも蝦夷たちは、どのように文字を獲得していったのであろうか。蝦夷社会における文字文化の広がりを考えた場合、その中心的役割を果たしたのが城柵官衙施設である。霊亀元年（七一五）、閉伊村付近の蝦夷である須賀君古麻比留らが毎年遠方の国府まで昆布の貢献に訪れていたように[36]、蝦夷たちは朝貢や交易、労役に従事するために城柵や国府を訪れ、そこでのやりとりの中で、文字の世界に触れていったと考えられる。さらに、宝亀十一年（七八〇）反乱を起こした伊治呰麻呂が「上治郡大領」に任じられていたように[37]、国家に帰順した蝦夷（俘囚）首長のなかには、役人として登用され城柵の内外で律令地方支配の末端に連なった者が少なからず存在し、律令国家の側でも彼らを利用しながら、従来の蝦夷の集落のまとまりごとに支配を円滑に進めていった面がみられる。

九世紀以降、城柵が岩手県北部にまで進出すると、このような蝦夷首長らを積極的に現地採用し、城柵の末端機構の中に取り込む動きが顕著になった。たとえば、秋田城跡出土第18号漆紙文書では、和太・小高野など地名＋「公」姓をもった蝦夷系豪族の名がみえ、彼らが編戸されて帳簿により把握されていたことがうかがえる。陸奥国鎮守府である胆沢城でも「吉（吉弥侯部）」や「和賀連」など蝦夷系豪族の姓をもつ者がみられる。

○岩手県奥州市胆沢城跡出土第五二次調査出土木簡

　勘書生吉弥侯豊本」　　（一三一）×一九×八　〇一九

「和我連□□進 米〔ヽ白〕 五斗」　　一八五×二五×四　〇五一

このような行政的やりとりを通じ、城柵支配下の蝦夷社会ではその内部においても文字が用いられるようになる。岩手県奥州市道上遺跡の「禁制」木簡や遠野市高瀬Ⅰ・Ⅱ遺跡出土の「地子稲／得不」墨書土器など(38)、城柵官衙以外の在地の拠点的な遺跡からも、文書あるいは行政的な文言が書かれた資料がみられる。道上遺跡出土木簡では、蝦夷系豪族と考えられる公子廣守丸が三段の田を某人に寄進し、そこから他人が利益を得ることを禁止する旨が記されている。

○岩手県奥州市道上遺跡出土木簡

　禁制田参段之事　字垂楊池□〔側カ〕

右田公子廣守丸進田也而□□〔彼カ後カ〕酒□□［　　］

件田由被犯行者□□役主［　　］之契状　□〔并カ〕［　　］

白于禁制如件［　　］

□永□二□二□　　　　　　　　　　　　　四六三×四四×四二　〇六一

本木簡にみられるように、土地のやりとりが「契状」で行われたり、自己の土地における排他的な禁制事項を丸木に書いて掲示するなどの行為も、蝦夷社会における文字文化の広がりの証左といえるであろう。

そして、蝦夷と城柵との接触の中で注目されるのが、仏教をはじめとする信仰の影響である。九世紀には胆沢城内で最勝王経の講修や吉祥悔過などの仏事が行われたこと(39)、元慶六年には陰陽師が設置されたことが知られる(40)。国府や城柵ではさまざまな仏教行事や祭祀が行われたが、その目的は、多くの場合、蛮夷の野心と民意の怖心とを鎮め、「俘饗」や蝦夷への饗給のための殺生に対する悔過法会であり、そうした場へ蝦夷たちが参加したか否かについては諸説ある(41)。一方で、前章でふれたように、九世紀には蝦夷の中で得度する者があらわれ、秋田城内に四天王寺、九世紀半ばから後半には胆沢城から少し離れたところに国見山廃寺や黒石寺などが創建されるなど、仏教文化が確実に北方へと進出していったことが知られる。こうした状況において、城柵官衙を中心に、蝦夷たちが仏教文化に触れる素地ができていたこともまた事実であろう。たとえば、岩手県盛岡市志波城の外郭東辺北部に隣接する林崎遺跡は斯波連の本拠地と考えられているが、志波城の廃絶後の十世紀前半に大型掘立柱建物が建てられるようになり、「寺」墨書土器や灯明皿などが出土している(42)。こうした事例からは、蝦夷社会の中に仏教が浸透し、城柵の廃絶後に、在地の有力な蝦夷たちの集落の宗教的な求心力となっていたことがうかがえる。胡桃館遺跡もこれに類する事例といえるだろう。

一般に、文字の普及は、役所などの内外での政治的な文書行政によって推し進められる。日本列島における文字文化の進展過程を考えても、国府や郡家などの地方官衙を拠点に地域社会への文字の浸透が進むと考えられる。これは東北地方においても同様であるが、この場合には、国府や郡家、あるいは地域の中で文書行政を行うような政治的拠点施設の存在が恒常的に設けられていたことが前提となるだろう。これに対して、古代の青森県域には、城柵など明確な律令国家側の拠点的官衙遺跡は確認されていない。また、城柵と蝦夷との接触についても、むろん、ヒト・モノの異動と交流は連綿と行われていたと考えられるが、太平洋側では、弘仁二年（八一一）に文室綿麻呂が都母・弐薩体に遠征して以来、正史などの文献にみえる交流記事は途絶えている。

日本海側の蝦夷たちについても、津軽の蝦夷などは七世紀の阿倍比羅夫の遠征の段階で早くから国家と接触をもっていたが、九世紀の元慶の乱の際には「津軽夷俘、天性麁獷、若速二凶類一、実為レ難レ制」（『日本三代実録』元慶二年〈八七八〉七月癸卯条）と認識されるに至っており、この頃までには国家の側との直接の接点は失われていたものとみられる。このような古代青森地域の蝦夷と国家との接し方を考えると、文書行政面における文字文化の影響は小さかったといわざるをえない(43)。やはり、これらの地域への文字の普及は、ヒトの移動や他地域との交流を通じて、信仰の側面から広まったと考える方が妥当であろう。

津軽地域への人口流入をもたらした大きな契機として、元慶の乱における「奥地」への民の逃亡が挙げられる。秋田城の支配にあった上津野・火内・榲淵・野代・河北・腋本・方口・大河・堤・姉刀・方上・焼岡の秋田城以北の一二の村の蝦夷たちによる反乱は、百姓だけではなくこの地域に居住していた蝦夷たちなどのさまざまな人びとが、北方の津軽地域へ逃亡していったことが指摘されている(44)。

考古学の面からも、九世紀後半から十世紀にかけて、青森県域では津軽北部地域と八戸上北地域で新興集落が爆発的に増加する傾向がみられる(45)。これに元慶の乱後の人口移動が少なからず関係しているとみられるが、とくに津軽地域では、県内でも八戸地域に比べて、五所川原窯須恵器生産などの律令的要素が直接入ってくる面がみられるという(46)。これと連動するように、出土文字資料も九世紀中頃から十世紀にかけて増大する。野木遺跡や野尻遺跡などの青森市から五所川原市にかけての丘陵部を中心に展開するこうした新興集落から出土する文字資料に、城柵設置地域と共通するような特徴がみられる背景として、このときに奥地に逃れてきた人びとの生活形態が新たな文字文化の礎となった可能性も十分考えられる。

これらの城柵以北の地域では、カマド信仰など祭祀行為そのものは律令制下の地域で行われているものと類似する面がみられるものの、使用される祭祀遺物の形状などには在地的要素が強い。このことからみても、当該地域における文字資料は、律令制施行地域のものが直輸入されてきたというよりも、他地域から青森県域へ移入してきた人びとによりもたらされたものが、さらに従来の在地のさまざまな要素と混ざり合いながら形成され、定着していったと考えられるのである。

十世紀後半から十一世紀になると津軽平野の開拓が進み、集落が平野部にも営まれるようになる。これが石江遺跡群や十三盛遺跡である。これらの遺跡では、斎串や檜扇といった木製祭祀具の出土など、能代市樋口遺跡や胡桃館遺跡など米代川流域の遺跡と共通する要素がみられる。また、数は少ないものの、文字資料の面では、前章で指摘したように、在地のさまざまな信仰の中でも仏教的要素がより顕著なものが出土している。

ちょうどこの十世紀には、青森県域から道南地域にかけて集落の周囲を濠で囲んだいわゆる防御性集落が出現する。しかし一方で、こうした濠で囲まれた集落は津軽平野部にはみられない(47)。防御性集落の出現した背景など解明すべき問題は多いが、この時期に当該地域で平野部に進出した集落に何らかの新たな動きがあったのではないか。その際に、津軽平野部では仏教的要素が在地の中で取り入れられ集落の中である種の紐帯として働いていた可能性も出てくるだろう(48)。その影響が、少ないながらも文字資料に表れているのではないだろうか。

以上、「夫」字資料を出発点として、とくに古代の青森県地域における文字資料の特徴について、蝦夷社会における文字の伝播という面を考慮しつつ考えてみた。文字文化は、律令制施行地域からもたらされた文化である。それが各地域に伝播する過程は、全国的に共通する側面と、地域ごとあるいは集落ごとの特徴的なあり方のそれぞれの面があることに注意をしなければならない。とくに、本稿では、城柵設置地域を経て、北奥地域の蝦夷社会に文字が広まっていく過程を考えるには、蝦夷社会内部における地域的事情や様相も十分に加味する必要があることを述べ、青森県域における文字の浸透について、律令祭祀の影響だけでなく仏教的要素との関連がみられることを指摘した。

資料が断片的で推測にわたる部分が多く、とくに考古学的成果による集落の変遷や遺構遺物との関連については今後の課題とし、御叱正を請う次第である。

註

（1）木村淳一・秋元莉絵・佐藤裕香「青森県出土文字資料集成—『青森県史 資料編 古代2 出土文字資料』以後—」（『弘前大学國史研究』一四〇号、二〇一六年）など。
（2）鐘江宏之「出土文字資料からみた東西差・南北差」（熊田亮介・八木光則編『九世紀の蝦夷社会』高志書院、二〇〇七年）。
（3）平川南「墨書土器と辺境」（『墨書土器の研究』吉川弘文館、二〇〇〇年）、前掲註（2）鐘江論文および同「出土文字資料から見た北日本の古代社会」（長谷川成一・関根達人・瀧本壽史編『北方社会史の視座 歴史・文化・生活』清文堂、二〇〇七年）など。
（4）ただし、青森県内の場合、九世紀末に操業を開始する五所川原須恵器窯跡からの出土も多数ある。
（5）『日本三代実録』元慶三年（八七九）三月二日壬辰条。
（6）佐伯有清「刻書土器『夫』の意義」（北海道大学埋蔵文化財調査室編『サクシュコトニ川遺跡』本文編、一九八六年。のちに同『古代東アジア金石文論考』［吉川弘文館、一九九五年］に所収）。
（7）前掲註（6）佐伯論文。また、「夫」字資料を蝦夷に対する饗宴用と解する説に、関口明「蝦夷問題と北海道」（『蝦夷と古代国家』吉川弘文館、一九九二年、初出一九八五年）など。
（8）石上英一「古代東アジア地域と日本」（『日本の社会史1 列島内外の交通と国家』岩波書店、一九八七年）、小口雅史「「夫」字篦（墨）書について」（北海道・東北史研究会編『海峡をつなぐ日本史』三省堂、一九九三年）。
（9）荒木陽一郎「篦（墨）書土器『夫』字の考察」（『考古学の世界』六、一九九〇年）。
（10）前掲註（8）小口論文。
（11）佐伯有清a「「夫」字記載の出土遺物—大川遺跡文字土器の意義—」（前掲註（6）書所収、初出一九九四年）、b「北大構内サクシュコトニ川遺跡出土の「夫」字土器研究とその後—発掘から20年の後に」（『北海道大学総合博物館研究報告』一、二〇〇三年）。佐伯氏は、b論文の中で、「奉」とみる説や「夷」とみて優婆夷を示すとする説への反証を行い、やはり「夫」

を「夷」と釈読し、集団としての蝦夷を指しているとみている。
(12) 渡辺晃宏「歌姫西瓦窯等出土の箆書き瓦」（奈良国立文化財研究所『奈良国立文化財研究所 一九九五年度年報』一九九六年）。
(13) 山本哲也「ロクロ土師器と北海道」（『國學院大學考古学資料館紀要』第一三輯、一九九七年）、戸根貴之「古代文字資料にみる蝦夷」（『古代』一〇六、一九九九年）。
(14) 前掲註（3）平川論文。以下、氏の見解は本論文による。
(15) 小口雅史「古代・中世における北方世界の史的展開―境界の地・津軽と南北交流の変遷―」（『通路的景観と交流の文化論―さまざまな道を素材として―』弘前大学、一九九五年）、同「青森市野木遺跡出土の古代墨書土器」（『市史研究あおもり』二、一九九九年）など。
(16) 鈴木靖民a「無文字社会と文字・記号の文化―信仰とともに伝わる文字―」、b「北東北の祭祀・交易と集落―異域・中世への胎動―」、c「北方世界と古代のコシ―北ツ海のゲート・ウェイ―」（いずれも『日本古代の周縁史―エミシ・コシとアマミ・ハヤト―』岩波書店、二〇一四年、初出はそれぞれa二〇〇八年、b二〇〇四年、c二〇一二年）。また、鈴木氏によれば、「奉」字の略字としての「本」「本」は朝鮮半島にもみられることが指摘されている（a論文の九三頁）。有富純也「「奉」「本」「本」などと記された墨書土器に関する予備的考察」（『アジア太平洋研究』四一、二〇一六年）も参照。
(17) 新潟市的場遺跡出土木簡には「狄食」、秋田城跡出土木簡には「狄饗料」、払田柵跡出土木簡には「狄藻」など、日本海側のエミシたちは「狄」と呼ばれていた。前掲註（3）平川論文、四一一－四一六頁。
(18) 青森県教育委員会『青森県埋蔵文化財調査報告書第二八一集 野木遺跡Ⅲ』（二〇〇〇年）。
(19) 前掲註（3）鐘江論文、一二七－一二八頁。
(20) 前掲註（2）（3）鐘江論文。
(21) 三上喜孝「文字がつなぐ古代東アジアの宗教と呪術」（国立歴史民俗博物館・小倉慈司編『古代東アジアと文字文化』同成社、二〇一六年）。
(22) 東野治之「発掘された則天文字」（『書の古代史』岩波書店、一九九四年）。
(23) 藤原弘明・佐藤智生・蔦川貴祥「須恵器の生産と消費（青森県）」（前掲註（3）長谷川ほか編書）。
(24) 五所川原産須恵器は、青森県域を中心に、北海道・東北地方に分布するが、県内では十世紀初頭以降に新たに増加してきた新興集落で多量に出土していることが指摘されている。前掲註（23）論文、一七一頁。
(25) 前掲註（2）鐘江論文、二七一－二七三頁。
(26) 奈良文化財研究所・北秋田市教育委員会『胡桃館遺跡埋没建物部材調査報告書』（二〇〇八年）。
(27) 前掲註（2）（3）鐘江論文。
(28) 石江遺跡群については『青森市埋蔵文化財調査報告書 石江遺跡群』Ⅰ～Ⅶ（青森市教育委員会）、十三盛遺跡については『五所川原市埋蔵文化財調査報告書第33集 十三盛遺跡』（五所川原市教育委員会、二〇一三年）。
(29) 『木簡研究』二六（二〇〇四年）、『同』二九（二〇〇七年）によれば一〇点である。
(30) 木村淳一「青森市石江遺跡群の特質」（ヨーゼフ・クライナー、吉成直樹・小口雅史編『古代末期の境界世界―城久遺跡群と石江遺跡群を中心として―』法政大学国際日本学研究所、二〇一〇年）。
(31) 八木光則「古代末期の北奥蝦夷社会」（前掲註（30）書）三五六－三六〇頁。
(32) 前掲註（30）木村論文、前掲註（31）八木論文。
(33) 八木光則「蝦夷と「律令」」（前掲註（2）書）、前掲註（31）論文。
(34) 東野治之「古代日本の文字文化―空白の六世紀を考える―」（平川南・国立歴史民俗博物館編『古代日本 文字の来た道』大修館書店、二〇〇五年）。
(35) 八木光則氏はこれを密教系遺物として、八稜鏡や新田（1）遺跡出土の仏手や光背などの仏教系遺物と分けて考察している。前掲註（31）論文。
(36) 『続日本紀』霊亀元年（七一五）十月丁丑条。
(37) 『続日本紀』宝亀十一年（七八〇）三月丁亥条。
(38) 道上遺跡については『岩手県文化振興事業団埋蔵文化財調査報告第五四四集 道上遺跡第三次・合野遺跡・小林繁長遺跡発掘調査報告書』（岩手県文化振興事業団、二〇〇九年）、高瀬Ⅰ・Ⅱ遺跡については、前掲註（3）平川論文を参照。
(39) 『類聚三代格』巻二 貞観十八年（八七六）六月十九日太政官符。
(40) 『類聚三代格』巻五 元慶六年九月廿九日太政官符。
(41) 堀裕「東北の神々と仏教」（鈴木拓也編『三八年戦争と蝦夷政策の転換』吉川弘文館、二〇一六年）二二四－二二五頁。
(42) 津嶋知弘「志波城と蝦夷社会」（蝦夷研究会編『古代蝦夷と律令国家』高志書院、二〇〇四年）二一八－二二三頁。

（43）新田（1）遺跡について、律令国家側の出先機関である可能性も指摘されていたが、同遺跡から出土する遺物については在地性の強さが重視され、律令制的要素を在地側が取り込んだ結果生まれたものであるとする見解が示されている。前掲註（30）木村論文など。
（44）鐘江宏之「九世紀の津軽エミシと逃亡民」（『弘前大学國史研究』一一四、二〇〇三年）。
（45）宇部則保「九・十世紀における青森県周辺の地域性」（前掲註（30）書）。
（46）前掲註（45）宇部論文。五所川原産須恵器窯の操業もこうした動きと同様に考えられる。前掲註（23）藤原・佐藤・蔦川論文参照。
（47）小口雅史「古代末期の北方世界」（前掲註（30）書）二三八―二四一頁。
（48）斎串などの出土から新田（1）遺跡や十三盛遺跡などで行われたのは、境界領域における祓いの祭祀として地域社会で受容されたとの指摘がある（前掲註（31）八木論文）。

［図版出典一覧］
図1―1：北海道大学埋蔵文化財調査室編『サクシュコトニ川遺跡』（一九八六年）、2：余市町教育委員会『大川遺跡における考古学的調査Ⅰ　総説・竪穴状建物篇』（二〇〇〇年）、3：青森市教育委員会『青森市埋蔵文化財調査報告書第54集　野木遺跡発掘調査報告書Ⅱ』（二〇〇一年）。
図2―1：五所川原市教育委員会『五所川原市埋蔵文化財調査報告書第25集　五所川原須恵器窯跡群』（二〇〇三年）、2：青森県教育委員会『青森県埋蔵文化財調査報告書第32集　鳥海山遺跡発掘調査報告書』（一九七七年）。
図3：青森県教育委員会『青森県埋蔵文化財調査報告書第281集　野木遺跡Ⅲ』（二〇〇〇年）。
図4：青森県教育委員会『青森県埋蔵文化財調査報告書第350集　朝日山（2）遺跡Ⅶ』（二〇〇三年）。
図5―1・2：青森市教育委員会『青森市埋蔵文化財調査報告書第107集　石江遺跡群発掘調査報告書Ⅲ』（二〇一一年）、3：青森市教育委員会『青森市埋蔵文化財調査報告書第113集　石江遺跡群発掘調査報告書Ⅵ』（二〇一三年）、4・5：五所川原市教育委員会『五所川原市埋蔵文化財調査報告書第33集　十三盛遺跡』（二〇一三年）。

Ⅲ　古代・中世国家の辺要支配

鎮守府将軍と出羽城介についての基礎的考察

永田　一

十世紀以降の北方支配体制について研究が深化するなか、一九八〇～一九九〇年代にかけて古代・中世の北方史研究者により「鎮守府秋田城体制」説が提唱された。近年、小口雅史氏が要点をまとめたところによると、「いわゆる「王朝国家」ともよばれる新しい国制への移行によって、奥羽両国においても支配体制の転換がみられ、鎮守府胆沢城と秋田城の機構整備・権限強化にともない、それらが従来の国府から事実上独立した「第二国府」的様相を帯びるようになり、国府から独立した管郡の設置、鎮守府将軍・出羽城介の受領官への格上げ（特別受領）といった特徴がみられるようになる」というものである。(1)

「鎮守府・秋田城体制」説は遠藤巌氏の研究が出発点となっている。(2)遠藤氏は主に出羽城介（秋田城介）の性格について検討しているが、「王朝国家などの概念まで導入して近年深められている十世紀以降の中世国家論によれば」とするように、十世紀の国制を「王朝国家論」にもとづいて捉えたうえで論を展開した。

遠藤氏の研究を受けて主に鎮守府将軍と陸奥国司の関係について分析したのが熊谷公男氏である。(3)熊谷氏は十世紀初頭段階ですでに鎮守府将軍が「受領官」的な性格を有していたことを論じた。

こうした遠藤氏・熊谷氏の研究を継承した斉藤利男氏は「鎮守府・秋田城の国府からの事実上の独立、〝第二国府化〃である」とし、十世紀頃の陸奥・出羽の支配体制を「鎮守府・秋田城体制」と表現するに至り[4]、「鎮守府・秋田城体制」説が成立した。

この「鎮守府・秋田城体制」説は一時定説となったかに思えたが、二〇〇〇年代に入り渕原智幸氏が全面的な検討を行い、その問題点を批判した[5]。そして、渕原氏の研究を受けて小口氏が論点整理を行い、改めて検討を加えている[6]。一九八〇～九〇年代にかけて論じられた「鎮守府・秋田城体制」説は今日でも支持する研究がある一方、再検討の必要性を指摘する動きも出てきている。

本稿では、こうした研究動向を踏まえ、「鎮守府・秋田城体制」説について改めて検討する。

一　「鎮守府・秋田城体制」説をめぐる論点の整理

まず「鎮守府・秋田城体制」説の原点となった遠藤巌氏の研究の要点について確認する。遠藤氏は『西宮記』をはじめとする諸儀式書の記事を検討し、出羽城介のためだけに、ⅰ除目にもとづく任符、ⅱ外記宣旨、ⅲ弁官宣旨、ⅳ城務を命じる官符または蔵人所の牒、が発せられるとした。また、出羽城介の特殊性を指摘し、出羽城介は令外官とはいえ令制官制の枠組みをこえた十世紀王朝国家の受領制の進展に対応する新たな官だったと位置づけた[7]。

次に熊谷公男氏の研究の要点を確認していく。『魚魯愚鈔』巻第四に「康保四年二月十一日、（中略）散位実忠為（二）出羽守（一）〈実忠前任出羽介、為（二）秋田城司（一）造（二）立数十宇官舎（一）、委（二）納千余石不動（一）。依（レ）有（二）其勤（一）准（下）源嘉生城司任終之後任（二）上総守（一）例（上）殊抽任〉」とあり、康保四年（九六七）に某実忠が出羽城介時代の不動穀委納などにより「殊に抽任」されていることが知られるが、これは出羽城介が出羽守から相対的に独立した権限をもっていたこと、そのために功過定を別個に受けていたことを示すとする。

また、『日本三代実録』元慶二年（八七八）六月九日癸酉条に鎮守将軍が「分付受領」するとあることから、この時期の鎮守将軍は確かに「受領官」としての実質を備えつつあったと指摘している。熊谷氏はこの他にも、九世紀における鎮守府の支配機構の整備や、摂関期の陸奥国府と鎮守府の関係性などを確認し、十〜十一世紀の鎮守府将軍について「鎮守府将軍は陸奥国の受領たる陸奥守の被官的地位に置かれながらも、租税の徴収、さらにはそれと関連して定められた貢納物を入手するための交易、徭丁の徴発や使役、官舎の造営・修理などに関して、陸奥国から相対的に独立した職務権限を有していたことが推定できる」としている。

さらに、『陸奥話記』には陸奥鎮守府将軍源頼義が任終年の天喜四年（一〇五六）に府務を執るため鎮守府に入った際、安倍頼時が数一〇日にわたり頼義の饗応に努めたことがみえるが、これは「三日厨」に相当する公的な「饗応儀礼」とみられ、頼義が鎮守府の在庁を公的に代表する立場にあったことを示すものだとしている[8]。

なお、遠藤氏と熊谷氏がともに重視したのが、出羽城介・鎮守府将軍が赴任する際に受領なみの待遇を受けていた点である。『新儀式』巻五 諸国受領官奏赴任由事に「〈又鎮守府将軍・出羽介等、雖レ非二受領官一、召二御前一矣〉」とあることから、出羽城介は鎮守府将軍とともに「受領の官に非ざる」も受領と同様の受領罷申の儀が行われる特別受領だったとした[9]。

では、「鎮守府・秋田城体制」説を批判した渕原智幸氏の研究の要点を確認する。まず、「王朝国家論」は実証的な裏付けの面で問題があることが近年の研究で明らかにされており、遠藤氏の研究以降「鎮守府・秋田城体制」説がこれを前提に立論されていること自体に問題があるとする[10]。

また、鎮守府将軍が受領官となるためには九世紀以降奥六郡（胆沢・江刺・和賀・稗貫・斯波・岩手）が存続し、鎮守府の管郡となったことが前提になるはずだが、奥六郡のうち、和賀・稗貫・斯波・岩手の四郡は『延喜式』巻二二 民部省上3東山道条にみえない。したがって、十世紀初頭に『延喜式』が成立するまでのある段階でこの四郡は廃絶しており、鎮守府将軍が独自に奥六郡を管轄していたとは考えがたいとする。

遠藤説の根拠について渕原氏は次のように述べている。まず、『西宮記』巻一三 諸宣旨の記事はどういうときに官符を発給し、または宣旨で済ませるかの区別を明らかにするものとする。また、『北山抄』巻六 備忘略記 下宣旨事、『江家次第』巻四 正月丁 除目、『同』除目清書事の記事を併せて考えると、実際に発給されたのは（遠藤説の）i除目にもとづく任符と、iv城務を命じる官符または蔵人所の牒のみであることが判明する。さらに蔵人牒について、『西宮記』『北山抄』は「可レ尋」としており、『江家次第』で所牒に関する言及が消えていることから、秋田城務についてはもっぱら官符によっていたのであり、所牒は平安初期以降の早い段階で用いなくなったとする。

渕原氏は熊谷説の根拠について次のように指摘する。『魚魯愚鈔』巻第四にみえる出羽城介実忠に対する功過定について、これは「別功」による委納に対してのものとする。また、出羽城介は秋田城司である以前に出羽の任用国司なのであり、城介が出羽守の不動穀を貯蓄しても問題はない。つまり、実忠の委納は出羽守の不動穀貯蓄を任意に補完したもので、出羽城介は独自の不動穀貯蓄の義務を負ってはおらず、したがって出羽城介が別個に受領功過定を受けていたわけではないとする。

また、『日本三代実録』元慶二年六月九日癸酉条の鎮守将軍が「分付受領」したという記事について、たとえば『延喜交替式』に「凡在京諸司遷替、責二解由一、分付受領過レ限等類准レ状科レ罪、一同二国司一」という条文があるように、分付・受領という語は資材引き継ぎの手続き一般をさす語であり、国司（受領国司）以外に対しても用いられていたことが明らかであるため、鎮守将軍が受領官であることの根拠にはならないとする。

『陸奥話記』の天喜四年に安倍頼時が源頼義を数一〇日にわたり饗応したという記事については、任終年に近い頼義を饗応し、頼義のみならず配下の士卒にまで駿馬・金宝の類を給したという行動を「三日厨」とみなすのは強弁で、平和裡に頼義の任終を迎えるため安倍氏の恭順ぶりをアピールしたという伝統的解釈のほうが自然であるとする。

さらに、遠藤氏・熊谷氏が注目した鎮守府将軍・出羽介の罷申について、まず鎮守府将軍に独自の賦課がない以上、罷申の際に御前で賜る勅語の内容が功過に関するものとは考えがたいとする。また、受領罷申の際の勅語は場合に応じて内容が大きく異なることが『侍中群要』巻九 受領罷申事から明らかで、鎮守府将軍や出羽城介の赴任の際に「致二豊稔一」「済二貢調事一」といった言葉が述べられた保証はなく、したがって鎮守府将軍・出羽城介の受領罷申と、彼らの独立性（ないしは行政権）を結びつけて議論することには無理があり、むしろ『新儀式』巻五 諸国受領官奏赴任由事に「〈又鎮守府将軍・出羽介等、雖レ非二受領官一〉」とあることを重視すべきであるとしている。⑾

このように、渕原氏は「鎮守府・秋田城体制」説が「王朝国家論」の立場から立論されていること、鎮守府将軍が受領官たりうるための前提条件である管郡としての奥六郡が存続しなかった可能性があるなどの問題点を指摘したうえで、遠藤説と熊谷説を検証し、その根拠にも問題があると批判している。ところが、渕原説に対してもそれを支持する立場・批判する立場の双方からいくつか疑問が呈されている。

小口雅史氏は大筋においては渕原説にみるべきところがあるとしているが、渕原説の『西宮記』巻一三 諸宣旨の記事の解釈については問題があるとする。諸々の儀式書でこれに関係する記述を検討すると、基本的にこの種の記事は宣旨発給の類例をあげているのであり、ここでも「官符発給の場合も、あくまでまず宣旨が出され、それによって官符が発給されるのだ」と理解すべき可能性が高いという。⑿ 小口氏は、他の儀式書との比較から記事の掲載形態に注意したうえで当該部分の記述を解釈すべきことを論じており、この指摘は支持すべきと考える。

次に『魚魯愚鈔』巻第四の出羽城介実忠の事例から出羽城介が別個に受領功過定を受けていたわけではないとする点について、小口氏は、渕原氏が指摘するように出羽城介が別個に功過定の対象になっていないにせよ、それでもなお「別功」で不動穀を蓄積できたことは重要で、出羽城介の権能を考えるうえで軽視できないと指摘している。⒀

また、「鎮守府・秋田城体制」説を支持する渡邊誠氏は、出羽城介実忠の事例について、「別功」の前提として「官符」の規定量貯蓄があるのであって、⒁ 出羽城介の職責にも不動穀貯蓄はあったと理解すべきであるとし、やはり渕原説に疑問を呈している。⒂ この問題については本稿第三節で検討するが、結論を先に述べておくと、秋田城の不動穀使用の権利は出羽守のものとされ、秋田城の不動穀はあくまで出羽守が管理するものとされていた。しかし、実態として出羽城介は中央政府や国守の許可を得ずに秋田城の不動穀を使用しており、不動穀の蓄積、また使用に関する権限を一部握っていたと考えている。

『陸奥話記』の天喜四年に安倍頼時が源頼義を数一〇日にわたり饗応したという記事について渕原氏が「三日厨」と解釈するのは無理であるとした点について、渡邊誠氏は国内行政の実態が明らかになった結果、「三日厨」と安倍頼時の行為を重ね合わせて理解するようになったことはむしろ自然で、国務とは別に「府務」が存在する例として重視すべきだと批判する。(16) しかし、その日数や配下の士卒にまで駿馬・金宝の類を給したという規模・内容からすると、これをまったく公的なものと評価することには無理があるだろう。頼義が鎮守府に赴いた当初、数日の饗応は公的な「三日厨」の意味をもったかもしれないが、その後数一〇日に及んだ饗応は、当時の情勢から安倍頼時が判断して行ったものと見なすべきである。

渕原説で『侍中群要』巻九 受領罷申事から鎮守府将軍・出羽介の罷申における勅語に功過に関する言葉が含まれていなかったとする点について、渡邊誠氏は『侍中群要』の事例はいずれも国務勤行の訓辞の範疇に入るもので、まったく別趣旨の言葉を想定するのは無理があるとしている。(17)

後で詳しく述べるように、出羽城介が不動穀の蓄積や立用にある程度関与したのであれば、鎮守府将軍・出羽城介の罷申の勅語にこれに関係する文言（一定の財政関与が前提となる文言）が含まれていた可能性は否定できない。しかし、渕原説で重要なのは、鎮守府将軍・出羽城介の罷申と、彼らの独立性（ないしは行政権）を結びつけて議論することには無理があるとしている点である。いかに一般の受領国司の罷申の勅語を参考に推測しても、鎮守府将軍・出羽城介の罷申の勅語に陸奥国司や出羽国司から独立した一定地域に対する行政権があることを前提にした文言が含まれていたかどうかは不明とせざるをえない。また、渕原氏も注目しているように『侍中群要』巻九 受領罷申事には延喜十四年（九一四）に鎮守府将軍藤原利平が赴任する際に褂を与えたことがみえるが、そこには「一方之鎮、其寄事重歟云々」とあり、鎮守府将軍には軍事的役割が期待されていたことがうかがえる。(18) やはり鎮守府将軍・出羽城介の罷申の勅語は「非二受領官一」であることを踏まえたもので、一般の受領国司のそれとは内容的にやや異なるものだったと理解するのが穏当だろう。

熊谷説を支持する今泉隆雄氏は、熊谷説と渕原説は、両者とも鎮守府将軍は陸奥国被官であり、受領官でないとしている点では共通しているので、両説の一番の違いは鎮守府が奥六郡を支配したとするか否かであるとする。そして『延喜式』巻二二 民部省上3東山道条に和賀・稗貫・斯波・岩手の四郡がみえないのはこれらが俘囚郡だったからであり、鎮守府による奥六郡支配は大筋で認められるとする[19]。また、鈴木拓也氏も『延喜式』巻二二 民部省上3東山道条に和賀・稗貫・斯波の三郡がみえないことから、これらが蝦夷郡だった可能性を否定できないとしている[20]。

これに対し、小口氏は和賀・稗貫・斯波・岩手の四郡は事実上形骸化していた可能性が高いとの認識を示している[21]。後で触れるが、承和年間に発生した争乱や、貞観十一年（八六九）に発生した大地震による深刻な被害が東北地方北部の情勢を悪化させていたことは想像に難くなく、これが和賀・稗貫・斯波・岩手の四郡の形骸化を招いた可能性は高い。

ここまで「鎮守府・秋田城体制」説を築いた遠藤説・熊谷説と、それを批判した渕原説について検討してきた。渕原氏は遠藤説・熊谷説の根拠となる史料の解釈について問題点を指摘し、その見直しの必要性を指摘した。その渕原説に対しても、いくつかの点で疑問はもたれているが、「鎮守府・秋田城体制」説を無批判に継承すべきでないことは確かだろう。渕原説で最も評価すべきは、「王朝国家論」に立脚し、中世史研究の視点からスタートした十世紀以降の鎮守府将軍・出羽城介についての研究を、九世紀の東北支配や鎮守府・秋田城の分析を起点に検証し直す必要性を明らかにした点にある。

ところで、伊藤循氏は今泉氏の見解に対し、支配領域か否か、四郡が存在していたか否かは論点のすり替えにすぎないと批判しているのだが[22]、さらに注目すべきは「重要な問題は鎮守府が奥六郡に対して国府のような行政的権能を持っていたか否か」としている点である。なぜなら、これこそ「鎮守府・秋田城体制」説検討の核心だからである。

ここで基本的なことだが、受領に対する理解を確認しておく。国司の四等官は連帯責任制を原則としたが職権には違いがあり、本来、任期の間は任国に赴任して治めることになっていたが、長官である守が朝廷の要職にあって赴任しないことなどもあり、実質的に最上席者が官長として一国の責任を負うことになった。このような受領に対し朝廷は、徴税責任と行政権限を集中して担わせるようになったが、その過程は九世紀後半に進行し、九世紀末に公文勘会と返抄取得が官長の責任であることが明確化されて完成した、というものだろう(23)。

ところが、受領といえば徴税責任の面ばかりが注目され、受領＝徴税請負人、というイメージで語られがちである。しかし、受領に行政権限が集中されていたことを軽視してはならない。鎮守府将軍・出羽城介を受領官と捉えうるかどうかは、単に徴税権限の面だけで論じてはならず、法的に認められ、また制度的に整えられた行政権限をもつか否かに注意して考察すべきなのである。

九世紀の段階を経て、十世紀に鎮守府将軍と出羽城介はどのような権限をもつに至ったのだろうか。以下、この問題について検討していく。

二　九世紀における鎮守府の機構整備と機能

十世紀の鎮守府将軍・出羽城介の権限を考察する前提として、九世紀における鎮守府の機構整備とそれが鎮守府の機能にどう関わっているのかについて検討する。

まず、基礎作業として鎮守府の設置と移転の経緯について確認しておく。陸奥国に鎮守府を置いたことを直接示す史料は見出せない。『続日本紀』養老六年（七二二）八月丁卯条に「陸奥鎮所」とみえ、同書天平九年（七三七）四月戊午条に鎮守将軍大野東人が「多賀柵」に一度駐屯した後に陸奥国から出羽柵へ向かう連絡路を開く遠征に出ていることがみえるが、これらは鎮守府の前身にあたり、やがて多賀城に国府と鎮守府が併置されたとされる。多賀城碑には、多賀城は神亀元年（七二四）に大野東人によって置かれたとあるのだが、この点について平川南氏は、木簡の分析から、養老六年（七二二）頃には多賀城の造営が始まっていたこと、神亀元年は完成時を示していることを指摘している。[24]その後、延暦二十一年（八〇二）に坂上田村麻呂を派遣して胆沢城の造営を開始させており、[25]胆沢城が築かれてから間もなく、大同三年（八〇八）より前には多賀城から鎮守府が移された。[26]

今泉隆雄氏は、まず大宝律令によって辺要の城柵には城主を置くことが規定され、その城主には国司らがあてられたことを明らかにし、これを城司制と名付けた。そのうえで、鎮官・鎮守府の歴史を①神亀～天平勝宝、②天平宝字元年～大同、③大同以降の三期に区分し、①②期では按察使・国司が鎮官を兼任するのが通例だとした。そして③期について、鎮守府の胆沢城への移転に関連し、兼任の例が減少して鎮官が別個に任命されるのが通例となり、国府の被官的官司の面はあるが独立的な官司となり、九世紀を通じて機構を整備するとともに、その職掌も胆沢城の鎮守と胆沢以北五郡の支配となったとする。また、胆沢郡以北の広大な領域支配の拠点として設けられた胆沢城には副国府ともいうべき大規模な機構が必要となったが国司だけではまかなえず、従来は鎮兵統括の任をもつにすぎなかった鎮守府の官制を利用し、これを国府機構から切り離して新しい職掌を与え、これにより新城司制＝胆沢城鎮守府が成立したと述べている。[27]熊谷公男氏は今泉氏が指摘した③期の鎮官別任制を継承しているが、九世紀における鎮守府の機構整備を国府なみに整備・充実させたものと評価しており、今泉氏の見解と共通している。

では、九世紀における鎮守府の機構整備がどのように進められたのかを確認していく。鎮守府官人の定員は『類聚三代格』弘仁三年（八一二）四月二日太政官符によると、将軍一人、軍監一人、軍曹二人、医師一人、弩師一人とされている。また、史料によると、天平宝字元年（七五七）～弘仁二年（八一一）の間は副将軍がいたことが確認できるので、[28]弘仁三年に副将軍は廃止されたことになる。承和十年（八四三）九月に府掌一人を置くこととし、[29]貞観十一年（八六九）までに二人に増員している。[30] 元慶六年（八八二）九月には陰陽師を置いている。[31] なお、鎮守将軍の傔仗はもともと三人だったが、弘仁三年四月に一人減らされている。[32] また、鎮守府はもともと（陸奥）国印を用いていたが、承和元年（八三四）に陸奥鎮守府印が与えられ、こちらを使用することとなった。[33]

このように、確かに九世紀には鎮守府の機構整備が行われている。では、こうした動向は、鎮守府を陸奥国府から相対的に独立させ、奥六郡を支配する統治機関へ転換させるものとして評価できるのだろうか。

鎮守府に陰陽師を置くことを定めた『類聚三代格』元慶六年九月二十九日太政官符には「右得㆓陸奥国解㆒偁、鎮守府牒偁、軍国[34]之用卜筮尤要、漏剋之調亦在㆓其人㆒。而自㆑昔此府無㆓陰陽師㆒」とあり、陰陽師の設置理由として軍事上の必要性が述べられている。よって、これをただちに統治機関への転換に結びつけて解釈することはできないだろう。むしろ、元慶の乱の終結後に鎮守府の軍事的機能を見直すなかでとられた措置であると考える。

承和元年からはじまる鎮守府印の使用についてはどうだろうか。伊藤循氏は、大宰府被官十二司の印が中央政府から支給されていることから、印の存在は独立的な統治機関であることの証左にはならないこと、また、軍団に軍団印があるように国府被官の鎮守府に鎮守府印があっても、それが軍事以外の行政的機能をもったことの証左にはならないことを指摘している。[35] 新たに鎮守府印を与えた以上、陸奥国府から一定の権限が鎮守府に移ったことは確かだが、それをただちに行政的権限の委譲を意味するものと捉えることには飛躍があるだろう。

九世紀における陸奥国府と鎮守府との文書のやり取りの例としては、承和四年（八三七）按察使宛に鎮守将軍牒が出され、[36] 貞観十一年（八六九）、貞観十八年（八七六）、元慶六年（八八二）に陸奥国にあてて鎮守府牒が出されたことがあげられる。[37] 熊谷氏は、これらの事例は鎮守府の陸奥国府からの相対的な独立を物語るとする。[38]

しかし、平安時代の牒の性質については次のようにいわれている。すなわち、平安時代になると蔵人所のような令外官が増えたが、それらは律令官制からはみ出した存在であり、他の役所との位置的な関係は不明瞭なものとなる。そうした上下関係の明らかでない役所相互の連絡にも牒は用いられるようになったとされる。[39] このような牒の性格からすれば、鎮守将軍は令外官であり、鎮守府と陸奥国府との上下関係が令や格で正式に規定されていないから牒が用いられたということであり、現実的な両者の権力関係の変化が作用したわけではない。よって、鎮守府が陸奥国府から相対的に独立したことを読み取ることはできないとすべきである[40]。

〔史料1〕『類聚三代格』貞観十一年二月二十日太政官符

太政官符

応レ給二鎮守府府掌二人職田各二町一事

右得二陸奥国解一偁、鎮守府牒偁、検二案内一、依二太政官去承和十年九月十九日符一、准レ国置二府掌二員一。夫府掌之職府国惟同。而久経二年祀一未レ給二職田一。望請、准レ国被レ給二件田一者。国依二牒状一、謹請二官裁一者。中納言兼左近衛大将従三位行陸奥出羽按察使藤原朝臣基経宣、奉レ勅、依レ請。

貞観十一年二月廿日

史料1によると鎮守府の府掌二人に職田二町を支給するようにしたことがみえる。「夫府掌之職府国惟同」という記述からは、府掌の職掌は国掌のそれと共通するものだったことがうかがえ、府掌が軍事関係のみならず行政的役割も果たしていたことが推測される。また、重要なのは承和十年に府掌を置いてから貞観十一年まで職田が支給されておらず、鎮守府牒を受けた陸奥国府の申請によって、ようやくこのときに支給が決まったということである。二六年間も放置された問題を、鎮守府は太政官に直接文書を送って解決しようとはせず、あくまで陸奥国府を通じて太政官に申請しているのであり、ここから鎮守府の陸奥国府からの相対的な独立を読み取ることはできない。

また、九世紀の鎮守府の機能を考えるうえで注目されるのが、九世紀半ばに再び鎮官と陸奥国司（介）との兼官が確認されることである。承和十三年に陸奥介の坂上正宗が、貞観元年に陸奥介坂上高道が、貞観七年に陸奥介文室甘楽麻呂がそれぞれ鎮守将軍を兼任することになり、貞観十二年には鎮守将軍御春峯能が陸奥介を兼任している（表1－22～25）。先に触れたように、今泉氏は鎮官・鎮守府の歴史を三期に区分し、③大同以降について、鎮守府の胆沢城への移転に関連し、兼任の例が減少して鎮官が別個に任命されるのが通例となったとしている。たしかに全体的な傾向としては今泉氏の指摘通りなのだが、承和〜貞観年間に鎮守将軍と陸奥介との兼官事例が集中するのはなぜなのだろうか。

天長〜貞観年間の東北地方の情勢についてみていくと、天長六年（八二九）十一月より陸奥・出羽で疫病が流行しはじめ(41)、年が明けて天長七年（八三〇）正月には秋田城付近で地震が発生している(42)。出羽国では天長九年（八三二）の時点でも困窮した人びとへの救済が行われており(43)、このときの陸奥・出羽両国は相当疲弊していたと思われる。そうしたなか、承和四年（八三七）四月には前年の春以降、住民の逃亡や俘囚の武装など陸奥北部の情勢が悪化したため、千人の援兵動員が行われた(44)。これ以降、斉衡二年（八五五）頃まで東北地方北部で騒乱が続くのだが、この九世紀半ばの奥郡騒乱については、熊谷氏が詳細に論じている(45)。その後騒乱は落ち着いたようだが、貞観元年（八五九）には陸奥国で洪水、出羽国で霜・雹による被害が出ている(46)。そして、貞観十一年（八六九）に陸奥国で大地震が起き、津波が発生して甚大な被害がもたらされた(47)。

天長六年から貞観十一年頃の間、東北地方では疫病の流行や災害がたびたび発生して多くの被害を受けており、また、承和四年から斉衡二年の間は奥郡騒乱という事態に陥っていた。こうした時期に陸奥介と鎮守将軍の兼官が現れるのは、東北地方の情勢悪化に対応するため軍事的役割が増大した鎮守府と陸奥国府の連携強化をはかったためだろう。大同二年（八〇七）には陸奥介と鎮守将軍を兼ねる百済王教俊が鎮所を離れて国府に常勤することを止めさせているが(48)、これは鎮守府の軍事的機能を重視し、鎮守将軍が長期間鎮守府を離れることがないようにしたかったためである。承和〜貞観年間の陸奥介と鎮守将軍の兼官はこれを踏まえてのことであろうから、やはり九世紀の鎮守府は基本的には軍事機関として機能することが求められていたと考える。また、今泉氏の分類による①②期には、陸奥介と兼官となるのは基本的には鎮守副将軍だった。承和〜貞観年間に陸奥介が鎮守将軍を兼官することになったのは、弘仁三年に鎮守副将軍が廃止されたことも関係するだろうが、鎮守将軍が陸奥介を兼ねることにより陸奥守の管理下

表1　鎮官と按察使・陸奥国司の兼任事例

	年・月・日	人物	兼官	出典
1	神亀元年(七二四)	大野東人	按察使兼鎮守将軍	多賀城碑
2	天平宝字元年(七五七)六月十六日	佐伯全成	陸奥守。鎮守副将軍を兼任	『続日本紀』
3	天平宝字四年(七六〇)一月四日	藤原朝猟	陸奥国按察使兼鎮守将軍	『続日本紀』
4	同右	百済足人	陸奥介兼鎮守副将軍	『続日本紀』
5	天平宝字六年(七六二)四月一日	大伴益立	鎮守副将軍。陸奥介を兼任	『続日本紀』
6	天平宝字六年閏十二月二十五日	田中多太麻呂	陸奥守。鎮守副将軍を兼任	『続日本紀』
7	神護景雲二年(七六八)二月十八日	田口安麿	陸奥介。鎮守副将軍を兼任	『続日本紀』
8	同右	道嶋三山	陸奥大掾。鎮守軍監を兼任	『続日本紀』
9	宝亀二年(七七一)閏三月一日	佐伯美濃	陸奥守兼鎮守将軍に任ず	『続日本紀』
10	宝亀四年(七七三)七月二十一日	大伴駿河麻呂	按察使兼陸奥守。鎮守将軍を兼任	『続日本紀』『公卿補任』宝亀六年条
11	宝亀六年(七七五)九月十三日	紀広純	鎮守副将軍。陸奥介を兼任	『続日本紀』
12	宝亀十一年(七八〇)二月一日	紀広純	陸奥按察使兼鎮守副将軍	『続日本紀』
13	天応元年(七八一)十二月一日	内蔵全成	陸奥守。鎮守副将軍を兼任	『続日本紀』
14	延暦元年(七八二)六月十七日	大伴家持	陸奥按察使鎮守将軍に任ず	『続日本紀』
15	延暦四年(七八五)二月十二日	多治比宇美	陸奥守。陸奥按察使・鎮守副将軍を兼任	『続日本紀』
16	延暦六年(七八七)二月五日	佐伯葛城	陸奥介に任ず。鎮守副将軍も兼任	『続日本紀』
17	延暦七年(七八八)二月二十八日	多治比宇美	陸奥按察使・陸奥守。鎮守将軍を兼任	『続日本紀』
18	延暦十年(七九一)二月二十一日	文室大原	陸奥介。鎮守副将軍を兼任	『続日本紀』
19	延暦十一年(七九二)九月二十七日	巨勢野足	鎮守副将軍。陸奥介を兼任	『公卿補任』弘仁元年条

20	延暦十九年(八〇〇)十一月六日	坂上田村麻呂	陸奥出羽按察使・陸奥守・鎮守将軍	『類聚国史』
21	大同三年(八〇八)六月九日	百済王教俊	鎮守将軍。陸奥介を兼任	『日本後紀』
22	承和十三年(八四六)二月十一日	坂上正宗	陸奥介。鎮守将軍を兼任	『続日本後紀』
23	貞観元年(八五九)一月十六日	坂上高道(※1)	陸奥介(※2)。鎮守将軍(※3)を兼任	『日本三代実録』
24	貞観七年(八六五)一月二十七日	文室甘楽麻呂	陸奥介。鎮守将軍を兼任	『日本三代実録』
25	貞観十二年(八七〇)三月二十七日	御春峯能	鎮守将軍。陸奥介を兼任	『日本三代実録』
26	天慶八年(九四五)以前	藤原ありとき	鎮守将軍。陸奥守を兼任	『貫之集』陽明文庫蔵本　第七七四五　天理図書館蔵本四七・四八
27	天喜元年(一〇五三)	源頼義	陸奥守。鎮守府将軍を兼任	『続文粋』巻六奏状　申受領
28	康和元年(一〇九九)十二月十四日	藤原実宗	陸奥守。鎮守府将軍に任ず。以後兼任か	『本朝世紀』
29	長治元年(一一〇四)五月二日	藤原基頼	陸奥守。鎮守府将軍を兼任	『中右記』
30	永久元年(一一一三)七月二十九日	橘以綱	陸奥守。鎮守府将軍を兼任	『殿暦』
31	康治二年(一一四三)六月二十九日	藤原基成	陸奥守。鎮守府将軍を兼任	『本朝世紀』
32	保元二年(一一五七)九月十九日	藤原雅隆	陸奥守。鎮守府将軍を兼任	『兵範記』
33	長寛元年(一一六三)四月二十一日	藤原長光	鎮守府将軍。陸奥守兼任	『長寛勘文』
34	安元二年(一一七六)三月三十日	藤原範季	陸奥守。鎮守府将軍を兼任	『玉葉』

※1高道…国史大系は「当道」とするが、『青森県史』資料編古代1文献史料（青森県、二〇〇一年）二六七頁の校訂に従う。
※2介…国史大系は「守」とするが、『青森県史』資料編古代1文献史料（青森県、二〇〇一年）二六七頁の校訂に従う。
※3鎮守将軍…国史大系は「鎮守府将軍」とするが、『青森県史』資料編古代1文献史料（青森県、二〇〇一年）二六七頁の校訂に従う。
一部の史料名で略称を用いた。『本朝続文粋』→『続文粋』。

本表作成にあたって、「北方史関係官人補任表」（『青森県史』資料編古代1文献史料、青森県、二〇〇一年）を参照した。

で活動することを意図したのだろう。出羽守と出羽城介の関係と同じ構造を作ろうとしたものと推測する(49)。

そもそも、今泉氏によって城司制が指摘されているように、城柵には国司が派遣され、国府の管理のもとで行政的役割を果たしていた。よって鎮守府も同様に一定の行政的役割を果たしていたと考えるべきだが、それはあくまで国府の被官としてであったことに留意しなければならない。九世紀における鎮守府の機構整備の目的は、基本的には軍事的機能の発展にあったと解釈でき、行政的役割を果たすための拡充という意味は、たとえあったとしても二次的なものだったとすべきだろう。九世紀における鎮守府の機構整備について伊藤循氏は官司制としての発達を示していても統治機関に転換したことを示すものではないとしており、従うべきと考える(50)。

三　鎮守府将軍・出羽城介の権限と国守との関係性

本節では十世紀以降における鎮守府将軍と出羽城介がどのような権限を有していたのか、また国守とどのような関係にあったのかについて考察していく。十世紀の陸奥国司と鎮守府官人の関係はどのように位置づけられていたのか。次の二つの史料に注目して考えてみたい。

〔史料2〕『延喜式』巻一一　太政官33押署条

凡被管諸司解由及不与解由状、惣官押署進之。〈大宰管内国、陸奥鎮守府、諸国講読師等准レ此。〉

〔史料3〕『延喜交替式』

凡被官寮司、交替延期状、不レ改二本解一、惣省押署。陸奥押二署鎮守府延期状一、大宰府押二署管内諸国延期状一、准レ此。

史料2によれば鎮守府官人の交替に関する解由状や付不与解由状には惣官にあたる陸奥国司が押署するとされており、史料3によると鎮守府官人の交替を延期する場合には、陸奥国司が交替延期状に押署することが定められていた。これらの史料によれば、『延喜式』『延喜交替式』が成立した十世紀段階において、少なくとも法的に鎮守府が陸奥国司の被官として位置づけられていたことはまちがいない。かりに十世紀の鎮守府将軍が陸奥国司からまったく独立した行政権限をもつ受領官であったならば、交替時に関する文書に陸奥国司の押署が必要となることはないはずである。史料2・3は、十世紀の鎮守府将軍が実態として行政や徴税に関わった可能性をまったく否定してしまうものではないが、法的には鎮守府将軍は陸奥国司から独立した存在とはされておらず、被官として位置づけられていたことを示すものと解釈すべきである。[51]

また、『類聚符宣抄』永延二年（九八八）十月五日太政官符から藤原文条を鎮守府将軍に任じたことを陸奥国司と鎮守府に知らせる任符が発給されたことが知られるが、そこには「国・府承知、至即任用」とある。これは「国宜二承知、至即任用一」という任用国司の任符の定型句とほぼ同じであり、また、鎮守府のみならず陸奥国司にも鎮守府将軍の任命が知らされていることから、鎮守府将軍は任符においては陸奥守の任用官として位置づけられていたと指摘されている。[52]

十世紀半ばの鎮守府将軍と陸奥国府との関係がうかがえる史料としては次のものがあげられる。

〔史料4〕『日本紀略』天暦元年（九四七）二月十八日甲戌条

十八日甲戌、右大臣著二宜陽殿一、相定云、鎮守府将軍貞盛朝臣申使並茂、為二狄坂丸等一被二撃殺一。其員十三人。件坂丸等徴二-発軍士一、舂二-運兵粮一、将二以討滅一云々。先差二-遣国使於賊地一、可レ令二勘糺一之由、給二官符一。

史料4によると、鎮守府将軍平貞盛が派遣した「使」の並茂が狄坂丸らによって殺害されるという事件が起こり、貞盛がこのことを中央政府に報告すると、まず（陸奥国司が）「国使」[53]を派遣して勘糺せよと命じられたことが知られる。熊谷公男氏はこの史料について、鎮守府将軍と太政官のやりとりの間に陸奥国府が介在している形跡がなく、軍兵や兵糧の徴発、さらに軍事指揮権に関しては、鎮守府将軍は陸奥国府から独立した権限を有していたとし、軍事権に関しては九世紀代の鎮守将軍に比べて明らかに権限が強化されているとみられる、と述べている。

『類聚三代格』貞観十一年二月二十日太政官符（史料1）において、鎮守府が太政官に対し府掌への職田支給の申請をする際、あくまで陸奥国府を通じて行っているように、九世紀段階では鎮守府は太政官と直接文書のやりとりを行っていなかった。たしかに史料4には貞盛が陸奥国府を介して事件の報告を行ったとは書かれておらず、鎮守府は太政官に直接文書を送った可能性はある。(54)また、鎮守府将軍貞盛が主導して狄坂丸を討ち滅ぼそうとしていることから、軍事指揮権が強化されていることも確かである。このように十世紀の鎮守府は九世紀に比べ権限が強化されていたことは確実なのだが、では、この時点で鎮守府は陸奥国府から独立した行政権限をもつまでに至ったのだろうか。

注目されるのは、当初は鎮守府将軍が賊地に「使」を派遣したが、中央政府は「国使」を派遣して勘糺せよとしていることである。賊地が具体的にどこにあたるのかは不明だが、少なくとも国郡制による支配の及ばない東北地方北部の奥地ということになるだろう。そうした地域に住む狄への対応まで鎮守府の役割とされ「使」を派遣していること自体、九世紀とは大きく異なるのだが、中央政府の決定は陸奥国司に「国使」を派遣させて勘糺せよというものだった。つまり、鎮守府将軍の軍事行動による事件の解決ではなく、陸奥国府主導による対応で事態を収拾させることを選んだのである。中央政府は賊地を含めて陸奥国の国内統治の権限はなお陸奥国府が掌握するものとしているのであり、鎮守府将軍が奥六郡とさらに奥の賊地に対し、陸奥国府からまったく独立した行政権限をもつことは認めていなかったということだろう。

次に出羽守と出羽城介の関係性について考えていきたい。出羽国では宝亀十一年（七八〇）から仁和三年（八八七）にかけて秋田城や雄勝城に城司として国司が駐在する城司制が行われていたことが確認できるが、(55)出羽城介の呼称が使われるようになるのは十世紀以降からである。(56)『貞信公記抄』天慶二年（九三九）四月十一日条の「以二出羽介保利朝臣一為二城司一宣旨、仰二相職朝臣一」という記述からも明らかなように、出羽介が出羽城介に任じられる。したがって、出羽守からすれば出羽城介は任用官である。

『類聚符宣抄』天元三年（九八〇）七月二十三日太政官符は出羽介平兼忠を出羽城介に任じたものだが、「奉レ勅、宜下差二遣彼城一、勤中行警固上。若触二防禦一、有レ所レ請者、随レ状処分。寄二事鎮衛一、勿レ簡二国務一者」とあり、出羽城介の城務の中心は秋田城の警備とされている。また、「国宜二承知依レ宣行一レ之」とあり、「国宜二承知、至即任用一」という任用国司の任符の定型句とは異なる文言となっている。これは鎮守府将軍と異なるが、出羽城介になる前に任用国司の出羽介に補任されているからとみてよいだろう。

ところで、第一節で触れたように『魚魯愚鈔』巻第四には康保四年（九六七）に某実忠が出羽城介時代の不動穀委納などにより「殊に抽任」されていることがみえ、ここから出羽城介が出羽守から相対的に独立した権限をもっていたことが読み取れるか否かで意見が分かれているのだが、そこで出羽城介と不動穀の関係を考えるにあたってもう一つ注目されてきたのが次の史料である。

〔史料5〕『権記』長保二年（一〇〇〇）正月七日条

秋田城立二用不動一、可下作二官符一。付二甘葛煎使一、送中出羽守義理朝臣許上。

この史料5から、渕原智幸氏は秋田城で立用する不動穀について出羽守に官符を送っており、秋田城独自の不動穀は存在しないとみるべきだとした[57]。しかし、小口雅史氏は出羽城介にはそれなりの権限があったとしており[58]、渡邊誠氏は不動穀の立用主体が出羽国ではなく秋田城とされているのは、秋田城に独自の財政的権限が付与されていることを示すものであるとし[59]、史料の解釈が分かれている。

この条文の主旨は、秋田城で不動穀を使用する場合は、それを許可する旨を記した官符を作成し、出羽守藤原義理のもとへ送れというものである。そもそも、不動穀を立用する際にはそれを許可する官符が必要とされた[60]。したがって、秋田城の不動穀を立用する際に官符が下されたのは当然のことなのだが、重要なのは、「この時期に出羽守に対して官符が下されている」ということである。

『小記目録』第一七 合戦事 長保三年（一〇〇一）三月十六日条には「出羽城介信正、為二国司義雅一、被二殺害一事」

とあり、出羽城介某信正が出羽国司藤原義雅（義理）に殺害されるという事件が発生したことが知られる。つまり史料5にみえるように、出羽守藤原義理に秋田城の不動穀立用の官符を与えた背景には、出羽守藤原義理と出羽城介某信正の深刻な対立があったのである。『小記目録』第一七 合戦事にこの事件が記されていることは、これが単なる殺人事件ではなく、合戦と認識される規模の武力衝突だったことを示す。また、合戦という状況に至ったことからは、出羽国司と出羽城介の利権争いがあったこと、利権の住み分けができないほど両者の権能が接近した状況だったことがうかがわれる。

出羽城介某信正についてはほかに史料がなく、どのような活動を行っていたのか不明である。一方、藤原義理については『権記』から長保二年頃の活動の一端をうかがうことができる。

表2をみると、長保元年（九九九）と長保二年に、出羽守藤原義理は藤原行成へ馬・漆などの私的な献物を行っており、両者が緊密な関係であったことがうかがわれる（表2－1・2・3・6・7・8）。また、義理は長保二年九月に藤原道長へも貢馬を行っているのだが、それはちょうど秋田城の不動穀立用を許可する官符が藤原義理に出された長保二年正月（史料5）と、出羽城介某信正が義雅に殺害された長保三年三月の間に位置する（表2－4・6・9）。また、長保二年七月には行成が義理の報告を道長へ伝達している（表2－5）。残念ながら義理の報告内容は不明なのだが、前後の経緯から察するに、秋田城の不動穀立用についての官符を出した後も出羽守義理と出羽城介の対立は解消せず、かえって深まっていたことが推測できる。そうした状況下で問題が発生し、義理は行成に報告したのではないだろうか。義理は合戦と認識されるほどの武力衝突を起こして相手を殺害したにも関わらず、その後も普通に活動していることが『権記』にみえる（表2－10）。これは義理が罰されなかったためだが、中央政府は出羽守義理と出羽城介某信正の対立において、義理の主張を認めたということだろう。

以上の状況を踏まえて、あらためて長保二年正月に出羽守義理へ秋田城の不動穀立用を許可する官符が下された意味を考えてみたい。長保二年頃、出羽守義理と出羽城介はすでに利権争いをしていたが、後に合戦に及ばなければならなかったほど両者の権能は接近していた。両者が争った利権のうち、最も重要だったのが秋田城の不動穀使用の権限だった。出羽守へ官符を下したことで、政府は秋田城の不動穀使用の権限は出羽守にあることを示したが、これは逆にそうしなければならない状況だったということである。つまり、長保二年の段階で出羽城介は官符による中央政府の許可を受けることもなく、また出羽守の了承も得ずに、秋田城の不動穀を使用していた実態があったということだろう。

出羽守義理としては当然こうした状況は容認できなかった。現地の状況を報告し、献物を行うことで行成や道長

表2　長保元年から長保四年の藤原義理の動向

	年・月・日	内　容
1	長保元年七月二十一日	出羽交易絹を女房に分配。藤原行成が出羽守藤原義理から贈られた馬を見る。
2	長保元年七月二十二日	出羽交易絹を女房に分配。藤原行成が藤原義理から贈られた漆を造仏に用いる。
3	長保元年七月二十三日	藤原行成が、藤原義理から贈られた馬のうち、鹿毛馬一頭を藤原道長へ贈る。
4	長保二年正月七日	秋田城の不動穀の使用を認める官符を藤原義理のもとに送る。
5	長保二年七月二十一日	藤原行成が藤原義理の報告を藤原道長へ伝える。
6	長保二年九月十三日	藤原義理から藤原道長への貢馬解文、藤原行成への貢馬解文ならびに交易絹解文が、（藤原義理の息子）為義により藤原行成のもとに届けられる。
7	長保二年九月十九日	藤原行成が、藤原為義の進上した鹿毛馬を藤原道長へ届ける。
8	長保二年九月二十三日	藤原行成が、藤原為義の進上した絹を中宮に送る。
9	長保三年三月十六日	出羽城介某信正が出羽国司藤原義雅によって殺害される。
10	長保四年三月二十六日	前出羽守藤原義理が、下向の際に藤原行成から借用した野剣・細櫃などを返却する。

9のみ『小記目録』第一七 合戦事。ほかはすべて『権記』。

へ接近し、自身に有利な判断が下されるように事前に根回しを行っていたものと思われる。

十一世紀頃の秋田城の不動穀と出羽国守・出羽城介の関係については次のようにまとめられる。中央政府は出羽守に秋田城の不動穀使用許可を出していることから、秋田城の不動穀は出羽守が管理すべきものとしていた。しかし、当時の実態としては、出羽城介は中央政府や出羽守の許可を得ずに秋田城の不動穀を使用していた。また、『魚魯愚鈔』巻第四の出羽城介実忠の事例にあるように、「別功」の不動穀貯蓄は認められていた。よって、出羽城介は秋田城の不動穀の貯蓄や使用に関する権限を事実上一部握っており、徴税に関する権限ももっていたと考える。

このように出羽城介については徴税に関与する権限をもっていたと思われるが、鎮守府将軍の場合はどうだったのだろうか。有名な史料だが、『小右記』長和三年（一〇一四）二月七日条には、鎮守府将軍平維良が将軍の任符を得るため藤原道長に馬二〇頭・胡籙・鷲羽・砂金・絹・綿・布など多数の献物を行ったことがみえる。このような維良の行動は受領の活動ときわめて似ているが、問題となるのはこれだけの財物を貯蓄した財源である。維良が受領と同格、あるいはそれ以上のように記された莫大な献物を行うには、受領と同じかそれ以上の経済基盤があったということだろう。

陸奥国の貢馬として有名な陸奥臨時交易御馬は不動穀または正税の交易によるものであり[61]、臨時交易絹も正税または不動穀を財源としていた[62]。維良が献上した品々に交易によって入手されたとみられる北方の産物が含まれている以上、交易の財源である不動穀や正税の運用に関わりえたと考える方が自然である。したがって、鎮守府将軍も出羽城介と同様、実態として不動穀の貯蓄や使用に関する権限を保持しており、徴税にも関わっていたのだろう。ただし、熊谷氏が指摘するように鎮守府独自の賦課があったことは確認できない。賦課の面からみても鎮守府は制度上独立しておらず陸奥国に包摂されていた[63]。鎮守府が陸奥国府からまったく独立した統治機関となり、奥六郡に対する行政権限を委譲されるということはなく、あくまで被官として位置づけられていた。十世紀以降においても、鎮守府将軍と出羽城介には管郡の設定や国府から独立した行政権限の委譲はされておらず、受領官と見なすことはできないと考える。

以下、本稿で論じたことをまとめておく。まず、「鎮守府・秋田城体制」説をめぐる諸論考の論点整理を行った。「鎮守府・秋田城体制」説を批判した渕原説に対してもいくつかの疑問が指摘されている。しかし、「王朝国家論」に立脚した「鎮守府・秋田城体制」説は再検証が必要なのは確かであり、九世紀の分析を起点にそれを行うべきであるとした。また、検証においては鎮守府将軍・出羽城介が受領官であるかどうかが問われるが、その際、行政権限の有無という視点から検討すべきであると指摘した。

次に、九世紀における鎮守府の機構整備とその機能について検討した。城司制が行われていたように、鎮守府が行政的役割を果たすことはあっただろうが、九世紀における鎮守府の機構整備の目的は軍事的機能の発展にあり、行政的役割を果たすための拡充の意味は二次的なものにすぎないとした。

最後に十世紀以降の鎮守府将軍・出羽城介がもつ権限と、国府との関係について考察した。実態として鎮守府将軍と出羽城介は不動穀の貯蓄や使用に関する権限を一部握っており、徴税に関与する権限ももっていた。しかし、国府から独立した統治機関化し、独自の管郡に対する行政権限の委譲などが行われたことはなく、あくまで国府の被官として位置づけられていた。よって、独立した行政権限をもたない以上、受領官と見なすことはできないと結論づけた。

今回は陸奥国守と鎮守府将軍、出羽国守と出羽城介がそれぞれ法的・制度的にどのような関係にあるかについての考察が中心となった。近年は、秋田城や鎮守府が交易拠点として重要な機能を果たしていたことが次々と論じられ、また北の境界世界における人や物資、文化の大きな動きに注目が集まり、その実態解明が進められている。今後は、そうした北方世界の実態の研究にも取り組んでいきたい。

註

（1）小口雅史「城柵制支配の廃絶と北の境界世界」（樋口知志編、東北の古代史五『前九年・後三年合戦と兵の時代』吉川弘文館、二〇一六年）一五頁。
（2）遠藤巌「秋田城介の復活」（高橋富雄編『東北古代史の研究』吉川弘文館、一九八六年）。
（3）熊谷公男「「受領官」鎮守府将軍の成立」（羽下徳彦編『中世の地域社会と交流』吉川弘文館、一九九四年）。
（4）斉藤利男「蝦夷社会の交流と「エゾ」世界への変容」（水野祐監修・鈴木靖民編、古代王権と交流一『古代蝦夷の世界と交流』名著出版、一九九六年）四四七、四五二－四五三頁。
（5）渕原智幸「平安前期東北史研究の再検討―「鎮守府・秋田城体制」説批判―」（『平安期東北支配の研究』塙書房、二〇一三年。初出は二〇〇二年）。
（6）小口雅史「防御性集落の時代背景―文献史学の立場から―」（三浦圭介・小口雅史・斉藤利男編『北の防御性集落と激動の時代』同成社、二〇〇六年）一七七－一八〇頁。
（7）前掲註（2）遠藤論文、五六五－五六八頁。
（8）前掲註（3）熊谷論文、三、五、二〇、二二頁。
（9）前掲註（3）熊谷論文、二頁。また、『侍中群要』巻九 帥大弐赴任事にも「〈又鎮守府将軍・出羽城介等、雖レ非二受領官一、同召二御前一、賜レ禄〉」とほぼ同じ記述があり、遠藤氏はこちらを引いている。前掲註（2）遠藤論文、五六七頁。
（10）前掲註（5）渕原論文。渕原智幸「本書の目的と構成」（『平安期東北支配の研究』塙書房、二〇一三年）五－七頁。
（11）前掲註（5）渕原論文。
（12）前掲註（6）小口論文、一七九頁。
（13）前掲註（6）小口論文、一七九－一八〇頁。
（14）新委不動穀制創設の眼目は従来の不動穀の蓄積方法を継承した国司の自発的意志にもとづく不動穀貯蓄の「別功」ではなく、中央の意志によって一定量の稲穀の確保を行う「官符」にあったことが渡辺晃宏氏により指摘されている。渡辺晃宏「平安時代の不動穀」（『史学雑誌』九八－一二、一九八九年）二五－二七頁。
（15）渡邊誠「平安期の貿易決済をめぐる陸奥と大宰府」（『平安時代貿易管理制度史の研究』思文閣出版、二〇一二年。初出は二〇〇五年）一九二頁。

(16) 前掲註（15）渡邊論文、一九二頁。
(17) 前掲註（15）渡邊論文、一九二頁。
(18) 前掲註（5）渕原論文、四〇頁。
(19) 今泉隆雄「古代史の舞台　東北」（『古代国家の東北辺境支配』吉川弘文館、二〇一五年。初出は二〇〇六年）六四－六五頁。なお、和賀・稗貫・斯波・岩手の四郡の存続は渡邊氏も指摘している。前掲註（15）渡邊論文、一九二－一九三頁。
(20) 鈴木拓也「文室綿麻呂の征夷」（戦争の日本史三『蝦夷と東北戦争』吉川弘文館、二〇〇八年）二三三－二三四頁。
(21) 前掲註（6）小口論文、一八〇頁。
(22) 伊藤循「征夷将軍と鎮守将軍」（『古代天皇制と辺境』同成社、二〇一六年。初出は二〇一一年）六〇－六一頁。
(23) 佐藤泰弘「受領の支配と在地社会」（『岩波講座日本歴史』五、古代五、岩波書店、二〇一五年）七四頁。
(24) 平川南「多賀城の創建年代」（『古代地方木簡の研究』吉川弘文館、二〇〇三年。初出は一九九三年）。
(25) 『日本紀略』延暦二十一年正月丙寅条。
(26) 陸奥介を兼ねる鎮守将軍百済王教俊が鎮所を離れて国府に常駐していたことに対し、非常の場合に備える必要があるためこれを止めるべきであるとの勅が出されている（『日本後紀』大同三年七月甲申条）。したがって、大同三年以前に鎮守府は多賀城から胆沢城に移されていたと見られる。
(27) 今泉隆雄「古代東北城柵の城司制」（『古代国家の東北辺境支配』吉川弘文館、二〇一五年。初出は一九九〇年）二一四頁。
(28) 『続日本紀』天平宝字元年六月壬辰条、『日本後紀』弘仁二年三月甲寅条。
(29) 『続日本後紀』承和十年九月甲辰条。
(30) 『類聚三代格』貞観十一年二月二十日太政官符（史料1）。
(31) 『類聚三代格』元慶六年九月二十九日太政官符。
(32) 『類聚三代格』弘仁三年四月七日太政官符。
(33) 『続日本後紀』承和元年七月辛未条。
(34) 国史大系本は「軍団」としているが、前田家本により「軍国」とした『青森県史』資料編、古代1、文献史料（青森県史編さん古代部会編、青森県、二〇〇一年）三二三頁の校訂に従う。
(35) 前掲註（22）伊藤論文、六二頁。

(36)『続日本後紀』承和四年四月癸丑条。
(37)『類聚三代格』貞観十一年二月二十日太政官符（史料1）、同書貞観十八年六月十九日太政官符、同書元慶六年九月二十九日太政官符。
(38) 前掲註（3）熊谷論文、五頁。
(39) 土田直鎮「公式様文書」（日本歴史学会編『概説古文書学』古代・中世編、吉川弘文館、一九八三年）二五－二六頁。佐藤進一「公式様文書」（『新版　古文書学入門』法政大学出版局、一九九七年）七一－七五頁。
(40) 牒の授受から鎮守府の陸奥国府からの相対的な独立を読み取ることができない点については渕原智幸氏も指摘している。前掲註（5）渕原論文、三七－三八頁。
(41)『類聚三代格』天長七年四月二十九日太政官符。この疫病の流行は天長七年四月の時点でもなお続いていた（『類聚国史』巻一七三 災異七 疾疫 天長七年四月己巳条）。
(42)『類聚国史』一七一 災異五 地震 天長七年正月癸卯条。
(43)『類聚国史』巻一九〇 風俗 俘囚 天長九年七月丁巳条。
(44)『続日本後紀』承和四年四月癸丑。
(45) 熊谷公男「九世紀奥郡騒乱の歴史的意義」（虎尾俊哉編『律令国家の地方支配』吉川弘文館、一九九五年）。
(46)『日本三代実録』貞観元年四月七日壬辰条。
(47)『日本三代実録』貞観十一年五月二十六日癸未条。
(48)『日本後紀』大同三年七月甲申条。
(49) なお、天慶八年（九四五）頃～安元二年（一一七六）は、鎮守府将軍と陸奥守の兼官のみとなる（表1－26～34）。この点からも、承和～貞観年間における鎮守将軍と陸奥介との兼官が、当時の状況に対応するため明確な意図をもってとられた措置だったことがうかがわれる。
(50) 前掲註（22）伊藤論文、四一頁。
(51) ただし一方で、鎮守府官人が国司に準じた待遇を受けることを定めた史料も存在する。たとえば『延喜式』巻二六 主税寮上12公廨処分条、『延喜式』巻二六 主税寮上17鋳銭司条、『延喜式』巻五〇 雑式48陸奥出羽条など。
(52) 前掲註（3）熊谷論文、一四－一五頁。

(53) 久保田和彦氏によると、国務執行のために国内の現地へ派遣される国使には検田使・収納使・交易使・佃使・臨時雑役使などがあり、国使には主に目代など中央下向の官人が任用され、また国司与党的な在庁官人が任用されることもあったとされる。久保田和彦「国司の私的権力機構の成立と構造―十一～十二世紀における国司権力の再検討―」(『学習院史学』一七、一九八〇年)四、三四頁。

(54) 『小右記』寛仁三年(一〇一九)六月二十九日条には「定二国々司・将軍永盛等申請雑事一。〈和泉・伊勢・志摩・遠江・近江・陸奥・若狭・加賀・隠岐・備前・備後・因幡・又因幡開発田事・讃岐〉」とあり、鎮守府将軍は陸奥国司とは別に直接太政官に雑事を申請する権限を持っていたことが知られる。

(55) 『続日本紀』宝亀十一年八月乙卯条、『日本三代実録』仁和三年五月二十日癸巳条。

(56) 前掲註(2)遠藤論文、五六四頁。

(57) 前掲註(5)渕原論文、三一頁。

(58) 前掲註(6)小口論文、一八〇頁。

(59) 前掲註(15)渡邊論文、一九二頁。

(60) 前掲註(14)渡辺論文、三一頁。

(61) 大石直正「奥州藤原氏の貢馬について」(中世東国史研究会編『中世東国史の研究』東京大学出版会、一九八八年)二七六頁。

(62) 長沢洋「王朝国家期の財政政策―「臨時交易」を中心に―」(坂本賞三編『王朝国家国政史の研究』吉川弘文館、一九八七年)二三八―二四四頁。

(63) 前掲註(3)熊谷論文、一八―一九頁。

古代北方辺要国の統治システム

――いわゆる「国司分担統治システム」についての覚書――

三上喜孝

八世紀以降、北方の「辺要国」として位置づけられた陸奥・出羽・越後の諸国が、どのような方法で国内を統治していたのか、というのが、本稿の課題である。これらの国は、他の諸国とは異なるさまざまな役割を期待されていたことは、すでに先学によって明らかにされている。一般にいわれている陸奥・出羽国だけでなく、越後国も、古代の蝦夷政策と深く関わる「辺要国」として大きな役割をはたしていたことについて、積極的に位置づけられるようになってきている(1)。

こうした研究で最近注目されているのが、木簡や漆紙文書などの出土文字資料の存在である。律令や六国史などの文献史料では必ずしも明確ではなかった、「辺要国」の統治システムの実態が、各地から出土する文字資料の検討を通じて、明らかにされつつある。

とりわけ最近強調されていると思われるのが、こうした辺要国における、「国司による分担統治システム」という問題である。文献史料にもとづく「奥羽越三国における城柵への国司常駐」という仮説に端を発し、近年では出土文字資料の検討から、国司が国府以外の場所に常駐して国内を統治するシステムが、北方の辺要国で広く行われていた可能性が指摘されているのである。

本稿では、こうした「国司が国府以外の場所に常駐して国内を統治するシステム」を、「国司分担統治システム」と呼ぶことにし、この統治システムに関わると思われる具体的な文献史料や出土文字資料をあらためて検討しながら、この仮説の有効性や可能性の問題について論じることにしたい。

一　出羽国の城柵における国司常駐制

まず、これまでの先行研究を概観する。「国司分担統治システム」のイメージの先駆けとなったのは、「国司による城柵への常駐」という可能性について論じた平川南氏の研究である。平川南氏は、これまで知られている文献史料を駆使し、陸奥・出羽の城柵支配において国司が国府以外の城柵に常駐していた可能性を指摘した。(2)

鍵となる資料をいくつかあげよう。

『類聚国史』巻一七一　災異部　地震　天長七年（八三〇）正月癸卯条（原文は漢文。以下同じ）

出羽国駅伝して奏して云く、「鎮秋田城国司正六位上行介藤原朝臣行則今月三日酉時の牒に偁く、今日辰の刻、大地震動し、響くこと雷霆《らいてい》の如し。登時《すぐ》に城郭官舎并びに四天王寺丈六仏像、四王堂舎等、皆悉く顛倒し、城内の屋仆《たお》れ、撃死せる百姓十五人、支体折損の類一百余人なり。歴代以来未だ曾て聞くこと有らず。地の割れ辟《さ》くること、或る処は卅許丈、或る処は廿許丈、処の辟けざるは無し。また城辺の大河を秋田河と云う、其の水涸れ尽くし、流れ細きこと溝の如し。疑うらくは是れ河の底辟け分かれ、水漏れて海に通うかと。吏民騒動して、未だ熟《つらつら》尋ね見ず。添河《そえがわ》・覇別河《はべつがわ》、両岸各崩塞す。其の水汎濫し、近側の百姓、暴流に当たるを懼れ、競いて山崗に陟《のぼ》る。理は須く損物を細録して馳せて牒すべし。而るに震動は一時に七八度、風雪相い並び、今まで止まず。後害知り難し。官舎雪に埋まり、弁録する能わず。夫れ辺要の固めは、城を以て本と為す。今已に頽落して、何ぞ非常を支えん。仍て諸郡の援兵を差して、見兵に相副えて不虞に備うべし。臣、未だ商量を審《つまびらか》にせざるも、事は意外に在り。仍て且つは援兵五百人を差して配遣し、令に准じて馳駅して言上せんとす。但し損物の色目は細かく録して追て上らん」と。

天長七年（八三〇）の秋田城における地震の記事である。ここで注目されるのが、「鎮秋田城国司正六位上行介藤原朝臣行則」が「牒」の文書様式により、震災にともなう援兵を要請していることである。このことに注目した平川氏は、陸奥国に対して鎮守府から出す文書様式が「解」ではなく「牒」を使用している事実（貞観十一年二月二十日官符、貞観十八年六月十九日官符）を参考に、出羽国国府と秋田城との関係を、陸奥国府（多賀城）と鎮守府（胆沢城）との関係に比したのである。

ところで、陸奥国における鎮守府と国府との関係については、次の史料が注目される。

『日本後紀』大同三年（八〇八）七月甲申条

勅すらく、夫れ鎮将の任、辺戍に寄功し。不虞の護り、暫らくも闕くべからず。今聞く、鎮守将軍従五位下兼陸奥介百済王教俊、遠く鎮所を離れ、常に国府に在り。儻し非常有らば、何ぞ機要を済はんや。辺将の道、豈に此の如くべけんや。自今以後、更に然らしむ莫れ。（傍点は筆者。以下すべて同様）

これは、鎮守将軍兼陸奥介である百済王教俊が鎮所を離れ、つねに国府にいることを譴責した内容だが、注目されるのは鎮守将軍と陸奥介の兼任である。八世紀後半の鎮守将軍は陸奥守との兼任が多かったが、鎮守府が胆沢城に移転し、鎮守将軍が単独に任命されるに及び、国府より一段下げ、ときには陸奥介を兼任させている。これは、鎮守府が陸奥国府（多賀城）と分離したことにより、守ではなく介が鎮守府に常駐することになったことと関係するだろう。

こうしてみると、出羽国における出羽国府と秋田城との関係が、ちょうど陸奥国府と鎮守府との関係に対応するのである。このことを念頭に置くと、先の天長七年の記事にみえる「鎮秋田城国司正六位上行介藤原朝臣行則」は、秋田城に常駐していたと考えることができる。

このことを示すものとして、次の史料もあげることができる。

『類聚三代格』天長七（八三〇）年閏十二月二十六日格

太政官謹みて奏す

出羽国官員を増し加うこと

大・少の目各一員〈元の員一人、今一人を加う〉

史生四員〈元の員三員、今一人を加う〉

右、彼の国の守・従五位上勲六等少野朝臣宗成等の解に偁く、「此の国、頃年、戸口増益して倉庫充実せり。遂初を稽うるに寔に殷繁と為す。また雄勝・秋田等城及び国府の戎卒は未だ息わず、関門猶閇ず。この数処に配するに国司は員少なし。方今、干戈動かず辺城静謐なりと雖も、豺狼の野心、慎まざるべからず。望み請うらくは、人の数に准じて官員を増し加えんことを」といえり。聖人は教えを垂れ、沿革は時に適うるに在り。元后めた民に臨むに、法令は物に便なるを貴ぶ。然れば則ち職を設け官を命ずること既に旧典に煥かなりと雖も、宜しきを権りて改易するは、事、財成に帰せん。臣ら商量して定むるところ右の如し。伏して天裁を聴かん。謹み以て申聞す。謹みて奏す。聞す。

天長七年閏十二月廿六日

注目されるのは、「また雄勝・秋田等城及び国府の戎卒は未だ息わず、関門猶閇ず。この数処に配するに国司は員少なし」という部分である。これは、国司が出羽国府だけでなく、秋田・雄勝両城（「一府二城」）に常駐していた事実を物語る。

これらのことから、九世紀の段階で出羽国の城柵において国司の常駐が行われていたことが確実である。

また、次の史料は、城柵と国府、郡の関係を知る上で興味深い。

『続日本紀』宝亀十一（七八〇）年八月乙卯条

出羽国鎮狄将軍安倍朝臣家麻呂等言す、「狄志良須・俘囚宇奈古等欵して曰く、己等官威に拠り憑みて、久しく城下に居す。今此の秋田城、遂に永く棄てられんか、番を為して旧に依り還りて保たんか」と。報を下して曰く、「夫れ秋田城は、前代の将相僉議して建つるところなり。敵を禦ぎ民を保ちて、久しく歳序を経たり。一旦挙げてこれを棄てんこと、甚だ善計にあらざるなり。宜しく且に多少の軍士を遣わして、これを鎮守となすべし。彼の帰服の情を䫉らしむることなかれ。仍りて即ち使若しくは国司一人を差し以て専当と為せ。また由理柵は賊の要害に居し、秋田の道を承く。また宜しく兵を遣わして相助けて防禦せしむべし。但し以るに、宝亀の初め、国司言す、秋田は保ち難く、河辺は治め易し、と。当時の議、河辺を治めるに依れり。然るに今積むに歳月を以てし、尚未だ移徙せず。此を以てこれを言わば、百姓遷るを重かること明らかなり。宜しく此情を存して、狄俘并びに百姓等を歴問し、具さに彼此の利害を言うべし」と。

『日本後紀』延暦二十三（八〇四）年十一月癸巳条

出羽国言す、「秋田城は建置以来四十余年なり。土地墝埆にして、五穀に宜しからず。しかのみならず北隅に孤居し、相救うに隣なし。伏して望むらくは永く停廃に従い、河辺府を保たん」てえり。宜しく城を停めて郡と為し、土人・浪人を論ぜず、彼の城に住む者を以て編附すべし。

秋田城国府説、非国府説とのかかわりから解釈の分かれる史料であるが、秋田城国府説に立つ平川氏は、この史料から、城制段階はいわば国府直轄で、城制下の民に対して課役免除や夷俘料の支給などを行っていたものを、令制の郡に移管することによって、全面的課役対象として編附されたものととらえている。そして、「秋田城にある国府を正式な形で移転させ、その代わりに国司を常駐させ兵士を常備し、いわば第二国府的性格を維持したと考えたい。すなわち、秋田城は国府移転後も出羽郡に置かれた出羽国府と連携した形で、秋田地方の行政・軍事両面の府としての性格を維持していたと思われる」とまとめたのである。

こうした平川説に対して、今泉隆雄氏は、城柵における国司の常駐という問題を、制度史的な側面からさらに進め、奥羽越三国において国司や鎮官が城柵に駐在する「城司制」が、大宝律令にもとづいて八世紀初めから九世紀末まで行われていると指摘した(3)。またこうした城司制の構想は、秋田城非国府説へと発展していくものでもあった。城司制は、今泉氏の精緻な制度史的検討により一つの到達点を迎えたといってよいだろう。では城司制の実態とはどのようなものであったのか。以下では今泉氏の研究もふまえ、越後国における国司分担統治体制についてみてみることにする。

二　越後国における国司分担統治体制

八世紀前半の越後において、城司制の存在をうかがわせる史料がある。〝威奈大村墓誌〟である。

少納言　正五位下威奈卿墓誌銘〈并せて序〉

卿、諱は大村、檜前の五百野宮にあめのしたしろしめす天皇の四世、後の岡本の聖朝の紫冠威奈鏡公の第三子なり。卿、温良性に在り、恭倹懐と為す。簡にして廉隅、柔にして成立す。後の清原の聖朝、初めて務広肆を授く。藤原の聖朝、少納言闕けたり。是に於いて高門貴冑、各員に備はらむことを望む。天皇特に卿を擢でて少納言に除し、勤広肆を授く。居ること幾ばくも無くして、位を直広肆に進む。大宝元年を以て、律令初めて定まる。更に従五位下を授け、仍て侍従を兼ぬ。卿、宸扆《しんい》に対揚して、参《こもご》も糸綸の密に賛し、帷幄に朝夕して、深く献替の規を陳ぶ。四年正月、爵を従五位上に進む。慶雲二年、命ありて太政官の左少弁を兼ぬ。越後北彊、衢《みち》蝦虜に接し、柔懐鎮撫、允も其の人に属す。同歳十一月十六日、卿に命ありて、越後城司に除す。四年二月、爵を正五位下に進む。卿、これに臨むに徳沢を以てし、これを扇ぐに仁風を以てす。化洽ねくして刑清く、令行われて禁止まる。冀ふ所は、茲の景祜を享《う》け、錫《たま》はるに長令を以てせむことを。豈謂はむや、一朝遽《にわか》に千古を成さむとは。慶雲四年歳は丁未に在る四月廿四日疾に寝し、越城に終わる。時に年四十六。粤《ここ》を以て其年冬十一月乙未朔の二十一日乙卯、大倭国葛木下郡山君里狛井山岡に帰葬す。天潢派を疏《わか》ち、若木枝を分かつ。英を標し哲を啓し、徳を載せ儀に形どる。惟の卿降誕して、余慶斯に在り。吐納参賛し啓沃陳規す。位は道に由りて進み、栄は礼を以て随ふ。錦を蕃維に製し、令望属《あ》たる攸《ところ》。絃を鳴らし冕を露はし、民を安んじ俗を静む。憬服来蘇し、遙荒足を仚《あ》ぐ。輔仁験無く、連情玉を析《わか》つ。空しく泉門に対し、長《とこしえ》に風燭を悲しぶ。

墓誌にみえる威奈大村は、『続日本紀』慶雲四年（七〇六）閏正月庚戌条にも「従五位上猪名真人大村を以て越後守と為す」とみえ、彼が越後国守に任じられたことは明らかである。問題は、墓誌にみえる「越後城司」「越城」という表現である。今泉氏は、越後守である威奈大村は、越後国府（＝越後城）に城司の地位で駐在するとともに、他の城柵の城司を統括していた可能性を指摘した⑷。また相沢氏は、この当時の越後国府が渟足柵にあったと推定されていることから、つまり越後守威奈大村は、国府である渟足柵に城司として駐在していたとした⑸。ただし、この墓誌にみえる「越後城司」「越城」という呼称を実態視する点についてはやや注意を要する。墓誌の全文は、中国式にととのえられた漢文であり、「越後城司」という表現も、漢文的修辞である可能性が高い⑹。墓誌にみえる表現を、当時の呼称の実態としてとらえてよいかどうかは、資料の属性という観点からは検討を要するのである。

「城司」の用例は、『日本三代実録』元慶三年（八七九）六月二十六日条に「秋田城城司」「雄勝城城司」、延喜七年（九〇七）三月一日に三善清行が撰定した『藤原保則伝』に、元慶四年（八八〇）四月の記事として「（秋田）城司介良岑近」としてみえる。墓誌銘の「越後城司」を、これらの「城司」と同様の意味としてとらえてよいかどうかは、なお慎重な検討を要する。

一方で、新潟県長岡市（旧和島村）八幡林遺跡出土の第一号木簡には、「沼垂城」という記載がみえる。

新潟県長岡市（旧和島村）八幡林遺跡出土第二号木簡

・廿八日解所請養老

・□祝　沼垂城　　（九〇）×（二六）×二

東日本の城柵は、法制上、原則として「柵」の表記を用いることになっていたが（衛禁律・越垣及城条、賊盗律・盗節刀条など）、在地では「城」の表記も混用されていたことが、この資料からわかる。(7)「沼垂城」の下の部分は欠けており、どのような文字が書かれていたのかはまったく不明であるが、「沼垂城」の上の「祝」が、人名の一部である可能性があるとすると、この行は署名の部分であり、「沼垂城」も、あるいは「沼垂城司」のような、職名の一部として使用されている可能性もあるが、現段階では不明といわざるをえない。

ただ、次のようなことは確認されてよい。越後国府は、和銅五年（七一二）の出羽建国にともなって、沼垂郡から南西部の頸城郡へ移されたものと思われる。この八幡林二号木簡は、「養老」という年号が確認できることから、国府が頸城郡に移転した後のものと考えられるが、本木簡により、国府の頸城郡移転後の養老年間においても、渟足柵（沼垂城）が城柵として在地では意識されていたのである。

このことは同時に、城柵における国司の常駐という問題を想起させる。頸城地方への国府移転後も引き続き「沼垂城」が国府直轄の城柵であったとすると、そこには陸奥・出羽と同様、国司の常駐という事態を想定することは不可能ではない。しかも沼垂城は、越後国において、国府に次ぐ重要な統治拠点として、国府直轄の経営が行われていたと思われる。

越後国の他地域の場合はどうだろうか、平川南氏は、新潟県内から出土する木簡の検討を通じて、以下のような仮説を提示している。

まず、八幡林遺跡と近接した下ノ西遺跡からは、次のような木簡が出土していることに注目する。

新潟県長岡市（旧和島村）下ノ西遺跡出土木簡

「殿門上税四百五十九束先上

三百五十束後上一百九束　十四

又後六十六束
掾大夫借貸卅五束　　八十束」　二二五×（八〇）×一〇

この木簡の内容については先行研究に譲るが、ここで注目したいのは、最後の行の「掾大夫」である。これは国司の第三等官である掾に、尊称である「大夫」をつけた呼称である。この木簡は、「掾大夫」の借貸稲が、八幡林遺跡周辺において運用されていた事実を物語っている。

さらに、次の木簡も注目すべきものである。

新潟県胎内市（旧中条町）蔵ノ坪遺跡出土木簡
・「少目御館米五斗」
・「　□□□□所進」　一一〇×一九×四

蔵ノ坪遺跡周辺の地域は磐船郡に属すと考えられ、文献史料上では磐船柵が置かれたとされる地域である。国司の第四等官である少目の御館に米五斗を進上した荷札木簡がこの地で廃棄されているということは、少目の御館がこの地に存在していた可能性を示している。

これらの事例をふまえて平川氏は、「具体的な一案としては、越後国府（頸城郡）に越後国司の守、沼垂城に介、両者の中間地点に当たる八幡林遺跡に掾、最も北方の磐船柵に目などというケースを想定できるのではないか[8]」とし、越後国内における国司分担統治の可能性を提唱したのである。

このうち、最も北方にある磐船柵は、沼垂柵と並んで越後国の城柵として史料上にみえ、沼垂柵と同様、国府直轄の経営が行われていたとみることができるであろう。

では八幡林遺跡はどうだろうか。八幡林遺跡からは「石屋大領」「石屋殿」などとともに、「石屋木」と書かれた墨書土器が出土しており、この場合の「木」が、同音である柵を意味する可能性がある。とすれば、八幡林遺跡の付近も城柵的な機能をもつ官衙であるという認識があったとも考えられる。

また、先にとりあげた下ノ西遺跡から、次のような木簡が出土している点も注目される。

新潟県長岡市（旧和島村）下ノ西遺跡出土第一二号木簡（『木簡研究』二三）

・「今浪人司謹牒丸部臣専司二□

・「竈山俣水取小布西三村田人□　（二六〇）×二六×四　〇一九型式

木簡全体の内容は不明だが、「牒」の様式を用いた文書木簡であることは明らかである。この木簡に関して、以前別稿で次のような可能性を指摘したことがある。本木簡の宛先にみえる「丸部臣専司」は、「謹牒」という表現からみて、国司に相当する人物であると考えられ、本木簡は、高志郡に駐在していた国司官人（「丸部臣専司」）に対して、国府内の官司である「今浪人司」が宛てた木簡であると考えられる、と。[9]

同じ下ノ西木簡の「掾大夫」と合わせて考えると、八幡林遺跡を中心とする官衙において、掾クラスの国司官人が滞在していた可能性は十分に考えられるだろう。有名な八幡林遺跡出土一号郡符木簡が、郡を超えて移動し、八幡林遺跡で廃棄されており、たんなる郡の施設にとどまらない可能性がある点も、あわせて留意される。

三　出土文字資料を通じてみた出羽国の分担統治システム

こうして、越後国においても八世紀初頭から存在したとされる城司制のイメージとはやや異なり、最近では、越後国内の各地域に国司の四等官がそれぞれ配置されるという「国司による分担統治システム」というイメージへと変わりつつある。すなわち辺要国の支配システムは、かつての「城柵への国司常駐」という限定的なイメージを超えて、地理的条件に応じた国内の分担統治というイメージとしてとらえなおされているのである。

では、越後におけるこうした統治システムのイメージは、出羽国においても描き出せるであろうか。そこで、出羽地域出土の文字資料の検討を通じて、あらためて「辺要国における支配システム」の問題を考えてみたい。

この点を考える上でまずおさえておかなければならないのは、秋田城と雄勝城である。出羽国は、「一府二城体制」と呼ばれ、少なくとも九世紀段階では、国府の下で、秋田城と雄勝城がその統治を支えるという仕組みがととのっていたと考えられる。

（1）秋田城跡

秋田城については、八世紀前半の出羽柵移転と国府も移転したとする「秋田城国府説」と、出羽国府は一貫して庄内地方にあり、秋田城に国府が置かれることはなかったとする「秋田城非国府説」とが存在する。その概要は、以下のようなものである。

A 「秋田城国府説」：『続日本紀』天平五年（七三三）十二月己未条「出羽柵を秋田村の高清水岡に遷し置く」から、『日本後紀』延暦二十三（八〇四）年十一月癸巳条の秋田城停廃記事までの七一年間、秋田城に国府があったとする説[10]。

B 「秋田城非国府説」：秋田城に国府があったことはなく、出羽国府は一貫して庄内にあったとする説[11]。

秋田城からは、漆紙文書、木簡、墨書土器などの出土文字資料が数多く出土しているが、出土文字資料から、この問題を解決する決定的な文字資料は出土していない、とされるが[12]、この点について、いま少し踏み込んで検討する必要がある。

いくつか、問題となる漆紙文書についてみてみる。

秋田城跡出土の第九号漆紙文書は、継目裏書に「出羽国出羽郡井上□□□天平六年七月廿八日」と記された計帳歴名であり、正式に国府で作成した計帳歴名と考えられる。

これに対して、計帳歴名の裏面にある具注暦に注目し、秋田城でない国府において、廃棄された計帳を用いて具注暦を書写し、秋田城に頒下された可能性もあるので、本文書が秋田城国府説の根拠とはなり得ないとする説もある[13]。

だが他の漆紙文書にも注目してみると、秋田城第五四次調査で出土した第二八号漆紙文書が注目される。(14) 年代は、同じ土坑から出土した第一三号文書が神護景雲年間（七六七～七七〇）のものと思われることから、近接した年代の文書と考えることができる。

秋田城跡出土第二八号漆紙文書（『秋田城跡　平成12年度秋田城跡調査概報』）

A面（オモテ面）

□□××□陸拾束
海直千麻呂陸拾束
海直□××□束
度津×　×呂肆拾捌束
出羽郡
合口壹□□（伍カ）拾伍人

B面（漆付着面）

　□六千□
□長官御料三千
　　四百□（束カ）
　□□□五百八□
　　□□

A面（オモテ面）は、郡ごとに歴名と稲束量を書き上げ、その冒頭に郡名と人数の合計を記した帳簿が記されており、断簡として残っている冒頭の郡名として「出羽郡」が確認される。おそらく「出羽郡」の前の記載部分は、出羽国内の別の郡（『延喜式』民部式の記載順と同じように郡が配列されていたとすると、田川郡）の歴名の末尾であろう。すなわちこの帳簿は、郡を超えた、出羽一国単位で作成された帳簿であり、整った書式の一次文書であることからみて、国府保管用の帳簿であると考えられる。

これに対してB面（漆付着面）は、肉太の字で不揃いに書かれており、B面が二次利用面であると考えられる。内容は「長官御料」とあることから、国司の守の公廨稲などに関するメモ的な記載である可能性が高い。

すなわちこの文書は、どこか別に存在する国府からもたらされたと考えるべきものではなく、秋田城で作成された国府保管用文書が二次利用され、廃棄されたとみるべきである。

同第一〇号漆紙文書は、「竹田継□」なる人物が、蚶形駅家から「介御館」の「務所」に宛てた書状である。

秋田城跡出土第一〇号漆紙文書（漆付着面の釈文のみ）

在南大室者
勘収釜壱口
□□若有忘怠未収者乞可
令早勘収随恩得便付国□□
□〔徳カ〕縁謹啓
五月六日卯時自蚶形駅家申
竹田継□

もしこの書状が、「秋田城ではない出羽国府」から反故紙として秋田城にもたらされたと考える場合、出羽国府には守と介が常駐していたことになる。秋田城を出羽国府と考える場合も同様に、秋田城に守と介が常駐していたことになる。

同一一号漆紙文書には、「天平宝字」という年紀とともに、「従五位下行守勲十二等小野朝臣『竹□〔良〕』」と「□六位上行介百済王『三忠』」の署名部分が残された解文の漆紙文書も出土している。守と介の署名がみられることから、奈良時代において、秋田城に守と介が常駐していたことを示すとも考えられるが、一方で、この文書が当時秋田城の改修のために来ていた陸奥按察使の藤原朝獦に提出した可能性があり、秋田城以外の国府からもたらされたとする可能性も指摘されている[15]。だが秋田城が国府であった場合でも、国司の守・介が自署し陸奥按察使に提出した解文が秋田城（国府）に留め置かれた可能性は十分に考えられる。

以上、出羽国府に守と介が常駐していたと考えられることや、秋田城に国府保管文書が廃棄されている点などから、八世紀において秋田城に国府が置かれていたとする説は、現在知られている出土文字資料から考えても、とくに矛盾はきたさないと思われる。

秋田城国府説に立った場合、九世紀初頭に秋田城にあった国府が庄内地方へ移転したのち、秋田城に介が常駐するようになったと考えることができるが、これは、延暦二十一年（八〇二）に陸奥国において鎮守府（胆沢城）と陸奥国府（多賀城）が分離した際に、鎮守府に国司の介を常駐させたことと対応するとみることもできる。その意味で、出羽国は陸奥国と政策的に連動した形で、国府と秋田城の分離にともなう介の常駐を同様の時期に進めたといえるのではないだろうか。

(2) 払田柵跡

払田柵は、秋田県大仙市（旧仙北町・千畑町・古代では出羽国山本郡）に所在する古代の城柵遺跡である。文献上で対応する城柵がみえず、さまざまな説があった。最近では、天平宝字三年（七五九）に設置された雄勝城が九世紀初頭に移転した際の城柵であるとする説が出されている。

払田柵跡出土の文字資料の中から、いくつか注目すべき資料をあげてみる。

秋田県大仙市払田柵跡出土第6号漆紙文書[16]

（オモテ面）

宮城郷口壹拾陸人　請稲□□貳［　　］
一保長□〔丸カ〕子部圓勝保口壹拾六人　請稲□×
□戸主壬生部益成戸口貳人　請稲□×
□戸主□部子□×

（漆付着面）

×□□□□
×□〔下カ〕給陸拾伍斛
　×□斛
×［　　］×

この漆紙文書が出土した竪穴建物跡は、九一五年降灰の火山灰の下にあることから、十世紀前葉には廃絶したと考えられる。よって漆紙文書の年代もそれ以前と考えられる。

この文書の一次利用面は、「宮城郷」の「口」（構成員）の、稲の請求額を記録した帳簿であると考えられる。帳簿の記載様式として、保や戸の内訳記載が認められ、郷―保―戸といった把握が九世紀段階の出羽国で行われていたことを示している。

この文書の意義については、別稿で考察したのでそちらに譲るが[17]、本稿で注目したいのは、冒頭にみえる「宮城郷」の記載である。『和名類聚抄』によれば、出羽国内で「宮城郷」が確認されるのは、出羽南部の置賜郡のみであり、現在までのところ、この「宮城郷」は、置賜郡内の郷名と考えざるをえない。また、文書の内容は、おそらくは宮城郷内の戸の構成員に対する稲の支給、あるいは出挙に関わる帳簿であると考えられ、なぜこの帳簿が、払田柵で廃棄されたのかが問題となる。

一つの可能性としては、「一府二城」体制の下で、出羽南半の地域の行政上の拠点は、払田柵、すなわち「雄勝城」

にあったことを示しているのではあるまいか。

同じく払田柵から出土した郡名を記した文字資料をみてみると、「官　小勝」「小勝借」（墨書土器）や、「最上」「山本」（角材刻書）といった郡名がみえ、いずれも、出羽内陸南半部の郡名が記されたものである。(18)

出羽国内において、日本海側にある国府のみが、内陸部を含めた全地域を統治することは事実上不可能である。この点が顕在化したと思われるのが、九世紀末に起こった「出羽国府移転問題」である。

『日本三代実録』仁和三年（八八七）五月二十日条

　これより先、出羽守従五位下坂上大宿祢茂樹上言す、「国府は出羽国井口の地に在り。すなわち、これ去る延暦年中、陸奥守従五位上小野朝臣岑守、大将軍従三位坂上大宿祢田村麻呂の論奏に拠りて建てるところなり。去る嘉祥三年、地、大いに震動し、形勢変改して、既に窪泥と成る。しかのみならず海水漲移《ちょうい》して、府に六里の所に迫る。大川は崩壊し、隍を去ること一町余なり。両端に害を受け、堤塞するに力無し。堙没《いんぼつ》の期、旦暮《たんぼ》に在り。望み請うらくは、最上郡大山郷保宝士野に遷し建て、其の険固に拠り、彼の危殆を避けんことを」てえり。太政大臣〔藤原基経〕・右大臣〔源多〕・中納言兼左衛門督源能有・参議左大弁兼行勘解由長官文章博士橘朝臣広相、左仗頭において、民部大輔惟良宿祢高尚・大膳大夫小野朝臣春風・左京亮藤原朝臣高松らを召して、かの国の府を遷すの利害を問う。言うところを参差《しんさ》して、同異を定め難し。更に伊予守藤原朝臣保則を召して、高尚らの詞をもってこれを問う。保則言す、国司の請うところ、理致無きにあらず。保則・高尚ら、もと、彼の国の吏に任ぜられ、土地の形勢を知るべし。故に召して問う。太政官、国宰の解状により、事情を討覈《とうかく》して曰く、「水を避けて府を遷すの議は、その宜しきを得ると雖《いえど》も、中を去り外に出るの謀《はかりごと》は、未だその便を見ず。何となれば、最上郡の地は国の南辺に在り、山有りて隔たり、河よりして通ず。夏は水に舟を浮かべて、纔《わず》かに運漕の利有れども、寒風に凍を結べば、曾て向路の期無し。況んやまた、秋田・雄勝城、相い去ること已に遥かにして、烽候接せず。また挙納・秋饗《しゅうきょう》に、国司上下すること、必ず分頭して部に入り、衆を率いて城に赴くこと有り。若し水に沿いて往き、水を泝りて還らば、徴発の煩《わずらい》、更に尋常に倍し、逓送《ていそう》の費《ついえ》は、将に黎庶《れいしょ》に加わらん。晏然《あんぜん》にして事無き時は、縦《たと》い能く兼済《けんさい》するも、警急・不虞の日は、何ぞ周施するを得ん。これを以てこれを論ずるに、南遷の事、聴許《ゆる》すべきこと難し。須《すべか》らく旧府の近側の高敞《こうしょう》の地を択び、閑月《かんげつ》に遷し造り、農務を妨げず、その旧材を用い、新採を労することなかるべし。官帳の数は、増減すること得ざれ」と。勅すらく「宜しく官議に依りて、早くこれを行わしむべし」

これによると、仁和三年（八八七）に、国府を内陸の「最上郡大山郷保宝士野」に移転したい、という申し出が出されている。理由は嘉祥三年の大地震により国府が損壊したことに対し、これを避けるために国府の移転が必要であるという主張だが、これに対し中央政府は、最上郡の地は出羽国の南辺にあたること、山により隔てられ交通の便が悪い、などの理由からこの申し出を却下している。

結局、この時国府の内陸移転は認められず、「旧府の近側の高敞の地」に移転する（酒田市八森遺跡か）。理由は、国府が内陸部にあることにより、官物運送の際に川（最上川）を遡ることになり、民衆の負担が重くなること、また、「警急・不虞」の際にも不便であることなどである。

しかしながらこうした議論が起きたこと自体、出羽南半内陸部における行政拠点の必要性が急務であったことを、この史料は物語っている。「一府二城」体制では、出羽南半の内陸部を統治することに限界があったのである。では、内陸部はどのような様相だったのだろうか。九世紀半ば頃のこの地域の様子を示す遺跡として、別稿でも取り上げたことのある、山形県山形市今塚遺跡（古代の出羽国最上郡）について、あらためて紹介することにしたい[19]。

山形市の北方約三㎞に所在する今塚遺跡は、馬見ヶ崎川の旧支流の氾濫によって形成された自然堤防上に立地する。旧河川を中心に竪穴住居三〇棟、掘立柱建物跡九棟、井戸二基、土坑五三基、溝、畝などが検出された。旧河川や溝からは、三点の木簡が出土した。木簡の内容は、仁寿三年（八五三）の年紀を含む文書木簡の一部（第一号木簡）、五斗俵からの米の支給額とその残額を記した記録簡（第二号木簡）などであり、この遺跡が単なる集落ではなく、官衙遺跡である可能性を示している。

山形県山形市今塚遺跡出土木簡

第一号木簡

・□□□《〔奉行カ〕》□□《〔長カ〕》部『人雄』
　□為　仁寿参年六月三日」　（一二三四）×三〇×五

・大□《〔浜カ〕》

第二号木簡

・「毎二斗七升遺二斗三升　酒冊二斗四升四合□□□　二斗四升四合中津子二斗八升」

・「五斗四升四合□□□□五斗□□子二斗□□」　三二五×二八×四

第三号木簡

・七月一日始十日□
　□斗□升二合　（八九）×（一二三）×四

また、同遺跡からは、墨書土器が二八〇点以上出土している。墨書土器に着目すると、次の点が注目される。

①最も特徴的なのは「麗」と書かれたもの。本来の字形を離れ、なかば記号化して書かれている点が特徴。「符籙」（まじない記号）的な意味で書かれたものと考えられる。

②「田宅」「調所」（税である「調」にかかわる施設）などの施設名を記したもの、「一等書生」（書生は役所の書記官）という職名がみられ、これらは、今塚遺跡が、官衙と関連が深い遺跡であるとする可能性を、さらに高めるものである。

③「伴」「丈」といった、一文字表記の墨書土器が多くみられる。「伴」「丈」は、当時存在していた「伴部」「丈

部」といった氏族集団のウジ名を、一文字表記したものと思われる。「伴」「丈」とは、どのような人物であろうか。手がかりになるのは、「一等書生伴」と書かれた人面墨書土器である。彼らは単なる白丁（課役を負担する一般民衆）の身分ではなく、「書生」などの下級の雑任であった人びとであり、その結集の場が、この今塚遺跡だったのではないだろうか。ここに集う多数の雑任の存在は、この地の周辺がしかるべき官衙施設であった可能性をやはり示している。[20] 遺跡が、立谷川と須川の合流点に位置し、水陸交通の要衝の地であったとみられることも注意されてよい（ちなみに、『日本三代実録』元慶二年（八七八）六月七日条には、「最上郡擬大領伴貞道」の名がみえる）。

とくに、「調所」（税である「調」にかかわる施設）「書生」（役所の書記官）といった記載がみられることから、国府の下部機関やその職員を意識した書き方をしている可能性も考えられる。

つまり出羽国府内陸部移転問題が起こる前の九世紀半ば頃において、最上川の河川を使った水上交通を利用して、庄内と内陸を結ぶ交通の要衝地域に出羽国府の出先機関のようなものが存在していたとみてもよいのではないか。だからこそ移転の候補地としても取りざたされたのではなかろうか。その意味で、官衙遺跡を評価する際に国司が駐在する官衙の存在というものも、想定しておく必要があるだろう。

陸奥・出羽・越後などにみられる国司による分担統治システムの実態は、それじたい、明確な記録が残っていないこともあり、さまざまな断片的な資料から組み立てられてきた仮説であった。そのため、いまだ不分明な点も多く、研究者によってそのイメージも異なっており、今後も引き続きさまざまな資料からこの仮説を検証していく必要がある。

越後国の場合、国司分担統治システムにかかわると思われる資料が、八世紀前半段階から確認される。また今泉氏によれば、陸奥国については八世紀前半から九世紀中葉まで城司制が確認され、出羽国については八世紀末から九世紀末まで城司制が確認されるとする。だが、八世紀段階における出羽国の体制については、史料も少なく不明なところも少なくない。今後も引き続き出土文字資料を丹念に分析することで、その実態に迫っていくしかないだろう。

越後国や出羽国は、その成立過程を考えると、もともと歴史的背景の異なった地域との併合により成立しているという事情がある。まず越後国は、大宝二年（七〇二）に、越中国の頸城・古志・魚沼・蒲原の四郡を編入し、次いで和銅元年（七〇八）には出羽郡を建郡、さらに和銅五年（七一二）、出羽郡が出羽国として越後国から分立する。一方、出羽国は、同じ和銅五年に陸奥国最上・置賜の二郡を併合するのである。

こうした、歴史的背景の異なる地域どうしの併合という事情も背景のひとつとして、国内行政の分担統治というシステムが生み出され、その運用が、より強く意識されていったのではないだろうか。国内をいくつかの行政ブロックに分けて統治するというシステムは、他の諸国でも行われていたと考えられるが、辺要国ではとくに城柵が国府直轄の施設として国内でも大きな位置をしめていたために、他の諸国よりもより強力な形で、国内分担統治システムが遂行されたと考えられる。その意味では陸奥国も同様で、八世紀前半における石城国、石背国の陸奥国からの分立は、国司による分担統治という観点からあらためて見直されるべきである。国司による分担統治以上に、より直接的な統治を試みるために国そのものを分割したのが、石城国、石背国の成立だったのではあるまいか。

国司主導のもとでの国内の分担統治の背景としてもうひとつ考えなければいけないのは、移民・移配の実態の解明である。移民や移配によって、当該地域の社会は、慣習的な支配方式では統治できない複雑な様相を呈していたものと思われる[21]。こうした中で、律令的な支配システムを徹底させるためには、国司による、より直接的な支配システムの構築がめざされたのではなかろうか。

註

（1）　小林昌二編『古代の越後と佐渡』（高志書院、二〇〇五年）、新潟県立博物館特別展図録『越後佐渡の古代ロマン―行き交う人々の姿を求めて―』（二〇〇四年）、相沢央『越後と佐渡の古代社会　出土文字資料の読解』（高志書院、二〇一六年）。
(2) 平川南「古代における東北の城柵について」（『日本史研究』一三六、一九八二年）。以下、平川氏の論はこれによる。
(3) 今泉隆雄「古代東北城柵の城司制」（『古代国家の東北辺境支配』吉川弘文館、二〇一五年、初出一九九〇年）。
(4) 前掲註（3）今泉論文。
(5) 相沢央「律令国家の蝦夷政策と古代越後国」（前掲註（1）相沢書、初出二〇〇三年）。
(6) 熊谷公男「城柵と城司―最近の『玉造等五柵』に関する研究を手がかりにして―」（『東北文化研究所紀要』三九、二〇〇七年。
(7) 平川南『東北「海道」の古代史』（岩波書店、二〇一二年）。
(8) 平川南「古代越後の磐船郡と沼垂郡」（『律令国郡里制の実像 上』二〇一四年、初出二〇〇五年）。なお平川氏は、蔵ノ坪遺跡付近を、通説の沼垂郡ではなく、磐船郡であるとしている。
(9) 三上喜孝「文書様式「牒」の受容をめぐる一考察」（『山形大学歴史・地理・人類学論集』七、二〇〇六年）。
(10) 近年の秋田城国府説については、平川南『律令国郡里制の実像 上』（吉川弘文館、二〇一四年）を参照。
(11) 近年の秋田城非国府説については、今泉隆雄「秋田城の初歩的考察」（『古代国家の東北辺境支配』吉川弘文館、二〇一五年、初出二〇〇五年）のほか、近年では熊谷公男「秋田城の歴史的展開―国府問題を中心にして―」、小口雅史「出土文字資料からみた秋田城」（ともに小口雅史編『北方世界と秋田城』六一書房、二〇一六年）を参照。
(12) 『秋田市史 第一巻 先史・古代通史編』（二〇〇四年）。
(13) 前掲註（11）今泉論文。
(14) 鐘江宏之・古尾谷知浩「秋田城跡第五四次調査出土漆紙文書について」（『秋田城跡 平成十二年度秋田城跡調査概報』二〇〇一年）。
(15) 前掲註（11）今泉論文。
(16) 秋田県教育委員会・秋田県教育庁払田柵跡調査事務所『秋田県文化財調査報告書第二八九集　払田柵Ⅱ―区画施設―』（一九九九年）、秋田市『秋田市史　第一巻　先史・古代通史編』（二〇〇四年）。
(17) 三上喜孝「払田柵跡第一二二次調査出土の第六号漆紙文書」（『払田柵跡　第一二二次～一二四次調査概要』秋田県教育委員会・秋田県教育庁払田柵跡調査事務所、二〇〇四年）、同「古代日本の隣保制度」（『ヘスティアとクリオ』四、二〇〇六年)。

(18)　前掲註(16)書。

(19)　財団法人山形県埋蔵文化財センター『山形県埋蔵文化財センター調査報告書第七集　今塚遺跡発掘調査報告書』(一九九四年)、植松暁彦「今塚遺跡の再検討とその性格について」(『研究紀要』創刊号、財団法人山形県埋蔵文化財センター、二〇〇三年)。

(20)　三上喜孝「古代出羽国の形成と諸段階―交流・交通の視点から―」(『山形大学大学院社会文化システム研究科紀要』一、二〇〇五年)。

(21)　三上喜孝「古代『辺境』の民衆把握―秋田城跡出土漆紙文書の意味するもの―」(『日本古代の文字と地方社会』吉川弘文館、二〇一三年、初出二〇〇一年)。

〔付記〕本稿の内容は、二〇一二年、新潟市で行われた古代史サマーセミナーにおいて、「出羽から考える越後、越後から考える出羽―再考・国司分割統治システム―」と題して発表した。

渤海使の出羽来着について

浜田久美子

渤海の遣日使（渤海使）の航路は、北回り航路、日本海横断航路、朝鮮半島東岸航路が想定されるが、新羅沿岸を通る朝鮮半島東岸航路は例外で[1]、おもには北回り航路か日本海横断航路であった。神亀四年（七二七）以後、約三〇回以上来日した渤海使は、日渤外交初期を中心に七回が出羽や蝦夷の地に来着するが（本稿末の付表参照）、これらは北回り航路とみられている[2]。

北回り航路は渤海の出港地（ポシェト湾や図們江河口）から、ロシア沿海地方を北上し樺太の西側を南下、北海道西岸を経て日本海沿岸に至る航路とされるが[3]、樺太を経由しないという説もある。小嶋芳孝氏は、樺太のオホーツク文化に先行して、積丹半島の擦文文化の影響が七世紀の日本列島にみえるため、擦文文化と対岸の粛慎との交易ルートが初期の渤海使の航路にも使用されたとする[4]。しかし、蓑島栄紀氏は小嶋氏の航路を日本海横断と捉え、江戸時代の山丹交易と同様に樺太経由の「地乗り」的航海が前近代の環日本海交流の航路とする[5]。

また、北回り航路は、自立性の強い靺鞨諸部族を支配していく渤海の国家形成過程にも影響される。小嶋氏は、初期の渤海船を操ったのが靺鞨部族であるために北回り航路が採られたとする[6]。このように、北回り航路は沿岸航海に限らず、北海道西岸への横断航路の可能性を含み、渤海と靺鞨部族との関係のなかで変遷してきた航路で、決して定型的な航路とみるべきではない。

北回りで到達した日本海沿岸については、近年、海上交通の便から北方交易の拠点として秋田城跡が注目されている。鉄製羽釜など大陸との交流がみられる遺物や水洗トイレの遺構などの発見以来、秋田城が渤海使の迎接施設で、国賓の客館という点から秋田城＝出羽国府論の根拠にされている。(7) しかし、これには反論もあるように、(8) 出羽来着の渤海使がどの程度秋田城を訪れたかは慎重な検討が必要である。

このように、渤海使の出羽来着については、航路や滞在地のほか、日渤双方の交通路など多くの課題がある。さらに本稿では、渤海外交に積極的であった藤原仲麻呂政権期に出羽来着がみられない点にも注目し、出羽来着事例の検討を通じ、日渤外交における出羽の位置づけを考察したい。

図１　渤海使の来日航路

一　日渤外交初期

最初に天平年間までの出羽来着の三例をみてみたい。この時期の渤海使はすべて出羽に来着している（本稿末の付表参照）。

（1）神亀四年（七二七）

神亀四年に第一回渤海使にあたる高斉徳ら八人の出羽来着が報告され、九月に存問使の派遣と時服賜与が命じられた。存問使の報告では、渤海から高仁義ら二四人が派遣されたが、「蝦夷境」（蝦夷の地）に来着して一六人が殺害されたという。天平五年（七三三）に出羽柵が秋田村高清水岡へ遷置される以前のため、蝦夷の地は出羽郡もしくは飽海郡よりも北の地域と思われる。(9)

異国に漂着し被害に遭う例は、天平の遣唐使平群広成が崑崙国に漂着し拘束され、殺害された者もいた例(10)や、承和の遣唐使に随行した音声長良枝清上が帰国時に「南海賊地」に漂着し殺された例(11)などにもみえ、異文化との接触が招く衝突の一種とみることができる。だが、入京後に進上された渤海王大武芸の外交文書（王啓）には「謹遣二寧遠将軍郎将高仁義・游将軍果毅都尉徳周・別将舎航等廿四人一」とあるため、(12)遣日使の幹部は武官とわかる。彼らがすべて殺害されたことは重要である。

生存者の筆頭高斉徳の肩書「首領」は、在地首長や下級役人、百姓（庶民）など諸説あるが、(13)いずれも渤海の上・中級官僚とは一線を画す。入京した高斉徳ら八人全員に正六位上が与えられているため、八人はほぼ同様の身分と考えられる。首領を渤海に支配されていた靺鞨部族の在地首長で交易の担当者と解せば、(14)彼ら靺鞨部族と大使高仁義ら渤海人の武官からなる一行二四人は靺鞨部族が操る船で北回りの沿岸航路を採り来日したのであろう。この航路になじみのある首領層は生き延びて入京し、新参の渤海人武官のみが殺害されたという結末は、渤海使内部の分裂がもたらした結果なのではないか。

（2）天平十一年（七三九）

天平十一年七月、渤海副使己珎蒙らは帰国できずにいた天平の遣唐判官平群広成とともに出羽国に来着した。十一月に拝朝した広成の報告では、留学生阿倍仲麻呂を介し渤海経由での帰国を玄宗皇帝に奏上し、許されて登州から渤海に入った。天平十年五月に「渤海界」に到ると、渤海王大欽茂が遣日使を予定しているのを知り「即時同発」したが、渤海大使胥要徳らの船は転覆し、大使ら乗員四〇人は死亡したという。また、大欽茂の王啓からは、渤海の遣使は前年の大欽茂即位を知らせるためであること、渤海側が翌年春の出航を示したのに対し、広成は年内の帰国を急いだことがわかる。[15]

広成の報告にあるように、渤海経由での帰国に玄宗皇帝は船・粮を賜り送り出している。また、大欽茂の王啓は、早期の帰国を求める広成の「訴詞」は至って重く、渤海の「隣義」は軽くないと主張し、広成を送るために胥要徳を派遣するという内容である。「隣義」は唐の臣藩国としての渤海の「職約」と指摘されるように[16]、今回の渤海使は大欽茂の即位の伝達に加え、遣唐使の送還という重要な使命を有していたのである。

このように、第一回渤海使より人数が多く、船の規模も大きいとみられること、唐皇帝の命を受けていること、帰国を急いだこと、蝦夷の地には漂着していないこと、広成の報告に「渡二沸海一」（風波さかまく海を渡る）[17]と表現されていることなどから、第二回渤海使は小船での沿岸航海ではなく、渤海の出港地から日本海を横断して出羽に来着したと考えるべきであろう。[18]

（3）天平十八年（七四六）

『続日本紀』天平十八年是歳条には、「慕化来朝」した渤海人と鉄利人合計約一一〇〇人を出羽国に安置し、衣粮を賜り放還させたことがみえる。

鉄利は渤海の北部に位置する靺鞨諸部のひとつで、この頃までに渤海の支配に入る[19]。鉄利人の来日を、渤海の支配に抵抗した逃亡（亡命）とみる説もあるが[20]、渤海を背景に靺鞨部族の伝統的な交流ルートを用い、交易を行うため来日した使節とみる説が多い[21]。本稿でも大規模な交易使節団とみて、蝦夷に襲われた記述がないのも、鉄利人が既知の交易の場を持ちえていたためと考えたい。

この交易使節団の保護は、王権による北方交易への介入とみられる。すでに、天平五年（七三三）に出羽柵が秋田村高清水岡に北進し、この飛び地への出羽柵移設は、北方世界との交易・交流拠点の重要性からの点的支配とされる[22]。延暦六年（七八七）正月二十一日の太政官符「応下陸奥按察使禁中断王臣百姓与二夷俘一交関上事」に、「其百姓者、一依ニ故按察使従三位大野朝臣東人制法一随レ事推決」とあり、大野東人が按察使であった天平年間には百姓と蝦夷との交易が禁じられていたことが知られる[23]。

なお、この後、天平勝宝四年（七五二）九月には第三回渤海使慕施蒙らが佐渡に来着している。一行は七五人で渤海を出発したが、王啓の内容は記されず、来日理由は明らかではない。『日本書紀』欽明五年条に佐渡に住み漁をしていた粛慎人の記事があり、佐渡と北方世界とのつながりから慕施蒙の航路も北回りとされるが[24]、天平十一年の第二回渤海使同様、日本海横断航路とみることもできよう。

二　藤原仲麻呂政権

(1) 渤海外交の窓口

天平宝字年間の渤海使に出羽来着事例がないのは偶然ではなく、藤原仲麻呂政権の意思と考える。渤海使の来着を受けて対応した従来の外交姿勢と異なり、仲麻呂は積極的に遣渤海使を派遣し、渤海使を同伴して帰国させて、渤海を仲介に唐の情報収集や遣唐使藤原清河の帰国を試みた。仲麻呂の渤海外交がその政治的手腕により他の時期と異なる性格をもつことはすでに指摘したとおりである[25]。

仲麻呂の東大寺領荘園を通じた北陸経営については岸俊男氏の研究があり、政治・経済基盤として近江や越前の重要性が指摘される[26]。加えて、天平勝宝四年（七五二）九月に佐渡に渤海使慕施蒙らが来着した直後の佐渡国復置や、天平宝字元年（七五七）の能登国復置は、渤海外交の拠点や入京ルートの整備にもつながる施策であろう。仲麻呂は北陸を渤海外交の窓口として整備したのである。

このことは、仲麻呂政権下で派遣された二度の遣渤海使が、帰国後越前国（二度目は加賀郡）に安置されていることからもわかる[27]。また、天平宝字五年（七六一）の遣渤海使高麗大山らの船が「能登」と名付けられているのも、出港地が能登のためであろう。能登国に造船集団が存在したことは、『万葉集』巻十六の「新羅斧」の歌や舟木部の存在から指摘され[28]、仲麻呂以前の渤海使の出港地も能登であった可能性がある。

さらに、天平三年（七三一）「越前国正税帳」加賀郡条には「送渤海郡使人等食料伍拾斛」とあり、第一回渤海使の送使引田虫麻呂らが渤海より帰国後越前国加賀郡に安置され食料を支給されたことがわかる[29]。すなわち、律令国家は渤海との窓口を当初から加賀郡に設定していたと思われる。そして、これは高句麗使の先例に拠るとみられる。『日本書紀』にみえる高句麗使来日記事の多くは来着地が不明で、越への来着はわずかに四例、うち三例は高句麗使来日の初期に集中している[30]。初回の欽明三十一年（五七〇）には、越に来着した高句麗使に郡司の道君が自らを天皇と称し高句麗使の進物を不正に入手し、それが江沼臣により京に伝えられる。高句麗使が来着したのは道君の拠点である北加賀地域（八世紀の「加賀郡」）で、南加賀を拠点としていた江沼臣との対立が知られる[31]。また、この高句麗使は琵琶湖北岸から入京し山背国相楽郡の客館に入っている。

出羽国は天平十年（七三八）頃まで北陸道に所属したという指摘があり[32]、それを踏まえれば第一回渤海使も北陸道で入京したことになる。具体的な交通路は今後の課題であるが、出羽国が東山道に変更された後も、渤海使の入京は北陸道を用いたのではないだろうか。なお、例外的に常陸国に安置された宝亀二年の例は後述する。

高句麗使の越への航路は日本海横断航路とされ、渤海使の日本海横断航路もこれに拠ったとする指摘がある[33]。しかし、本稿ではむしろ日本が先に高句麗使の先例をもとに送渤海使に対して日本海横断航路を採用したと考えたい。

（2）東北経営

それでは仲麻呂政権にとって出羽国とはどのような場所であったのだろうか。

仲麻呂政権の東北経営は、天平宝字三年（七五九）に雄勝郡、平鹿郡を新設し、玉野・避翼・平戈・横河・雄勝・助河・陸奥国嶺基の駅家設置したことが知られる。これは天平九年（七三七）に大野東人が開鑿を試みた秋田と多賀城間の駅路を完全に開通させたもので、その目的は征夷による版図拡大である。仲麻呂の子で陸奥出羽按察使兼鎮守将軍の朝獦は多賀城碑を建立し、そこには「去二靺鞨国界一三千里」の一節がある。

この「靺鞨国」については、渤海国とする説(34)、渤海だけでなく東北部に広範囲に存在した靺鞨部族全体と捉える説(35)、黒水靺鞨は含まず払涅靺鞨以東が念頭にあるものの明確な地理的認識が伴っていたかは疑問とする説(36)などがある。本稿でも、鉄利人の出羽来着事例を踏まえ、渤海国に限定せず広域的な北方世界を指すと考えたい。また、「靺鞨国」を「蝦夷国」との境界とみる説もあるが(37)、むしろ、征夷や奥羽横断路開通により多賀城から秋田間の蝦夷の地を内地化し、「靺鞨国」と多賀城が直結したことを示す表現ではないか(38)。

仲麻呂政権の出羽を通じた北方世界との交渉の実態は明らかではない。わずかに、次に挙げる天平宝字四年（七六〇）の「丸部足人解」には「阿支太城」の語がみえ、「秋田城」の初見史料とされている(39)。

> 丸部足人頓々々々死罪々々謹　解二申尊者御足下一
> 足人正身、常御馬従仕奉思。然有レ不レ令レ依二生江臣古万呂
> 御産業所他人使乍足人安人等一　然者郡司取二放
> 雑役一令二駈使一甚無レ仮　加以阿支太城米綱丁罷入
> 由此京米不二持参上一　仍具注二愁状一　附二物部安人一　頓々々々
> 死罪々々謹解
> 　天平宝字四年三月十九日丸部足人謹愁状　（下略）

史料では、造東大寺司安都雄足(40)に仕える丸部足人が、越前国の郡司（足羽郡司）(41)の命により秋田城に米を運搬する綱丁となっている。この秋田への米の運搬は秋田城改修のためとみられるが(42)、復路は秋田城からの交易品を運搬していたと考えられないだろうか。すなわち、越前国と秋田城との交易ルートが存在し、越前国を基盤とする造東大寺司、さらには藤原仲麻呂が秋田城での交易物を入手していた可能性もあるのではないだろうか。

北方交易の実態は今後の課題であるが、仲麻呂政権における出羽は征夷や北方世界との交易の場であっても、渤海外交の窓口ではなかったのである。仲麻呂政権下で出羽国に渤海使が来着しなかったのはこのためである。

三　仲麻呂政権以後

仲麻呂没後の出羽来着の四例をみていきたい。

(1)　宝亀二年（七七一）

仲麻呂政権崩壊後、最初の渤海使は宝亀二年の壱万福ら三二五人で、船一七隻で「出羽国賊地野代湊」に来着し、六月に常陸国での安置・供給が示された。一隻あたり二〇人にも満たない小船で野代に着いたため、沿岸航海の北回り航路とみられる。出羽来着は、天平十八年以降二五年ぶりとなる。

仲麻呂政権期の版図拡大により、日本海岸は秋田城までが律令国家の支配に入った。その北の野代湊は、北方交易の港湾的拠点とされ[43]、三二五人の渤海使も交易使節団とみてよいであろう。

渤海使の目的が経済目的に変化するのが天平宝字六年（七六二）の渤海使王新福以後とされるが[44]、遣渤海使に同行した王新福と今回の交易使節団の壱万福一行では、規模も航路も性格も異なる。むしろ今回の使者は、天平十八年や後述の宝亀十年の使者と性格が似ており、渤海使の性格の多様性を考えるべきであろう。

常陸に安置した後、四〇人を入京させることになるが、三二五人すべてを常陸に迎えたというのも現実的ではない。実際は入京した四〇人に近い人数のみであり、ほとんどは野代湊で交易の後帰国したのではないだろうか。

ではなぜ常陸を安置先に選び、渤海使の窓口である北陸からの入京を避けたのか。同時期の対応として知られるのが、いわゆる「北路来朝の禁」である。宝亀四年の渤海使烏須弗の帰国時に、北路での来朝を禁じ大宰府に入航するよう示した太政官処分にある「渤海使取二此道一来朝者、承前禁断」の「承前」を宝亀二年の壱万福帰国時とみる説が有力であり、[45]本稿でも同様に考える。北路来朝の禁については、宝亀五年からの三十八年戦争を前に、蝦夷の被害や蝦夷との紛糾を避けるためとされ、大宰府入航には高句麗時代の朝貢路を強要するイデオロギー的側面が指摘されるが、[46]著者は上記の理由に加え、宝亀二年三月の藤原良継の内臣就任に始まる藤原式家主導体制による政策で、式家の祖藤原宇合にゆかりの大宰府で外交の一元化を図る意図もあると指摘した。[47]壱万福らの常陸安置も宇合が常陸守を務めたことと関係があるかもしれないが、詳細は今後の課題である。ただし、常陸安置は今回限りで、大宰府入航も定着せずに終わった。これらは、式家体制が北陸を中心とする仲麻呂政権の渤海外交からの方針転換を模索する過程とみることができる。

（2）宝亀十年（七七九）

九月に渤海人・鉄利人三五九人が「慕化入朝」した。使節は「軽微、不レ足レ為レ賓」のため、饗を賜り来着地の出羽国から放還されることになったが、直後に、厳冬で帰国の海路が困難なため、常陸調絁、相模庸綿、陸奥税布などの禄を賜り、年内の滞在が許された。

天平十八年と同様、今回の使節も北回りの交易使節団と考えたい。ただし、天平十八年にはみえない点として、使節の代表とみられる「押領高洋粥」が進上した表文が無礼であったこと、渤海通事従五位下高説昌が鉄利官人と席次を争ったこと、その通事高説昌が「数廻入朝」し従五位下を賜っていたことなどが挙げられる。進上された表文は渤海王の文書ではなく、高洋粥の上表と思われるが、通事までが授位された記録がみえるのは宝亀二年の壱万福来日時であるため、宝亀二年の通事も高説昌とみられる。[48]高説昌が同行した宝亀二年と今回の渤海使は使節の規模も類似しており、公的使節と一体の交易使節団とみられる。前回同様、秋田城の近くで交易が行われたのだろう。

その秋田城は、宝亀初年に出羽国司が「秋田難レ保、河辺易レ治」と伝え、宝亀十一年には「今此秋田城、遂永所レ棄歟、為レ番依レ旧、還保乎」とされ、停廃の岐路に立たされる。これは蝦夷との対立が深化し、南の由理柵も「賊の要害」となり、秋田城での防守が困難になったためとみられる。[49]同じ頃、大規模な渤海使節団が秋田城付近で交易を行っていたのであるから、この時点では渤海使の来着が秋田城の維持に積極的な役割を果たしていたとは言い難い。

(3) 延暦五年（七八六）

このときの渤海使については、大使李元泰以下六五人の船一隻が出羽国に漂着したが、蝦夷に一二人が襲われ、残ったのは四一人であること、柂師・挟杪らも殺害されたため越後国に船一艘・柂師・狭杪・水手らを賜い帰国させるよう命じていることが知られる。外交文書の存在なども不明で、渤海使の来日理由や入京の事実も判明しない。おそらく入京せず帰国したものとみられる。

(4) 延暦十四年（七九五）

出羽来着がわかる最後の例は、呂定琳ら六八人が「夷地志理波村」に漂着し、「被二刧略一、人物散亡」したという事例で、越後国での安置供給が命じられている。「夷地志理波村」は積丹半島東側のシリパ岬（北海道余市町）とみる説が有力である。[50]越後国からの入京は、渤海使の入京路が北陸道に定着したものとみられる。

呂定琳の持参した王啓は、大嵩璘の即位と大欽茂の死を伝えている。[51]日本側ではこの王啓を「首尾不レ慥、既違二旧儀一」としながらも、呂定琳の「漂二着辺夷一、悉被二刧掠一、僅存二性命一」という状況を憐れみ特別に絹二〇疋などを賜わり、御長広岳と桑原秋成を送使として帰国させた。十月に帰国した御長広岳らがもたらした王啓にも、夷害に遭った呂定琳らを助けた感謝が述べられ、日本に定期的に使者を派遣したいが、

巨木楡材、土之難レ長、小船汎レ海、不レ没即危。亦或引レ海不レ諧、遭二罹夷害一。雖レ慕二盛化一、如二艱阻一何。儻

長尋二旧好一、幸許二来往一、則送使数不レ過レ廿、以レ茲為レ限、式作二永規一。

と記されている。[52] この史料から渤海船は小船とされるが、[53]「小船汎レ海、不レ没即危」が小船での沿岸航海の危険を表し、「或引レ海不レ諧、遭二罹夷害一」が日本海横断に失敗して蝦夷の地で被害に遭う危険を表したのではないか。また、これらを避けるなら、遣使を二〇人に制限するのは矛盾するようにも思われる。だが、二〇人の小船での遣使を維持し、むしろ大人数での来航をやめるという判断は、公使を交易使節団から切り離したものとみられ、交易路を先導してきた靺鞨部族と渤海との関係の転換を示唆している。ただし、嵩璘の提案を受けた日本は「使人之数、勿レ限二多少一」と人数制限はしないと回答している。[54] この後しばらく渤海使の人数は史料にはみえないが、約二〇年後の弘仁十四年（八二三）以降は一〇〇人以上の規模であるため、この間にも方針転換があったものとみられる。

四　八世紀の渤海使の多様性

最後に、出羽来着の七例を整理したい。

まず、蝦夷の地への来着は神亀四年、宝亀二年、延暦五年、延暦十四年にみえ、宝亀二年を除く三例は殺害や劫略などの被害に遭っている。神亀四年は蝦夷の地における渤海使節の武官と首領層との内部分裂の可能性を指摘したが、延暦年間の二例は、それを理由に渤海からも使節の人数を減らす提案がなされているので信憑性は高い。

本稿では、蝦夷に襲われなかった理由を、既知の交易路と交易の場を知る靺鞨部族が使節に含まれるためと考えた。したがって、蝦夷の被害に遭った延暦年間は、蝦夷戦争の影響だけでなく、渤海の支配力の強化と靺鞨部族の独自性の低下の影響も検討すべきであろう。

次に、渤海船の乗員数は、神亀四年、宝亀二年が二〇人前後の小船で、天平十一年は四〇人以上、延暦年間の二例は七〇人に近く、出羽来着が必ずしも沿岸航海の小船に拠るわけではないことはすでに述べたとおりである。送渤海使や遣渤海使の乗る日本船は約七〇人乗りであり（付表）、渤海船が日本船の規模に近づいているのがわかる。出羽来着事例のうち、天平十一年から延暦五年までが大欽茂の治世である。大欽茂は公的使節に大規模な交易使節団を同行させたり、唐から帰国する人物の中継を行ったり、仲麻呂政権の積極的な使者の往来に答えたりと、政治・経済の両面から多様な性格の遣日使を派遣していたことがわかる。

以上、渤海使の出羽来着事例からは、航路や規模、目的などが多様な渤海使の性格が明らかになった。これに対し、律令国家は渤海外交開始当初から高句麗時代の先例にもとづき、渤海外交の窓口を北陸とし、仲麻呂政権下で積極的に能登国や越前国加賀郡が整備された。したがって、出羽国は来着する渤海使には対応したが、外交基地にはならなかったのである。

秋田城跡で確認された「客人」「客厨」などの墨書土器は、出羽の地に渤海使や鉄利人などの交易使節が来日した痕跡と考えられる。秋田城は北方交易の拠点であっても、外交の窓口ではなかったので、渤海使来着は必ずしも秋田城を国府とみる理由にはならないだろう。

九世紀になると、北回り航路に唐・新羅商人も出現する。『入唐求法巡礼行記』開成四年（八三九）正月八日条には、

新羅人王請、来相看。是本国弘仁十年、流㆓着出州国㆒之唐人張覚済等同船之人也。問㆓漂流之由㆒、申云、「為㆑交㆓易諸物㆒、離㆑此過㆑海、忽遇㆓悪風㆒、南流三月、流㆓着出州国㆒。其張覚済兄弟二人、臨㆓将発時㆒、同共逃、留㆓出州㆒。従㆓北出州㆒、就㆓北海㆒而発、得㆓好風㆒十五箇日、流㆓着長門国㆒云々」。頗解㆓本国語㆒。

とあり、唐・新羅の商人が南流して出羽に漂流したのち、北出羽から日本海で風を得て一五日で長門国に着いたという航路が紹介されている。南流して出羽に着いたと理解すれば、北回り航路を用いたと思われ、渤海使の来着地が北陸以南に移った後も、北回り航路は交易路として活用されていたことがわかるのである。

このように、出羽国は渤海との外交の窓口とはならなくても、東アジア世界の交易拠点として存続したのではないだろうか。秋田城への渤海使来日の証拠となる出土遺物についても、渤海使だけに限らない交易使節の来日として検討する必要があるのではないか。

註

（1）朝鮮半島東岸航路は、リマン海流を利用して南下したと考えられるが（日下雅義「ラグーンと渤海外交」〔中西進・安田喜憲編『謎の王国・渤海』角川書店、一九九二年〕）、日本・渤海とも新羅との関係が悪いなかで、この航路の積極的な利用は考えにくいのが通説である（古畑徹「渤海・日本間航路の諸問題―渤海から日本への航路を中心に―」〔『古代文化』四六―八、一九九四年〕）。古畑氏は対馬漂着や対馬を目指して越前に漂着した例など三例のみを朝鮮半島東岸航路とする。

（2）小嶋芳孝「蝦夷とユーラシア大陸の交流」（鈴木靖民編『古代蝦夷の世界と交流』名著出版、一九九六年）、前掲註（1）古畑論文。

（3）新野直吉『古代日本と北の海みち』（吉川弘文館、二〇一六年、初出は一九九四年）。

（4）前掲註（2）小嶋論文。

（5）蓑島栄紀「古代北海道とサハリン・北東ユーラシアの交易・交流」（『「もの」と交易の古代北方史―奈良・平安日本と北海道・アイヌ』勉誠出版、二〇一五年、初出は二〇一一年）。

（6）小嶋芳孝「渤海船の渡来」（東北亜歴史財団編著『古代環東海交流史2渤海と日本』明石書店、二〇一五年）。

（7）前掲註（3）新野書。

（8）今泉隆雄「秋田城と渤海使」（『古代国家の東北辺境支配』吉川弘文館、二〇一五年）、熊谷公男「渤海使の出羽への来航」（『蝦夷と城柵の時代』吉川弘文館、二〇一五年）。

（9）飽海郡の成立時期は不明であるが、和銅五年の出羽建国時とみれば、渡辺育子「藤原仲麻呂の東北経営と藤原朝獦」（木本好信編『藤原仲麻呂政権とその時代』岩田書院、二〇一三年）のように、蝦夷の地は飽海郡以北とされる。ただし、熊谷公男「出羽国飽海郡と蚶形駅家の成立をめぐって」（『東北学院大学論集　歴史と文化』五二、二〇一四年）は天平宝字三、四年頃の成立とする。本稿では飽海郡の成立について十分な論証を行えていないため、「出羽郡もしくは飽海郡よりも北」と表現するに留めたい。

(10)『続日本紀』天平十一年十一月辛卯条。
(11)『日本三代実録』貞観七年十月二十六日甲戌条。
(12)『続日本紀』神亀五年正月甲寅条。
(13)中野高行「【考察】首領について」(鈴木靖民・金子修一・石見清裕・浜田久美子編『訳註日本古代の外交文書』八木書店、二〇一四年)四二一―四二三頁を参照。
(14)鈴木靖民「渤海の首領制―渤海の社会と地方支配」(『日本の古代国家形成と東アジア』吉川弘文館、二〇一一年、初出は一九八五年)。
(15)『続日本紀』天平十一年十二月戊辰条。なお、石井正敏「第二次渤海遣日使に関する諸問題」(『日本渤海関係史の研究』吉川弘文館、二〇〇一年、初出は一九七九年)、同「平群広成らの登州出航の年次をめぐって」(同書所収)では広成の登州出航を「天平十一年」に修正するが、これには反論もある(浜田耕策「留唐学僧戒融の日本帰国をめぐる渤海と新羅」〔佐伯有清先生古稀記念会編『日本古代の伝承と東アジア』吉川弘文館、一九九五年〕、前掲註(1)古畑論文)。
(16)濱田耕策「日本と新羅・渤海」(『日本の対外関係2律令国家と東アジア』吉川弘文館、二〇一一年)。
(17)新日本古典文学大系『続日本紀二』(岩波書店、一九九〇年)。
(18)なお、上田雄『渤海使の研究』(明石書店、二〇〇二年)では、すべての出羽来着事例を日本海横断航路としている。
(19)酒寄雅志「東北アジアのなかの渤海と日本」(『渤海と古代の日本』校倉書房、二〇〇一年、初出は一九九一年)。
(20)前掲註(19)酒寄論文。
(21)前掲註(2)小嶋論文、李成市「渤海の対日本外交への理路」(『古代東アジアの民族と国家』岩波書店、一九九八年、初出は一九九四年)、濱田耕策『渤海国興亡史』(吉川弘文館、二〇〇〇年)など。
(22)熊谷公男「秋田城の成立・展開とその特質」(『国立歴史民俗博物館研究報告』一七九、二〇一三年)。
(23)『類聚三代格』巻十九、蓑島栄紀「古代の陸奥・出羽における交易と交易者」(『古代国家と北方社会』吉川弘文館、二〇〇一年)。
(24)前掲註(1)古畑論文。

(25) 浜田久美子「藤原仲麻呂と渤海―遣唐使藤原清河の帰国策をめぐって―」(『法政史学』八三、二〇一五年)、「藤原仲麻呂と「高麗」―渤海外交の特質―」(『史聚』四九、二〇一六年)。
(26) 岸俊男「越前国東大寺領庄園をめぐる政治的動向」(『日本古代政治史研究』塙書房、一九六六年、初出一九五二年)。
(27) 『続日本紀』天平宝字二年九月丁亥条、天平宝字六年十月丙午朔条。
(28) 浅香年木「古代のコシとイヅモ」(『古代地域史の研究』法政大学出版局、一九七八年)。
(29) 『大日本古文書』一―四三八、藤井一二『天平の渤海交流』(塙書房、二〇一〇年)。
(30) 『日本書紀』には、五七〇年から六八二年の間に二四回の高句麗使節の来日記事がみえる。越来着は四例(五七〇・五七三・五七四・六六八)で、筑紫来着が七例(六四三・六六〇・新羅による送使六七三～六八二)である。
(31) 浅香年木「道氏に関する一考察」(前掲註(28)書、初出は一九七二年)。
(32) 中村太一「陸奥・出羽地域における古代駅路とその変遷」(『国史学』一七九、二〇〇二年)。
(33) 小嶋芳孝「高句麗・渤海との交流」(『海と列島文化一　日本海と北国文化』小学館、一九九〇年)、前掲註(6)小嶋論文。
(34) 荊木美行「藤原仲麻呂政権下の一史料―多賀城碑小考―」(木本好信編『藤原仲麻呂政権とその時代』岩田書院、二〇一三年)。
(35) 平川南「碑文の検討」(安倍辰夫・平川南編『多賀城碑その謎を解く』雄山閣出版、一九八九年、初出は一九七五年)、鈴木拓也「国境の城と碑」(『文字と古代日本2　文字による交流』吉川弘文館、二〇〇五年)、前掲註(5)蓑島論文。
(36) 熊田亮介「蝦夷と蝦狄」(『古代国家と東北』吉川弘文館、二〇〇三年、初出は一九八六年)。
(37) 伊藤循「多賀城碑の「国堺」認識と天皇制」(『歴史評論』五五五、一九九六年)。
(38) 前掲註(5)蓑島論文も多賀城が北方世界の窓口として認識されていたことを指摘する。
(39) 『大日本古文書』二五―二六九。本文は『正倉院文書拾遺』(国立歴史民俗博物館、一九九二年)の校訂本文を用いた(「依」字は校訂本文にならい補った)。
(40) 安都雄足は天平宝字三年中頃から四年末まで法華寺阿弥陀浄土院造営の別当であった(『日本古代氏族人名辞典』吉川弘文館、一九九〇年)。
(41) 中村順昭「郡雑任の諸様相」(『律令官人制と地域社会』吉川弘文館、二〇〇八年)。

(42) 今泉隆雄「秋田城の初歩的考察」（前掲註（8）書、初出は一九九五年）、前掲註（22）熊谷論文、前掲註（9）渡辺論文。
(43) 蓑島栄紀「古代出羽地方の対北方交流」（前掲註（23）書所収、初出は一九九五年）。
(44) 石井正敏「初期日本・渤海交渉における一問題」（前掲註（15）書所収、初出は一九七四年）、酒寄雅志「八世紀における日本の外交と東アジアの情勢―渤海との関係を中心として―」（前掲註（19）書所収、初出は一九七七年）。
(45) 石井正敏「大宰府の外交機能と外交文書」（前掲註（15）書所収、初出は一九七〇年）。
(46) 前掲註（45）石井論文。
(47) 浜田久美子「日本渤海関係史―宝亀年間の北路来朝問題への展望」（『アジア遊学』二一四、二〇一七年）。
(48) 新日本古典文学大系『続日本紀五』（岩波書店、一九九八年）宝亀十年十一月丙子条脚注。
(49) 前掲註（22）熊谷論文。
(50) 鈴木靖民「古代蝦夷の世界と交流」（『古代蝦夷の世界と交流』名著出版、一九九六年）。
(51) 『類聚国史』巻一九三、延暦十五年四月戊子条。
(52) 『日本後紀』延暦十五年十月己未条。
(53) 前掲註（1）古畑論文。
(54) 『類聚国史』巻一九三、延暦十七年五月戊戌条。

付表　日本・渤海外交使節年表

来着記事	渤海使	来着・安置地		送渤海使	送使の帰国年	同伴の渤海使
神亀4（七二七）・9	高斉徳ら8人（出航時24人）	蝦夷境→出羽国	入京	引田虫麻呂ら62人	天平2（七三〇）	無
天平11（七三九）・7	己珎蒙ら（遣唐使平群広成に同伴）	出羽国	入京	大伴犬養	天平12（七四〇）	無（王啓有）
天平18（七四六）	渤海人・鉄利人千百余人	出羽国安置	放還			
天平勝宝4（七五二）・9	慕施蒙ら75人	越後国佐渡嶋	入京	無		

天平宝字2(七五八)・9	(遣渤海使小野田守ら68人に同伴)楊承慶ら23人	越前国安置	入京	高元度・内蔵全成(迎入唐大使使)99人	3 内蔵全成・天平宝字3 高元度ら10人・天平宝字5	高南申ら 唐の送使39人
天平宝字3(七五九)・10	(内蔵全成らに同伴)高南申ら	対馬(漂着)	入京	陽侯玲璆	天平宝字4	無
天平宝字6(七六二)・10	(遣渤海使伊吉益麻呂に同伴)王新福ら23人	(漂着)越前国加賀郡安置	入京	板振鎌束	天平宝字7(七六三)	無(高内弓・戒融ら帰国)
宝亀2(七七一)・6	壱万福ら325人船17隻(一隻約20人)	出羽国賊地野代湊常陸国安置	入京	武生鳥守(初回は渡航に失敗)	宝亀4(七七三)	無
宝亀4(七七三)・6	烏須弗ら40人・船1隻	能登国	放還			
宝亀7(七七六)・12	史都蒙ら187人	(漂着)越前国加賀郡安置	入京	高麗殿嗣(漂着遠夷之境)	宝亀9(七七八)	張仙寿ら(送使)
宝亀9(七七八)・9	張仙寿ら	越前国坂井郡三国湊	入京	大網広道(派遣不明)	不明	無
宝亀10(七七九)・9	渤海人・鉄利人359人	出羽国安置	放還			
延暦5(七八六)・9	李元泰ら65人船1隻	出羽国(漂着)	放還			
延暦14(七九五)・11	呂定琳ら68人	夷地志理波村(漂着)越後国安置	入京	御長広岳・桑原秋成	延暦15(七九六)	無(王啓有)
延暦17(七九八)・12	(遣渤海使内蔵賀茂に同伴)大昌泰ら	隠岐国智夫郡(漂着)	入京	滋野船白	延暦18(七九九)	無(王啓有)
大同4(八〇九)・10	高南容ら	不明	入京	不明	不明	無
弘仁元(八一〇)・9	高南容ら	不明	入京	林東人・上毛野益継	弘仁2(八一一)	無(王啓受け取らず)

弘仁5(八一四)・9	王孝廉ら	出雲国安置	入京	無
弘仁9(八一八)?	慕感徳?	不明	不明	無
弘仁10(八一九)・11	李承英ら	不明	入京	無
弘仁12(八二一)・11	王文矩ら	不明	入京	無
弘仁14(八二三)・11	高貞泰ら101人	加賀国	放還	
天長2(八二五)・12	高承祖ら103人	隠岐国	入京	無
天長4(八二七)・12	王文矩ら100人	但馬国	放還	
承和8(八四一)・12	賀福延ら105人	長門国	入京	無
嘉祥元(八四八)・12	王文矩ら100人	能登国	入京	無
貞観元(八五九)・正	烏孝慎ら104人	能登国珠洲郡・加賀国安置	放還	
貞観3(八六一)・正	李居正ら105人	隠岐国・出雲国安置	放還	
貞観13(八七一)・12	楊成規ら105人	加賀国	入京	無
貞観18(八七六)・12	楊中遠ら105人	出雲国	放還	
元慶6(八八二)・11	裴頲ら105人	加賀国	入京	無
寛平4(八九二)・正	王亀謀ら105人	出雲国	放還	
寛平6(八九四)・12	裴頲ら105人	伯耆国	入京	無
延喜8(九〇八)・正	裴璆ら	伯耆国	入京	無
延暦19(九一九)・11	裴璆ら105人	若狭国	入京	無
延長7(九二九)・12	裴璆ら93人(東丹国使)	丹後国竹野郡大津浜	放還	

鎌倉時代の津軽安藤氏と蝦夷統治

大塚紀弘

鎌倉時代、現在の北海道を中心とする地域は、本州側から夷島（蝦夷島）と呼ばれ、本州の日本人とは習俗を異にする蝦夷（後のアイヌ民族）が居住していた。北海道南部の蝦夷は、詳しい実態は不明ながら、津軽海峡を越えて津軽地方の海岸部に来航し、交易（夷島を外国とみなせば貿易）を行ったと考えられる。本稿では、これを蝦夷交易、交易のために来航した蝦夷を交易蝦夷と呼ぶこととする。

鎌倉幕府による交易蝦夷の統治と深く関わったと考えられるのが、陸奥国北端の津軽地方を本拠とする武士の安藤氏である。(1) 鎌倉時代の津軽安藤氏や蝦夷については、関連史料が限定されており、その実態を探るのは困難を極める。また、同時代史料が乏しく、遠く離れた京都や鎌倉で成立した伝承史料に大きく依拠せざるをえない。したがって、限られた関係史料を可能な限り整合的に解釈するとともに、信頼性の低い史料からも史実を読み取る努力が求められる。こうした作業は着実に進められており、一定の歴史像が描かれるに至っている。だが、推測に頼る部分が大きく、必ずしも説得的な歴史像とはなってはいないように思われる。また、説が分かれている部分もあり、検討の余地が残されているのが現状である。

こうした状況を打破するのは容易ではないが、関係史料から部分的に史実を抽出するのではなく、その伝える〈史実〉については、あくまでそれが成立した当時の〈史実〉として尊重することが肝要だろう。つまり、史料的な性格をふまえ、当時の〈史実〉を深く理解した上で、そこから実際の史実を汲み取りながら、説得的な歴史像を組み立てなくてはならないのである。

こうした問題意識から本稿では、先行研究の成果を批判的に継承しつつ、従来注目されてこなかった関連史料も取り上げ、鎌倉時代における津軽安藤氏や蝦夷統治の実態に迫りたい。以下、三章にわたって、ひとまず津軽安藤氏の嫡流に焦点を当て、時系列順に考察を進める。その結果、従来とはやや異なる歴史像が提示されるであろう。

一　北条氏政権と〈蝦夷の管領〉

治承寿永の内乱により平氏政権が崩壊した後、源頼朝は朝廷と並ぶ全国政権として鎌倉幕府を樹立した。鎌倉幕府は相模国の鎌倉を本拠とし、東国を基盤とする政権であった。だが、将軍が任命権をもつ守護・地頭を諸国に配置することで、経済的には荘園公領制の枠組みに依拠しながらも、朝廷とともに日本全国の統治を担った。

源頼朝は陸奥国の平泉を本拠とする奥州藤原氏を滅亡させ、その勢力圏を引き継ぐことで東国に基盤を固めた。当時、日本国の東端と考えられていたのが陸奥国の津軽地方で、とくに陸奥湾岸の外浜（外の浜）が最果ての地とされていた(2)。そして、幕府と密接な関係を結んだ津軽安藤氏は、蝦夷と深く関わるようになった。

津軽安藤氏の一族として、史料に名前が登場する最初の人物は、鎌倉時代前期に活動したとされる「安藤太」である。ただし、その名は鎌倉時代にさかのぼる史料には確認できず、延文元年（一三五六）に諏訪円忠によって編纂された『諏方大明神画詞』が初見である。元は絵巻だが、詞書のみが今に伝わり、縁起部三巻と祭礼部七巻、および後に増補された縁起部追加二巻の計一二巻から構成される。縁起部の巻中に、次のようにある（片仮名を平仮名にして引用する、以下同じ(3)）。

根本は酋長もなかりしを、武家其の濫吹を鎮護せんために、安藤太と云物を蝦夷の管領とす。此は上古に安倍氏、悪事の高麿と云ける勇士の後胤なり。

ここでは、「武家」すなわち鎌倉幕府が、東夷（蝦夷）の不法行為を抑えるために「安藤太」を「蝦夷の管領」に任命したとされている。また、安藤氏は「上古」の安倍高麿という武士の末裔であるとする。編者の円忠は、鎌倉幕府で奉行人を務めた諏訪大円の猶子と伝えられ、鎌倉時代には執権北条高時とも関わりがあった[4]。

関連して、同じく南北朝時代に編纂されたとされる『保暦間記』には、安藤「五郎」について、「東夷の堅めに義時か代官として津軽に置たりけるか末也」（原文の片仮名を平仮名に改変）とある[5]。ここでは、東夷（蝦夷）を防御するため、北条義時が津軽安藤氏の人物を「代官」に任命し、津軽地方に配置したとされている。この人物は、『諏方大明神画詞』の「安藤太」にあたる。以上の二つの史料の記述は、幕府が津軽安藤氏に対して、蝦夷が不法行為や反乱を起こさないよう監視させたことを伝える点で共通する。

対して、江戸時代の成立とみられる『異本伯耆巻』には、「安東と云は、義時か代に夷島の押として、安藤か二男を津軽に置ける」（原文の片仮名を平仮名に改変）とある[6]。ここでは北条義時の頃に、幕府が安藤氏の次男を津軽地方に配置し、夷島に対する防御としたとされている。『保暦間記』を参照した形跡もあるが、蝦夷ではなく、その本拠である夷島への対応策とされているのが大きな相違点である。また、幕府によって安藤氏の長男ではなく、次男が任命されたというのも、先の二つの史料にはない情報である。

いずれにせよ、南北朝時代には、鎌倉時代前期に幕府あるいは北条義時が蝦夷対策として、安藤氏を「蝦夷の管領」あるいは自身の「代官」に任命し、津軽地方に配置したと考えられていた。つまり津軽安藤氏は、北条氏政権から蝦夷に関わる治安維持を任されたということになる。この役職を〈蝦夷の管領〉とすると、地域的な範囲について規定されていないことから、幕府（とくに執権北条氏）に代わって蝦夷全体を統治するのが職務とも考えうる。ただし、津軽地方への配置とされることから、実態としては、夷島から当地の海岸部に来航した交易蝦夷を対象とするということになろう。

『諏方大明神画詞』には、先に引用した部分の前に、当時の蝦夷について次のようにある。

蝦夷か千島と云へるは、我国の東北に当て大海の中央にあり。日のもと・唐子・渡党、此三類、各三百三十の島に群居せりと。一島は渡党に混す。其内に宇曽利鶴子別と万堂宇満伊犬と云小島ともあり。此種類は、多く奥州津軽外の浜に往来・交易す。

ここでは、「蝦夷か千島」、すなわち夷島は千の島からなり、そこに分居する蝦夷は「日のもと（本）」「唐子」「渡党」の三つに分類できるとされている。そして、「渡党」は津軽の外の浜（外浜）と島の間を往来して交易に従事するのだという。別の箇所には「渡党」の蝦夷について、言葉は粗野だが、大半は日本人にも理解できるとの記述もある。蝦夷は日本語とは異なる言語を用いたと推測され、「渡党」すなわち交易蝦夷は津軽地方での交易のために日本語を習得したということになろう。

さて、津軽安藤氏が担った〈蝦夷の管領〉については、先行研究でさまざまな位置づけがなされている。当初は、幕府の東夷成敗権と結びつけてとらえられ、遠藤巌氏や海保嶺夫氏によって、①幕府の指示を受けて夷島への流刑を担当する代官とされていた(7)。だが、佐々木慶市氏は①のみならず、②夷島（具体的には蝦夷）との交易の管理・統制も含むとし、村井章介氏は②に伴う権益を重視する(8)。また、榎森進氏は、①に加えて、③交易のために津軽地方を含む北方地域に来航する蝦夷やその居住地全体の統括を含むとする(9)。対して、大石直正氏は、より限定的に④津軽地方に来航する蝦夷の統括とし、石井進氏はより広く、⑤北条氏が継承した蝦夷支配を取り仕切る権限の代行とする(10)。いずれも直接的な根拠はないが、先に史料にもとづいて指摘した蝦夷に関わる治安維持と関連している。

①については、建久二年（一一九一）から建長三年（一二五一）にかけて、幕府による夷島流刑の事例が確認でき、経由地とされた陸奥国に配流の担当者が存在したことは疑いない(11)。『吾妻鏡』建仁二年（一二〇二）に囚人配流の担当者として「奥州夷」がみえ(12)、遠藤氏は蝦夷の系譜を引くとされる津軽安藤氏を指すと推測する。だが、津軽

地方に居留する交易蝦夷を指す可能性もあり、安藤氏だとしても南北朝時代の史料にみえる治安維持の職務とは別個に考える必要があろう。

②は、鎌倉時代後期の史料にみえる〈蝦夷の沙汰〉と結びつけることで導き出されたものである。遅くとも鎌倉時代前期から、夷島の蝦夷が外浜をはじめとする津軽地方の海岸部に来航し、交易活動が行われたのであれば、その管理・統制に津軽安藤氏が関わっていた可能性は高い。だが、南北朝時代の史料に即して考えると、あくまで〈蝦夷の管領〉の職務は、そこでの治安維持にあったとすべきであろう。この点に関しては、次章以下でさらに考察しよう。

一方、③④⑤は、対象地域にばらつきがありつつも、蝦夷に対する統括・支配と位置づけているが、その具体的な職務については指摘していない。ともあれ、津軽地方の海岸部が蝦夷交易の舞台だったとすると、当地の港町に交易蝦夷が一時的にでも居留する地区が存在したことが想定されよう。

ここでは、ひとまず津軽安藤氏が継承したという〈蝦夷の管領〉について、鎌倉時代前期に北条氏政権が、蝦夷交易を管理するために津軽地方に設置した役職で、その主な職務は交易蝦夷居留地の治安維持にあったと考えておきたい。その職務については、『保暦間記』に、北条氏が津軽安藤氏を「代官」に任じたとあることからすると、北条氏が最高責任者で、津軽安藤氏が実務を代行したということになろう。

二　文永五年の蝦夷反乱と安藤「五郎」

津軽安藤氏の人物のうち、最初に実在がほぼ確かめられるのが安藤「五郎」で、先述のように南北朝時代の『保暦間記』にも見える。実名は不明ながら、鎌倉時代中期に活動したと考えられ、日蓮の『種種御振舞御書』に次のようにある。[13]

ゑぞは死生不知のもの、安藤五郎は因果の道理を弁て、堂塔多く造りし善人也。いかにとして頸をばゑぞにとられぬるぞ。

「五郎」は、多くの寺院の堂塔を造立するという仏教的作善を積んだにも関わらず、「ゑぞ」すなわち蝦夷に殺害されたのだという。建治元年（一二七五）あるいは同二年に日蓮が著述したとされ、それ以前にこの出来事が起こったということになる。

関連して、同じ日蓮が建治元年に著したとされる「西山殿」宛の長文の書状に、「去文永五年の比、東には俘囚をこり、西には蒙古よりせめつかひつきぬ」とある。[14] ここでは、文永五年（一二六八）頃に、東方に俘囚すなわち蝦夷が反乱を起こしたとされており、「五郎」が殺害された事件もこれに伴うものと推測される。

この事件について大石直正氏は、「蝦夷管領（代官）」安藤氏の支配に対する蝦夷の反乱であったと推測している。[15]〈蝦夷の管領〉の職務が、先に推測した通り交易蝦夷居留地での治安維持であったとすると、津軽地方の海岸部で起こった蝦夷交易に伴う紛争を鎮圧しようとして失敗したとの筋書きが成り立つ。あるいは、後述する〈蝦夷の沙汰〉に関係があるとすると、徴税に伴う衝突が原因とも考えられる。

一方、日蓮によると、安藤「五郎」は仏教をあつく保護した人物でもあった。交易蝦夷に対して仏教信仰を強要したことが、蝦夷反乱の一因であったと考える余地もあろう。関連して、先行研究で注目されているのが、江戸時代前期に編纂された『地蔵菩薩三国霊験記』に収録される説話「建長寺地蔵夷島遊化事」である。[16] そこには次のようにある。

かつて鎌倉に安藤「五郎」という武芸に長けた人物がいた。「公命」を受けて夷島に侵攻し、敵対する蝦夷を滅ぼして貢物を納めさせることに成功したため、「日本ノ将軍」と呼ばれるようになった。その後、蝦夷は毎年年貢を納めるようになった。

「五郎」は、地蔵菩薩を長年深く信仰し、高さ三尺の地蔵像を造立して安置し、読経・礼拝を欠かさなかった。あるとき、蝦夷が年貢を納めにきたので、「五郎」は結縁させるため、戸を開いて地蔵像を見せた。ところが、蝦夷によると、このようなものは「我国」にもおり、「カシラハケノ小天道」（頭禿の小天童）と呼ばれているのだという。これを聞いた「五郎」は、地蔵が「無仏世界」の救済活動のため、「夷狄」に交わっておられるのだと考え、蝦夷たちに連れてくるように命じた。蝦夷が困難だと答えると、「五郎」は連れてくれれば年貢を三年免除すると伝えた。すると翌年四月中旬、蝦夷たちは小天童をとらえたとして参上し、「五郎」の館の庭に並び立った。蝦夷たちは、足を揃えて弓を横たえ、肩を並べ、小天童が逃げないようからげて連れてきたと告げた。それは、篠竹で編まれた籠で、海草の昆布で作った綱でしばってあった。五〇人ほどの蝦夷が、弓の弦を打ち鳴らし、刀を抜いて綱を切って籠を開いたところ、中には一本の錫杖だけが残されていた。

蝦夷たちは小天童に逃げられたことに驚き、錫杖を「五郎」に献上した。「五郎」は地蔵は凡夫の目には見えないのだと感歎し、蝦夷たちには茜染の布三端ずつを与えて帰国させた。その後、「五郎」は蝦夷からもらった錫杖を本尊とする草堂を建立しようと思い立った。当時、建長寺の本尊は一千一体の地蔵像であったが、中尊の持つ錫杖が盗まれたままであった。そこで、蝦夷が献上した錫杖を建長寺に持参してみたところ、失われた錫杖そのものであった。これを聞いた人びとは信心を深め、建長寺に参詣したという。

この説話から、いくつかの論点を導き出すことができる。第一には、蝦夷が弓を帯び、弦を打ち鳴らしたとある点である。『諏方大明神画詞』では、「渡党」蝦夷の武装について、戦場では甲冑と弓矢を帯びるとし、骨を矢じりとして、殺傷能力のある毒薬を塗るとしている。ここでは弓矢を武具としているが、日常的には狩猟で用いられたと考えられる。「建長寺地蔵夷島遊化事」によると、祭祀に際して鳴弦の習俗があったということになる。

第二には、蝦夷が昆布を素材とする綱を用いたとある点である。南北朝時代の『庭訓往来』には、諸国の産物が列挙されており、その中に「宇賀昆布」が見出せる。(17) この昆布は、亀田半島の運賀川前浜一帯（現在の北海道函館市戸井町）の産物であるマコンブを指すとされる。(18) すると蝦夷の交易品として昆布が知られており、それが説話に反映したということになろう。

第三には、「五郎」が蝦夷に茜染の布を与えたとある点である。ここには、交易蝦夷が日本人との交易で、衣料の麻布を求めたことが反映しているように思える。

安藤氏が「日之本将軍」を称したのが確認できる初見は永享七年（一四三五）頃で[19]、同じく「日本ノ将軍」とする「建長寺地蔵夷島遊化事」の成立時期は室町時代以降と推測される。ただし、類似する説話は『建長興国禅寺碑文』に見出せる[20]。この文献は、南北朝時代に鎌倉五山の一つである建長寺の境内に建立された碑の銘文を写したものと考えられる。開山の蘭渓道隆の活動を中心に、建長寺の歴史が記述されており、貞和三年（一三四七）に建長寺住持の竺仙梵僊（一二九二～一三四八）によって撰述されたと推測される。その中に、次の記述がある。

而一日蝦夷国人来朝。公以二其乃無仏世界一、地蔵専欲レ化レ之。使下其遊レ寺以植中善根上。而其蝦夷指レ之曰、是若人者、常倶二群小像一遊二吾国一。不レ識二従レ何所一レ来。乃有二其像一在二於茲一耶。公曰、蓋其本願欲レ度二若等一耳。今吾携二若于茲一、蓋亦是之意焉。当下以レ厳奉上レ事レ之。然果有レ之、能レ偕二其来否一。夷人諾レ之。明年又来朝曰、所レ約若人者、招レ之不レ可、趂レ之不レ及。但得二其所レ遺手執錫杖上一金鐶一耳。謹以奉レ献。視レ之像所レ執者、果失二其一一。

ある日、「蝦夷国人」すなわち蝦夷が日本（鎌倉）にやってきた。「公」すなわち執権北条時頼は、地蔵菩薩に「無仏世界」からきた蝦夷を教化してもらおうと、建長寺に連れていった。建長寺本尊の地蔵像を見た蝦夷が、自分の国でも見たことがあるといったため、時頼は連れてくるように命じた。地蔵菩薩の確保に失敗した蝦夷は、代わりにその錫杖に付属する金鐶の一つを献上した。そこで、建長寺本尊を確認したところ、金鐶の一つが欠失していた。

建長寺本尊の地蔵像が、「無仏世界」である「蝦夷国」すなわち夷島に赴いたという基本構成は、先の「建長寺地蔵夷島遊化事」と共通する。いずれも建長寺本尊地蔵像の霊験譚ということになるが、蝦夷に対する教化が主題となっている。「無仏世界」とは本来、釈迦如来（ブッダ）が死去してから、弥勒菩薩（如来）が出現するまでの間の仏（如来）のいない世界（現世）を意味する仏教語である。そして、この世界では地蔵菩薩が衆生の救済にあたるとされている。ところが、ここでは仏像あるいは仏教の教えが存在しないとの意味合いで「蝦夷国」が「無仏世界」とされ、救済者として同じく地蔵菩薩が取り上げられているのである。

一方、蝦夷を支配下に置く人物については、『建長興国禅寺碑文』と「建長寺地蔵夷島遊化事」とで異なり、前者では建長寺開基の北条時頼、後者では「日本ノ将軍」の安藤「五郎」となっている。南北朝時代に前者のような伝承が先行して成立し、仏教を信仰した津軽安藤氏と蝦夷との関わりをふまえて、室町時代に後者のような説話が形成されたのではなかろうか。いずれにせよ、鎌倉時代に蝦夷が「蝦夷国」すなわち夷島から鎌倉にくることがあったという認識が、南北朝時代以降に存在したことになる。

関連して、天正十一年（一五八三）成立の四天王寺蔵『太子伝抄』には、「夷島ノ地頭安頭太郎左衛門尉」という人物が登場する。『太子伝抄』は聖徳太子の伝記にさまざまな説明を加えた書物で、太子とは直接には関わらない説話や物語も含まれている。「太子十歳之第二事」すなわち、太子が十歳の時の出来事に関する部分の一部を、片仮名を平仮名に改めて引用すると次のようになる。[21]

中比夷島の地頭安頭太郎左衛門尉と云はれし武士有り。蝦夷島よりも夷を一人鎌倉へ召具て、年来下人に被レ仕けり。極て心は正直也。主君之命を不レ違者、又とも無物と思はれたり。左程に男女之情之哀れさは、同又召仕ける女房達二人あり。彼之夷、形こそ異に、詞こそ別なれ共、女房に心を懸て、忘るゝひまも無して、下焼之夜半之埋し火憚も無、独り焦るゝ身の思ひ、誰れ故ぬるゝ秋そや、外目乍も問はれはや、と思けるにや、或時彼女房之許へ行たれは、依二何事一来れるそと、早々返と追出たり。不レ及レ力立帰り、又或女房許へ行たれは、是も荒気無く追出たり。夷彼女房達を恨みつゝ、偽之言之葉にたに思う甲斐無く打恨みて、己か臥所に帰り、独り言に云く、一く二く　さすのみ　二りく　一ちく　さすのみ、と口すさみして、其夜は泣に臥にけり。此様に口すさみする事、夜る々ゝなり。誰こそ是を聞知る人こそ無かり。主君之安頭も何事を云やらんと思はれける。彼女房達をは人々咲ひけり。やさしの御前達の気性人哉と云へは、弥よ腹を立られけり。或時都より旧き知音の儒者一人、公家之使節として関東に下向し、安頭殿を尋て下りける間、何哉と賞し、終夜物語けり。例之下人之夷、臥所にて彼の女房達の事を思出て、伴之口すさみをしけり。客人之儒者、是を聞て、是には夷を被二召仕一候歟と尋たり。安頭さに候被レ申たり。左て且今加様に申事をは何とか聞食候と問たり。安頭答、時々加様に申候へとも、何事とも不レ知候と申されたり。儒者之云く、若彼の夷の馮めたる女房之候歟、と問ふ。安頭答ふ、さる事候、と文。儒者之云く、面白之事候や。国各別なるに依て、詞は替り候へ共、意之通する事は同く候そや。夷か詞に、一二三を連ね候には、一ちく二りく三あいく四にかた五とえん六とへた七かなん八つふり九ちゝり十ちん、とかそへ候也。此之夷か、一ちく　二りく　さすのみ　二りく　一ちく　さすのみ、と申候は、一首の歌にて候也。一とりして二りを思ふ身なれとも、二りか一り思はさらんと云哥なり。さすのみと云詞は、思ふと云意にて候也。安頭殿聞て、面白之事候哉。非二御下向一者、争か此意を可レ存、とて聽て召仕ひける女房を夷にたひにけり、と文。

「中比」夷島の地頭に「安頭太郎左衛門尉」という武士がおり、夷島から一人の夷（蝦夷）を鎌倉に連れていき、下人として働かせていた。この蝦夷は、正直者で主人の命令に従わないことはなかった。「安頭」に仕えていた二人の女房に恋い焦がれ、両者のもとを訪ねたが、追い払われてしまった。すると蝦夷は、彼女たちを恨んで夜な夜な「一く二く　さすのみ　二りく　一ちく　さすのみ」と口ずさむようになったが、誰もその意味を理解できなかった。その頃、京都の儒者が朝廷の使者として鎌倉に下向し、旧知の「安頭」のもとを訪れた。蝦夷の口ずさむ外国語の意味を理解した儒者の説明を受けて、「安頭」は面白がって、女房を蝦夷に与えることとした。

「安頭太郎左衛門尉」は、安頭＝安藤の音通、夷島や蝦夷との関わりから、津軽安藤氏、とくに『諏方大明神画詞』の「安藤太」すなわち「安藤太郎」との関連をうかがわせる。幕府によって夷島の地頭に任じられ、鎌倉に邸宅を構えつつも、鎌倉と夷島を行き来していたという設定なのだろう。ここでは、夷島の地頭とあることに注目したい。先に推測した交易蝦夷居留地の治安維持という〈蝦夷の管領〉の職務は、地頭あるいは地頭代のそれと共通する部分がある。この点に関して、次章で〈蝦夷の沙汰〉との関わりから改めて考察しよう。

三　安藤氏の一族紛争と〈蝦夷の沙汰〉

津軽安藤氏が、史料にはっきりと姿を現し、実名が確認できるようになるのは、鎌倉時代後期のことである。当時の鎌倉で記録された史料にもとづいて編纂された『鎌倉年代記裏書』や『鶴岡社務記録』が基本史料となる。[22]

まず『鎌倉年代記裏書』によると、元応二年（一三二〇）に出羽国で蝦夷が蜂起し、元亨二年（一三二二）には度々合戦に及んだ。続いて、正中二年（一三二五）六月六日、蝦夷蜂起を受けて安藤「又太郎」から安藤「五郎三郎」に「代官職」を交代させたという。

まず出羽国で蝦夷が蜂起し、その鎮圧に失敗した安藤「又太郎」が「代官職」を罷免されたという流れが読み取れる。蝦夷が蜂起した場所を出羽国とする点は、他の史料にはみえず、陸奥国の誤伝の可能性があるが、交易蝦夷が出羽国北部の海岸部にも来航し、居留地が形成されていたと考える余地もある。ここでは出羽国北部に始まった蝦夷の蜂起が、陸奥国の津軽地方にも拡大したと解釈しておく。

この「代官職」に関わる史料として注目されているのが、正中二年九月十一日の安藤宗季譲状である。[23] 人名以外のほぼすべてが平仮名で記されているため、適宜漢字に改めて引用すると次のようになる。

譲り渡す津軽鼻和の郡絹家島尻引の郷・片野辺の郷、并ひに蝦夷の沙汰、糠部宇曽利の郷・中浜の御牧・湊以下の地頭御代官職の事。

右の所は、宗季先例に任せて、沙汰を致すへき由、御下文を給はるものなり。しかるを、子息犬法師一子たるによて、御下文を相副て、永代これを譲り与うるところなり。宗季いかなる事もあらん時は、この譲状に任せて知行すへきなり。但し、宇曽利の郷のうち、田屋・田名部・安渡の浦をは、女子とら御前、一期譲状を与うるところなり。よて譲状、件の如し。

正中二年九月十一日　宗季（花押）

ここに見える「蝦夷の沙汰」（原文は「ゑそのさた」）は、その他の津軽鼻和郡と糠部郡の所領と合わせて「地頭御代官職」とされており、年代の一致からしても『鎌倉年代記裏書』の「代官職」にあたると考えるのが自然である。ただし、この譲状では、〈蝦夷の沙汰〉の地域的な対象がはっきりしない。津軽鼻和郡と糠部郡の間に置かれていることから、高橋富雄氏や遠藤巌氏が津軽地方に関わるとするのに対して、黒嶋敏氏は津軽鼻和郡に限定してとらえている[24]。また、次の糠部以下につなげて読むべきとする見解もある[25]。ここで、想起したいのが〈蝦夷の管領〉との関係である。この職務には、収益が伴ったと考えるのが自然で、それをふまえて安藤宗季は譲状で所領と合わせて「蝦夷の沙汰」も地頭代職の一つと表記したと推測されるのである。すると、「蝦夷の沙汰」の地域的な対象は〈蝦夷の管領〉と同じく津軽地方と考えられよう。〈蝦夷の管領〉＝〈蝦夷の沙汰〉地頭代職の収益については、推測するほかないが、蝦夷交易に関わる交易蝦夷や日本人からの徴税が想定される。

安藤宗季譲状から、正中二年に安藤宗季が「御下文」によって「蝦夷の沙汰」を含む所領の地頭代職に任じられたことがわかるが、任命権者の地頭は、得宗北条高時であったとみられる。〈蝦夷の管領〉と同様に〈蝦夷の沙汰〉もあくまで「代官」の対象であるから、将軍が直接任命したのではなく、得宗が下文を発給して任じたのであろう。つまり、安藤氏嫡流の惣領が地頭代として交易蝦夷居留地の治安維持に当たるとともに、蝦夷交易に伴う徴税を担い、そうした収益の一部は地頭である北条家嫡流の得宗に貢納されたと考えられるのである。

一方、『鶴岡社務記録』によると、正中元年五月十九日から七日間、「太守」北条高時の邸宅で、蝦夷降伏のための五壇護摩が修されたという。また、同二年にも閏正月十二日から鶴岡八幡宮寺で蝦夷降伏の祈禱が行われたとする。北条氏政権は蝦夷蜂起の鎮圧を、鎌倉での祈禱によって後押ししようとしたのである[26]。〈蝦夷の管領〉の最高責任者である得宗が主導する政権にとって、蝦夷の紛争は決してあってはならないことだった。そこで得宗北条高時は、蝦夷蜂起の鎮圧に失敗した安藤「又太郎」季長の「代官職」を罷免し、代わって同族の安藤「五郎三郎」宗季を任命したのである。

その後の推移について、『鎌倉年代記裏書』には次のような記述がある。（A）正中三年＝嘉暦元年（一三二六）三月二十九日、工藤祐貞（実際には貞祐）が、「蝦夷征罰」のために進発し、七月二十六日、安藤季長を捕らえて帰参した。（B）同二年六月、宇都宮高貞、小田高知が「蝦夷追討使」として下向した。（C）同三年十月、「奥州合戦」について和議が結ばれ、「蝦夷追討使」が帰参した。

以上からすると「代官職」を罷免された安藤季長が交易蝦夷の一部を味方に付け、安藤宗季に反旗を翻したため、幕府に捕らえられた。その後、季長派と宗季派が、それぞれ交易蝦夷を味方に付けて紛争を起こし、最終的に和議に至ったという筋書きとなろう。

（A）については、正中三年の曽我光称譲状に「にしのはま合せん（西浜合戦）」とあり[27]、津軽地方日本海岸の西浜が戦場になったことが判明する。安藤季長を捕らえた工藤貞祐は、得宗家被官（御内人）で[28]、得宗北条高時によって派遣されたと考えられる。（B）については、当時発給された関東御教書の写しが現存しており、幕府が「安藤又太郎季長郎従季兼」以下の与力を討伐するため、小田常陸入道（貞宗）に対して一族を動員し、子息の高知を津軽の戦場に派遣するように命じたことがわかる[29]。安藤季兼を中心とする季長派は、季長が幕府に捕捉された後も、宗季派と対立し続けたようである。関連して『異本伯耆巻』には、次のようにある。

嘉暦二年夏頃、陸奥国津軽の住人である安東「又太郎」秀長（および郎従の秀兼）と安藤「又三郎」の間で、所領に関する相論が起こった。両者が幕府に訴えたところ、長崎高資が賄賂に動かされ理非の判断を誤ったため、両者ともに下知に従わず、合戦に及んだ。幕府は討手を遣わしたが、両者城に立てこもり紛争が広がった。常陸国の「小田尾張守」（小田尾張権守高知）が多くの軍勢を率いて下向し、「安東」兄弟を討ち取った。

ここには誤伝も含まれるが、得宗家執事（内管領）の長崎高資が季長派と宗季派の対立を適切に解決できなかったことを伝えている。同じ件に関して『保暦間記』には次のようにある。元亨二年の春、陸奥国の安藤「五郎三郎」と安藤「又太郎」の間で相論が起こった。双方に蝦夷が味方し、合戦が起こったため、幕府から討手が度々派遣された。多くの戦死者が出たが、数年後に鎮まった。

ここで元亨二年春の出来事とあるのは、『鎌倉年代記裏書』のいう嘉暦元年の誤りとみられるが、季長（又太郎）派と宗季（五郎三郎）派の対立に交易蝦夷が関わったことを伝えている。一方、『諏方大明神画詞』には次のようにある。

元亨・正中年間（一三二一～六）の頃から嘉暦年間（一三二六～九）まで、東夷（蝦夷）が蜂起して陸奥国が騒乱に陥った。それは「安藤太」の子孫に、安藤「五郎三郎」季久と安藤「又太郎」季長の従兄弟がおり、嫡流（惣領）の座をめぐって相論が起こったためであった。両者の合戦が数年に及んだため、幕府は理非を判断するために、両人を鎌倉に召喚した。すると、彼らの留守中に士卒が数千人の夷賊（蝦夷）を集め、外浜の内末部、西浜の折曽関に城郭を構えて争った。両城は堅固で、大河を挟んで勝敗がつかなかった。そこで幕府は征伐のために軍勢を派遣したが、紛争は広がるばかりで、一方の討手であった宇都宮氏家人の紀清両党（益子・芳賀両氏）に多くの死者が出た。

ここでは安藤「五郎三郎」季久と安藤「又太郎」季長の従兄弟同士が、惣領の座をめぐって相論を起こしたとされている。〈蝦夷の管領〉＝〈蝦夷の沙汰〉地頭代職は、安藤氏の嫡流が継承したはずで、その交代は惣領交代という問題を惹起したのであろう。なお「五郎三郎」季久は他の史料で確認できず、安藤宗季と同一人物（前の名）あるいはその父と考えられる。

また、①外浜の内末部、②西浜の折曽関に城郭が構築されたとあり、二つの城郭が季長（又太郎）派と宗季（五郎三郎）派のどちらの拠点だったかが問題となる。①＝宗季派、②＝季長派とする見解が有力だが[30]、逆に①＝季長派、②＝宗季派とする説もある[31]。だが、そもそも宗季は内陸部の津軽鼻和郡と下北半島の糠部郡にしか所領をもっておらず[32]、宗季派が津軽地方海岸部の外浜（陸奥湾岸）や西浜（日本海岸）に城郭を築くとは考え難い。そこで、外浜と西浜の領主について確認しておくと、外浜については、幕府滅亡後に北条泰家が地頭職を担っていたことが確かめられ[33]、兄の得宗北条高時が没した後に継承したと推測される。

次に西浜については、元徳二年（一三三〇）の安藤宗季譲状に見出せる[34]。適宜平仮名を漢字に直して引用すると次のようになる（山括弧は割書き）。

譲り渡す五郎太郎高季に陸奥国津軽西の浜〈関・阿曽米を除く。〉事。

右、件の所は、宗季拝領の間、かの御下文を相副て、子息高季に譲り与ふるところ也。他の妨けなく知行すへし。又犬二郎丸か事、扶持を加へて、いとをしくあたるへし。ゆめ〻〻、この状を背く事あるへからす。よて譲状、件の如し。

元徳二年六月十四日　宗季（花押）

安藤宗季は関と阿曽米を除く西の浜（西浜）を子息の高季に譲与したわけだが、これ以前、宗季に対して西浜の領有を認める「御下文」が出されたという。先に正中二年の譲状で宗季が所領を譲与した「犬法師」が元服して高季と名乗ったのであろう。遠藤巌氏も指摘するように、高季は北条高時から偏諱を授与されたとみられる[35]。

建武二年（一三三四）、建武政権陸奥守の北畠顕家は、袖判御教書で安藤「五郎太郎」に対して西浜を含む所領の地頭代職を安堵しており[36]、そこでは安藤「次郎太郎」後家の賢戒が知行する関村と阿曽米村は除くとされている[37]。したがって、「次郎太郎」に付与された関村と阿曽米村を除く西浜の地頭代職を嫡男の「犬法師」＝「五郎太郎」高季に譲与したと解釈できる。西浜も外浜と同じく北条氏嫡流の得宗が地頭職を継承したはずで、「御下文」は同様に、得宗北条高時が発給したものとなろう。

外浜も西浜も得宗家で地頭職が継承されており、ともに安藤氏嫡流が地頭代職を担ってきたと考えるのが自然である。すると〈蝦夷の管領〉＝〈蝦夷の沙汰〉地頭代職は本来、津軽地方海岸部全体を地域的な対象としたという可能性が浮上する。季長派が宗季派と対立したのは、〈蝦夷の管領〉＝〈蝦夷の沙汰〉地頭代職に伴う収益を明け渡したくなかったからではなかろうか。

このように考えると、季長派が先の①外浜の内末部、②西浜の折曽関の両方に城郭を構え、〈蝦夷の管領〉＝〈蝦夷の沙汰〉地頭代職に伴う収益を確保しようと試みたとの筋書きが成り立つ。（A）得宗家によって「蝦夷征伐」の軍勢が西浜に派遣され、さらに（B）幕府の「蝦夷追討使」が派遣されたのは、交易蝦夷の一部が季長派に味方したことを示している。すると、①外浜の内末部、②西浜の折曽関は、ともに交易蝦夷の居留地で、蝦夷交易の中心地であったことになろう。

安藤氏の一族紛争を受け、北条氏政権は新たに〈蝦夷の管領〉＝〈蝦夷の沙汰〉地頭代職を外浜と西浜の東西二つに分け、宗季を西浜の地頭代職に任じ、それとは別に関村と阿曽米村を宗季派の安藤「次郎太郎」に付与したのであろう。関村が戦場となった折曽関を指すとすると、そこでの戦功に伴う処置とも考えられる。一方で外浜の地頭代職は、先の北畠顕家袖判御教書にみえないことから、季長派が確保したと考えるのが自然である。（C）宗季派と季長派の和議は、津軽地方海岸部の〈蝦夷の管領〉＝〈蝦夷の沙汰〉地頭代職を宗季派は西浜、季長派は外浜と、担当地域を二分することによって決着が付けられたことを意味するのだろう。ここに津軽安藤氏の嫡流は、二つに分裂するに至ったと考えられよう。

本稿では関係史料を総合的に分析することで、鎌倉時代における津軽安藤氏の蝦夷統治について新たな歴史像を示すことを試みた。簡単にまとめると次のようになる。

おそらくは鎌倉時代前期、遅くとも鎌倉時代中期までに、北条氏嫡流が〈蝦夷の管領〉＝〈蝦夷の沙汰〉の最高責任者＝地頭職を担うようになり、津軽安藤氏の惣領に実務＝地頭代職を担当させた。〈蝦夷の管領〉＝〈蝦夷の沙汰〉は、津軽地方海岸部の外浜（陸奥湾岸）と西浜（日本海岸）に形成された交易蝦夷居留地の治安維持を職務とし、蝦夷交易に伴う徴税によって収益を得た。安藤氏嫡流の惣領（地頭代職）は、そうした収益の一部を鎌倉の得宗（地頭職）に貢納した。

文永五年（一二六八）頃、津軽安藤氏惣領の「五郎」は仏教を保護していたが、交易蝦夷とのトラブルにより落命した。その後、元応二年（一三二〇）に交易蝦夷が蜂起し、津軽安藤氏惣領の「又太郎」季長が鎮圧に失敗したことから、紛争が長引いた。そこで正中二年（一三二五）、北条氏嫡流の得宗北条高時は、季長の地頭代職を罷免し、代わって同族の「五郎三郎」宗季を任命した。

ところが季長は、地頭代職に伴う収益を手放すことを拒み、交易蝦夷の一部と結んで宗季と対立した。これを受け、正中三年＝嘉暦元年、幕府は季長を捕らえたが、季長派は交易蝦夷居留地のうち、外浜の内末部および西浜の折曽関に城郭を構え、一部の交易蝦夷とともに抵抗した。すると嘉暦二年に幕府から追討使が派遣され、同三年には秀長派と宗季派の間で和議が結ばれた。その結果、津軽地方海岸部の〈蝦夷の管領〉＝〈蝦夷の沙汰〉地頭代職は、地域的に東西、すなわち外浜と西浜に二分され、それぞれ季長派、宗季派が担当することとなった。こうして安藤氏嫡流は二つに分裂し、外浜と西浜の地頭代職を分担するに至った。

以上、本稿では主に蝦夷交易との関わりから、津軽安藤氏の蝦夷統治について考察したが、嘉元四年（一三〇六）の「関東御免津軽船二十艘」の位置づけなど論じ残した課題も多い[38]。今後は、奥州藤原氏の時代とのつながり、十三湊遺跡をはじめとする発掘調査の成果、南北朝時代以降の展開についても視野に入れ、さらに追究していきたい。

註

（1）小口雅史「安藤氏の栄光と落日」（盛田稔・長谷川成一編『図説青森県の歴史』河出書房新社、一九九一年）、同「津軽安藤氏の歴史とその研究」（同編『津軽安藤氏と北方世界』河出書房新社、一九九五年）。

（2）大石直正「外が浜・夷島考」（『中世北方の政治と社会』校倉書房、二〇一〇年、初出一九八〇年）。

（3）「寺社所蔵安藤（安東）・秋田氏関係資料」諏方大明神画詞（『青森県史　資料編　中世2』）。

（4）林譲「諏訪大進房円忠とその筆跡」（皆川完一編『古代中世史料学研究　下巻』吉川弘文館、一九九八年）。

（5）「保暦間記」（『群書類従』二六）。
（6）「異本伯耆巻」（『続群書類従』二〇上）。
（7）遠藤巌「中世国家の東夷成敗権について」（『松前藩と松前』九、一九七六年）、海保嶺夫「蝦夷地と中世国家」（『中世の蝦夷地』吉川弘文館、一九八七年）。後に遠藤氏は、「蝦夷島流刑者にたいする「獄長」の傍ら、蝦夷島住民との交易・貢納品の扱いや諸葛藤への対応、および管轄下の湊浦における「夷船・京船（唐船）」の管理統制など」を職務とするとの見解を示している（「「北の押え」の系譜」〔荒野泰典他編『アジアのなかの日本史Ⅱ　外交と戦争』東京大学出版会、一九九二年〕）。
（8）佐々木慶市「津軽安藤氏の研究」（『中世東北の武士団』名著出版、一九八九年、初出一九八四年）、村井章介「中世国家の境界と琉球・蝦夷」（『日本中世境界史論』岩波書店、二〇一三年、初出一九九七年）。なお、後に海保氏は、北条氏が津軽地方を中心とする所領を治める代官として私的に設置したとの見解に改めている（海保嶺夫『エゾの歴史』〔講談社、一九九六年〕）。
（9）榎森進「「夷島」とアイヌ民族」（『アイヌ民族の歴史』草風館、二〇〇七年）、同「和人の「夷島」進出とアイヌ民族」（『新版北海道の歴史　上　古代・中世・近世編』北海道新聞社、二〇一一年）。
（10）大石直正「北の周縁、列島東北部の興起」（『日本の歴史14　周縁から見た中世日本』（講談社、二〇〇一年）、石井進「「日本国」境界の人びと」（『日本の中世1　中世のかたち』中央公論新社、二〇〇二年）。
（11）前掲註（7）遠藤論文。
（12）「吾妻鏡」建仁二年三月八日条（新訂増補国史大系）。
（13）「種種御振舞御書」（『昭和定本日蓮聖人遺文　第二巻』）。
（14）「三三蔵祈雨事」（『昭和定本日蓮聖人遺文　第二巻』）。
（15）前掲註（2）大石論文。
（16）「地蔵菩薩三国霊験記」巻九（中世の文学『一四巻地蔵菩薩霊験記　下』）。入間田宣夫「鎌倉建長寺と藤崎護国寺と安藤氏」（前掲註（1）小口編書）参照。
（17）「庭訓往来」四月十一日状返信（新日本古典文学大系『庭訓往来　句双紙』）、「庭訓往来」四月状返（東洋文庫）。
（18）大石圭一『昆布の道』（第一書房、一九八七年）、平凡社編『日本歴史地名大系　北海道の地名』（同社、二〇〇三年）。
（19）前掲註（8）佐々木論文。

(20) 大塚紀弘・古田土俊一「建長興国禅寺碑の紹介と分析」（『鎌倉』一一四、二〇一三年）。
(21) 「四天王寺本」第五（中世『聖徳太子伝集成　第四巻　山田本』）。中世の太子伝については、阿部隆一「室町以前成立聖徳太子伝記類書誌」（聖徳太子研究会編『聖徳太子論集』平楽寺書店、一九七一年）。
(22) 「鎌倉・南北朝時代日記・記録」鎌倉年代記裏書（『青森県史　資料編　中世3』）、「鎌倉・南北朝時代日記・記録」鶴岡社務記録（同前）。
(23) 「原本所在不明文書（新渡戸・宮崎・斎藤文書）」安藤宗季譲状（『青森県史　資料編　中世1』）。
(24) 高橋富雄「日本中央と日之本将軍」（『弘前大学国史研究』七〇、一九八〇年）、大石直正「奥羽の荘園公領についての一考察」（前掲註（2）書、初出一九八六年）、黒嶋敏「ナワバリを越えて」（『海の武士団』講談社、二〇一三年）。
(25) 鈴木満「津軽安藤氏研究の一視角」（『秋大史学』六二、二〇一六年）。
(26) なお、北条高時は祈禱によって蝦夷の蜂起が鎮まったことに対する感謝を称名寺住持の剣阿に伝えているが、その際の書状には後筆で文保二年（一三一八）の付年号がある。当初の付年号は正中二年だったとする説もあるが、ここでは発給年次不明としておく。「鎌倉時代家わけ文書」金沢文庫文書（『青森県史　資料編　中世3』）。斉藤利男「四通の十三湊安藤氏相伝文書と八戸南部氏」（藤木久志他編『奥羽から中世をみる』吉川弘文館、二〇〇九年）。
(27) 「南部光徹氏所蔵遠野南部家文書」沙弥光称（曽我光頼）譲状（『青森県史　資料編　中世1』）。
(28) 森幸夫「工藤貞祐」（北条氏研究会編『北条氏系譜人名辞典』新人物往来社、二〇〇一年）。
(29) 「鎌倉時代家わけ文書」白河結城文書（前掲註（26））。
(30) 前掲註（8）佐々木論文、前掲註（10）石井論文、斉藤利男「安藤氏の乱と西浜折曽関・外浜内末部の城郭遺跡」（村井章介他編『北の環日本海世界』山川出版社、二〇〇二年）、同「北の中世・書きかえられる十三湊と安藤氏」（『季刊東北学』七、二〇〇二年）、前掲註（26）斎藤論文。
(31) 前掲註（24）黒嶋論文。
(32) これらの所領群について、宗季の本領（外浜）とも季長の本領（西浜）とも区別された「安藤氏惣領相伝所領」であると位置づけ、〈蝦夷の管領〉＝〈蝦夷の沙汰〉地頭代職に伴うものであったとする説がある（前掲註（26）斉藤論文）。だが、後述のように、建武二年（一三三五）に宗季の嫡男が、同じ所領群とともに後に拝領した西浜の領有を認められており、別に本領が存在したとは考え難い。

(33)「比志島文書」(『南北朝遺文　東北編』三五号)。
(34)「原本所在不明文書(新渡戸・宮崎・斎藤文書)」安藤宗季譲状(前掲註(23))。
(35)遠藤巌「安藤・秋田氏」(オメガ社編『地方別日本の名族1　東北編1』新人物往来社、一九八九年)。
(36)「新渡戸文書」(『南北朝遺文　東北編』一七九号)。
(37)光宗(一二七六〜一三五〇)の『渓嵐拾葉集』は、元弘元年に津軽地方に「安藤次郎太郎」舅の「賢一律師」がいたことを伝える。賢一は、賢戒の父ということになる。「安藤氏関係資料補遺」渓嵐拾葉集(『青森県史 資料編 中世3』)。
(38)「鎌倉時代家わけ文書」大乗院文書(前掲註(26))。

あとがき

本書は、近年の古代北方史に関する研究成果にもとづく論考を、考古学、古代史、中世史などさまざまな学問分野の研究者がまとめたものである。もともとは、編者の小口雅史氏の還暦を記念する論集として企画され、同成社古代史選書のシリーズの一冊として刊行することとなった。

古代北方史に関する研究は、近年、飛躍的に進展したとみてよいであろう。そのきっかけとなったのが、青森県史の刊行である。『青森県史　資料編　古代1　文献史料』（二〇〇一年）では、青森県にかかわる文献史料のみにとどまらず、対象を東北地方全域や新潟県にまで広げ、古代北方史や古代東北史にかかわる史料を網羅的に集めるという編纂方針をとった。その方針は『青森県史　資料編　古代2　出土文字資料』（二〇〇八年）においても貫かれ、東北地方全域（新潟県を含む）の木簡、漆紙文書、墨書土器といった出土文字資料を網羅的に集成した。県史のレベルを超えた「古代北方史・東北史資料集」の決定版であり、これにより、古代北方史に関する研究環境がととのえられ、多くの研究者が北方史に取り組みやすくなるような状況を作り出したのである。本書の編者である小口氏が、青森県史の古代部会の部会長として陣頭指揮にあたられたことは、よく知られたところである。

青森県史の刊行以降も、小口雅史氏を代表とする古代北方史に関する共同研究が、科学研究費補助金の助成を得て継続的に行われている。近年、それらの共同研究の成果として、『北方世界と秋田城』（六一書房、二〇一六年）が公刊された。これは、二〇一四年十二月二十七日、二十八日に秋田市で行われたシンポジウムの内容をまとめたものである。シンポジウム当日は、とくに秋田城を国府とみるか否かをめぐってかなり激しい議論が繰り広げられた。

本書は、小口氏のこうした北方史にかかわる取り組みに、さまざまな形でかかわってこられた方々の論考から成り立っている。一読しておわかりのように、いずれも最新の研究成果にもとづく力のこもった論考ばかりである。

小口氏の研究テーマは、古代北方史研究のほかに、土地制度史、律令制、正倉院文書、トルファン文書など、多岐にわたる。古代北方史以外の分野については、やはり小口氏にゆかりのある執筆陣による論考が別に編まれる予定である。本書はその第一弾とご理解いただきたい。

なお、本書の企画や編集にあたっては、小倉慈司氏が尽力されたことを付記しておきたい。

三上　喜孝

二〇一七年八月

執筆者一覧（編者をのぞく。五十音順）

天野哲也（あまの　てつや）
一九四七年生まれ
元北海道大学教授・博士（文学）
〔主要著作論文〕『古代の海洋民オホーツク人の世界—アイヌ文化をさかのぼる—』（雄山閣、二〇〇八年）

伊藤博幸（いとう　ひろゆき）
一九四八年生まれ
岩手大学平泉文化研究センター客員教授・博士（人文学）
〔主要著作論文〕「奈良・平安時代の金ヶ崎地方—蝦夷の豪族とその支配」（『金ヶ崎町史』1、二〇〇六年）

大塚紀弘（おおつか　のりひろ）
一九七八年生まれ
法政大学文学部専任講師・博士（文学）
〔主要著作論文〕『中世禅律仏教論』（山川出版社、二〇〇九年）

小野裕子（おの　ひろこ）
一九五三年生まれ
北海道大学総合博物館資料部研究員
〔主要著作論文〕「オホーツク文化—その形成・展開・消滅を辿る〈在地文化との関わりを視野に〉」（『縄文人はどこへいったか？』インテリジェント・リンク、二〇一三年）

木村淳一（きむら　じゅんいち）
一九七〇年生まれ
青森市教育委員会事務局文化財課　文化財主査
〔主要著作論文〕「青森市石江遺跡群の特質」（『古代末期・日本の境界』森話社、二〇一〇年）

小嶋芳孝（こじま　よしたか）
一九四九年生まれ
金沢学院大学特任教授
〔主要著作論文〕「秋田城出土の羽釜・再検討」（『北方世界と秋田城』六一書房、二〇一六年）

米家志乃布（こめいえ　しのぶ）
一九六八年生まれ
法政大学文学部教授・博士（人文科学）
〔主要著作論文〕「近世日本図の北辺・『蝦夷地』表象」（『文学』十一・十二月号、岩波書店、二〇一五年）

齋藤　淳（さいとう　じゅん）
一九六六年生まれ
中泊町博物館館長補佐（学芸員）
〔主要著作論文〕「土器からみた地域間交流―秋田・津軽・北海道―」（『北方世界と秋田城』六一書房、二〇一六年）

関根達人（せきね　たつひと）
一九六五年生まれ
弘前大学人文社会科学部教授・博士（文学）
〔主要著作論文〕『中近世の蝦夷地と北方交易』（吉川弘文館、二〇一四年）

武井紀子（たけい　のりこ）
一九八一年生まれ
弘前大学人文社会科学部准教授・博士（文学）
〔主要著作論文〕「律令財政と貢納制」（『岩波講座日本歴史』第三巻古代三、岩波書店、二〇一四年）

中澤寛将（なかざわ　ひろまさ）
一九八一年生まれ
青森県企画政策部世界文化遺産登録推進室主事・博士（史学）
〔主要著作論文〕『北東アジア中世考古学の研究―靺鞨・渤海・女真―』（六一書房、二〇一二年）

永田　一（ながた　はじめ）
一九八一年生まれ
成城大学文芸学部非常勤講師・博士（歴史学）
〔主要著作論文〕「俘囚の節会参加と近衛府」（『ヒストリア』二五五号、二〇一六年）

中村和之（なかむら　かずゆき）
一九五六年生まれ
函館工業高等専門学校教授
〔主要著作論文〕「中世・近世アイヌ論」（『岩波講座日本歴史』第二〇巻地域論、岩波書店、二〇一四年）

浜田久美子（はまだ　くみこ）
一九七二年生まれ
国立国会図書館司書・博士（文学）
〔主要著作論文〕『日本古代の外交儀礼と渤海』（同成社、二〇一一年）

三上喜孝（みかみ　よしたか）
一九六九年生まれ
国立歴史民俗博物館・准教授
〔主要著作論文〕『日本古代の文字と地方社会』（吉川弘文館、二〇一三年）

蓑島栄紀（みのしま　ひでき）
一九七二年生まれ
北海道大学アイヌ・先住民研究センター准教授
〔主要著作論文〕『「もの」と交易の古代北方史―奈良・平安日本と北海道・アイヌ』（勉誠出版、二〇一五年）

八木光則（やぎ　みつのり）
一九五三年生まれ
岩手大学平泉文化研究センター客員教授・博士（歴史学）
〔主要著作論文〕『古代蝦夷社会の成立』（同成社、二〇一〇年）

古代国家《こだいこっか》と北方世界《ほっぽうせかい》

■編者略歴■

小口　雅史（おぐち　まさし）

1956年　長野県生まれ

1985年　東京大学大学院人文科学研究科博士課程単位取得、その後、
　　　　弘前大学人文学部助教授、法政大学第一教養部教授等を経て

現　在　法政大学文学部教授・同国際日本学研究所所長

［主要著作］

『北の環日本海世界―書きかえられる津軽安藤氏』（編著、山川出版社、2002年）

『北の防御性集落と激動の時代』（編著、同成社、2006年）

『古代末期・日本の境界―城久遺跡群と石江遺跡群』（編著、森話社、2010年）

『海峡と古代蝦夷』（編著、高志書院、2011年）

『内閣文庫所蔵史籍叢刊 古代中世篇』8 源平闘諍録 将門記抜書 陸奥話記（編著、汲古書院、2012年）

『北方世界と秋田城』（編著、六一書房、2016年）

2017年10月29日発行

編　者　小 口 雅 史

発行者　山 脇 由 紀 子

組　版　㈱富士デザイン

印　刷　モリモト印刷㈱

製　本　協 栄 製 本 ㈱

発行所　東京都千代田区飯田橋4-4-8
　　　　（〒102-0072）東京中央ビル　㈱ 同 成 社

TEL　03-3239-1467　振替　00140-0-20618

ISBN978-4-88621-775-2　C3321